ESSAI GÉNÉRAL
D'ÉDUCATION
PHYSIQUE, MORALE ET INTELLECTUELLE.

> La grande différence entre les hommes tient à la différence de l'ÉDUCATION qu'ils reçoivent.
>
> LOCKE.

> Ce n'est que par les enfans qu'on peut régénérer les hommes. L'ÉDUCATION en fournit les moyens ; et les lisières de l'enfance deviennent, dans des mains habiles, les rênes du gouvernement.
>
> JULLIEN Père.

IMPRIMERIE DE LOTTIN-DE-SAINT-GERMAIN.

ESSAI GÉNÉRAL
D'ÉDUCATION

PHYSIQUE, MORALE ET INTELLECTUELLE,

SUIVI

D'UN PLAN D'ÉDUCATION-PRATIQUE

POUR L'ENFANCE, L'ADOLESCENCE ET LA JEUNESSE,

OU

RECHERCHES

SUR LES PRINCIPES D'UNE ÉDUCATION PERFECTIONNÉE,

Pour accélérer la marche de la Nation vers la civilisation;

PAR

M. A. JULLIEN DE PARIS,

MEMBRE DE LA LÉGION-D'HONNEUR,

D'un grand nombre d'Académies et de Sociétés savantes, françaises et étrangères,
Fondateur de la Revue Encyclopédique,

Auteur de l'ESSAI SUR L'EMPLOI DU TEMS,

OUVRAGE

ADOPTÉ PAR LE CONSEIL ROYAL DE L'INSTRUCTION PUBLIQUE.

SECONDE ÉDITION,
REVUE ET TRÈS AUGMENTÉE.

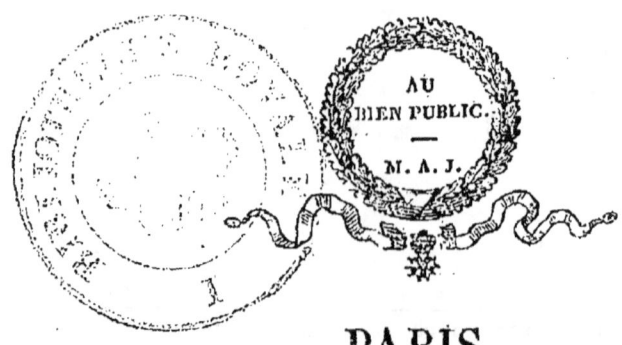

PARIS.
CHEZ L'AUTEUR, RUE DU ROCHER, 23;
Mme Ve DONDEY-DUPRÉ, RUE VIVIENNE, 2;
BÉCHET AÎNÉ, LIBRAIRE, QUAI DES AUGUSTINS, 24.

1835.

On trouve aussi l'Essai général d'éducation, l'Essai sur l'Emploi du tems, l'Agenda général, *Livret pratique d'Emploi du tems*, et le Biomètre, ou *Montre Morale*, aux adresses ci-après :

Au Bureau de *La Mère de famille*, rue des Fossés-Saint-Germain-l'Auxerrois, n° 43.

Au Dépôt central *de la Librairie*, rue des Filles-Saint-Thomas, 5; place de la Bourse.

Chez Garnier, libraire, Palais-Royal, vis-à-vis de la Cour des Fontaines.

Hachette, rue Pierre-Sarrasin, 12.

Levrault, rue de la Harpe, 81.

Bertrand, rue Hautefeuille, 23.

Cherbulliez, rue de Seine-Saint-Germain, 57.

Dufour et Bellizard, rue des Saints-Pères, 12.

Isidore Pesron, rue Pavée-Saint-André, 13.

Charles Gosselin, rue Saint-Germain-des-Prés, 9.

Treutell et Wurtz, rue de Lille, 17.

Lance, rue du Bouloy, 7.

Bennis, au *Salon littéraire encyclopédique*, rue Neuve-Saint-Augustin, 55.

His, au Bureau du *Littérateur Universel*, quai Pelletier, 20.

Paulin, rue de Seine-Saint-Germain, 6.

Charpentier, même rue, 31.

A
LA MÈRE DE FAMILLE,

PREMIER MODÈLE QUE L'ÉDUCATION DOIT SE PROPOSER.

D'autres Écrivains ont dédié leurs productions à des Rois ou à leurs ministres, à des Princes Souverains, à des patrons ou à des protecteurs puissans, à des Académies, à des Sociétés Savantes, à des hommes illustres, ou bien à des amis fidèles et dévoués.

Quant à Nous, en considérant le sujet que nous traitons, l'ÉDUCATION, nous avons eu toujours en vue la MÈRE DE FAMILLE; c'est elle qui nous a constamment animés de sa vivifiante influence. Nous avons puisé dans son cœur, dans ses discours, dans ses exemples, dans ses relations journalières avec les objets de sa tendre sollicitude, nos inspirations et nos pensées.

C'est à la *Mère de famille* qu'appartient naturellement la Dédicace de notre livre. Nous le plaçons avec confiance sous les auspices des bonnes mères. Elles jugeront si nous avons bien compris leurs sentimens, si nous avons su les interpréter avec vérité.

Nous aimons à leur soumettre les considérations qui nous ont dirigés dans nos recherches, et les motifs sur lesquels s'appuie notre espoir pour l'adoucissement du sort de l'enfance et de la jeunesse, trop long-tems sacrifiées à de fausses méthodes, aux vieilles coutumes d'une routine aveugle, à un régime de servilité et d'abrutissement, ou à des préjugés déplorables.

On étouffait la jeune plante qui avait besoin d'air et de lumière pour croître et se développer. Nous voulons la placer dans une atmosphère où elle se trouve abondamment pourvue d'air, de lumière et de liberté, pour jouir pleinement de la vie et pour conduire à leur maturité les fruits qu'elle doit produire.

A

Madame JOSÉPHINE SIREY, née Du Saillant,

nièce de MIRABEAU,

Fondatrice et Directrice de la *Mère de Famille.*

Madame et excellente amie,

Vous qui avez présenté à toutes les Mères, dans votre utile et intéressant Recueil, un organe de leurs sentimens et de leurs vœux pour l'amélioration et le bonheur de leurs enfans; vous qui avez parcouru, avec dévoûment, avec persévérance et avec succès, la route difficile que vous voulez aplanir aux autres femmes, Vous accueillerez cet Essai que j'aime à publier sous vos auspices.

Vous êtes à mes yeux comme le digne représentant, la fidèle image de ces Mères tendres et vertueuses qui m'ont servi de modèles, dont j'ai tâché de suivre les traces, de recueillir les exemples et les leçons, et dont l'approbation et l'estime, j'ose du moins l'espérer, seront le prix de mes travaux.

Continuez, Madame et Amie, à remplir la noble tâche que vous avez volontairement entreprise : continuez à éclairer les mères sur leur pieuse destination, sur les devoirs sacrés que la nature et la société leur imposent. La reconnaissance affectueuse, les bénédictions unanimes des bonnes Mères et de leurs enfans chéris viendront embellir la fin de votre carrière et vous offrir la plus douce des récompenses.

Agréez, Madame et Amie, les hommages respectueux de votre bien affectionné et dévoué ami.

Marc-Antoine JULLIEN *de Paris.*

L'AUTEUR AU LECTEUR.

Le tableau de notre société actuelle, des vices intérieurs qui la rongent, des réalités souvent hideuses et repoussantes qui contrastent avec les apparences et les dehors séduisans de notre civilisation brillante et menteuse ; l'espèce de fatalité qui voue d'avance à tous les genres de calomnies, d'humiliations et d'outrages, de privations, de persécutions et de malheurs, les hommes de bien et d'avenir, les hommes supérieurs, en quelque genre que ce soit, presque toujours immolés sur la terre à des médiocrités rampantes, à des hommes égoïstes, ambitieux, cupides, souples et serviles, auxquels le *savoir-faire* tient lieu de savoir, et l'*intrigue*, de capacité : cette contemplation de la scène du monde, justement appréciée par un observateur, ami de l'humanité, porte nécessairement l'affliction dans son ame ; et, parfois, un profond découragement le saisit.

Le même spectacle produit un effet tout différent sur quelques êtres dépourvus de sensibilité, et qui ont *les humeurs froides à l'ame*, mais qui ne manquent point d'intelligence, ni d'habileté, et qui exploitent à leur profit cet ordre de choses. Ils se trouvent excités et encouragés, par les exemples renouvelés chaque jour sous leurs yeux, à flatter, à tromper, à trahir, à corrompre, à nuire aux autres, pour se frayer à eux-mêmes une route

x

facile et sûre aux honneurs, à la richesse, à la puissance, même à une considération usurpée, et presque à la gloire.

Mais le véritable philosophe ne s'arrête point à la surface de la société, ni à la période éphémère et fugitive qu'il est appelé à traverser. Il embrasse dans sa pensée la société humaine tout entière, considérée dans le cours des siècles. Il entrevoit et il prépare un avenir d'améliorations où l'homme, rappelé à la dignité, à la sainteté de sa nature, pourra enfin accomplir ses hautes destinées. Il s'efforce de remonter à la source même des affections et des facultés humaines. Il ose pénétrer dans les mystères de la création, pour s'associer à la pensée première et divine qui a formé l'homme, qui lui a donné à la fois la notion du bien et du mal, le libre arbitre pour choisir l'un, pour éviter l'autre ; qui a déposé en lui les germes féconds de la vertu et du génie, le sentiment d'une destination immortelle, et les moyens de triompher des mauvais penchans et des vices, pour développer et perfectionner tout ce qu'il y a de pur, de bon, de noble dans sa nature.

La perfectibilité de l'homme est écrite dans sa conscience : elle lui est révélée par une voix intérieure et divine. Nul ne peut se soustraire à cette sorte d'*intuition* qui lui fait distinguer ce qui est *matériel* dans son corps et dans les objets qui l'environnent, et ce qui est *immatériel* en lui, le *sentiment*, la *pensée*, la *volonté*. Tous les sophismes du vice et de l'incrédulité ne peuvent anéantir cette conviction dans l'homme qui s'interroge lui-même de bonne foi, qui descend dans son ame, qui consulte ce *quelque chose* qui est en lui, ce principe invisible, inconnu, immatériel, et cependant toujours actif, par lequel chaque homme sent, pense ou agit volontairement, et peut se rendre maître de son avenir. L'homme n'est pas seulement un être physique et intellectuel, mais un être moral et responsable, qui peut s'élever, par l'action d'une volonté forte, sagement dirigée, à la conception et à la réalisation de la plus noble destinée. C'est l'ÉDUCATION qui peut éveiller en lui et cultiver ces premières dispositions et ces facultés puissantes dont le développement complet lui fera parcourir la vie d'une manière utile et honorable pour lui-même, avantageuse à ses semblables, profitable à l'humanité.

Elle doit former et fortifier dans l'homme la *volonté morale*, que trop souvent l'éducation ordinaire s'occupe d'étouffer, d'enchaîner, d'asservir. En détruisant la liberté et la volonté humaines, cette éducation faussée et viciée détruit le principe de toutes les vertus.

La véritable ÉDUCATION doit attaquer et corriger les vices dont l'influence corrosive, en relâchant de jour en jour le lien social, nous conduirait à une rapide décadence, à une dégénération déplorable, à une véritable dissolution.

Les grandes commotions politiques qui ont ébranlé, de nos jours, presque tous les États dans leurs fondemens, et qui ont amené une lutte acharnée, un combat à mort entre les deux principes qui se partagent le monde : d'un côté, la liberté et l'ordre ; de l'autre, le désordre et l'esclavage ; entre le *bien* et le *mal moral*, ont aussi ravivé et rendu plus actives, plus ardentes, plus acharnées, les passions haineuses qui ont trop long-tems divisé les hommes et les nations.

Il faut régénérer l'humanité, en s'emparant d'elle, dès son entrée à la vie, pour lui donner une impulsion et une direction nouvelles. Il faut retremper l'homme dans une institution appropriée à ses besoins, à sa destination, à sa nature, pour que l'homme *renouvelé* régénère à son tour l'état social, et fasse triompher la vertu du vice, l'ordre du désordre, l'amour des hommes et la moralité, de l'égoïsme et de l'intrigue.

C'est la Mère de Famille, conçue dans sa pureté primitive, dans son acception naturelle et complète, dans la généralité des sentimens qui l'animent pour la faible et innocente créature qu'elle vient de lancer dans la vie, qui peut nous révéler les vrais secrets de l'art difficile de former les hommes. La *Mère de famille* est le véritable et unique type de l'éducation perfectionnée.

La première condition pour bien élever les enfans est un attachement maternel pour l'enfance. Loin de nous, ces calculateurs égoïstes qui ne voient dans une institution qu'une spéculation, et dans les élèves confiés à leur surveillance, qu'une matière brute à exploiter, qu'un capital à faire valoir.

Notre Instituteur, à nous, est, avant tout, pénétré d'un sentiment de tendresse affectueuse pour ces êtres encore imparfaits, pour ces plantes délicates, pour ces fleurs à peine entr'ouvertes, dont la culture et le développement exigent de lui une attention et des soins assidus. Aimer

LES HOMMES, *est la première condition pour les former dans l'enfance et dans la jeunesse; pour les conduire et les gouverner dans l'âge mûr.* La fonction de l'Instituteur est un ministère sacré. La plus précieuse des récompenses doit couronner ses travaux, si l'enfant qu'il est chargé de préparer pour la vie sociale devient à la fois un citoyen utile et estimé, un bon père, un membre distingué de la famille humaine.

La Mère qui a bien compris sa mission et ses devoirs, ne laisse point dégénérer sa tendresse pour ses enfans en une affection aveugle, mollement complaisante, qui caresse leurs fantaisies, qui encourage leurs penchans vicieux, qui, les abandonnant à eux-mêmes sans les redresser, finirait promptement par altérer et corrompre en eux les meilleures inclinations. L'AMOUR MATERNEL se compose d'un entier et continuel dévoûment, d'une sollicitude prévoyante, d'une raison toujours forte et éclairée.

Le dévoûment et la sympathie de la Mère lui concilient l'amour, la confiance entière, toutes les affections de l'enfant, et le disposent à une soumission absolue à ses volontés.

La prévoyance, toujours judicieuse et inquiète de la Mère, écarte de bonne heure du berceau de son enfant les premiers symptômes des inclinations vicieuses, les mauvais exemples, les discours dangereux et corrupteurs, même les paroles indiscrètes ou imprudentes.

La raison et la sagesse de la bonne Mère, en ne faisant aucune concession aux faiblesses et aux mauvaises tendances, ou aux défauts de ses enfans, les fortifient, dès l'âge le plus tendre, contre l'influence contagieuse des vices.

La bonne Mère de famille recueille elle-même avec avidité les premiers élémens des connaissances auxquelles elle veut préparer ses enfans. En emmiellant pour eux les bords du vase, elle les dispose d'avance à s'en abreuver avec délices, sans qu'ils soient jamais rebutés par un mélange d'amertume qui aurait pu leur inspirer quelque dégoût.

La première saison de la vie, qui en forme une partie importante, et souvent la seule qui nous soit accordée par la nature, doit être, autant que cela est possible, rendue agréable, facile, attrayante. Les premières impressions conservent pendant de longues années toute leur influence. Si l'entrée de la vie s'est annoncée par de frais ombrages, par des gazons semés de fleurs, par de limpides ruisseaux qui les arrosent, par le chant harmonieux des oiseaux qui se jouent sous le feuillage, par les rayons doux et purs d'un astre bienfaisant, par les tendres caresse d'une mère adorée, par le sentiment intérieur et vivifiant de l'accroissement journalier des forces physiques, des facultés morales, des dispositions intellectuelles, par le développement d'une affection sympathique pour ses semblables, par la jouissance délicieuse et pure qui résulte des bonnes actions et des travaux utiles; alors, la vie, commencée sous d'aussi favorables auspices, appuyée sur les bases solides et consolantes de l'estime de soi-même, de la conscience habituée à se contempler et à se complaire dans ce qu'elle produit de bien, ne peut manquer d'être heureuse, et fournit des ressources contre les injustices passagères des hommes, contre les coups imprévus de la fortune.

O ma Mère! c'est toi qui m'as fortifié d'avance, et presque en sortant du berceau, contre les dures épreuves que j'étais destiné à subir, dans nos tems de révolutions orageuses et de profonde corruption morale. C'est toi qui as placé près de moi une garde fidèle et vigilante, en m'imposant de bonne heure l'habitude et l'obligation salutaires de t'écrire chaque jour en quelques lignes les principaux résultats de ma vie, et de t'envoyer plusieurs fois chaque mois ce compte rendu de mes actions. Cette coutume, contractée dès l'enfance, pratiquée dans ma jeunesse et durant le cours de ma vie, est devenue la source féconde des consolations qui m'ont soutenu et conservé dans ma longue et laborieuse carrière. J'ai connu tout le prix de cette nécessité de me regarder et de me voir sans cesse dans un miroir moral où l'ombre la plus légère qui venait le ternir était pour moi comme un avertissement salutaire. Il arrêtait un commencement de déviation, et me ramenait dans la droite route, si j'en avais été écarté par mes propres passions ou par des exemples pernicieux.

O ma bonne et tendre Mère! tu as éprouvé de cruelles et immenses douleurs. Car tu as senti plus vivement que ton fils même, et les calomnies empoisonnées qui ont flétri sa première jeunesse, et les injustices, les revers de fortune, les malheurs de tout genre qui dépuis n'ont cessé de l'accabler. Maintenant, tu dors du sommeil paisible de la tombe, ou plutôt tu goûtes dans un monde meilleur le dédommagement et la récompense de tes souffrances, de ta courageuse résignation et de tes vertus. Et moi, en retrouvant encore, dans les nobles souvenirs que tu m'as laissés, des alimens pour mon ame et des ressources contre l'adversité, j'aime à payer un nouveau tribut d'amour à ta mémoire vénérée, à te rapporter le peu de valeur que je puis avoir, et à répéter, en me rappelant tes propres paroles : LE COEUR D'UNE BONNE MÈRE EST LE CHEF-D'OEUVRE DU CRÉATEUR ; il est la source pure de tous les sentimens généreux, de toutes les pensées fécondes qui ont pour objet la réforme de l'éducation et la régénération de l'humanité (1).

(1) Je crois devoir indiquer à mes lecteurs, et surtout à mes lectrices, deux ouvrages, inspirés par la plus saine morale, sagement écrits, profondément pensés, qui leur offriront, j'ose le dire, de puissans auxiliaires, qui les aideront à mieux remplir les devoirs sacrés de la *maternité* et de la *paternité*.

L'un, *La Mère de famille*, journal mensuel, est le premier ouvrage périodique qui ait compris et qui se soit proposé la sainte mission de la régénération de la société humaine par les Femmes, et surtout par les Mères.

L'autre ouvrage intitulé : *De l'Éducation des Mères de famille, ou de la Civilisation du genre humain par les Femmes*, par M. AIMÉ-MARTIN, a pour but de faire servir l'influence des Mères de famille à régénérer les hommes, et de réformer l'éducation des Femmes pour commencer la rénovation morale des sociétés humaines.

AVERTISSEMENT
de la
PREMIÈRE ÉDITION,

Publiée sans nom d'auteur, avec les lettres initiales M. A. J.

Un père de famille, jeune encore, livré depuis quinze années à des fonctions publiques très-étrangères aux sciences, très-peu favorables à la méditation et à l'étude, a consacré quelques loisirs à des recherches et à des observations sur l'*Éducation*. Il soumet aujourd'hui les résultats de son travail A LA JEUNESSE et A LA PATRIE, deux objets de culte pour les ames généreuses; AU GOUVERNEMENT, auquel on doit l'hommage de toutes les conceptions qui peuvent être bonnes et utiles; AUX INSTITUTEURS ÉCLAIRÉS, AUX PÈRES DE FAMILLE jaloux de remplir les devoirs que ce titre leur impose, et surtout AUX BONNES MÈRES, dont l'influence est si puissante dans un État, par la première direction qu'elles donnent à leurs enfans, par l'empire que la nature et la société leur accordent, comme *femmes*, comme *épouses* et comme *mères* (1).

---

(1) Qu'il me soit permis, en publiant cet ESSAI D'ÉDUCATION sous les auspices des bonnes mères de famille, de reproduire ici quelques VERS détachés SUR L'INFLUENCE DES FEMMES. Ces vers ne sont pas seulement un hommage de poète à la partie poétique de l'espèce humaine; mais j'ose croire qu'ils expriment une vérité philosophique d'une haute importance, en célébrant la destination primitive et sacrée que la nature elle-même assigne aux femmes en général, et surtout aux mères, appelées à diriger les premières impressions de leurs enfans, à éclairer leur instinct, à former leur caractère, à déposer dans leur ame tendre encore les premiers sentimens du bon et du beau, du juste et du vrai, les premiers germes

AVERTISSEMENT.

Plusieurs circonstances, indépendantes de la volonté de l'auteur, ont retardé la publication de ce travail,

de la vertu. Cette *influence des femmes* est une *loi de la nature*, dont la société doit s'emparer, sous les rapports de la morale et de la politique, et qu'elle doit faire servir à la régénération et à l'amélioration des hommes.

DE L'INFLUENCE DES FEMMES.

Des FEMMES ici-bas la suprême influence
Doit devenir pour l'homme une autre Providence :
L'ordre de la nature a soumis à leurs lois
Et les humbles bergers, et les superbes rois.
Le farouche guerrier vient, d'une main sanglante,
Déposer ses lauriers aux pieds de son amante.
Le philosophe austère, inflexible, orgueilleux,
Qui bravait la douleur, la fortune et les dieux,
Sous le joug amoureux sent fléchir son courage ;
Une femme a dompté cette vertu sauvage....
    Amante, Épouse, Mère, à des titres si doux,
Chaque Femme a le droit de dominer sur nous ;
Mais qu'elle sache user d'un pouvoir légitime,
Sans vouloir sous le joug dégrader sa victime.
Qu'un amant, qu'un époux, qu'un enfant adorés
Au culte des vertus soient toujours consacrés...
Qu'un chaste et pur amour soit la source féconde
Des biens dont la vertu doit enrichir le monde.
    Mère tendre, ton fils doit puiser dans ton cœur
Le noble sentiment du devoir, de l'honneur ;
Le généreux besoin de servir l'innocence,
D'être le protecteur et l'appui de l'enfance ;
D'offrir à l'orphelin un bras consolateur,
De haïr les méchans, d'honorer le malheur.
    Ainsi, de nos destins arbitres souveraines,
FEMMES, par vos vertus annoblissez nos chaînes.
Honorez votre empire, en nous rendant heureux :
Quand vous l'ordonnerez, nous serons vertueux ;
Et nos cœurs épurés, fiers de votre suffrage,
Des viles passions briseront l'esclavage.

Autres VERS du même Auteur SUR L'INFLUENCE DES FEMMES.

..... O FEMMES ! votre empire est si noble et si doux !
Au sein de vos foyers, au cœur de vos époux,

AVERTISSEMENT.

composé depuis trois années (1). Il a été communiqué, pendant cet intervalle, à des écrivains philosophes et moralistes, à des instituteurs estimables et instruits, qui l'ont honoré de leur approbation. L'auteur, que sa position, ses continuels voyages, des fonctions publi-

> Sur vos enfans, dont l'ame, encor flexible et tendre,
> Sait lire dans vos yeux, par instinct sait comprendre
> Un regard, un sourire, un geste, un mouvement
> Qui de l'ame trahit le secret sentiment ;
> Dans le monde où s'étend le pouvoir de vos charmes,
> Où chacun à l'envi vient vous rendre les armes ;
> Partout, dans la famille et la société,
> La loi de la nature et de l'humanité
> Vous appelle à régner... Divinités mortelles !
> Si les hommes souvent sont des anges rebelles,
> La faute en est à vous. Votre touchante voix
> Sur les cœurs les plus durs conserve encor ses droits.
>   Sachez donc, d'une main délicate et légère,
> De la vie adoucir la coupe trop amère,
> En y versant le miel, les sucs délicieux,
> Le dictame embaumé, les parfums précieux
> Que la faveur céleste incessamment dépose
> Dans vos yeux enchanteurs, sur vos lèvres de rose,
> Dans ces brillans éclairs, ces sourires divins
> Qui, des plus tristes jours, nous font des jours sereins.
>   FEMMES ! sachez porter un sceptre légitime,
> Accomplir noblement votre tâche sublime.
> Sachez vous pénétrer de votre dignité ;
> Être au milieu de nous des anges de bonté,
> Des ministres de paix, d'amour, de bienfaisance ;
> Et, sur la terre enfin, seconde Providence,
> Que votre sexe, orné de ses attraits puissans,
> Dans un monde où partout sont des sentiers glissans,
> Nous conduise au bonheur par la route fleurie
> De l'amour, des vertus, de la philosophie !

N. B. Ces vers sont extraits d'un DISCOURS EN VERS, *inédit, sur les malheurs de la vertu et du génie,* composé à Londres en septembre 1833.

(1) Cet *Essai d'Éducation* a été écrit EN L'AN XIII (1805), et publié à Paris en 1808. L'auteur s'est trouvé, depuis cette époque, presque toujours en voyage et absent de sa patrie, ou absorbé par des devoirs et des travaux importans qui l'ont empêché de publier une nouvelle édition de son ouvrage.

ques et des missions spéciales, de longs revers, une vie militaire très-active, presque toujours errante et dépendante, ont constamment éloigné de la carrière des sciences et des lettres, où tous ses goûts l'entraînaient, n'a eu d'autres vues que d'être utile, et de perfectionner, en consultant des hommes plus éclairés que lui, un plan qu'il aurait voulu pouvoir exécuter pour ses enfans.

La crainte de n'avoir pas réussi, une certaine timidité de caractère, qui se concilie souvent avec une noble fierté, ou qui n'est peut-être qu'un raffinement secret d'amour-propre, l'ont empêché de se nommer. Si les idées qu'il présente ont quelque mérite, son nom ne pourrait en rien les faire valoir, ni leur donner plus de poids. Si elles sont fausses ou semblent peu praticables, comme ses intentions ont été droites et pures, il ne doit pas s'exposer à être découragé, dans une entreprise louable, par la censure du public, qui n'est pas tenu d'apprécier les intentions et les motifs, mais les écrits et les résultats. Peut-être même est-il vrai de dire, en général, des ouvrages où sont discutées des questions abstraites et morales (et où il ne s'agit ni de personnes, ni de faits, pour lesquels une garantie positive, un témoignage direct sont nécessaires), qu'il est convenable que l'auteur demeure inconnu, surtout lorsqu'il fait son premier pas dans cette carrière. Ses principes sont jugés plus sainement, avec plus d'impartialité; on juge l'écrit, non l'homme. L'examen des lecteurs est plus libre, plus indépendant, plus exempt et affranchi de toute influence étrangère.

Le moment actuel a paru favorable pour mettre au jour cet Essai, qui n'est pas une simple théorie sur l'Éducation, mais qui renferme, dans un cadre nouveau, plus méthodique et plus complet, un ensemble de principes généraux déjà reconnus et avoués, un *plan-pratique*, et, pour ainsi dire, mécanique et en action.

AVERTISSEMENT.

Toutes les institutions se réorganisent en France et dans presque toute l'Europe (1); elles doivent toutes se combiner et tendre vers un même but. L'éducation des enfans, dont les familles entourent un gouvernement, importe surtout au gouvernement lui-même, et à la masse entière de la nation, sur laquelle ces enfans, devenus hommes, exerceront nécessairement une grande influence. Ils auront besoin, pour leur propre intérêt et pour l'intérêt public, de justifier, par leurs talens, par leur instruction, par leurs vertus, l'espèce de prérogative due au hasard de la naissance, qui les aura placés dans une condition élevée, auprès du trône et à la source des faveurs. Ils devront procurer au gouvernement l'inappréciable avantage de n'être servi, et à la nation, celui de n'être administrée que par des hommes habiles et distingués dont les qualités personnelles auront été le premier moyen de fortune et d'élévation.

Le tems fuit, les générations se succèdent; la moindre lacune dans l'éducation, l'oubli des principes qui doivent la diriger, des règles à suivre, et des meilleures méthodes pour former des hommes supérieurs, la moindre négligence dans l'organisation de cette institution fondamentale, entraînent, dans tous les pays, les plus funestes conséquences et des maux irréparables.

On a pu jusqu'à présent appliquer à notre siècle et à la plupart des États de l'Europe ces paroles judicieuses de Bâcon: « Lorsque les rois ont à faire choix de ministres capables de gérer les affaires publiques, ils trou-

---

(1) On peut citer la nouvelle Constitution du royaume de Bavière, publiée dans le Moniteur du 2 juin 1808, qui atteste les progrès de la civilisation et des lumières en Allemagne, ainsi que plusieurs décrets organiques et fondamentaux, rendus pour leurs États respectifs, par les rois de Wurtemberg et de Westphalie, par le grand-duc de Berg et par le Prince-Primat.

vent autour d'eux un vide étonnant d'hommes de cette espèce, parce qu'il nous manque des colléges spécialement consacrés à cet objet, où les hommes que la nature semble avoir composés et organisés tout exprès pour de tels emplois, puissent, outre les autres genres de connaissances, faire une étude particulière de l'histoire, des langues modernes, des livres et des traités de politique (d'économie politique, de statistique, d'administration, de diplomatie), pour arriver ensuite aux fonctions civiles avec une provision suffisante d'instruction, et une capacité convenable (1). »

Les rois manquent souvent d'auxiliaires et d'instrumens pour bien gouverner. Cette seule cause a fait chanceler et tomber des monarchies.

On fait un long apprentissage pour être serrurier, cordonnier, horloger, mécanicien, pour devenir ouvrier adroit et habile, fabricant industrieux, négociant versé dans les affaires, jurisconsulte instruit, avocat éloquent, militaire à la fois praticien et théoricien. L'art de gouverner et d'administrer, le plus important, le plus difficile de tous, celui d'où dépendent le bonheur, les succès, la gloire des gouvernemens et des peuples, ne doit-il pas exiger un apprentissage proportionné à son importance et à sa difficulté?

Notre gouvernement, dont la pénétration et les vues s'étendent à tout ce qui intéresse la prospérité de l'Empire, a voulu prévenir, en partie, cette disette d'hommes d'État, par quatre institutions également utiles : *pour les grands travaux d'utilité publique,* par la réorganisation de notre ÉCOLE POLYTECHNIQUE, pépinière d'hommes instruits, laborieux et utiles dans tous les genres ; *pour les armées,* par la fondation d'une ÉCOLE MILITAIRE SPÉCIALE,

(1) BACON, tome 1, page 246.

et par des ÉCOLES DE GÉNIE ET D'ARTILLERIE ; *pour les fonctions diplomatiques,* par l'ÉTABLISSEMENT D'ÉLÈVES DIPLOMATES et par l'organisation d'une hiérarchie graduelle et d'un avancement progressif; *pour les emplois administratifs, civils et politiques,* par l'INSTITUTION SALUTAIRE DES AUDITEURS *attachés aux diverses parties de l'administration* et admis aux séances du Conseil-d'État, où ils sont appelés à puiser, dans des discussions savantes et variées sur des matières de législation, d'économie sociale, de politique, les connaissances qu'ils devront appliquer un jour. Mais ces moyens seraient encore insuffisans, si l'on ne s'occupait d'abord à préparer, par une première éducation bien dirigée, les jeunes gens destinés à parcourir ces différentes carrières. Tel devra être le résultat de la nouvelle création, ajoutée aux précédentes : L'UNIVERSITÉ, qui doit embrasser et favoriser toutes les branches d'enseignement, et donner à l'instruction un mouvement plus complet et plus rapide ([1]) ; qui, pareille à l'INSTITUT, doit offrir dans son organisation le magnifique ensemble de toutes les sciences, continuant à se mouvoir librement dans leurs sphères respectives, mais appelées à communiquer entre elles et venant aboutir à un centre commun.

Le décret impérial qui organise le corps enseignant semble faire un appel à tous ceux qui s'occupent d'idées

---

([1]) **Art. CXLIII** du titre XIX du *décret relatif à l'organisation de l'Université.* « L'Université impériale et son grand-maître,
» chargés exclusivement par nous du soin de l'éducation et de
» l'instruction publique dans tout l'Empire, tendront sans relâche
» à perfectionner l'enseignement dans tous les genres, à favoriser
» la composition des ouvrages classiques; *ils veilleront surtout à*
» *ce que l'enseignement des sciences soit toujours au niveau des*
» *connaissances acquises, et à ce que l'esprit de système ne*
» *puisse jamais en arrêter les progrès.* » (*)

(*) Les chefs de l'Université ont-ils compris et rempli leur mission ? (NOTE ajoutée EN 1834.)

relatives à l'éducation. Un traité d'éducation-pratique, principalement applicable aux familles qui comprennent la haute importance d'une éducation perfectionnée, et qui peuvent en faire jouir leurs enfans, paraît donc être à la fois d'une utilité présente, immédiate, et d'une utilité non moins grande pour l'avenir.

Cet écrit, sans atteindre à beaucoup près le but auquel j'aurais désiré m'élever, pourra du moins reproduire des idées saines et utiles; éveiller et fixer l'attention sur un objet important, toujours trop négligé; donner lieu à d'autres écrits, où les mêmes vérités seront mieux développées, rendues plus lumineuses, plus efficaces, plus riches en résultats. J'aurai d'ailleurs l'espérance que les personnes éclairées, qui auront lu cet Essai, les parens, les précepteurs, qui en auront fait l'application, du moins dans quelques-unes de ses parties, ne refuseront pas de réunir et de m'adresser, en les distribuant et les classant d'après les divisions adoptées dans l'ouvrage, les observations et les objections qu'il aura pu leur suggérer. Ils rectifieront celles de mes idées qui seraient fausses; ils m'indiqueront celles qui leur paraîtraient essentielles et qui auraient pu m'échapper; ils m'aideront à corriger, à augmenter, à perfectionner mon plan : ils me mettront en état de le compléter, de m'appuyer sur de nouvelles observations, sur de nouveaux faits, d'après une étude approfondie des résultats qu'aura pu donner la pratique de la méthode proposée. C'est par le concours et les lumières de plusieurs que le travail d'un seul homme peut devenir moins imparfait (1).

(1) Les lettres qui contiendront des observations sur l'*Essai général d'Éducation* et sur le *Plan d'Éducation-pratique*, devront être adressées, *franc de port*, A L'AUTEUR (M. A. J.), *rue du Rocher*, N° 23, près la rue Saint-Lazare, *à Paris*.

Nous devons exposer maintenant l'ordre et le plan de l'*Essai général d'Éducation*, et tracer le cadre dans lequel sont présentées les considérations générales ou particulières et les méthodes dont il se compose.

ORDRE ET PLAN DE L'OUVRAGE.

Deux modes d'éducation sont généralement reçus et pratiqués : l'éducation publique, qui réunit d'immenses avantages balancés par plusieurs inconvéniens ; l'éducation domestique, qui présente aussi, sous deux points de vue différens, des inconvéniens très-graves et quelques avantages.

L'examen comparatif de ces deux modes ne permet de s'arrêter exclusivement à aucun. Mais on est conduit à leur préférer un mode d'éducation mixte, propre à concilier, autant que possible, les bons résultats de l'une et de l'autre éducation, publique et domestique.

Ce mode d'éducation mixte paraît devoir convenir à la situation d'un instituteur, chargé de huit ou dix enfans, qui leur ferait au besoin suivre des cours et subir des examens *publics*, en même tems qu'il leur donnerait des leçons et des instructions *particulières*.

Il faut, avant tout, déterminer l'âge, le caractère, les talens, les qualités que doit avoir l'instituteur ; la conduite qu'il doit tenir avec ses élèves, et les sages combinaisons qui peuvent constituer le mode d'*éducation mixte* le mieux entendu.

Nous considérerons ensuite chacun des enfans à élever, et l'homme en général, comme un tout composé de trois élémens, *d'après les distinctions purement conventionnelles adoptées jusqu'à présent* : du *cœur* ou de l'*instinct moral*, qui inspire les actions ; de l'*esprit*, ou de la *force intelli-*

gente et pensante, qui les conçoit et en combine les moyens d'exécution; du *corps*, enfin, ou de la *force physique*, qui exécute les opérations que les deux autres facultés constituantes de l'homme ont concouru à préparer.

Passant à une division des *trois branches de l'éducation*, adaptée aux *trois facultés* dont l'homme se compose, nous examinerons séparément, dans une suite de chapitres sur l'éducation *physique, morale* et *intellectuelle* :

1° Quels sont les *exercices* utiles au corps et à la santé, ou convenables pour la vie sociale, qui doivent faire partie de l'*éducation physique*, et dans quel ordre, proportionné à l'âge et à la force des élèves, on doit les leur faire pratiquer.

2° Quelles sont les *qualités morales* et les *vertus* dont l'ensemble doit offrir le résultat de l'*éducation morale*; dans quel ordre, par quels moyens, par quels *exemples* habilement et indirectement présentés, par quelles *habitudes* lentes et insensibles, ces qualités et ces vertus doivent être versées, pour ainsi dire, goutte à goutte dans l'ame des élèves. Deux articles à part sur la *Religion* et sur la *Connaissance du monde*, ou sur l'étude du cœur humain, et des relations que chaque homme doit avoir avec ses semblables, formeront le complément des chapitres sur l'*éducation morale*.

3° Quelles sont les *connaissances* dont l'acquisition doit former un système complet d'*instruction* ou *d'éducation intellectuelle;* de quelle manière elles doivent être progressivement enseignées et étudiées pour les classer et les coordonner dans l'esprit, sans le fatiguer.

Après avoir tâché d'approfondir, dans la *première partie*, les *principes généraux* relatifs à chacune des *trois branches de l'éducation*, les rapports qui les unissent, les différences, les nuances et les modifications qui les distinguent, les moyens qui permettent de les marier alter-

AVERTISSEMENT.

nativement par un heureux accord, de rendre les jeux et les délassemens instructifs et utiles, les études et les travaux récréatifs et agréables, nous traiterons de l'*Emploi du* TEMS, considéré comme un instrument particulier donné à l'homme par la nature, dont il dépend de lui, surtout pendant la première période de son existence, de faire un bon ou un mauvais usage, qui influe ensuite sur la vie entière.

La *seconde partie* de l'ouvrage, qui forme un traité particulier et indépendant, renferme un ESSAI sur une *méthode de tirer le meilleur parti possible de sa vie*, ou sur l'ART D'EMPLOYER LE TEMS, et de vivre, par conséquent, beaucoup plus qu'un très-grand nombre d'hommes, qui perdent souvent, soit à dessein et par ennui, soit par défaut de réflexion ou par incapacité, beaucoup d'instans, de jours, de mois, même d'années, dans la vie, et qui se plaignent ensuite, par une inconséquence bizarre, de la courte durée de l'existence (1).

(1.) L'ESSAI SUR L'EMPLOI DU TEMS, destiné aux jeunes gens de l'âge de 15 à 26 ans, a été soumis, en 1807, à M. Fourcroy, conseiller d'État, directeur général de l'instruction publique; puis, à M. Fontanes, président du corps législatif, grand-maître de l'Université impériale; et successivement présenté à M. de Montalivet, ministre de l'intérieur sous l'Empire, et en 1831, à M. de Montalivet, fils du précédent, ministre de l'instruction publique et des cultes. Tous les quatre ont écrit à l'auteur pour lui témoigner qu'ils avaient accueilli son travail avec satisfaction, comme un *présent fait à l'instruction publique*, et comme un livre classique et un véritable manuel, très-utile pour les jeunes gens. Leur honorable suffrage a encouragé l'auteur à publier l'ouvrage entier, dont l'*Emploi du tems* ne forme qu'une partie. — L'ESSAI SUR L'EMPLOI DU TEMS, imprimé à part en format in-8°, 4° édition, se vend chez Dondey-Dupré, libraires, rue de Richelieu, n° 47 *bis*. Prix, 7 fr. — On trouve à la même adresse, et chez Béchet aîné, libraire, quai des Augustins, n° 21,

Enfin, la *troisième et dernière partie*, qui est la *partie pratique*, et qui offre la *récapitulation générale*, *l'exécution graduelle*, et, pour ainsi dire, mécanique du plan, présente, dans des tableaux analytiques et synoptiques, la marche et les progrès de l'éducation, depuis la première jusqu'à la vingt-cinquième année.

Ces tableaux sont formés de cinq colonnes parallèles.

La *première colonne* présente l'*ordre des années du cours d'éducation*, et la désignation de la chose principale, qui doit faire successivement, pendant chaque année, l'objet spécial de l'éducation ou de l'instruction.

Dans la *seconde colonne*, sont indiqués les *exercices* qui conviennent, pendant l'année correspondante, à l'*éducation physique* et à la santé.

La *troisième colonne*, consacrée à l'*éducation morale*, donne aussi, année par année, parallèlement avec les autres colonnes, une série des *vertus* et des *qualités morales*, et des moyens de les faire germer, de les cultiver et de les développer dans les cœurs.

Dans la *quatrième colonne*, pour l'*éducation intellectuelle*, ou l'*instruction* proprement dite, on s'est proposé de classer et d'indiquer, année par année, les différentes *connaissances* que doivent recevoir progressivement les élèves, et les méthodes les plus propres à l'enseignement.

La *cinquième et dernière colonne* des tableaux traite de L'EMPLOI DU TEMS pour chacune des années du cours d'éducation, et pour chaque intervalle de vingt-quatre heures. Elle montre comment on peut parvenir, au moyen

l'AGENDA GÉNÉRAL, *livret pratique d'emploi du tems*, avec tablettes, et le BIOMÈTRE, *montre morale*, sorte d'instrument pour mesurer et apprécier la vie par les divers emplois de chaque intervalle de vingt-quatre heures.

d'une économie sévère de tous les instans et d'une sage répartition de leurs différens emplois, à doubler, même à tripler la vie d'un homme, en lui faisant retrouver une très grande. quantité de momens perdus pour tous les autres, et qui, recueillis par lui, tournent au profit du développement de son corps, de son esprit et de son ame, ou de son instruction et de son bonheur.

Ces différentes colonnes correspondantes offrent ainsi, année par année, les RÉSULTATS GÉNÉRAUX des trois branches de l'éducation. Nous suivons pas à pas les progrès successifs de nos élèves, qui ne sont point fatigués par des études excessives et mal digérées, ou par des exercices immodérés, ou par une discipline dure et une morale austère, mais qui s'instruisent et se perfectionnent presque toujours en s'amusant, ou de manière à être satisfaits et heureux ; ce qui leur conserve une santé forte et vigoureuse, un cœur noble et généreux, un bon caractère, un esprit cultivé, une humeur gaie, vive, toujours égale.

On a tâché d'imiter, dans cet Essai d'éducation, la marche de la nature, grande, fixe, uniforme, invariable, constante dans l'ensemble de ses opérations et dans le grand but de la conservation de l'univers ; lente et graduelle dans la formation et le développement de tous les êtres ; modifiant ensuite à l'infini ses procédés et ses nuances dans les détails et dans l'application de ses principes généraux d'ordre et d'harmonie. Ainsi les jours et les nuits se succèdent avec une régularité immuable, et subissent néanmoins des modifications très variées dans leur température et dans les événemens physiques qu'ils amènent dans leur cours. De même, une bonne méthode d'éducation doit avoir des principes fixes, constans, invariables, une marche lente, sage, progressive ; elle doit demeurer susceptible de modifications de détail très-mul-

AVERTISSEMENT.

tipliées, applicables aux différences des tempéramens, des esprits, des caractères, aux diverses situations de la vie, ou aux différentes destinations des élèves dans la société.

ESSAI GÉNÉRAL
D'ÉDUCATION
PHYSIQUE, MORALE
ET
INTELLECTUELLE.

INTRODUCTION.

I. CONSIDÉRATIONS GÉNÉRALES sur l'importance de l'Éducation; But de cet écrit.

On a publié, depuis long-tems, surtout dans le dernier siècle, un grand nombre d'ouvrages sur l'éducation. Des hommes de génie ont posé les bases de cette science qui a pour objet de développer et de perfectionner les facultés physiques, morales et intellectuelles de l'homme, de former, de fortifier le corps, de construire, pour ainsi dire, ou plutôt de modifier la tête et le cœur, ces deux élémens dont, suivant l'opinion commune, l'homme moral se compose; qui, enfin, s'occupant du bonheur des individus, travaille aussi pour la prospérité des nations.

Des écrivains plus ou moins habiles se sont pressés

en foule sur les traces de *Montaigne*, de *Locke*, de *Fénélon*, de *Rollin*, de *Condillac* et de *J.-J. Rousseau*. Des observations profondes, des théories savantes, des méthodes variées à l'infini, ont été proposées. Mais, sur ce point comme sur tant d'autres, la spéculation a fait plus de progrès que la pratique. Celle-ci, presque toujours abandonnée à des mains mercenaires, découragée par le peu de considération qu'elle obtenait dans l'opinion, par l'ingratitude réservée à ses travaux et même à ses succès, n'a pu offrir qu'une carrière semée de désagrémens, de dégoûts et d'obstacles. Les vrais philosophes, les amis éclairés de l'humanité, qui avaient fixé leurs méditations sur l'éducation de la jeunesse et sur les meilleures méthodes d'enseignement, ont mieux aimé tracer de beaux plans théoriques, rédigés à loisir dans l'indépendance de la vie littéraire, que de s'assujettir à mettre ces plans à exécution, en se dévouant à la profession, presque servile, ingrate, généralement avilie, de précepteurs ou d'instituteurs. Et cependant, quelle plus noble fonction que celle de former des hommes pour sa patrie!

Il y aurait de la présomption à vouloir aujourd'hui présenter des idées absolument neuves sur un sujet si rebattu. Mais, dans l'état actuel de nos connaissances, un livre nouveau paraît devoir être utile et instructif, s'il peut épargner la lecture de beaucoup d'autres ouvrages.

L'auteur doit s'efforcer de reproduire dans un ordre simple et méthodique, de manière à leur donner un plus grand degré d'évidence, à les rendre plus facilement praticables, des vérités présentées jusqu'alors isolément ou confusément, avec trop peu d'étendue, de suite et de clarté, dont, par conséquent, la liaison et l'importance ne semblent pas avoir été suffisamment saisies, et dont la pratique a été constamment négligée. Il ne sera donc pas sans utilité de réunir, de combiner, de fondre ensemble les observations et les idées des meilleurs écrivains sur l'art d'élever la jeunesse; d'y joindre les résultats des méditations de plusieurs hommes instruits, et ceux d'une longue expérience personnelle; de former ainsi un nouveau *Traité analytique et méthodique sur l'éducation, destiné à servir de manuel aux parens et aux instituteurs*. Ce traité doit offrir une association heureuse et une sage distribution des exercices du corps les plus favorables à la santé, des actions et des exemples les plus propres à former le cœur, des connaissances les plus utiles pour développer l'esprit: il doit déterminer les époques de l'enfance et de la jeunesse qu'il faut consacrer à l'étude successive de chacune des sciences, indiquer les méthodes les plus convenables pour les enseigner. Un plan ainsi conçu doit aussi présenter l'application pratique unie à la théorie, et n'être, pour ainsi dire, qu'un véritable mécanisme, dont tous les rouages, bien coordonnés entre eux, soient propres à lui imprimer un mouvement à la fois simple, uniforme, rapide et progressif. Tel est le but que j'ai cru pouvoir me proposer.

Quand on écrit sur une science, on doit tâcher de bien connaître et de déterminer avec précision les degrés qu'elle a parcourus, et le point où elle est arrivée, pour juger vers quel point elle doit tendre encore, et pour s'avancer ainsi du connu à l'inconnu. J'ai voulu réunir ce qui a été présenté jusqu'à nos jours de bon et d'utile sur l'éducation, et en même tems ce qui m'a paru le mieux approprié à l'état actuel des lumières et aux besoins de la société, dans l'ordre de choses où nous vivons. J'ai donc préparé une sorte de cadre, qu'un autre sans doute remplira mieux que moi, mais qui permettra du moins de classer avec plus de méthode, dans des cases ou tables coordonnées et disposées exprès, les idées, les observations, les expériences, les améliorations relatives à chacune des branches que j'ai cru devoir distinguer. Ces branches doivent à la fois être considérées séparément, et dans leur ensemble, ou dans leurs rapports, et recevoir un développement progressif et simultané, en se prêtant les unes aux autres de mutuels secours. J'ai osé me flatter, sans ouvrir une route nouvelle, de tracer un plan peut-être plus complet que ceux qui ont déjà été publiés : je laisse à des mains plus habiles à finir l'ouvrage que mon défaut de capacité et les circonstances où je me suis trouvé ne m'ont permis que d'ébaucher.

II. Inconvéniens qui résultent pour un État du défaut d'éducation et d'instruction, dans les classes supérieures et dans les classes inférieures de la société.

On a trop négligé l'éducation, surtout dans les classes inférieures; on l'a négligée aussi dans les classes supérieures de la société.

Dans les classes inférieures, le défaut d'éducation

et d'instruction produit cette foule immense de vagabonds, de mendians, d'hommes ennemis du travail, étrangers à toutes les habitudes morales, et qui sont le fléau des nations.

Je m'attacherai particulièrement, dans un autre Essai, à rechercher les moyens de procurer aux individus de cette classe le degré d'instruction qui leur est nécessaire, d'adapter et d'approprier leur éducation aux besoins de la consommation, comme on proportionne les produits de l'industrie aux demandes qui s'en font dans un pays, d'établir des espèces de manufactures d'hommes, pour en approvisionner les classes industrieuses, de prévenir ainsi et d'extirper dans leur racine la mendicité, le vagabondage et les crimes qui en sont la suite, par la facilité donnée aux enfans des pauvres d'apprendre et d'exercer un métier et de subsister par leur travail. Alors, nous aurons la solution d'un des problèmes les plus importans dans l'ordre social : *Tourner au profit de la sûreté et de la prospérité de l'État les élémens mêmes de révolutions et de troubles* (1). Nous aurons ôté à la classe pauvre

---

(1) Les OBSTACLES peuvent devenir, par une prudence consommée, par une habileté soutenue, par une volonté forte, des ÉLÉMENS et des MOYENS DE SUCCÈS, *Principe général*. — Voyez le Traité de PLUTARQUE, *sur l'utilité des ennemis, et sur l'art d'en tirer parti*. — CARDAN, philosophe du quinzième siècle, a publié un traité sous ce titre : *De utilitate ex adversis capienda* : De l'utilité à retirer des choses contraires.

  Que ne peut le génie ! il sait, par son prestige,
  Changer l'horreur en charme, et l'obstacle en prodige.
  L'OBSTACLE est l'ennemi qu'il se plaît à dompter.
      (DUCIS, épître à LE GOUVÉ.)

Voy., dans les APPENDICES *servant de complément à l'*ESSAI SUR

la disposition, la volonté, même le pouvoir de nuire à la classe riche; en même tems, nous veillerons à ce que celle-ci, par l'effet d'une instruction bien dirigée, appropriée à sa destination, devienne essentiellement bienfaisante et protectrice, tandis que les institutions et les lois l'empêcheront d'être jamais oppressive et odieuse. Car, les haines, les jalousies, les guerres entre les pauvres et les riches ont, de tout tems, été la première, peut-être l'unique source de toutes les dissentions qui ont agité les sociétés.

Le défaut d'éducation et d'instruction, dans les conditions les plus élevées, n'a pas eu des conséquences moins dangereuses. L'éducation soignée ou négligée, les talens ou l'ignorance, les vertus ou les vices, les grandes qualités ou la nullité absolue, qui caractérisent les individus de ces conditions : telles sont les causes qui produisent l'élévation ou la décadence des États, la régénération ou la corruption des mœurs publiques, la force ou la faiblesse des gouvernemens, qui font enfin que les dynasties s'affermissent ou succombent.

Si les hommes destinés à commander aux autres leur étaient toujours aussi supérieurs par leurs lu-

L'EMPLOI DU TEMS (4ᵉ édit., p. 343 et suiv.); l'Exposé de quelques PRINCIPES, ou VÉRITÉS FONDAMENTALES, qui paraissent pouvoir servir de bases à toute espèce de méthode, et fournir des applications utiles dans les *sciences physiques et naturelles; métaphysiques, morales et politiques;* dans la *littérature* et dans les *arts*, et surtout dans la *philosophie morale*, dans l'*éducation*, dans l'*art d'employer le tems*, et dans la conduite journalière de la vie. — Nous placerons, à la fin de cet ouvrage, le *Tableau analytique de ces principes généraux*, formant une sorte de *Code universel, philosophique et moral*.

mières et leurs connaissances, qu'ils le sont par leur rang et leurs emplois, il n'y aurait point de révolutions. La subordination serait facilement établie. Chacun obéirait volontiers à celui dans lequel il reconnaîtrait une supériorité réelle de talens et de génie. Cette supériorité, premier titre du chef suprême de l'Empire, doit devenir, dans des proportions plus ou moins grandes, l'apanage de tous ceux qui sortiront des familles placées, par le nouvel ordre de choses, dans les premières classes de la société, ou que d'heureuses dispositions naturelles appelleront à servir leur patrie dans de hautes fonctions publiques.

Ce n'est point ici un privilége exclusif d'instruction, qui tendrait à replonger le reste de la nation dans la barbarie. Loin de nous une aussi criminelle pensée! Plus une nation est éclairée, plus on peut faire de grandes choses avec elle. *La dignité du commandement,* dit BACON, *se proportionne à la dignité de ceux auxquels on commande.*

Les hommes sont des moyens et des instrumens de puissance : avec des moyens et des instrumens ordinaires, un génie, même supérieur, ne peut obtenir de grands résultats. Que l'instruction soit donc favorisée et généralement répandue : c'est l'intérêt commun de la nation et du gouvernement. Car il ne peut exister deux intérêts distincts et séparés pour le prince et pour le peuple : leur cause est indivisible. Mais surtout, que les membres des familles riches et puissantes, ou qui approchent du trône, donnent à leurs enfans une excellente éducation, bien combinée dans ses détails, rapportée à un but déterminé, propre à créer des hommes distingués et habiles. Les enfans des princes et des riches, entourés de bonne heure de courtisans et de flatteurs, se persuadent aisément qu'ils savent tout, qu'ils n'ont besoin de rien apprendre; ils sont tellement disposés à consumer leur existence dans une molle oisiveté, dans une ignorance grossière, dans une stupide inertie, qu'on ne saurait trop les prémunir contre ce danger. Il y a donc un rapport intime et nécessaire entre la direction à donner à l'éducation, et la politique.

III. De l'ÉDUCATION dans ses rapports avec la POLITIQUE.

L'art de former les hommes, ou *l'éducation*, *l'art de rendre les hommes heureux*, ou la *politique*, d'après la sage et belle définition d'Aristote, l'histoire lue et méditée sous ces deux rapports, la société considérée sous ces mêmes points de vue : tels sont les objets les plus dignes des études et des travaux de celui qui aime ses semblables, qui est pénétré de la dignité de l'homme, qui est entièrement dévoué à son pays, qui veut lui offrir un tribut utile, et concourir à son bonheur et à sa gloire.

Les nations brillent tour à tour sur la scène du monde ; elles s'élèvent, dans certaines époques, au plus haut degré de splendeur et de prospérité. Elles retombent et dégénèrent, dans d'autres périodes de leur existence, pour être ensuite relevées quelquefois de leurs ruines par une main habile et puissante, et pour renaître de leurs cendres. Presque toujours, leur abaissement ou leur élévation, leur décadence ou leur marche progressive, leurs destinées enfin malheureuses ou florissantes, dépendent en grande partie de l'homme qui les gouverne.

Heureux l'Empire qui rencontre enfin un chef assez éclairé, assez prévoyant, assez généreux, non seulement pour détruire les abus et les maux présens, mais pour embrasser l'avenir dans sa pensée, pour assurer le bonheur des générations qui doivent le suivre, pour *affermir de telle sorte le gouvernement par de sages institutions, que l'État puisse désormais se passer d'hommes extraordinaires pour le gouverner, et ne craigne ni la médiocrité, ni même les vices de ses conducteurs* (¹)! Alors la fortune de l'Empire n'est plus chancelante ni précaire : la gloire de son législateur est immortelle.

Le monarque, jaloux de laisser après lui des traces durables de félicité publique, appelé par son caractère, par son génie, par l'impulsion d'une ame noble, enflammée de l'amour de la gloire et de l'humanité, à paraître sur la terre comme une seconde Providence, à signaler sa puissance par des bienfaits, par les actes d'une politique sage, prévoyante, créatrice, recueillera les fruits de ses travaux. Il aura semé des germes féconds de prospérité ; d'immenses résultats, également avantageux à la nation et à lui-même, seront le prix de ses efforts, les monumens de sa gloire.

Mais, quelles que soient les institutions et les lois

(¹) Ce passage est emprunté de Condillac, auteur des *Traités sur le Commerce et le Gouvernement*, et *sur l'Étude de l'histoire*, deux Ouvrages qu'on ne saurait trop recommander aux méditations des hommes d'État.

données à un État pour y faire succéder les lumières, sagement dirigées, aux ténèbres de l'ignorance; l'industrie active et bien employée, qui développe et perfectionne les facultés humaines, à la paresse et à l'inertie qui abrutissent et qui dégradent; enfin, la sûreté, la propriété généralement et fortement garanties, à l'inquiétude et à l'insécurité qui paralysent et qui étouffent dans leur germe toutes les entreprises utiles; ces institutions et ces lois manquent de leur base la plus solide, si l'éducation des individus des différentes classes de la société a été négligée et abandonnée, ou même si elle n'a pas été le premier objet des méditations et des soins du génie régénérateur de l'État.

Un bon système d'éducation est le seul moyen de réformer les mœurs et d'extirper les abus dans leur racine. Mais ce système peut et doit être modifié de différentes manières, pour que les différentes classes de l'État soient, pour ainsi dire, fournies et approvisionnées des divers genres de talens, de connaissances et de vertus, plus spécialement propres et nécessaires, dans chacune d'elles, aux individus qui les composent. Le but est toujours le même; les routes pour y parvenir sont variées à l'infini. « Puisque les citoyens ne sont pas faits pour contribuer tous de la même manière aux avantages de la société, il est évident que l'instruction doit varier comme l'état auquel on les destine [1]. Les connaissances deviennent

[1] *Tout est relatif*: Principe général. — L'éducation doit être considérée, *relativement* à l'âge des élèves, à leur sexe, à leur condition, à leur destination dans la société, à la fortune de leurs

de plus en plus nécessaires, à mesure que les conditions s'élèvent ([1]). »

D'un côté, des écoles nationales et spéciales, agricoles, industrielles, commerciales, militaires, navales, professionnelles, seront destinées à créer et à entretenir une génération toujours renaissante d'agriculteurs, d'industriels, de commerçans, d'artisans, d'artistes, de marins, de soldats. Cette classe, si nombreuse, si intéressante dans toute espèce de société, la classe des hommes laborieux et productifs, devra être favorisée, encouragée, formée aux habitudes morales et au travail ([2]). De l'autre, l'éducation et l'instruction des individus des classes supérieures, qui exercent une si grande influence sur la société entière, par leur exemple et leur autorité, par leur rang et leurs richesses, seront aussi l'objet constant de la sollicitude et de la surveillance du gouvernement.

parens, aux circonstances générales où se trouve leur patrie, à la nature du climat, aux différences et aux variétés de tempéramens et de caractères. Quoique son but soit unique et déterminé, quoique les trois branches dans lesquelles elle se subdivise soient les mêmes pour tous les hommes, quoique ses principes généraux soient constans et immuables, elle est susceptible d'un nombre infini de modifications très-délicates et variées dans l'application. — Voyez la *Note* des pages 19 et 20 ci-dessus.

([1]) *Cours d'Études* de CONDILLAC, t. I, *Discours préliminaire*.

([2]) On doit citer ici l'utile et belle institution de l'*École des Arts et Métiers*, établie à Châlons, et qui était précédemment à Compiègne, et l'*École des Arts et Manufactures*, fondée depuis quelques années à Paris, et qui est une sorte d'école polytechnique, civile et industrielle.

IV. De l'Éducation des enfans des familles les plus influentes par la richesse, la considération, et par le rang qu'elles occupent dans la société.

Si, en effet, il est de l'intérêt d'une nation et de son gouvernement, que l'instruction soit propagée dans un État, que les différens membres de la société soient également appropriés à leur destination respective, et puissent contribuer, chacun dans la sphère où il est placé, au but général de la prospérité, combien n'est-il pas plus important que les individus appelés à occuper des positions élevées, reçoivent une éducation qui leur permette de seconder un jour les projets du monarque, d'être pour lui comme une pépinière féconde d'hommes instruits et utiles, dont les bras, les esprits et les cœurs soient dévoués, dès leur enfance, aux intérêts, à la gloire et au bonheur de la patrie.

Le prince qui veut créer de pareils instrumens, qui veut former, dans les classes supérieures de la société, des hommes capables de la servir par des vertus, des talens et un mérite distingués, ne paraît pas devoir employer, pour cet objet, des moyens positifs et impératifs, mais indirects, dépouillés de toute apparence de commandement et de contrainte. Il lui suffit de témoigner aux personnes placées près de lui le désir que l'éducation de leurs enfans reçoive une direction déterminée, et d'indiquer et d'approuver le système ou le plan convenable à ses vues. « L'autorité seule ne fait jamais bien : il faut gagner les cœurs, et faire trouver aux hommes leur avantage dans les choses où l'on veut se servir de leur industrie. » (¹).

Nous pouvons calculer quels seraient pour lui les résultats et les avantages : une prompte amélioration des mœurs, un rapide accroissement de la civilisation et des lumières, un esprit public communiqué à toutes les classes de l'État, fondé sur l'orgueil national, sur des sentimens d'amour et de fidélité pour la patrie et pour le gouvernement.

Cette perspective pourrait paraître trop éloignée pour un prince d'un âge avancé, quoiqu'il dût y voir l'avantage de laisser après lui des traces prolongées de son existence, et la gloire d'avoir à la fois embrassé dans sa pensée le bonheur de ses contemporains et des générations futures. Mais elle offre toutes les chances de la probabilité d'un succès dont il pourra jouir personnellement, au monarque jeune encore, dont la carrière est déjà féconde en créations et en prodiges.

Quant aux familles qui auront su remplir ses vues, en lui préparant des sujets dignes d'occuper auprès de lui les premiers emplois, de justifier sa confiance, d'être les exécuteurs et les coopérateurs de ses desseins pour la félicité de l'État, elles trouveront le prix de leur condescendance dans les faveurs assurées à leurs enfans, en raison de leur mérite personnel, des connaissances acquises et des qualités morales, produit de leur éducation.

Sous ces différens rapports, un Essai, qui a spécialement pour objet l'éducation des enfans des pre-

---

(¹) FÉNÉLON, *Télémaque*, livre 3.

mières classes de la société, parce que c'est par elles que la civilisation doit commencer ou se perfectionner, et que les lumières doivent arriver dans la nation pour se répandre dans les autres classes: un pareil Essai, dis-je, paraît parfaitement applicable à l'état présent de notre pays, et se lie essentiellement aux conceptions politiques et aux intérêts du gouvernement.

V. Ordre des matières traitées dans cet Essai.

Cet Essai sera divisé en trois parties.

Dans la PREMIÈRE PARTIE, après avoir examiné et comparé les avantages et les inconvéniens respectifs de *l'éducation publique* et de *l'éducation domestique*, on s'attache à combiner ensemble ces deux genres d'éducation, pour en former un mode d'ÉDUCATION MIXTE, qui soit à la fois exempt des abus observés dans les deux autres, et propre à concilier leurs divers avantages.

On pose les bases générales du plan; on détermine d'une manière positive le but de l'éducation et de la vie, et les trois branches dans lesquelles l'éducation se subdivise. Les principes relatifs à chacune de ces trois branches sont exposés successivement et séparément. On y joint l'indication des méthodes à suivre pour l'enseignement, et l'on examine les différentes connaissances qui doivent entrer dans le cours d'instruction, leurs rapports entre elles, leurs divers degrés d'utilité.

Le développement des résultats que promet l'exécution du plan, pour les élèves, pour la patrie et pour le gouvernement, termine cette première partie. Elle est spécialement soumise aux hommes d'État qui s'occupent de l'instruction publique, aux parens jaloux de faire donner à leurs enfans une éducation complète et soignée, aux instituteurs publics et aux précepteurs particuliers qui veulent s'acquitter avec succès de leurs honorables fonctions.

La SECONDE PARTIE, destinée à servir de complément à la précédente, contient l'exposé d'une méthode particulière, qui a pour objet de régler le bon emploi du tems, et de doubler, ou même de centupler ainsi l'existence de l'homme et ses moyens de bonheur. Cette méthode, dont la pratique, convertie en habitude journalière, peut être continuée avec succès depuis l'âge de raison jusqu'à la dernière vieillesse, est principalement proposée aux jeunes gens de quinze à vingt-cinq ans, qui sont en état de l'apprécier, d'en calculer et d'en essayer les effets, de la prendre enfin pour règle de leur vie.

Après avoir exposé la théorie et les principes du plan d'éducation, ses motifs et ses avantages, les moyens d'exécution et les résultats, il a paru convenable, pour en simplifier et en faciliter l'application et la pratique, de le mettre, pour ainsi dire, en action sous les yeux du lecteur, et d'en reprendre, année par année, la marche progressive depuis l'époque de la naissance jusqu'à l'âge de la virilité. Cette marche progressive est développée dans des tableaux synoptiques et analytiques, composés de colonnes parallèles, qui présentent l'ensemble du plan, d'après la division des trois branches de l'éducation, et la distribution méthodique des divers objets d'enseignement et des différens emplois du tems, année par année, jour par jour, et heure par heure; en sorte que chacun de ces emplois soit rapporté à un but d'utilité déterminé. Notre plan devient ainsi une sorte de mécanique, dont l'œil peut facilement observer les rouages, et suivre tous les ressorts dans leur action réciproque et dans l'ensemble de leurs mouvemens et de leurs effets. Tel est l'objet de la TROISIÈME *et dernière* PARTIE.

PREMIÈRE PARTIE.

I. Des AVANTAGES et des INCONVÉNIENS respectifs de l'ÉDUCATION PUBLIQUE et de l'ÉDUCATION DOMESTIQUE.

Dans l'état actuel de civilisation de l'Europe, une grande partie des enfans est nécessairement envoyée aux écoles publiques. La plupart des parens, livrés à des travaux et à des intérêts particuliers qui réclament leurs instans et toute leur industrie, ne peuvent avoir ni le tems, ni les lumières, ni la liberté nécessaires pour diriger eux-mêmes l'éducation de leurs enfans. Ceux-ci, destinés à vivre dans la foule, ont besoin de recevoir à la fois les notions générales qui doivent leur être communes avec tous les membres de la société, et l'enseignement particulier, relatif à leur destination et à la sphère où ils ont, pour ainsi dire, leur place marquée, à moins qu'un mérite et des talens supérieurs ne leur fassent franchir les limites de leur condition, pour monter dans une classe plus élevée.

Mais, dans la plupart des collèges, des universités, des établissemens consacrés à l'éducation, les enfans, séparés de leurs parens, livrés à des mains étrangères, sont confiés à des maîtres plus ou moins habiles, presque toujours indifférens aux progrès de la masse de leurs disciples, et jaloux seulement d'en faire briller un petit nombre aux dépens des autres, pour se faire valoir eux-mêmes. Il y a toujours une perte de tems immense et irréparable pour les élèves, une négligence presque inévitable de la part des instituteurs, beaucoup de parties incomplètes et défectueuses dans le système d'éducation. Les exercices nécessaires pour former et fortifier le corps, la gymnastique, la natation, l'équitation sont presque entièrement négligées; il n'y a point d'*éducation physique*. L'*éducation morale* s'est bornée long-tems à des pratiques religieuses, et n'a point préparé les jeunes gens à la connaissance des rapports mutuels qui existent entre les hommes et des devoirs qu'ils ont à remplir dans la société. L'*instruction*, ou la partie de l'éducation relative à la culture de l'esprit, n'a trop souvent eu d'autre objet que l'étude des langues anciennes, qui se rattachait, il est vrai, sous quelques rapports, mais d'une manière imparfaite et vicieuse, à l'étude de la géographie, de l'histoire et de la mythologie. La logique, les langues modernes; les sciences naturelles et physiques, les sciences mathématiques, la géométrie et le dessin, dont l'application aux arts mécaniques et aux sciences rend leur enseignement si généralement utile et nécessaire, ont été mal enseignés ou totalement oubliés.

Les progrès de l'esprit humain et des sciences, dans les derniers siècles, l'état des lumières dans le nôtre, exigeaient donc depuis long-tems une organisation nouvelle, plus vaste et mieux ordonnée, de l'instruction publique. Des améliorations importantes ont eu lieu dans cette partie, sous les auspices et par les ordres du gouvernement. Non seulement la France, mais plusieurs États de l'Europe, la Russie, la Bavière, la Prusse ont commencé à perfectionner le système des écoles publiques. On s'est enfin occupé d'organiser l'éducation, d'après des idées plus libérales, de manière à donner plus de noblesse et d'élévation aux ames, plus d'étendue et de justesse aux esprits, plus de force et de vigueur aux tempéramens.

Les établissemens publics d'instruction sont spécialement utiles aux enfans des classes ordinaires et moyennes de la société, qui composent une partie si importante et si nombreuse du grand corps du peuple. Les enfans des riches, au contraire, et ceux qui appartiennent aux familles les plus considérables d'un État, voient, en général, s'écouler leurs premières années à l'ombre des foyers domestiques sous la tutelle d'un précepteur. Celui-ci, presque toujours au-dessous de ses nobles fonctions, privé de la considération nécessaire pour les bien remplir, demeure confondu parmi les gens à gages et les salariés subalternes, au lieu d'occuper la place honorable de second père, de guide et d'ami des enfans qui lui sont confiés (1).

(1) Je ne prétends point généraliser mon observation, et je n'ignore pas qu'il y a d'honorables exceptions à faire. Je connais des instituteurs et des précepteurs qui savent se respecter, et des parens éclairés qui apprécient les fonctions et le caractère de ceux auxquels ils confient leurs enfans. Mais les individus mêmes auxquels les exceptions se trouvent applicables, conviendront de la nécessité d'insister sur la nature du mal indiqué, pour en chercher le remède.

L'éducation publique, toujours incomplète, souvent mal dirigée, difficilement surveillée, favorise, sous quelques rapports, la communication des penchans vicieux, plutôt que celle des bonnes habitudes et des vertus. Elle livre les enfans à mille exemples dangereux : leur réunion trop nombreuse devient un principe de corruption. Un professeur public ne peut former à la fois l'ame et le jugement de cinquante enfans réunis : il ne peut les observer, les surveiller, les instruire tous avec une égale sollicitude, ni étudier et connaître à fond leurs divers caractères, les trempes différentes de leurs esprits, et corriger leurs défauts et leurs mauvaises inclinations.

Exempte des mêmes dangers, l'éducation domestique n'est pas non plus sans inconvéniens. Elle rend un jeune homme indolent, mou, paresseux, par un séjour trop prolongé dans la maison paternelle ; timide et pusillanime, parce qu'on écarte loin de lui les difficultés et les obstacles qui pourraient exercer son courage : quelquefois morne, taciturne, mélancolique, par l'effet d'une longue solitude ; souvent aussi, vain, égoïste, présomptueux, volontaire, parce que, toujours seul, sans objets de comparaison parmi des enfans de son âge, il s'habitue à rapporter tout à son individu, à se croire un être privilégié, une exception et un prodige. Cette éducation solitaire prive à la fois les enfans de l'aiguillon puissant de l'émulation dans les études et les exercices, et de l'avantage d'avoir des compagnons dans leurs jeux. Elle empêche leur gaîté naturelle de se développer ; elle nuit aux progrès de leur esprit, qui ne peut acquérir le degré de vigueur et d'activité que pourrait lui procurer une lutte continuelle avec de jeunes rivaux ; elle éloigne d'eux ces sentimens d'amitié, de bienveillance, d'humanité, l'un des ressorts les plus nécessaires d'une bonne éducation, et qui demandent, pour être en quelque sorte fondus dans la conduite journalière de la vie, dans nos manières, dans nos humeurs, dans nos actions, une fréquentation habituelle avec nos semblables dès l'âge le plus tendre ; elle ouvre enfin une ame neuve encore aux impressions d'une vanité imprudente et d'un orgueil mal dirigé, qui étouffent les germes de la vertu.

II. De l'utilité d'une ÉDUCATION MIXTE, et du nombre d'enfans qu'il convient de réunir pour ce genre d'éducation.

Si, d'un côté, des habitudes vicieuses, des études imparfaites sont trop souvent le résultat de la fréquentation des écoles publiques, et si les bienfaits de l'instruction n'y peuvent être également partagés entre tous les élèves ; si, d'un autre côté, l'inexpérience, la timidité, la mollesse, l'inertie, l'orgueil semblent devoir résulter de l'éducation absolument privée, une association heureuse et un habile mélange des élémens de ces deux genres d'éducation sont peut-être le seul moyen d'atténuer les inconvéniens que l'une et l'autre présentent, et de faire concourir ensemble à un même but leurs divers avantages [1]. Cette combinaison paraît surtout praticable pour les

[1] On croit pouvoir résumer ainsi qu'il suit les principaux avan-

56   ESSAI GÉNÉRAL

individus des familles riches, destinés à occuper les premiers emplois dans l'État, et il dépend des parens d'en faire la base de l'éducation de leurs enfans.

On croit utile de réunir sous la direction d'un même instituteur, jusqu'à six, huit et peut-être même

tages des deux genres d'éducation qu'on veut associer et combiner.

I. *Avantages de l'éducation publique.*

1° Émulation et instruction mutuelle (*).
2° Perfectionnement plus rapide des facultés physiques, morales et intellectuelles des enfans, par une lutte continuelle avec de jeunes rivaux.
3° Développement des sentimens d'amitié, de bienveillance, d'humanité, l'un des ressorts les plus salutaires de l'éducation. (Ces sentimens ne peuvent être connus, nourris et pratiqués que par une heureuse habitude, contractée dès l'enfance, de vivre en société avec ses semblables.)
4° Répression de l'égoïsme et de l'orgueil, qui trouvent souvent accès dans l'ame d'un enfant toujours seul, sans objets de comparaison parmi des enfans de son âge ; habitué par ce genre de vie à tout rapporter à son individu, à se croire un être exclusif et privilégié.

II. *Avantages de l'éducation domestique.*

1° Instruction mieux dirigée, plus soignée, rendue plus profitable, plus appropriée à la nature de l'intelligence et à la destination de chaque élève.
2° Choix mieux entendu des personnes, des choses et des exemples qui doivent être placés sous les yeux des enfans. (Éducation plutôt en exemples et en actions, qu'en discours et en préceptes.)
3° Conservation des bonnes habitudes, des bons principes, des bonnes mœurs, rendue plus facile par une surveillance plus active.

Cette combinaison des élémens des deux genres d'éducation, généralement connus, sert de base au plan qu'on propose.

(*) Voyez, 3ᵉ partie, le tableau analytique de la 12ᵉ année, case de L'ÉDUC· INTELL. (*Instruction mutuelle.* — Son application, ses avantages.)

douze enfans du même âge, pris dès leur cinquième ou sixième année, pour combiner les élémens de cette éducation, en partie domestique, en partie publique. Un plus grand nombre d'enfans nuirait au but qu'on se propose ; un plus petit n'offrirait pas les mêmes avantages de l'émulation, de l'instruction mutuelle, de l'amitié réciproque, du développement simultané des forces physiques, des facultés intellectuelles et des qualités morales.

Si plusieurs éducations, du genre de celle qu'on propose, étaient dirigées de la même manière, et à la fois, dans des maisons différentes, par des instituteurs choisis avec un soin scrupuleux, il existerait entre eux une émulation salutaire pour justifier la confiance qu'ils auraient obtenue. On pourrait même établir un concours annuel entre ces maisons, pour comparer les progrès respectifs des élèves, éveiller dans leur ame le premier sentiment de l'amour de la gloire, leur faire subir des examens et des exercices publics, modifier et perfectionner les méthodes adoptées pour leur enseignement. Ce serait peut-être une chose neuve, autant qu'elle serait utile, que cette association et cette combinaison des élémens de l'éducation domestique et de l'éducation publique.

Cinquante éducations semblables seulement suffiraient pour former environ six cents sujets également recommandables par un cœur droit et généreux, par un esprit vaste et actif, orné de toutes les connaissances utiles, par tous les avantages que peuvent ajouter à ces premiers dons de l'éducation la force du corps et la santé. Ces hommes influeraient puissamment, dans moins de vingt années, sur la prospérité générale de notre pays, par leur conduite dans les emplois où le gouvernement pourrait les appeler. Comme ils apprécieraient à leur juste valeur les bienfaits d'une excellente éducation, la méthode employée d'abord pour les former eux-mêmes serait adoptée et perfectionnée par eux pour élever leurs enfans, qui perpétueraient ainsi une race précieuse d'hommes robustes, vertueux et éclairés. Un seul homme suffit souvent pour changer une nation en bien ou en mal; l'influence bien dirigée de quelques hommes, destinés par leur position sociale à prendre part aux affaires publiques, et préparés à seconder les vues du gouvernement pour le bien de l'État, serait immense et incalculable.

Le plan d'éducation dont on indique ici les bases, et dont on va présenter les développemens, serait ainsi peu à peu généralement pratiqué dans la plupart des familles appelées à jouir d'une haute considération et d'une grande influence. Les anciens préjugés et les méthodes vicieuses disparaîtraient : les bons instituteurs ne tarderaient pas à se multiplier; et la nation entière, avant qu'un demi-siècle fût écoulé, ressentirait, dans toutes les parties de son territoire, les salutaires effets de cette amélioration importante.

Mais un projet, quoique vraiment salutaire et combiné avec sagesse, n'est souvent, dans la pensée d'un simple particulier privé des moyens d'exécution, que le rêve de la vertu, le vœu stérile d'une belle ame, enfin qu'une douce illusion et une brillante chimère. Adopté par un gouvernement national, dont la puissance, unie à la ferme volonté de faire le bien, à la passion de la gloire et de la félicité publique, suffit pour applanir tous les obstacles, pour réaliser tous les desseins généreux et praticables, quelque difficiles qu'ils soient, ce projet, en recevant son exécution, devient une cause féconde de résultats précieux à une nation entière et à l'humanité.

III. Du choix d'un Instituteur.

Le choix de l'Instituteur est le point le plus délicat. Son caractère, ses principes, sa conduite doivent faire réussir ou manquer le plan. Je demande dans lui quatre choses :

1º Instruction solide, jugement sain et capacité ;
2º Douceur et fermeté de caractère ;
3º Zèle et dévoûment pour la noble tâche qui lui est confiée.
4º Possibilité et liberté entière de disposer de lui-même, de se livrer uniquement à ses honorables fonctions.

Il ne doit jamais quitter ses élèves, ni les laisser à eux-mêmes, ni les abandonner à des subalternes, à des domestiques, à des étrangers, de quelque classe qu'ils soient.

C'est un sacrifice de dix ou douze années de sa vie qu'il doit s'engager à faire ; ou plutôt, cet intervalle de douze années, qui d'abord paraît effrayer l'imagination, sera la portion de son existence la plus douce, la plus heureuse, la plus prompte à s'écouler; celle enfin qui fixera le plus un jour ses souvenirs et ses regrets. En développant et en dirigeant le cœur de ses élèves, en exerçant leur esprit et leur corps, il s'associe à leurs sentimens, à leurs pensées, à leurs actions, à leurs travaux, à leurs jeux, à leurs plaisirs; il devient lui-même plus vertueux, il ajoute à son instruction; il fortifie sa santé; il est nécessairement plus heureux.

Je désire qu'il soit jeune; qu'il n'ait guère au-delà de vingt-cinq ou trente ans. Plus son âge se rapprochera de celui de ses élèves, plus il s'accommodera facilement à leur humeur et à leurs inclinations, et saura descendre sans peine à la portée de leur intelligence. D'ailleurs, il pourra se flatter de jouir un jour de son ouvrage : espérance qui ne soutiendrait pas dans la même entreprise un vieillard ou un instituteur d'un âge mûr.

La réunion du devoir et de l'intérêt, voilà la meilleure garantie que puissent offrir les hommes dans toutes les conditions de la vie. Qu'ils soient toujours personnellement intéressés à bien s'acquitter de leurs obligations, ils s'en acquitteront toujours avec zèle.

« Le motif, dit un célèbre publiciste anglais (1), sur lequel on doit le plus compter, d'après la connaissance du cœur humain, dont l'influence est la plus continue, la plus uniforme, la plus durable et

---

(1) *Jérémie* BENTHAM.

J'ai essayé de résumer la doctrine de *Bentham* et les qualités qui le distinguent, dans les vers suivans, extraits d'un DISCOURS EN VERS *sur les principaux savans, littérateurs, poètes et ar-*

la plus générale, c'est l'intérêt personnel. » Appliquons d'abord ce principe au choix d'un instituteur, en lui faisant trouver son avantage à former des élèves qui réalisent nos espérances, et qu'il sache lui-même l'appliquer aux enfans qu'on lui confie, en leur ménageant toujours avec art, dans toutes les choses qu'ils doivent faire, la réunion de l'agréable et de l'utile. Nous reviendrons sur cette idée, l'une des bases d'une bonne éducation.

Surtout qu'il sache conserver sa noble indépendance, pour être le père, le guide, le compagnon toujours chéri de ses élèves, l'ami toujours honoré, toujours respecté de leurs parens ; qu'un vil amour des richesses, qu'une lâche condescendance pour en obtenir, que des vues basses et intéressées, d'ambition, d'intrigue, d'élévation personnelle ne déshonorent point son ame. Qu'elle ne soit accessible qu'à une seule ambition, celle de créer des hommes, de donner des citoyens dévoués à la patrie, capables de la servir et de la défendre, de l'honorer par leurs actions, leurs talens et leur caractère. Le service qu'il rend à ses élèves, à leurs familles et à l'État, n'est

---

tistes qu'a produits la Grande-Bretagne, Discours imprimé à Londres au mois de septembre 1833, chez Barthès et Lowell, 14, great Malborough street.

> ... Philosophe obscur, publiciste profond,
> Penseur ingénieux, esprit vaste et fécond,
> Des peuples consultant la vieille expérience,
> BENTHAM nous a légué sa nouvelle science,
> Qui tend à réformer et les lois et les mœurs,
> Qui veut nous rendre heureux en nous rendant meilleurs,
> Et qui, de notre cœur trouvant le vrai mobile,
> Pour le conduire au bien, sait lui montrer l'UTILE.

point de ceux que l'or seul pourrait payer. L'amitié, la considération, la reconnaissance, l'estime, le respect, voilà les sentimens qu'il doit inspirer et obtenir, et qui doivent être son premier encouragement, sa plus douce récompense. Pourquoi voit-on de si mauvais précepteurs d'enfans? c'est qu'ils sont toujours traités comme des gens à gages. On les avilit à leurs propres yeux. Faut-il s'étonner de ne trouver en eux que des esclaves et des ames dégradées?

Votre instituteur doit avoir lu et médité le plan d'éducation que vous avez adopté. Il doit déclarer s'il le trouve bon et praticable, concourir par tous ses moyens à son exécution, prendre l'engagement d'en suivre toujours les règles et les principes. Il doit faire lui-même le choix et répondre de tous ceux qu'il sera dans le cas de placer auprès des enfans; car, on peut admettre un ou deux sous-précepteurs, adjoints à l'instituteur ou gouverneur, mais subordonnés. L'un pourra servir en même tems à enseigner, non comme maître, mais comme ami, et à la demande des élèves, le dessin, les élémens de la géométrie et les mathématiques; l'autre pourra leur donner, dans des entretiens familiers, ou dans des promenades instructives et amusantes, des leçons élémentaires d'astronomie, de géographie, d'histoire naturelle et d'histoire générale.

IV. *Des conditions accessoires qui paraissent nécessaires au succès de l'éducation.*

Dans les élèves, je ne demande rien d'extraordinaire; seulement une bonne constitution physique, morale et intellectuelle. Qu'ils ne soient ni muets ou sourds, aveugles ou estropiés, ni enclins et habitués au mensonge, à la ruse, à l'opiniâtreté, ni décidément idiots. Dans les circonstances et dans les hommes placés autour d'eux, il faut prévoir tous les genres d'obstacles, les écarter d'avance, les surmonter, si nous n'avons pu les prévenir.

La fortune est indispensable pour réunir d'abord tous les moyens d'instruction, pour les avoir sous la main, pour en modifier l'usage, pour bien choisir les personnes qu'on peut placer ou laisser sans inconvénient auprès des élèves, pour être libre dans sa marche, et assuré de repousser avec succès tout ce qui viendrait entraver ou gêner l'exécution du plan.

Nous aurons occasion d'exposer successivement les qualités nécessaires à l'instituteur, les maximes qui doivent le diriger sans cesse, leurs applications particulières dans différentes circonstances; car il faut surtout former l'instituteur, pour le mettre en état de former lui-même ses élèves. Il est tems maintenant de poser quelques principes généraux qui doivent présider à l'éducation, dont nous parcourrons séparément les différentes branches, pour faire marcher ensemble la théorie et la pratique, les faits et les observations, les moyens reconnus possibles et faciles, les résultats bien prouvés et presque incontestables.

V. Du BUT qu'on doit se proposer dans l'éducation. (1).

L'éducation est, pour ainsi dire, l'apprentissage

(1) *En tout il faut un But.* Principe général. — Voy. ci-dessus, NOTE des pages 19 et 20.

de la vie; son véritable but, comme celui de la vie, est le perfectionnement physique, moral et intellectuel de l'homme, sans lequel il n'est point de vrai bonheur.

Mais, quoique tous les hommes tendent nécessairement à leur bien-être, par réflexion ou par instinct, et quoiqu'il n'en soit aucun qui ne désire être heureux, la plupart ignorent en quoi consiste réellement le bonheur, et quels sont les élémens qui le composent et les moyens d'y parvenir.

La raison, l'observation, l'expérience, paraissent indiquer trois élémens essentiels et nécessaires du bonheur : la *force du corps* et la *santé*, *l'élévation de l'ame* ou la *moralité*, la *culture de l'esprit* ou l'*instruction*.

VI. Du Principe fondamental de l'éducation et de la morale, ou d'une loi naturelle et primitive qui lie tous les hommes entre eux par leurs intérêts réciproques.

Le principe de l'*éducation*, ou de l'*art de former les hommes et de les rendre heureux*, est tout entier dans cette loi de la nature qui est aussi la base de la morale et le premier anneau de la chaîne sociale : « Nul homme ne peut créer son bonheur particulier qu'en contribuant au bonheur des autres. » L'intérêt personnel de chacun des individus, composant la société, tend naturellement, et par la force des choses, à se confondre avec l'intérêt commun. « L'amour des hommes dérivé de l'amour de soi : voilà, dit Rousseau, le principe de la justice humaine. »

Cette vérité devient incontestable pour celui qui

en puise les preuves dans l'étude des circonstances qui ont précédé et accompagné la formation des sociétés, dans leurs périodes successifs de perfectionnement, et dans l'état actuel de la civilisation.

VII. Des trois puissances ou facultés qu'on distingue dans l'homme, et dont le développement et la parfaite harmonie sont nécessaires à son bonheur.

Le bien-être personnel de chaque homme et le pouvoir de contribuer au bonheur de ses semblables, qui en fait essentiellement partie, résultent du concours et de la parfaite harmonie des trois puissances ou facultés qui existent en lui :

1° L'AME, source première de nos sentimens et de nos pensées, ou l'instinct moral, qui inspire les actions bonnes, grandes et utiles ;

2° L'ESPRIT, ou la conception et l'intelligence qui les combinent et les dirigent ;

3° Le CORPS, ou la force physique qui les exécute.

Si ces trois puissances ou facultés ne sont pas exercées et développées concurremment et simultanément par l'éducation, il ne peut y avoir pour l'homme ni bonheur individuel, ni moyen de contribuer au bonheur de ses semblables.

Si le corps n'est pas sain et robuste, l'esprit perd sa vigueur et l'ame son énergie. Une santé toujours chancelante ne permet ni de cultiver les sciences, ni d'être utile aux autres et à soi-même.

Si l'esprit n'est pas cultivé par l'instruction, l'homme, abruti et dégradé, renonce à son plus noble privilége : il demeure privé des plus douces jouissances et des plus solides richesses.

Si l'ame n'est point pénétrée du sentiment de sa dignité, n'est pas élevée à la hauteur de sa noble destination, si le cœur n'est point sensible, fier et généreux, la force physique et les talens de l'esprit sont de vains avantages, qui, mal employés, deviennent souvent funestes à la société en général, et à celui même qui les possède et qui en abuse.

VIII. Des trois branches dans lesquelles l'éducation se subdivise.

Nous distinguerons donc et nous examinerons trois objets différens dans l'ÉDUCATION, *considérée sous les rapports physique, moral et intellectuel*, en appliquant à chacune de ces branches les préceptes et les règles qui la concernent plus spécialement.

Quand nous aurons bien établi ces règles générales, comme *l'éducation doit être* UNE, et que les trois parties dans lesquelles elle se subdivise doivent être dirigées vers un même but et se prêter un mutuel appui, nous tracerons en entier, avec de plus grands développemens, notre plan d'éducation dans un ordre progressif et méthodique, en suivant nos élèves d'année en année, depuis leur naissance jusqu'à l'époque où ils ont revêtu la robe virile, et peuvent sans danger être livrés à eux-mêmes dans la société. Nous aimons mieux revenir plusieurs fois sur les mêmes idées et nous exposer à des répétitions, en reproduisant le plan proposé sous toutes les faces et dans tous ses détails, pour en montrer la possibilité, pour en faire calculer les résultats, pour en faciliter l'exécution, que d'en compromettre le succès, par quelque omission importante ou par un aperçu trop vague, trop rapide et trop superficiel, des principes dont l'application ne doit comporter aucun relâchement ni aucune négligence.

Les agens diplomatiques reçoivent de leurs gouvernemens respectifs des instructions relatives aux différens objets qu'ils doivent traiter. Ils consultent et suivent ces instructions avec un scrupule religieux. La mission d'un instituteur, chargé d'élever des enfans, tendre espoir de la patrie, est d'un assez grand intérêt pour qu'on doive aussi lui donner des instructions précises, où la route qu'il doit tenir soit exactement marquée, où sa conduite soit tracée d'avance, où les circonstances essentielles soient prévues, où les principes généraux soient clairement énoncés, où ses devoirs enfin soient expressément indiqués et prescrits.

Viennent ensuite les applications infiniment variées que suggèrent les divers caractères des élèves, ou les incidens particuliers et imprévus. C'est là qu'il faut s'abandonner à la prudence, à la moralité, à la sagacité de l'instituteur. Aussi, par ce motif, avons-nous recommandé l'attention la plus délicate pour faire un bon choix, et les plus solides garanties pour se préserver d'une erreur qui serait irréparable.

On doit, dans un plan d'éducation, tâcher d'imiter la nature, grande, uniforme, régulière, immuable dans la marche constante et successive des saisons, dans le retour alternatif des jours et des nuits; minutieuse, irrégulière, variable dans la température des différens jours de l'année. C'est ainsi qu'une bonne méthode d'éducation doit être simple, uniforme, régulière, fixe et invariable dans ses principes généraux ; tandis que, dans sa marche, dans les détails de l'exécution, les modifications, les variations, les nuances sont multipliées à l'infini, suivant les âges, les tempéramens, les climats, les caractères, les conditions, les fortunes, les circonstances.

Tout consiste dans ces trois choses : donner aux enfans et aux jeunes gens une santé forte et robuste, de bonnes habitudes morales, un sens droit, et un esprit juste, exercé à penser, capable de discerner ce qui est bon et utile ; créer enfin des hommes qui, pour être heureux, sachent tirer tout le parti possible de leurs facultés physiques, morales et intellectuelles.

IX. PRINCIPES GÉNÉRAUX de l'*éducation physique.*

Les principes de l'éducation physique sont simples ; tout se réduit, pour la santé des enfans, à ce petit nombre de règles très-faciles à pratiquer, recommandées par le célèbre Locke, dans son excellent traité sur l'éducation.

1º GRAND AIR ET EXERCICES. Tenir souvent les enfans en plein air. *Exercices* fréquens et variés, au soleil, à la pluie, sur la neige, pour favoriser le développement de leurs organes, pour les rendre agiles et robustes, pour les familiariser avec la chaleur, le froid et les intempéries des saisons. Promenades journalières, rendues attachantes et instructives ; marches longues et quelquefois forcées. *Jeux gymnastiques :* art de courir, de sauter, de lutter, pour acquérir de la force ; natation ; art de lancer, de grimper, de conserver l'équilibre, pour unir l'adresse à la vigueur ; équitation ; danse ; exercices militaires ; escrime, pour associer la grace à la force et à l'adresse.

Un air pur est le véhicule de la vie et le premier besoin de l'enfance. Le mouvement, selon Hippocrate, n'est peut-être pas moins nécessaire à l'homme que la nourriture (¹).

2° Sommeil. — Ménager aux enfans, par les exercices de chaque jour, surtout dans leurs premières années, un sommeil long et paisible, pour faire circuler dans leurs veines comme un baume réparateur, et un principe de croissance et de vie ; mais, en même tems les accoutumer à se coucher de bonne heure, à se lever de grand matin ; abréger peu à peu le tems qu'ils emploient à dormir, et le réduire, par degré, à huit, ou même à sept heures sur vingt-quatre : intervalle qui doit suffire, dès l'âge de quatorze ans, et pour toute la vie. Les grands dormeurs s'abrutissent. Ne point faire coucher les enfans mollement, ni chaudement, ni la tête couverte : un lit dur fortifie les membres ; l'habitude de dormir toujours la tête nue, ou en rattachant ses cheveux avec

---

(¹) Voyez 3ᵉ partie, tableaux analytiques des quinze premières années, cases de l'*éduc. phys.* (Choix et application des différens *exercices* nécessaires à l'enfance, pour développer le corps et le maintenir dans un état de force et de santé.)

4

un simple réseau, préserve des rhumes et des fluxions (¹).

3º NOURRITURE. — Nourrir les enfans des alimens les plus simples, qui sont aussi les plus salutaires, et des viandes les plus communes, seulement rôties, ou cuites à l'eau et accommodées sans épiceries; leur interdire le vin, le café, les liqueurs fermentées, sans leur en faire sentir la privation, mais en éloignant d'eux les occasions et les tentations d'en faire usage. Former ainsi la jeunesse à la frugalité, à la tempérance, à la sobriété, qui, chez toutes les nations, dans tous les climats, sont les causes premières de la force du corps et de la santé, de la vigueur de l'esprit et des bonnes mœurs (²).

4º MALADIES DES ENFANS. — Ne donner que peu ou point de médecines; laisser agir la nature, pour n'avoir que peu ou presque point de maladies. La diète et le repos sont le meilleur régime des enfans, et même des hommes faits, dans leurs indispositions passagères.

5º. VÊTEMENS. — Ne point faire porter aux enfans des habits trop chauds, trop étroits, ou d'une étoffe trop recherchée. Les uns amollissent le corps; les autres nuisent au jeu des poumons, en rétrécissant

---

(¹) Voyez, 3e partie, le tableau analytique de la 15e année, case de *l'éd. phys.*, parag. 5.—Idem, 18e et 19e années, case de *l'éd. phys.* (*Sommeil.*)

(²) Voyez, dans la 3e partie, tableau analyt. de la 3e année, case de *l'éd. phys.* — Id. de la 7e année, 5e paragraphe. — Idem, de la 15e année, 1er parag. (*Nourriture*, choix des alimens, sobriété.)

la poitrine, et gênent la circulation du sang et des humeurs; les troisièmes éveillent les idées de luxe, de vanité, d'estime pour les choses les plus frivoles (1).

6º BAINS. — Faire souvent baigner les enfans dans l'eau froide, afin d'endurcir leur tempérament, de les tremper, pour ainsi dire, dans le Styx, de les rendre presque invulnérables aux infirmités et aux maladies qui désolent l'espèce humaine. Les bains froids fortifient les constitutions faibles et maintiennent la vigueur des constitutions fortes. L'usage des bains froids devra être continué tous les jours, s'il est possible, pendant tout le cours de l'éducation, et pratiqué toute la vie (1).

Les nations civilisées peuvent quelquefois emprunter aux peuplades sauvages des leçons et des exemples utiles. Plusieurs voyageurs citent avec admiration les enfans de certains peuples de l'Amérique septentrionale, qui, livrés à eux-mêmes aussitôt qu'ils peuvent se rouler sur les pieds et sur les mains, vont nus, sans autre guide que leur caprice, dans l'eau, dans les bois, dans la neige. De là vient cette vigueur qui leur est commune à tous, cette souplesse extraordinaire et cet endurcissement contre les rigueurs de l'air, qui font l'étonnement des Européens. En été, on les voit courir à l'eau, comme les animaux auxquels cet élément est naturel. Ils passent une partie

---

(1) Voyez, case de *l'éd. phys.*, tableaux analyt. des 1re, 2e, 7e et 15e années, parag. 4. (*Vêtemens*, commodité, simplicité.)

(2) Voyez, tableaux analyt. des 1re et 2e années, cases de *l'éd. phys.* — Id. 7e et 15e années, parag. 3. (*Bains froids*, propreté, force, santé.)

du jour à badiner dans les lacs et dans les rivières. Dès leurs premières années, on les fait aussi lutter ensemble. On leur met bientôt l'arc et la flèche en main ; l'émulation, plus sûre que tous les maîtres, leur fait acquérir une habileté surprenante à les employer (1).

Pouvons-nous ici ne pas citer l'un des héros, justement chéri de la France, Henri-le-Grand, qui sut conquérir sa couronne, qui dut ses victoires à son courage, à sa patience, à la vie toujours dure et active dont il avait pris l'habitude dans ses premières années ? Élevé dans un château du Béarn, au sein des montagnes, la tête et les pieds nus, vêtu comme les autres enfans du pays, nourri comme eux d'alimens simples et grossiers, comme eux exercé à se plonger dans les eaux glacées des gaves (2) et des torrens, à monter et à courir sur les rochers : les jeux de son enfance lui donnèrent un tempérament vigoureux ; la force de sa constitution, due en partie à son éducation première, lui permit de supporter les fatigues de la guerre, de mépriser la mollesse et le repos ; son infatigable activité triompha de ses ennemis, le fit monter et le soutint sur le trône. Une éducation mâle et sévère est toujours la meilleure ; c'est elle seule qui forme des hommes supérieurs.

Nous donnerons presque en entier au perfectionnement physique les cinq ou six premières années. Un enfant s'exerce à parler, à marcher, à sauter,

(1) *Abrégé de l'histoire générale des voyages*, par LA HARPE.
(2) *Gave* est le nom général donné dans les Pyrénées aux torrens nombreux qui descendent des montagnes et traversent les vallées.

à courir, à jouer. Laissez agir la nature ; écartez la contrainte ; observez dans les jeux les premiers élans du caractère ; sachez rendre les amusemens mêmes profitables à vos enfans.

Les jouets qu'on place entre leurs mains, et dont le choix n'est rien moins qu'indifférent, peuvent réunir l'utile à l'agréable. Ce sera, si l'on veut, des instrumens du labourage et du jardinage, une bêche, une charrue, un chariot ; des outils pour la charpente et la menuiserie, pour les constructions en pierre et en bois, dont on peut leur offrir des modèles composés de pièces numérotées, qu'il soit facile d'assembler et de désassembler à volonté (1).

A mesure qu'ils avancent en âge, vous continuez toujours d'endurcir le corps et de perfectionner les sens (2). Vos moyens sont simples et faciles : de longues promenades dans toutes les saisons, des jeux propres à augmenter la vigueur et la souplesse des membres, à déployer la force et l'agilité : la course, la fronde et la balle, en pleine campagne ; le billard, le volant, la paulme, dans les appartemens ; des bains froids, l'exercice salutaire de la natation, de la chasse ; des leçons d'équitation ; quelques travaux manuels, toujours libres et volontaires, dont vous donnez l'exemple, auxquels vos élèves se livrent par forme de récréation.

Il conviendrait qu'un enfant s'essayât sous les yeux

---

(1) Voyez le tableau de la 10ᵉ année, case de *l'éduc. intellect.*
(2) Voyez, pour le choix et l'application des *exerci es* propres à rendre les enfans agiles et robustes, le tableau analytique des 4ᵉ et 5ᵉ années, cases de *l'éduc. phys.*

de son instituteur, et quelquefois avec lui, à monter à des échelles très-hautes, dans des lieux escarpés, et même à grimper sur des arbres. Un officier, un général ne doivent-ils pas souvent donner l'exemple à leurs soldats, en escaladant des retranchemens, ou en montant les premiers à l'assaut? Un capitaine de vaisseau, un amiral n'ont-ils pas eu plusieurs fois à s'applaudir de savoir monter, aussi légèrement que leurs mousses, le long des cordages et au sommet des mâts, ou à l'abordage d'un vaisseau ennemi? Les enfans doivent être habitués dans leurs jeux aux exercices qui peuvent devenir d'une utilité pratique dans les professions spéciales et dans les différentes situations de la vie. On les fera voguer dans une barque, pour les familiariser avec un élément que des hommes même courageux voient souvent d'un œil timide ; ils seront préparés à s'exercer bientôt à nager, sans aucune impression de crainte.

On doit aussi rendre les enfans familiers avec le bruit du tonnerre et des orages, avec la vue des éclairs et de la tempête, avec les armes à feu, avec les animaux et les insectes les plus hideux, avec les masques, les figures les plus effrayantes, avec l'horreur des ténèbres, avec les périls de toute espèce. Il faut qu'ils puissent un jour les mépriser et les vaincre.

Mais, n'oubliez jamais que le plaisir et les amusemens doivent présider à tous les exercices, et qu'une entière liberté doit les animer et les embellir. Dirigez et inspirez ; il est très peu de circonstances où l'instituteur intelligent et habile ait besoin de commander.

Nos élèves ont fait avec nous de fréquentes promenades sur l'eau ; ils ont pris habituellement des bains froids dans toutes les saisons, ils desirent depuis long-tems apprendre à nager. Nous avons reculé l'époque de leurs premières leçons de natation jusqu'à l'été de leur *neuvième année* (1). Nous leur avons offert des relations de voyages sur mer et des descriptions de naufrages, qui n'ont pas manqué de les intéresser. Nous leur avons fait sentir l'utilité de savoir nager ; car, avant d'acquérir une connaissance, ils doivent apprécier en quoi elle peut leur être utile ou agréable, et souhaiter vivement de la posséder.

Toutes les nations de la terre, considérant la faculté de nager, moins comme une faculté naturelle à l'homme, que comme un art véritable, ont eu soin d'y former leurs enfans dès le premier âge. Les Égyptiens, les Grecs, les Romains, les Gaulois, nos ancêtres, les Francs, conquérans des Gaules, ont tous fait de l'art de nager une partie essentielle de l'éducation publique. A Rome, pour caractériser un homme ignorant, grossier, sans éducation, un ancien proverbe disait : *Il ne sait ni lire ni nager*. On exerçait les soldats dans cet art avec autant de soin que nous en mettons à leur apprendre les évolutions de notre tactique moderne. Les plus grands généraux de la république, César, Pompée savaient parfaitement nager. Les guerriers romains, trempés de sueurs, épuisés de fatigues, couverts de blessures, se

---

(1) Voyez, 3ᵉ partie, tableau analyt. de la 9ᵉ année, case de l'*éduc. phys.* (*Natation*.)

jetaient à la nage et traversaient les rivières ou les lacs avec une célérité incroyable. Ils étaient assez versés dans l'art de nager pour porter et sauver avec eux leurs effets les plus précieux, sans crainte de périr.

La plupart des enfans des Nègres vont à la mer ou à la rivière voisine, dès qu'ils peuvent se traîner; ils entrent dans l'eau sans crainte, s'essaient un peu, et savent nager aussitôt que marcher; ils font souvent à la nage, avec une vigueur surprenante, des trajets de vingt et même de trente lieues, pour aller à la pêche, ou pour regagner leur terre natale quand ils ont été emmenés en esclavage.

Pour bien nager, il faut savoir plonger. Dans l'île de Samos, on ne marie guère les garçons qu'ils ne soient en état de plonger sous l'eau, au moins à huit brasses de profondeur. C'est à l'adresse des plongeurs que nous devons les coraux, les perles et une foule d'autres objets que l'industrie et le commerce font servir à notre usage. La *cloche du plongeur*, perfectionnée par le savant Halley, est une machine très-ingénieuse, qui permet de plonger, sans inconvénient ni danger, à une certaine profondeur, et de rester assez long-tems et en sûreté sous l'eau. On a aussi inventé des bateaux plongeurs ou sous-marins : la *navigation sous-marine* est devenue un art particulier qui a donné lieu à beaucoup de recherches et d'expériences curieuses [1].

« Outre le soin de notre propre conservation, dit M. de Berchtold, dans son excellent *Essai pour diri-*

[1] Voy. *Revue Encyclopédique*, T. XXII, p. 521 et suiv.

ger les recherches des voyageurs, l'humanité veut que nous nous mettions en état de prêter, dans l'occasion, une main secourable à nos semblables. Quelle plus noble action que de sauver la vie à un homme ! j'y vois quelque chose de divin ». Ici l'éducation physique se trouve en rapport intime avec l'éducation morale.

La natation donne à la fois une vigueur mâle, un tempérament robuste, conserve la santé, est un préservatif contre les maladies, contre la langueur de l'ame, contre la mollesse et la timidité ; elle est un élément de courage, de force, d'adresse, de vertu.

Nous avons parlé de l'utilité des travaux manuels, propres à endurcir et à fortifier les enfans. Nous comprendrons dans le nombre la pratique de la culture. Nous pourrons, dans ce dessein, abandonner à chacun de nos élèves quelque portion de terrain, à laquelle il consacrera, tous les jours, une des heures destinées aux exercices du corps. Les fleurs et les fruits qu'ils auront fait naître, leur donneront une première idée morale de la propriété qui, dans l'origine, est le droit qu'a tout homme sur le produit de son travail. Ils apprendront à la fois à pratiquer et à honorer l'agriculture (1).

L'exercice de l'équitation devra succéder et s'associer à la natation. Nos élèves ont vu des chevaux, ils brûlent d'en avoir; mais il faut d'abord qu'ils apprennent à s'en servir. Combien de fois nous ont-ils suppliés de leur faire donner des leçons d'équitation !

(1) Voyez, 3e partie, tableau analyt. de la 13e année, case de l'*éduc. phys.* (Exercices du corps, travaux manuels, *culture.*)

Nous consentons enfin à les satisfaire, à leur treizième ou quatorzième année. Ils sont déjà robustes et adroits : nous exerçons, nous développons, nous augmentons de plus en plus leur force et leur agilité (¹).

La chasse et la pêche peuvent être admises au nombre des exercices et des amusemens. Nos jeunes gens y sont d'autant plus propres, qu'ils sont habitués à faire des courses de plusieurs lieues au soleil et dans la neige, à courir dans les bois, à gravir les coteaux, à s'enfoncer dans les marais, à traverser des rivières à la nage, à tirer des armes à feu avec justesse et précision. Quels soldats, quels officiers, quels généraux une semblable éducation doit produire ! (²)

Il faut observer qu'on ne fait pas tous les jours les mêmes choses, mais l'une ou l'autre, plus ou moins fréquemment : ce qui permet d'en embrasser et d'en suivre un plus grand nombre à la fois. On varie et l'on alterne ces différens exercices, comme les divers genres d'études, suivant les circonstances, les saisons et les localités. Ainsi, les exercices et les études servent également et successivement, les uns aux autres, d'amusemens et de récréations.

A l'âge de quatorze ou quinze ans, nos élèves peuvent travailler, tous les deux jours, pendant deux années de suite, chez un menuisier ou chez un tour-

---

(¹) Voyez, 3ᵉ partie, tableau analyt. de la 14ᵉ année, case de l'*éduc. phys.* (*Équitation.*)

(²) Voyez, 3ᵉ partie, tableau analyt. de la 17ᵉ année, case de l'*éduc. phys.* (*Chasse et pêche.*)

neur, chez un horloger ou chez un mécanicien, et s'essayer successivement à la danse et à l'escrime.

La danse répand sur tous les mouvemens du corps une certaine grâce qui ne se perd jamais. Si l'on a soin de n'y pas attacher trop d'importance et d'en exclure l'affectation, cet exercice est très-salutaire et procure aux jeunes gens, lorsqu'ils paraissent dans le monde, une honnête assurance dans le maintien, un air mâle, une noble confiance, une démarche libre et facile, enfin cet heureux mélange d'aisance, de naturel, de politesse, d'amabilité qui doit éclater dans toutes les actions d'une personne bien élevée. La danse peut d'ailleurs développer utilement la taille et les forces, donner plus de vigueur et de souplesse (¹).

Il n'en est peut-être pas de même de la musique. Cet art divin, dont l'influence est si puissante sur les ames, paraît devoir être le partage exclusif de quelques organisations privilégiées. On ne doit pas y trop appliquer un jeune homme, à moins qu'il n'ait, en ce genre, un talent particulier et très-décidé ; son étude exige un long intervalle de tems, seulement pour y devenir médiocrement habile. La vie est trop courte pour suffire à tout apprendre. Il faut savoir se borner, et choisir, dans le nombre des sciences et des talens à acquérir, ceux qui sont évidemment et généralement utiles.

(¹) Voyez, 3ᵉ partie, tableau analyt. de la 11ᵉ année, case de l'*éduc. phys.* (*Danse.*) — Id. tab. de la 20ᵉ année, case de l'*éduc. phys.* (*Gymnastique*, ou science des habitudes du corps, qui doit lui procurer la santé, la force, l'agilité, la grâce. — Influence des différens exercices du corps sur la constitution physique et sur la santé. Opinion d'Hippocrate sur ce sujet. Danse, Équitation.

On doit user du tems avec économie et l'employer avec discernement.

Néanmoins, l'enseignement du chant doit faire essentiellement partie d'une éducation complète. Nous donnerons les motifs sur lesquels cette opinion est fondée [1].

L'escrime, ou l'art de faire des armes, et surtout la lutte, sorte de jeu athlétique et de combat, où deux individus se prennent corps à corps pour se terrasser l'un l'autre, sont des exercices qui ne doivent pas être absolument étrangers à nos élèves, mais dans lesquels il serait peut-être dangereux qu'ils voulussent trop exceller.

Un jeune homme parfaitement élevé doit savoir au moins médiocrement escrimer, et bien tirer un fusil et un pistolet : son coup-d'œil doit être juste et sa main sûre. Je n'en veux point faire un méprisable provocateur de querelles, ni un odieux spadassin. Il saura se respecter lui-même, respecter ses semblables et la dignité d'homme ; mais jamais par crainte, par timidité, par défiance de ses forces. Les motifs qui le retiennent dans les bornes de la modération ne sont point ceux qui pourraient l'avilir [2]. Ici est un nouveau rapport entre l'éducation physique et l'éducation morale.

Enfin, la connaissance pratique d'un art mécanique et utile, ou d'un métier, loin de rabaisser nos élèves, leur apprend à honorer les professions qui

---

[1] Voyez, ci-après, le chapitre *sur l'enseignement du chant*.
[2] Voyez, 3ᵉ partie, tableaux des 10ᵉ et 16ᵉ années, case de l'*éduc. phys.* (Usage des armes à feu ; *Escrime*.)

servent à fournir aux divers besoins des hommes. Elle est pour eux une ressource toujours prête contre la misère et la dépendance, qui, par mille circonstances impossibles à prévoir, viennent souvent atteindre les individus même nés dans les classes les plus riches et dans les rangs les plus élevés. La certitude de pouvoir se suffire, et d'être dans tous les pays de la terre en état de subsister par son travail, inspire à l'homme une fierté généreuse qui le rend, pour ainsi dire, maître de la fortune, et supérieur à tous les événemens et à tous les revers (1). N'admire-t-on pas encore aujourd'hui Pierre-le-Grand, descendu volontairement de son trône pour consacrer de ses mains impériales et triomphantes les outils des charpentiers de Sardam?

Ici encore l'éducation physique et l'éducation morale, étroitement unies entre elles, se prêtent l'une à l'autre un mutuel secours. L'éducation intellectuelle profite aussi de l'exercice et du développement de l'esprit, qui s'attache à observer et à voir, dans les arts mécaniques, comment la main de l'homme, dirigée par son génie, peut enfanter des ouvrages qui paraissent égaler et rivaliser les chefs-d'œuvre de la nature.

Telles sont les principales bases de l'éducation physique, qui doivent former un homme sain, adroit et robuste. Car, un corps vigoureux est le

---

(1) Voyez, 3ᵉ partie, tableau analytique de la 12ᶜ année, case de l'*éduc. phys.* (Apprentissage et pratique d'un art mécanique ou d'un métier.)

meilleur instrument d'une belle âme et d'un esprit cultivé.

X. De la Gymnastique.

La Gymnastique, ou *l'art d'exercer le corps* (¹), est une partie nécessaire de l'éducation physique. Elle avait été cultivée avec succès chez les principales nations de l'antiquité, en Asie, en Grèce, à Rome. Hippocrate, Xénophon, Plutarque en ont célébré les avantages et proclamé l'importance. Entièrement négligée, ou plutôt abandonnée pendant plusieurs siècles, elle a reparu avec honneur dans le nord de l'Allemagne depuis environ cinquante ans. Des gymnases ont été formés en Danemark, en Suède, à l'imitation de ceux de Schnefenthal, en Saxe, et de quelques villes de Prusse. Les célèbres instituts de Pestalozzi, à Yverdun, et de Fellenberg, à Hofwil, en Suisse, ont confirmé, par une expérience, l'un de douze, l'autre de vingt-cinq années, la bonté de cette innovation. En 1815, M. Clias, de Berne, encouragé par les chefs du gouvernement de son canton, et par la *curatelle*, ou conseil d'administration de l'académie, a ouvert à Berne une école théorique et pratique de gymnastique, dont les salutaires effets lui ont mérité la reconnaissance de ses concitoyens.

(¹) La *Gymnastique* est l'art de régler les exercices physiques, de manière à les faire servir au développement du corps, à l'entretien, à l'accroissement des forces et à la conservation de la santé. On ne peut jouir de la plénitude de ses facultés physiques et morales que par une association heureuse des exercices du corps et des travaux de l'esprit. (Amorós.)

Une institution de ce genre manquait à la France. M. le colonel Amorós, ancien conseiller du roi d'Espagne, directeur de l'institut militaire pestalozzien de Madrid, naturalisé Français, a voulu en doter sa nouvelle patrie. Il a fondé à Paris, en 1818, et il a dirigé depuis cette époque, avec persévérance et avec succès, en luttant contre beaucoup de préjugés et d'obstacles, un *gymnase normal, civil et militaire* (1), dont la renommée et l'influence n'ont point tardé à se répandre, et qui a fourni, pour nos écoles, pour nos armées, pour notre marine, pour nos manufactures, nos ateliers, nos villes et nos campagnes, de bons professeurs, d'intrépides soldats, d'excellens guerriers, des hommes robustes, intelligens et adroits.

Nous ne croyons pouvoir mieux faire apprécier les bienfaits de la gymnastique, qu'en la montrant, pour ainsi dire, vivante et animée, dans une relation écrite sur le lieu même, et en prenant la nature sur le fait, d'une séance des exercices du gymnase, à laquelle assistaient beaucoup de personnages distingués, d'illustres généraux, de savans, de médecins, de parens et d'instituteurs éclairés, de tendres mères de famille, dont l'approbation unanime a récompensé les efforts du professeur, excité l'émulation et le zèle de ses disciples.

(1) Ce *Gymnase* est établi à Paris, place Dupleix, entre le Champ-de-Mars et la barrière de Grenelle. — L'institution gymnastique de M. Amorós a été l'objet d'un savant et intéressant rapport fait, en 1834, à l'Académie de l'industrie agricole, manufacturière et commerciale, par M. le docteur Antomarchi, l'un de ses membres.

1. La séance est ouverte par une *inspection des élèves*, au nombre d'environ cinquante, de l'âge de cinq et de six jusqu'à dix-huit et vingt ans, divisés en cinq sections, et rangés dix par dix, suivant leur âge, leur taille et leurs divers degrés de force ou d'adresse. Ils s'attachent les uns aux autres autour des reins des ceintures élastiques, qui sont garnies de poches destinées à renfermer des cordes pour différens usages.

2. Le professeur gymnasiarque, ayant pour auxiliaires trois jeunes gymnastes qui lui servent de sous-maîtres, fait commencer les *exercices élémentaires*, pour mettre tour à tour en action les extrémités inférieures, ou les jambes et les pieds, et les extrémités supérieures par des mouvemens des bras et des mains, exécutés en différens sens. On emploie la cadence et le rhythme ou la mesure pour assurer la précision et la simultanéité des mouvemens.

3. On passe aux *exercices de marche*, qui sont réglés par des chants plus ou moins vifs et précipités, suivant le caractère de la marche plus ou moins accélérée. De petites évolutions des élèves disposés par rang de taille offrent une sorte de préparation aux exercices militaires.

4. *Exercices de course*, d'abord par les apprentis ou par les plus faibles; puis, par les aspirans ou par les élèves du second degré; enfin, par les élèves du degré supérieur, et course avec des poids de 5, 10 et 15 livres.

5. *Exercices pour se suspendre à une traverse* et pour s'accoutumer à soutenir le poids de son corps : sorte

de *natation aérienne* qui dispose les muscles et tous les membres pour la natation ordinaire.

6. *Exercices d'adresse et de force*, dits *exercices du portique*. Monter à une échelle ordinaire, d'abord en avant, et se laisser glisser pour descendre; puis, monter en arrière, et par le revers de l'échelle, sans se tenir par les pieds, mais en s'aidant seulement des mains. — Mêmes exercices à l'échelle de corde vacillante; puis, à la corde avec des nœuds, à la corde simple. — Exercices des triangles, des escarpolettes. — S'élever entre deux mâts, sans aucun appui pour les pieds, en se tenant alternativement, d'une main, à l'un des mâts, de l'autre main à l'autre. — Monter aux petits mâts et passer de l'un à l'autre sur une traverse étroite, en se soutenant à une corde suspendue le long de la traverse. — Exercices de bascule pour fortifier tous les muscles principaux.

7. Marcher sur la poutre vacillante; puis, sur la poutre *fixe* à seize pieds d'élévation, et descendre par le mât placé à l'extrémité opposée. On acquiert ainsi l'habitude de marcher sans crainte, d'un pas ferme et assuré, d'un œil fixe, avec une tête calme et tranquille, sur un pont très-étroit et élevé, suspendu entre deux précipices.

8. Exercices d'une *chaîne rapide et mouvante* pour porter du secours dans les incendies.

9. *Mouvemens continus*, tour à tour obliques et circulaires, dans la chaîne gymnastique.

10. Pour se reposer de la fatigue des exercices précédens, les élèves rentrent ordinairement dans une salle du gymnase, dans laquelle ont lieu les

exercices de théorie. On leur donne des leçons élémentaires d'ostéologie et d'anatomie; puis, de musique et de chant, d'après la méthode de Pestalozzi combinée avec celle de l'enseignement mutuel. L'ostéologie et la myologie leur font connaître les différentes parties de la charpente osseuse et du mécanisme du corps humain, les membres et les muscles, leurs divers usages; enfin, les instrumens essentiels de gymnastique pratique dont ils sont pourvus par la nature, et dont ils apprennent à tirer parti dans leurs exercices. L'enseignement du chant exerce et développe les organes de la voix, fortifie les poumons, et, ce qui importe plus encore, sert à inculquer chez les enfans des sentimens moraux et religieux qui élèvent leurs ames.

11. *Exercices des dynamomètres*, perfectionnés par notre habile mécanicien Regnier, au moyen desquels les élèves font des expériences individuelles et comparatives de leurs forces de pression, de percussion, de tirage pour soulever des poids. — Exercices qui consistent à supporter des poids avec les extrémités gauches.

12. *Application de la tenue et de l'utilité des registres*, sur lesquels sont inscrits les noms, les traits caractéristiques et les progrès successifs du développement des élèves.

13. *Exercices de lutte*, qui développent la force et l'adresse.

14. *Exercices de sauts* en profondeur, en largeur; puis, avec des perches, en hauteur et en largeur.

15. *Exercices pour grimper aux grands mâts* et pour

y planter un drapeau. — Des précautions infinies sont prises avec une sollicitude en quelque sorte maternelle pour prévenir toute espèce d'accident.

16. *Exercices des échasses*, et marche plus ou moins accélérée sur les échasses, d'abord à volonté ; puis, en mesure. Évolutions accompagnées de chants.

17. *Réunion du jury*, pour choisir et nommer les élèves qui se sont le plus distingués. Cette institution, vraiment morale, forme les enfans à l'esprit de société, qui, bien compris, n'est que l'esprit de justice.

18. *Réunion des élèves en bataillon; Chant commun en chœur* des hymnes à Dieu et à la patrie, et de l'hymne triomphal de la jeunesse, qui termine la séance.

Nous pouvons maintenant résumer les avantages que procure l'application de la gymnastique, d'après les impressions et les observations puisées dans les nombreuses séances publiques qui ont eu pour témoins, depuis plus de seize ans, plusieurs milliers d'hommes éclairés, amis de l'enfance et de l'humanité, médecins, professeurs, instituteurs, généraux, hommes d'État, dont l'opinion unanime a consacré l'utilité et l'importance des exercices du corps habilement dirigés et pratiqués graduellement, pour servir de complément à une bonne éducation.

La *Gymnastique*, dont on pourrait distinguer les différentes branches, naturelle et instinctive, théorique et raisonnée, pratique, industrielle et spéciale, athlétique, médicale ou hygiénique, militaire, nautique, etc., est un apprentissage commun de tous les exercices nécessaires dans les diverses professions, dans les circonstances les plus difficiles, dans les accidens imprévus, dans les dangers, et dans tout le cours de la vie.

Elle est une préparation à la natation, à l'équitation, à l'escrime, à la danse, aux exercices et aux évolutions militaires, aux manœuvres et à tous les genres de mouvemens qui doivent être rendus familiers aux marins.

Elle remplit une lacune qui existait dans l'éducation.

Elle dirige le développement progressif des forces du corps.

Elle augmente la vigueur, la souplesse, l'agilité, l'adresse.

Elle favorise la circulation du sang et des humeurs, la conservation de la santé, la prolongation de la vie.

Elle donne plus d'énergie morale au caractère et à l'ame; plus d'activité à l'intelligence, en exerçant et en perfectionnant les organes des sens.

Elle fait acquérir à chaque élève une telle conscience de ses forces, qu'il n'est plus exposé, ni à rester en deçà par timidité, ni à vouloir aller au delà par témérité : *il sait exactement ce qu'il peut.*

Elle excite une émulation salutaire, qui n'est plus une rivalité sérieuse, ni dangereuse.

Elle tend à prévenir ou à corriger les habitudes de nonchalance, de mollesse, et d'autres plus vicieuses encore.

Elle communique aux enfans des habitudes morales d'ordre, de subordination, d'activité, en les faisant agir et marcher ensemble par une sorte de mouvement militaire rhythmique, dans lequel on doit considérer le résultat moral plutôt que l'action purement mécanique rendue commune à tous en même tems. Le mouvement général entraîne chaque individu. Les actions individuelles sont tournées au profit de tous. Il est des choses qui doivent être faites individuellement, pour que chacun éprouve et applique ses forces; il en est d'autres que les enfans doivent faire en commun, pour que chacun oublie sa personnalité.

Enfin, la gymnastique, en formant des hommes sains, vigoureux et adroits, supérieurs à la crainte et aux dangers, les dispose à se dévouer avec confiance pour sauver la vie à leurs semblables, dans les cas de naufrage, d'incendie ou de tout autre accident.

Elle procure à l'État des défenseurs robustes et intrépides.

La *gymnastique athlétique des anciens* se rattachait à des institutions essentiellement guerrières et barbares.

La *gymnastique du moyen âge* consistait uniquement dans des exercices chevaleresques, et se rapportait uniquement à la guerre.

La *gymnastique des Allemands et des Suisses* est spécialement physique, et ne paraît pas embrasser l'homme tout entier (1).

(1) Je dois faire une exception en faveur de l'*Institut de Pestalozzi*, tel que je l'avais observé à Yverdun, en 1810 et en 1811, à l'époque du développement le plus complet des méthodes qu'il appliquait. Car, depuis, il a perdu ses meilleurs instituteurs, et n'a fait que décroître et dégénérer.

La *gymnastique*, introduite et appliquée en France, conçue d'une manière plus large et plus complète, se lie étroitement à toutes les branches du développement physique, moral et intellectuel des enfans. Elle embrasse, cultive, fortifie l'homme tout entier (¹).

XI. Du CHANT, considéré comme l'un des objets essentiels qui doivent faire partie de l'instruction primaire et commune (2).

L'INFLUENCE MORALE DE LA MUSIQUE, consacrée chez plusieurs peuples de l'antiquité, surtout chez les Grecs, par leur législation et par leurs institutions publiques, avait été presque entièrement méconnue ou mal dirigée dans nos tems modernes.

C'est dans quelques États de l'Allemagne que l'on a commencé à considérer le *chant*, non point comme un art de luxe et d'agrément, exclusivement réservé

_____

(¹) Nous invitons ceux de nos lecteurs qui voudraient approfondir cette partie importante de l'éducation, si long-tems négligée, sur laquelle nous manquons encore de bons ouvrages en France, à consulter les trois ouvrages allemands de MM. GUTHSMUTH, JAHN et CLIAS sur les exercices gymnastiques, et l'*Esprit de la méthode d'éducation de* PESTALOZZI (Milan, 1812; 2 vol. in-8°), dont la troisième partie, qui renferme une Notice détaillée des Cours d'études suivis dans l'Institut d'Yverdun, traite spécialement (tom. II, art. XIV, pag. 270, 285) de la gymnastique, considérée dans ses élémens naturels et nécessaires, dans ses applications infiniment variées, et dans ses résultats.

Voyez aussi, dans les *Appendices* placés à la suite de cet Essai, le *Rapport fait par M. de* MONTÈGRE *à la société d'éducation de Paris, sur le cours de gymnastique professé par M.* AMOROS.

(¹) Voy. *Revue Encyclopédique,* tome XII (3ᵉ année), octobre 1821, p. 5—11.

aux classes riches, mais comme un attribut général de l'humanité, que l'instruction commune et publique doit développer. Ainsi, dans ces États, la plupart des instituteurs primaires sont en même tems chargés d'exercer leurs élèves à chanter.

La *musique vocale* est un moyen essentiel de la culture de l'homme. Elle se lie à la fois à l'*éducation physique et gymnastique*, en développant chez lui les organes de la voix, en augmentant la force des poumons et de la poitrine ; à l'*éducation morale et intellectuelle*, en éveillant dans son cœur des sentimens de bienveillance et d'amour, en donnant à son intelligence plus de mouvement et de vivacité. Elle est destinée à pénétrer son ame d'impressions profondes, douces et variées, à polir ses mœurs, à embellir son existence, à relever la solennité des rites religieux, à ranimer le courage dans les combats, la gaîté dans les fêtes. Elle répand sa bienfaisante influence dans le sein des familles. Elle contribue à charmer les loisirs de l'homme studieux, à délasser sa tête, à inspirer son génie ; à fixer la légèreté de l'homme du monde, qu'elle rappelle, pour ainsi dire, en lui-même ; à consoler le malheur, à prêter un nouveau charme à la prospérité. Elle verse enfin dans l'ame, avec l'oubli des douleurs et des peines de notre vie, le pressentiment d'une autre existence, pure, douce, aérienne, céleste, dégagée de cette atmosphère nébuleuse qui obscurcit nos plus beaux jours sur la terre.

La musique vocale mérite d'être enseignée avec soin, même dans les classes inférieures d'une nation :

elle doit entrer dans l'enseignement des écoles primaires, comme la lecture, l'écriture, les élémens du calcul, de la géométrie et du dessin (1).

Peu d'individus, dans la société, sont assez favorisés de la fortune pour pouvoir se procurer un instrument de musique et pour apprendre à s'en servir. Mais la nature, toujours libérale, a donné à chaque homme, dans la *voix* et dans le *chant*, l'instrument le plus agréable, et le plus riche par la variété infinie des sons qu'il peut produire. La voix humaine peut, mieux que tous les instrumens inventés par l'homme, pénétrer dans l'ame humaine, en remuer fortement les fibres les plus délicates et les plus cachées : elle réunit tous les tons que les instrumens sont capables de former.

Qu'il me soit permis de payer ici un tribut d'affection et de regrets à l'honorable mémoire de l'ancien Prince-Primat, feu Charles Dalberg, grand-duc de Francfort, également recommandable par la noblesse et l'élévation de son esprit, par les rares qualités de son cœur, ami de l'humanité, comme tous les chefs des États devraient l'être, et qui rapportait toutes ses pensées au bonheur du peuple dont le gouvernement lui était confié. Cet excellent prince, qui m'honorait de son amitié, et qui m'a souvent exposé ses vues sur l'amélioration de l'enseignement élémentaire, sur les rapports intimes de cette amélioration avec la prospérité publique, avait senti la nécessité

---

(1) Voy. l'*Esprit de la méthode d'éducation de* PESTALOZZI, par M. A. JULLIEN *de Paris*. Milan, 1812, in-8°, tom. II, pag. 252 et suiv.

de comprendre l'enseignement du chant, ou de la musique vocale, au nombre des objets qui appartiennent à l'instruction primaire. Il avait surtout en vue, par ce moyen, d'adoucir et d'embellir la condition des individus des classes pauvres, de mettre à leur portée des plaisirs purs, simples, faciles; de réveiller et de nourrir dans leurs ames les deux sentimens qui honorent le plus l'homme à ses propres yeux : la douce et consolante *piété*, par laquelle il s'élève jusqu'à l'auteur de son être; l'*amour de la patrie et de l'humanité*, qui étend et agrandit son existence, associée à celle d'un grand nombre de ses semblables. La musique vocale a formé, dès l'origine, une partie essentielle de l'éducation dans l'institut de Pestalozzi, à Yverdun, et dans les deux instituts d'éducation qui dépendent des beaux établissemens agricoles d'Hofwil (1). « M. de Fellenberg la considère, dit M. Pictet, comme un moyen d'éducation, comme une ressource auxiliaire précieuse pour adoucir le caractère et les passions malveillantes, pour mettre l'harmonie entre les sentimens, les pensées et les actions, pour fortifier l'amour de l'ordre et du beau, pour animer l'instinct qui attache l'homme à son pays, pour élever vers le ciel son imagination et ses vœux. Tous les élèves apprennent

(1) Voy. *Revue Encyclopédique*, 33e cahier, septembre 1821, tom. XI, pag. 493-518.

(2) Voy., dans la *Bibliothèque Universelle* (cahier de février 1812, pag. 247 et suiv.), une Lettre contenant des renseignemens très-intéressans et curieux sur les établissemens agricoles d'Hofwil, près Berne, fondés et dirigés par M. de Fellenberg.

donc la théorie de la musique, et sont exercés au chant. C'est le dimanche qu'on prend pour cette étude, ainsi que pour la lecture, le calcul de tête et à la plume, un peu de dessin et de géométrie..... Les enfans chantent en partie des cantiques ou des chansons nationales.... »

Dans plusieurs écoles primaires de Suisse, on fait usage d'une méthode d'enseignement de la musique, inventée par MM. Pfeiffer et Nageli, de Zurich, qui ont eux-mêmes appliqué à l'art qu'ils voulaient rendre populaire, les principes de la méthode de Pestalozzi, en s'attachant à remonter aux premiers élémens, et à les faire, pour ainsi dire, trouver par les enfans [1].

Les principes déjà anciens de cette méthode nouvelle consistent à bien poser les bases de la science et de l'art, à ne donner, dans les commencemens, que peu de chose à étudier à la fois, à bien isoler et simplifier les élémens, à les rendre familiers les uns après les autres, en s'avançant par une gradation insensible, par une série continue, à ne rien mêler ni confondre de ce qui doit être distinct, à construire peu à peu la science, de manière qu'elle soit soli-

---

[1] M. NAGELI a publié son travail à Zurich, en 1809, sous ce titre : *Nouveaux Élémens de l'art de chanter, d'après la méthode de* PFEIFFER, *adaptée à celle de* PESTALOZZI. Il a préparé depuis, sur le même sujet, un ouvrage très-étendu, destiné à présenter une exposition complète, plus claire et plus analytique, de cette méthode, qui paraît avoir obtenu les suffrages de beaucoup d'hommes éclairés, et qui est considérée par eux comme une découverte dans la science, et comme un perfectionnement de l'art d'apprendre la musique.

dement établie dans l'esprit. Le résultat est de rendre les élèves, à la fin de leur cours d'instruction, capables d'exécuter sur-le-champ, avec précision et fermeté, les morceaux les plus difficiles. Enfin, cette méthode n'est qu'une application à la science musicale de la marche analytique et philosophique tracée par Bâcon, Locke, J.-J. Rousseau, Condillac, Destutt-Tracy, Cabanis, etc., et qui doit s'introduire dans toutes les sciences et dans tous les arts, pour assurer leur marche et pour accélérer leurs progrès.

La *Société établie à Paris pour l'amélioration de l'enseignement élémentaire*, qui a si bien mérité des classes pauvres et industrielles, en contribuant puissamment à relever et à perfectionner en France l'instruction primaire trop longtems négligée, ou très-incomplète et même vicieuse, s'est aussi occupée d'introduire des leçons de chant dans les écoles d'enseignement mutuel. Cette heureuse innovation a déjà commencé à produire d'excellens effets, et surtout des résultats moraux très-remarquables.

L'un des membres de la même société, M. Amorós, auquel nous sommes redevables de la fondation d'un *gymnase normal* [1], où les enfans et les jeunes gens se livrent, sous la direction de maîtres habiles, aux divers genres d'exercices propres à développer leur force et leur adresse, n'a point oublié de comprendre la musique vocale au nombre de ces exercices, puisqu'elle contribue efficacement à fortifier les poumons et les organes de la voix. Il a principalement

---

[1] Voy. ci-dessus, pag. 63.

insisté sur la puissance morale de cette partie de l'instruction (1).

« Si la musique vocale, dit M. Amorós, a perdu de sa dignité primitive, et surtout de son influence, depuis qu'elle a cessé d'être populaire ou générale, et qu'elle s'est réfugiée dans les cloîtres ou sur les théâtres, pourquoi ne chercherait-on pas à lui rendre son ancienne splendeur, à la faire servir à l'amélioration de nos mœurs, de notre caractère, de notre organisation même et de notre tempérament ?.... Quel obstacle pourrait empêcher de mettre en pratique des conceptions aussi heureuses? » (2)

XII. Principes généraux de l'*Éducation morale.*

Les *bonnes habitudes* et les *bons exemples* : voilà les fondemens de l'*éducation morale.* « Le principe et la base de toutes les vertus, dit Locke, c'est l'habitude et la faculté de réprimer, de dompter ses passions. Ce pouvoir de surmonter ses penchans, s'ils ne sont pas autorisés par la raison, s'acquiert et se perfectionne par une heureuse coutume d'en faire usage.

---

(1) Voy. l'ouvrage intitulé *Cantiques religieux et moraux,* ou *la Morale en chansons,* à l'usage des enfans des deux sexes; Ouvrage spécialement destiné aux élèves qui suivent les exercices du *Cours d'éducation physique et gymnastique* dirigé par M. Amorós. Paris, 1818; un vol. in-18, 257 pag., et musique gravée pour les mêmes cantiques, 48 pag.—Consultez, au moyen de la *table des matières,* art. musique, les pages de ce petit recueil où il est question des *effets moraux de la musique,* et de son utilité dans l'éducation.

(2) Même ouvrage déjà cité, page 193.

La vertu n'est, dans l'homme, que la connaissance parfaite de ses devoirs et l'habitude de les remplir. »

Appliquez-vous donc à régler et à discipliner l'esprit des enfans, quand leur ame tendre et flexible peut recevoir aisément toutes sortes d'impressions. Qu'ils soient exercés de bonne heure à soumettre leurs volontés à la raison des autres, pour être un jour en état d'écouter leur propre raison et d'obéir à ses conseils. L'habitude fait tout; les enfans dont on a toléré les fantaisies au berceau deviennent des hommes impérieux, colères et opiniâtres [1]. Ils veulent, mais trop tard, s'efforcer de vaincre leurs passions; asservis, comme des esclaves, à leur fougue impétueuse, ils gémissent de leur impuissance, et ne savent plus se rendre maîtres d'eux-mêmes.

Combien le czar Pierre Ier, cet homme extraordinaire, si supérieur à sa nation et à son siècle, ne

---

[1] Voy., 3e partie, tableaux analytiques des 1re, 2e et 3e année, case de l'*éduc. mor.*

1re ANNÉE. — Avantages pour les mères de nourrir elles-mêmes leurs enfans. — Influence du lait de la mère ou de la nourrice sur le développement moral des enfans. — Ne point tolérer leurs fantaisies ni leurs caprices; éviter qu'ils deviennent exigeans ou volontaires.

2e ANNÉE. — Ménager l'amour-propre des enfans. Ne point les flatter, ni les irriter. Ne point leur donner d'idées fausses. Étudier leur caractère. Les abandonner souvent à eux-mêmes et à la nature. La première éducation est presque entièrement négative.

3e ANNÉE. — Montrer aux enfans un amour sans faiblesse; leur prouver qu'on est plus fort et plus raisonnable qu'eux; les habituer à savoir céder à la force et à la raison. Les rendre dociles et obéissans. Garder un juste milieu entre l'excessive complaisance et l'excessive sévérité.

regrettait-il pas qu'on eût négligé, sous ce rapport, sa première éducation! Pourquoi craindrions-nous de rappeler ici un mot qui peint son ame, que l'histoire a pris soin de recueillir, et qui doit servir de leçon dans la postérité? Après un accès violent de colère contre Lefort, son favori et son ami : « J'ai réformé ma nation, s'écrie-t-il, et je n'ai pu me réformer moi-même. » Il est un âge, en effet, où les défauts du caractère, qui n'ont pas été réprimés et étouffés dans l'enfance, ne peuvent plus être corrigés par les efforts mêmes de la raison.

Il faut toujours bien convaincre un enfant de ces deux points essentiels : d'abord, qu'on lui est sincèrement attaché, mais d'un amour sans faiblesse, afin de mériter d'en être aimé et respecté, et de le conduire plus sûrement par la voie de l'amitié, de la modération, de la persuasion et de la douceur ; ensuite, qu'on est plus fort, plus raisonnable que lui, afin de le rendre doux, docile, obéissant, et de le porter à imiter les bonnes actions dont on lui offre l'exemple. Alors on a prévenu l'obstination et les caprices ; l'éducation devient simple et facile.

On doit toujours prouver aux enfans qu'on ne leur donne jamais un objet, quel qu'il soit, parce qu'il leur plaît, mais parcequ'on a jugé qu'il leur est utile, et qu'il convient de l'accorder. Il faut éviter de les contrarier sans un motif légitime, ou d'une manière capricieuse et arbitraire. Ne gênez point, mais ne gâtez point ; faites sentir quelquefois l'empire de la nécessité, auquel tout homme doit savoir se soumettre sans murmure. Ne faites presque jamais sentir l'autorité du maître ni du père, ou du moins sachez tempérer, modifier, adoucir cette autorité par des gradations insensibles, pour être toujours, dès la plus tendre enfance, et pour demeurer, dans l'adolescence, dans la jeunesse, dans l'âge mûr, le meilleur ami de vos enfans, ou de vos élèves. C'est un titre plus difficile à mériter et à obtenir qu'on ne serait tenté de le croire.

L'amitié disparaît où l'égalité cesse (1).

N'écrasez pas imprudemment du poids de votre domination ces tendres créatures, qui, malgré leur faiblesse, ont déjà, par une sorte d'instinct, le desir et le besoin de l'indépendance. Vous ne feriez que les irriter et les aigrir, rendre peut-être vos enfans méchans et hypocrites, rampans et dissimulés, développer en eux les inclinations vicieuses, dont vous devez purger leur ame.

Un traitement servile rend le caractère bas et servile. Un enfant qui n'obéit que par la peur des châtimens, cherche toujours à se dérober à l'œil et au pouvoir d'un père ou d'un précepteur ; n'ayant jamais connu la jouissance d'une sage liberté, il abusera, par toute sorte d'excès, de son indépendance. « J'accuse, dit Montaigne, toute violence en l'éducation d'une ame tendre, qu'on dresse pour l'honneur et la

---

(1) Voy. le tableau analytique de la 4e année, case de l'éduc. mor. — Discipliner l'esprit des enfans, s'en faire à la fois aimer et respecter. Les aimer pour en être aimé. Développer leur sensibilité, pour les disposer à la vertu.

liberté. Il y a je ne sais quoi de servile en la rigueur et en la contrainte. »

Si vous savez, au contraire, éviter avec soin la voie toujours odieuse du commandement et de la crainte, employer avec art les insinuations et les conseils, mériter et conserver ainsi la confiance, l'estime, l'affection de vos élèves, vous pourrez sans peine les conduire par des moyens indirects et insensibles. Vos discours seront avidement recueillis, fidèlement gravés dans la mémoire, vos conseils recherchés, vos exemples suivis : vous gouvernerez d'autant mieux, que vous paraîtrez moins gouverner. « Nulle puissance ne saurait obtenir une vraie soumission, dit l'abbé de la Mennais, si elle n'est fondée sur le droit, et ne gouverne selon le droit. »

Ce qui distingue l'homme dès ses premières années, c'est qu'il est facilement dirigé par la raison, par la modération et la douceur, par ces deux mobiles puissans du cœur humain, l'honneur et la honte, l'amour de la louange et la crainte du blâme. Des éloges, donnés à propos, avec discernement, sont les récompenses dont l'influence est la plus douce, la plus sûre, qui flattent le plus, qui élèvent l'ame et la disposent à la vertu, par le desir de l'estime. Des reproches plus ou moins graves, suivant les fautes commises, et accompagnés de marques d'indifférence ou de mépris, jusqu'à ce qu'une meilleure conduite ait mérité le retour des témoignages d'approbation : voilà les châtimens qu'un sage gouverneur doit employer. On doit, selon Locke, reprendre les enfans avec retenue, en termes graves, sans aucune passion, le plus souvent en particulier et tête-à-tête. La répugnance qu'un père ou un instituteur témoigne à publier les fautes de ses enfans ou de ses élèves, leur fait mettre un plus haut prix à leur réputation... On doit se plaire à les louer en présence des autres. Toutes les fautes où l'on ne voit pas de mauvaises dispositions d'esprit et des indices d'un méchant caractère, sont de simples méprises. L'imprudence, la négligence, la gaîté, l'étourderie ont droit à quelque indulgence. Il faut savoir souffrir dans les enfans plusieurs irrégularités attachées à leur âge; les châtimens mal employés auraient des conséquences nuisibles. Une remontrance à la fois douce et grave suffit pour corriger les fautes de fragilité, d'inadvertance et d'oubli. Mais, s'il y a évidemment obstination et méchanceté dans la volonté de l'enfant, si son action est l'effet d'une désobéissance formelle et réfléchie, la rigueur devient nécessaire, mais doit être calme et raisonnée. L'opiniâtreté, la désobéissance volontaire, le mensonge prémédité, sont donc les seuls défauts qui doivent être sévèrement punis. La honte de mal faire, d'avoir mérité la punition, doivent produire plus d'impression que le châtiment lui-même. L'art de former et de gouverner les hommes, n'est autre chose que l'art de récompenser et de punir. C'est le premier des talens pour le précepteur d'un enfant comme pour le chef d'un Etat [1].

[1] Voy. le tab. analyt. de la 9ᵉ année, case de l'*éduc. mor*. (Art de récompenser et de punir. Emploi du ressort puissant de l'émulation et du sentiment de l'honneur.)

Il ne faut jamais ni trop caresser, ni frapper les enfans, ni s'emporter contre eux, ni blesser leur amour-propre facilement irascible, ni se rendre coupable à leurs yeux d'aucune des fautes qu'on veut prévenir.

> *Maxima debetur puero reverentia :*
> Le plus grand respect est dû à l'enfance.

Ne faites jamais devant vos élèves ce que vous ne voudriez point qu'ils fissent à votre exemple. Les enfans et les jeunes gens aspirent à être hommes, et sont toujours prêts à imiter ce qu'ils voient faire aux personnes plus âgées qu'eux. Un esprit d'imitation, naturel à l'homme, surtout dans le premier âge, le soumet et l'asservit à l'influence de l'exemple. Si, dès son enfance, il a continuellement de bons exemples sous les yeux, il s'habitue à pratiquer les bonnes actions ; cette habitude, contractée de bonne heure et fortifiée avec les années, devient une seconde nature. Un instituteur ne doit jamais démentir ses discours par sa conduite. Les mauvais exemples auront toujours plus d'empire que les conseils les plus salutaires.

Vous devez tempérer et adoucir la sévérité, à mesure que vos élèves croissent en âge ; plus tôt vous les traiterez comme des êtres raisonnables, plus tôt leur raison sera susceptible d'être mûrie et perfectionnée. Mais, quoiqu'il importe de conduire les enfans par la raison, ce serait une erreur de croire qu'on doive les fatiguer et les accabler de raisonnemens et de préceptes. Que votre éducation soit en actions plutôt qu'en discours; parlez peu, mais faites pratiquer souvent ce qui est bon et convenable. Je l'ai dit, et un instituteur ne saurait trop méditer ce principe : des *habitudes* et des *exemples*, voilà le fonds de l'éducation (1).

Peu de préceptes, une morale pratique, la vertu rendue aimable et facile; la pitié compâtissante, la libéralité, l'humanité bienfaisante et généreuse inspirées par l'image du malheur; un choix scrupuleux des personnes qui doivent approcher et entourer les enfans; un soin attentif de s'observer toujours devant eux, d'écarter de leurs yeux le tableau des passions, des faiblesses, des défauts, dont on doit les garantir, de ne point leur parler des fautes qu'ils n'ont pas encore commises, et dont on ne doit pas jusque-là les soupçonner capables; un juste milieu entre l'extrême indulgence et l'extrême sévérité; une douce complaisance, dès qu'on peut leur accorder sans inconvénient ce qu'ils désirent, afin d'obtenir et de conserver leur amitié, en se montrant toujours disposé à concourir à leur bien-être; une persévérance inflexible dans les refus une fois prononcés, qui sont toujours dictés par la raison et par la nécessité; le talent de se faire à la fois chérir et respecter, de gouverner par l'influence des bons exemples, de

(1) Voy. le tab. analyt. de la 8e année; case de l'*éduc. mor.* — Habitudes et exemples, simplicité, sobriété, amour de la vérité, fidélité à remplir ses engagemens, discrétion, art de se taire; éducation, non en paroles, mais en actions. — Voyez aussi le tableau de la 10e année. Courage, humanité, bonté, bienfaisance; acquisition progressive et appréciation des vrais biens de la vie, qui sont la santé, les vertus, les talens.

rendre la vertu familière par la force de l'habitude; telles sont les règles principales qui doivent présider au développement moral des enfans, et qu'un habile instituteur doit savoir appliquer et modifier avec réserve et prudence, suivant l'âge, le caractère, les inclinations, la capacité de ses élèves (¹).

Le résultat d'une bonne éducation morale doit être un parfait accord, une heureuse et continuelle harmonie entre les dispositions intérieures de l'âme et les actions extérieures.

XIII. De la CONNAISSANCE DU MONDE, qui fait essentiellement partie de l'*éducation morale*.

Nous devons maintenant traiter à part deux articles importans dans l'éducation morale : la *connaissance du monde*, qu'il est essentiel de donner à un

---

(¹) On croit utile de citer ici le petit nombre d'ouvrages, vraiment élémentaires et classiques, qui peuvent être étudiés et consultés avec fruit par les personnes chargées de l'éducation des enfans.

Sous le rapport de l'éducation morale, les *Aventures de Télémaque*, poème aussi instructif qu'intéressant, et qu'on peut aussi appeler, sous le rapport politique, le *Bréviaire des Rois*, présentent à la fois les leçons les plus sublimes de morale et de politique, et des détails précieux sur l'influence et les ravages des passions, et sur les moyens de les réprimer dans un jeune cœur.

Pour les trois branches de l'éducation, un instituteur jaloux d'exécuter et d'améliorer notre plan, devra relire et consulter souvent les *Essais de Montaigne*, où sont des observations justes, profondes, et d'une utilité pratique sur l'art de former la jeunesse; l'excellent ouvrage de Locke, le *Cours d'Études de Condillac*, toujours analytique, méthodique, instructif, mais plus utile au maître qu'aux élèves; enfin l'*Émile de J.-J. Rousseau*, qui doit être lu avec réserve et discernement. Dans les *Lettres sur l'édu-*

jeune homme, avant son entrée dans la société, et
qui embrasse à la fois ses rapports, ses devoirs, les
qualités qui lui sont nécessaires ; puis, la *religion*,
dont les dogmes varient chez différens peuples, mais
qui, détournée trop souvent de sa destination primitive, a toujours néanmoins sa première base dans la
croyance d'un Dieu rémunérateur, dans la morale
et dans la pratique des vertus.

Un instituteur n'a pas besoin d'être versé dans
toutes les sciences que doivent apprendre ses élèves ;
avec du jugement et de l'esprit, les bons livres lui
suffiront pour marcher devant un jeune novice et lui
frayer la route. Mais, la connaissance du monde, la
politesse et la prudence, qui en font partie, ne seront jamais bien enseignées que par celui qui les
possède, et qui a pu se les rendre familières par

cation, de Mme *de Genlis*, plus connues sous le titre d'*Adèle et
Théodore*, on trouve des remarques judicieuses, des exemples intéressans, des procédés ingénieux, dont l'instituteur pourra tirer
parti, suivant les circonstances et les localités.

Quant à l'éducation purement intellectuelle, ou à l'instruction,
il serait sans doute avantageux de réunir, dans chaque branche de
connaissances, les ouvrages élémentaires les plus clairs, les plus
simples, les plus concis, les plus appropriés à l'intelligence encore
faible des enfans et des jeunes gens, et en même tems les plus com-
plets, les plus propres à mettre dans tout son jour, et à faire envisager, sous tous ses rapports d'utilité, la science qu'on veut enseigner. L'auteur du plan ébauché dans cet ouvrage se propose, pour
en faciliter l'exécution, de former avec soin, d'après l'avis d'hommes
éclairés dans chaque partie, un tableau indicatif, analytique et
raisonné des nouveaux livres élémentaires les plus propres à remplir cet objet pour toutes les sciences, afin de favoriser et d'accélérer encore les progrès de l'instruction.

l'habitude et par un long usage du commerce des hommes.

Appuyons-nous encore ici sur l'autorité respectable de l'écrivain anglais déjà cité; car, dans la matière que nous traitons, et pour tracer un plan vraiment utile et aussi complet qu'on doit le désirer, il importe beaucoup plus d'offrir des idées justes que des idées neuves, et il s'agit moins de chercher à tirer tout de son propre fonds, que d'ajouter à ses réflexions les résultats des observations et de l'expérience des autres.

» Le gouverneur d'un enfant, suivant Locke, doit être plutôt vertueux que savant ; qu'il ait une connaissance approfondie du monde ; une grande politesse, des principes de conduite fixes et invariables; des habitudes, des mœurs et des manières également bonnes à imiter. Ce sont là des choses qu'on ne peut point apprendre par le moyen des livres.

» La politesse dans les manières prête un nouveau lustre à tous les autres dons de la nature et de l'éducation; elle procure l'estime et l'affection de ceux qu'on fréquente. Sans politesse, le courage est souvent brutalité; le respect de soi-même et la dignité, hauteur et insolence; le savoir, pédanterie; l'esprit, prétention; l'ingénuité, la candeur et la franchise, rusticité et grossièreté. Un diamant brut ne saurait servir d'ornement, il faut le polir; il en est ainsi des qualités de l'ame.

» Comme la politesse consiste dans une certaine liberté honnête de régler ses discours, ses regards, ses actions, ses mouvemens, ses gestes, sa contenance, suivant les personnes et les occasions, il est évident que l'habitude et l'usage du monde peuvent seuls donner cet avantage. On y forme un jeune homme insensiblement et à la longue (1). »

La vraie politesse, qui a sa source dans le cœur, qui tire son plus grand charme des sentimens de bienveillance et d'humanité, dont elle doit être l'expression, puisque autrement elle ne serait qu'une vaine et trompeuse formule, et une affectation mensongère ; cette politesse est la science pratique et usuelle qui sert à tout moment, dans tout pays, et avec toute sorte de gens ; mais elle est susceptible d'un nombre infini de nuances et de modifications ; elle repose principalement sur cette attention délicate, mêlée de bienveillance et d'une certaine fierté, qui s'attache toujours à concilier et à maintenir dans un juste équilibre le respect qu'on se doit à soi-même, et les égards qu'on doit à ses semblables, afin, dit Tite-Live, de ne paraître ni arrogant, ni servile ; car, dans le premier cas, ce serait perdre de vue la dignité d'autrui, et, dans le second, sa propre dignité (2).

Un instituteur doit, non seulement donner l'exemple de la politesse, mais aussi connaître bien le monde, c'est-à-dire, le génie, les caprices, les folies, les défauts, les vices de son siècle et du pays où il vit. Il

---

(1) LOCKE, *Traité sur l'Éducation*, tome 1er.

(2) Voy. tableau analyt. de la 11e année, case de l'*éduc. mor.*
— (Appréciation de la vie. — Savoir se suffire et borner ses besoins. Amour de ses semblables. Politesse du cœur et des manières.)
— Idem 19e année, id. (politesse, sociabilité, confiance mutuelle entre un père et ses fils, un instituteur et ses élèves.)

faut qu'il puisse quelquefois les présenter à son élève, en ayant égard à son âge et à sa capacité; il doit le mettre en état de connaître, de juger, d'apprécier les hommes et leurs différens caractères, les lui montrer tels qu'ils sont, en leur ôtant le masque, dont leurs différentes professions, leurs intérêts, ou divers prétextes les portent à se couvrir; il doit lui faire discerner ce qui est réellement caché sous ces fausses apparences, afin qu'il ne lui arrive point, comme à la plupart des jeunes gens inexpérimentés, de se laisser tromper par des dehors flatteurs et des manières insinuantes. La connaissance des hommes échappe souvent à la jeunesse, si facilement abusée par ses propres illusions, ou trompée par des suggestions étrangères. Les jeunes gens élevés dans une entière ignorance du monde, soit par l'effet d'une éducation domestique et privée, qui ne leur conserve cette ignorance dans le premier âge qu'aux dépens d'un âge plus avancé, où ils n'auront aucun moyen de se préserver des pièges tendus de tous côtés à leur inexpérience, soit par l'effet de l'éducation publique, qui les laisse sans guide, livrés à mille exemples contagieux, seront exposés à échouer sur tous les écueils, contre lesquels on a négligé de les mettre en garde. Plus vous tiendrez le bandeau sur les yeux de votre élève, moins il sera capable de bien voir, lorsqu'il entrera dans la société, où il sera continuellement la dupe des autres et de lui-même.

Qu'un jeune homme ne soit ni trop soupçonneux et trop défiant, ni trop facile et trop crédule. On doit lui présenter un tableau fidèle du monde, et le disposer à ne pas se figurer les hommes meilleurs ou pires qu'ils ne sont. Il faut l'initier par degrés et avec sagesse dans les mystères de la société, à mesure qu'il est susceptible de recevoir cette instruction. Ouvrez-lui la scène peu à peu, pour qu'il soit spectateur et observateur, avant d'être acteur et de jouer lui-même son rôle. La sagesse consiste surtout à connaître les hommes ; cette connaissance n'est le fruit que de l'expérience et de l'observation.

Offrez quelquefois à votre élève déjà sorti de l'adolescence, les exemples de jeunes gens précipités, par le jeu et par des passions déréglées, dans les maladies, dans l'infortune, dans la misère et la mendicité, dans l'opprobre et dans toute sorte de désordres et d'excès.

Visitez avec lui les hôpitaux, les prisons, les établissemens publics, consacrés à l'enfance délaissée, à la vieillesse, aux infirmités, à l'indigence, au malheur et au crime. Ces tableaux, bien ménagés, feront une vive sensation sur son esprit, et produiront des effets plus durables que les leçons les plus éloquentes. Versez dans son ame une horreur profonde et salutaire pour les choses qu'il doit éviter ; épargnez-lui la nécessité cruelle de recevoir une instruction tardive aux dépens de son bonheur.

Cet art de découvrir les vices du siècle à un jeune homme, sans s'exposer à le corrompre, demande un instituteur prudent et habile, qui connaisse le monde, qui puisse juger du tempérament et des inclinations de son élève, observer son faible, sa passion dominante, ses goûts habituels, les impres-

sions qu'il reçoit et qu'on doit diriger avec adresse et rectifier au besoin.

Ainsi votre élève passera progressivement et sans danger de l'état d'enfant à celui d'homme : ce qui est le pas le plus périlleux qu'il ait à faire dans tout le cours de sa vie. C'est dans cette conjoncture qu'un jeune homme a besoin d'un véritable ami, d'un conseil et d'un guide, au lieu d'être précisément alors retiré des mains de son instituteur [1].

L'éducation morale acquiert un nouveau degré d'importance, à cette époque difficile et critique du passage de l'adolescence à la jeunesse, où la raison, qui reçoit ses premiers développemens, lutte, dans une ame neuve encore, contre les passions qui soulèvent leurs premiers orages. « Loin que ce feu de l'adolescence, dit Rousseau [2], soit un obstacle à l'éducation, c'est par lui qu'elle se consomme et s'achève. C'est lui qui vous donne une prise sur le cœur d'un jeune homme, quand il cesse d'être moins fort que vous. Ses premières affections sont les rênes

---

[1] Voyez 3e partie, tableaux des 17e et 18e années, cases de l'*éduc. mor.* — 17e année. — Étude et connaissance du monde; art de se conduire avec les hommes et dans la société. — Prudence. — Amour bien entendu de la véritable gloire.

18e année. — Former un jeune homme, par l'habitude de l'obéissance, à l'art de commander. — Lui apprendre en quoi l'*autorité*, qui est la puissance morale, diffère de la *force*, qui est la puissance physique. — Donner de la fierté, de la noblesse, de l'élévation au caractère. Rendre le sentiment de l'honneur plus puissant que la crainte de la mort. Disposer l'ame à l'héroïsme, puisé dans l'amour de la vertu, de ses devoirs et de la patrie, germes et principe des grandes actions.

[2] *Émile*, tome I.

avec lesquelles vous dirigez tous ses mouvemens ; il
était libre, et je le vois asservi. Tant qu'il n'aimait
rien, il ne dépendait que de lui-même et de ses
besoins ; sitôt qu'il aime, il dépend de ses attache-
mens : ainsi se forment les premiers liens qui l'unissent à son espèce. » Ses passions seront les voiles du
vaisseau, dont la raison doit tenir le gouvernail.

Il serait utile qu'un instituteur formât pour ses
élèves, lorsqu'ils auraient atteint leur septième ou
huitième année, un *Mémorial* journalier de leurs
actions, de leurs études, de leurs progrès, de leurs
amusemens, de leurs observations, qu'il leur ferait
lire tous les deux jours, et qui serait propre à les
intéresser, à les instruire, à les encourager, à leur
servir à la fois d'aiguillon pour bien faire et de récompense pour avoir bien fait. Dès l'âge de quatorze
ou quinze ans, chaque élève serait chargé de continuer, tous les jours, et de rédiger pour lui-même ce
Mémorial, afin de s'habituer à se rendre un compte
exact et sévère de l'emploi de sa vie. J'insisterai,
dans la seconde partie, sur l'application et les avantages de ce moyen d'émulation et d'instruction, qui
sera reproduit et développé sous tous ses rapports
d'utilité ([1]).

([1]) Voyez le tableau analyt. de la 7e année, case de l'*éd. mor.*,
et aussi la fin de celui de la 6e année. — Idem 14e année. — Idem
21e tableau : de 21 à 24 ans. (Usage d'un *mémorial journalier*,
tenu d'abord par l'instituteur, ensuite par les élèves ; ses avantages.
— L'instituteur peut employer une méthode simple et facile pour
obliger ses élèves à se rendre compte de l'emploi de leurs instans,
en tenant un registre ou Mémorial, sur lequel il inscrit chaque jour
ce qu'ils ont fait. Il y fait mention de leurs exercices, de leurs

Puisque notre éducation morale est toute en action, il convient d'amener, pour ainsi dire, successivement sous les yeux et sur les pas de nos élèves, les vertus dont ils doivent contracter l'habitude. Nous les familiarisons tour à tour avec chacune d'elles : ils s'exercent à les pratiquer l'une après l'autre, insensiblement, suivant les occasions qui s'offrent d'elles-mêmes, ou qu'on fait naître à dessein autour d'eux, et par une suite naturelle de l'impulsion donnée à leur caractère. Les tablettes journalières, où sont recueillis avec fidélité les détails de leur conduite et de leurs progrès, les résultats de leur expérience, les observations qu'ils sont à portée de faire sur les hommes et sur les choses, servent à leur montrer l'enchaînement de leurs diverses connaissances, à former leur jugement et leur raison, à leur faire apprécier ce qui est bon et louable, à leur faire choisir avec discernement leurs amis, à leur faire disposer avec ordre et méthode leurs études et leurs travaux [1]. Ce miroir, qui réfléchit à leurs yeux

jeux, des heures qu'ils y ont consacrées, de leurs actions morales, des relations qu'ils ont eues entre eux, et dans lesquelles s'est développé leur caractère, enfin de leurs études et de leurs progrès en tout genre. Ce Mémorial, qu'on leur fait lire tous les jours, ou seulement tous les deux jours, doit nécessairement les intéresser, puisqu'il renferme l'histoire de leur propre vie, et semble leur offrir un miroir fidèle, où ils ne peuvent manquer de se reconnaître. Ils sont ainsi préparés de bonne heure à l'habitude et au besoin de n'employer leur tems qu'à des choses bonnes et utiles, et d'examiner avec soin les divers emplois qu'ils peuvent en faire.

[1] Voy. 3º partie, le tableau analyt. de la 20º année, case de l'*éduc. mor.* Habitude de ne jamais avoir de dettes. — *Ni prêter, ni emprunter.* Quand vous prêtez, vous perdez votre argent et

leurs actions et celles dont ils sont témoins, qui leur permet, ou plutôt les oblige de se juger eux-mêmes et de juger les autres, leur fait prendre une idée anticipée de la gloire, et les rend jaloux de mériter et d'obtenir l'estime. La gloire, qui devient leur passion favorite, la maîtresse de leurs pensées, l'idole de leur ame, n'est, à leurs yeux, l'apanage et la récompense que de celui qui sert avec un noble et courageux dévoûment ses semblables et sa patrie, qui leur sacrifie avec joie ses propres intérêts, qui n'aspire qu'à travailler au bonheur des hommes, qui remplit avec distinction les devoirs que sa condition lui impose. Dans un sens plus étendu, et pour les jeunes gens appelés à paraître au premier rang dans la carrière qu'ils auront embrassée, et à surpasser leurs rivaux par un mérite et des talens supérieurs, la GLOIRE dont l'histoire et la postérité distribuent les palmes, est l'*estime des hommes, prolongée dans les siècles;* elle est accordée seulement aux vertus et au génie, aux actions héroïques et généreuses, aux hommes qui ont réalisé des projets durables et utiles

---

votre ami, et vous faites un ingrat; quand vous empruntez, vous perdez vos habitudes d'ordre et d'économie. Donnez, si vous êtes riche; mais donnez avec discernement. — Ordre dans ses dépenses; juste milieu entre l'avarice et la prodigalité. — Attention scrupuleuse et sévère apportée aux divers emplois à faire, du *tems*, des *hommes*, de l'*argent*, trois choses précieuses, presque toujours et généralement mal employées. — Jeu de cartes banni du nombre des amusemens de nos élèves. — Respect qu'ils doivent aux habitudes des autres et aux usages reçus dans la société. — De leur caractère et de leur conduite, dans leurs rapports sociaux et dans leur vie privée.

à l'humanité. « Que l'homme se rappelle toujours, dit Platon, qu'il n'est point né pour lui seul, mais pour sa patrie, pour ses semblables (¹). »

XIV. De la RELIGION. — *De l'existence d'un Être suprême et de l'immortalité de l'ame.*

Je dirai peu de mots sur la religion. Les enfans sont ordinairement élevés dans celle de leurs parens ou de leur pays; l'ordre social, ou, selon d'autres, les préjugés reçus paraissent devoir faire maintenir cette coutume. Mais, peut-être, commence-t-on trop tôt à leur en donner les principes, de manière à mêler le dégoût et l'ennui aux objets qui demandent une application libre et volontaire, et un véritable zèle (²).

Toutes les religions, qui diffèrent le plus sur d'autres points, s'accordent également sur ces deux dogmes, premières bases de toute espèce de croyance et de culte : l'existence d'un Dieu, l'immortalité de l'ame. Je voudrais qu'à cet égard, au lieu de donner aux enfans des leçons directes et positives, souvent fastidieuses et à peine écoutées, nuisibles d'ailleurs aux progrès de leur intelligence, qu'on veut mal à propos accélérer, on les préparât à deviner par eux-mêmes ces deux vérités salutaires, dont les bons esprits et les cœurs droits reconnaissent généralement

(¹) *Non sibi soli se natum homo*
Meminerit, sed patriæ, sed suis.

(2) Voy. 3ᵉ partie, tabl. analyt. de la 12ᵉ année, case de l'*éduc. mor. Religion.* Idées d'un Être suprême et d'une ame immortelle.

l'évidence. Faut-il en effet dire à un enfant qu'il doit aimer, honorer la divinité? Il la voit dans ses œuvres, il la trouve dans son propre cœur. Il n'assiste point sans attendrissement et reconnaissance au lever d'une belle aurore ; il devine le Dieu que l'univers annonce, que la conscience et l'instinct font connaître, que trop souvent les hommes défigurent et calomnient. La contemplation de tant de merveilles qui se découvrent dans la nature et dans chaque branche des sciences, l'observation du cours successif et régulier des saisons, la marche alternative et constante des jours et des nuits, l'ordre universel, enfin, attestent assez un Être créateur et conservateur doué d'une intelligence supérieure et d'une bonté qui égale sa puissance.

Ce Dieu, cet Être suprême et indépendant, a fait et gouverne toutes choses, entend tout, voit tout, aime et protége ses créatures, et comble de toutes sortes de biens ceux qui l'aiment et qui obéissent à sa volonté, dont il a gravé les caractères sacrés dans nos ames. Tel est, suivant Locke, le point de vue sous lequel on doit offrir la Providence aux yeux des enfans. Il faut détruire de bonne heure chez eux les germes de la superstition, qui rapetisse l'esprit, et de l'athéisme, qui dessèche l'ame. Mais on ne doit pas embarrasser leur faible entendement de recherches curieuses et oiseuses sur la nature impénétrable du souverain Être, qui est, à plusieurs égards, incompréhensible pour la raison humaine. On doit nécessairement recourir à quelque chose de plus que la matière et le mouvement, pour rendre raison des ouvrages de la nature. Un Être suprême, immatériel, infini, une éternelle intelligence, une toute-puissance invisible, et qui pourtant se manifeste partout par ses œuvres, enfin un Dieu peut seul avoir donné naissance à l'univers, et diriger l'ordre invariable de toutes ses parties. Il faut amener de bonne heure, et peu à peu, la raison d'un jeune homme à deviner l'existence de ce créateur de tous les êtres.

Comme la matière est une chose dont tous nos sens sont incessamment frappés, il arrive aisément qu'elle remplit, pour ainsi dire, la capacité de notre ame, jusqu'à en exclure tout être différent de la matière ; de sorte que, ce préjugé une fois établi par l'habitude et fortifié par les années, un jeune homme, tout occupé de la contemplation et de l'observation des objets réels, matériels et visibles, est porté quelquefois à rejeter par la suite l'existence, qui lui paraît conjecturale et problématique, ou même impossible, d'une divinité créatrice et conservatrice. Ainsi, la double doctrine de l'athéisme et du matérialisme jette insensiblement ses racines dans un jeune cœur, si on ne l'a pas précautionné d'avance contre ce danger, en éveillant dans l'esprit les premières réflexions qui le disposent à sortir du monde purement terrestre, ou sujet à tomber sous les sens, et à soulever le voile qui dérobe à nos yeux l'auteur de tous les phénomènes que nous admirons. Ici la raison de l'enfant doit être interrogée avec ménagement, conduite pas à pas ; il s'agit moins de lui apprendre que de lui faire trouver en lui-même, et dans le spectacle de la nature, l'importante et incontestable vérité, qui doit devenir pour lui l'une des bases les plus fermes de la morale.

Quant au second principe, l'homme, formé dès son bas âge à des inclinations douces et vertueuses, ne peut descendre en lui-même sans y trouver la conviction et comme la preuve irrécusable d'un germe d'immortalité, indépendant du corps et des choses terrestres, une ame enfin qui conçoit les pensées généreuses, créatrices et conservatrices, les sentimens nobles et élevés, les desseins utiles à l'humanité. L'idée du néant est repoussée par l'homme; elle répugne à son imagination, à sa raison, à sa conscience; elle tendrait à le décourager, à flétrir les espérances de la vertu, à lui ôter toute consolation, tout dédommagement, tout avenir.

Le sentiment de son immortalité pénètre l'ame d'une flamme inconnue; elle oublie le monde, ou plutôt en jouit davantage; elle se propose, en traversant la vie, une fin plus noble, une carrière plus vaste, un but presque divin,

> Ce rayon émané de la divinité,
> L'espoir consolateur de l'immortalité,
> L'impérieux besoin d'étendre sa carrière
> Dans ces lieux où des nuits disparaît la barrière,
> Qu'à nos faibles regards la mort semble voiler,
> Mais qu'un instinct secret semble nous révéler;
> Ce dogme bienfaisant, cher à l'ame sensible,
> Est méconnu de ceux dont l'esprit inflexible,
> De fantômes trompeurs nourrissant sa fierté,
> Fait d'un farouche orgueil sa seule volupté.

Cet immense avenir, cet horizon sans fin, cette

existence nouvelle et brillante qui se découvre à nos yeux,

<small>Et qu'un instinct secret semble nous révéler,</small>

prête à la vie humaine, suivant la comparaison ingénieuse du mélancolique Young, un éclat semblable à cette lumière douce et pure, mais empruntée, que le globe de la lune, indigent et opaque par lui-même, reçoit des rayons du soleil. La vie, considérée comme *fin* dernière, n'a point de valeur; comme *moyen*, elle est inestimable. Son prix dépend de son emploi; cet emploi qu'on en fait dépend du but qu'on lui donne.

La croyance d'une ame immortelle, fût-elle même une illusion, est précieuse, utile, respectable : elle est politique et morale; loin de la détruire ou d'en atténuer la force, on doit se plaire à réunir tous les motifs de probabilité sur lesquels elle paraît fondée. Les hommes pervers et corrompus, les méchans ou les hommes ignorans et abrutis sont, en général, ceux qui éprouvent le désir et le besoin de se réfugier dans l'asile impénétrable d'un sommeil éternel.

Mais, en donnant à vos élèves les premières idées religieuses, préservez avec soin leurs esprits des erreurs grossières, des superstitions pusillanimes, des préjugés dangereux, qui corrompent souvent les meilleurs principes. Montrez-leur dans l'histoire les funestes effets du fanatisme, d'autant plus impie et barbare qu'il croit par ses fureurs honorer la divinité. Pénétrez leurs ames de cette douce tolérance, compagne de la justice et de la véritable humanité, qui ne juge point les opinions, mais les actions, qui respecte toujours l'indépendance absolue de la pensée, qui laisse à l'homme sa conscience et la faculté d'offrir à l'Éternel un culte libre et volontaire. L'hommage le plus digne de l'auteur des choses est un cœur pur et vertueux (1).

A mesure que la raison de vos élèves se mûrit avec leurs années, vous pouvez les initier progressivement à la connaissance et à la pratique de la religion qu'ils doivent professer dans la société dont ils sont membres. Vous avez déposé dans leur ame les semences et les racines de cette religion ; car vous avez fait germer et développer peu à peu, d'une manière indirecte et insensible, les deux principes qui sont à la fois la base essentielle et commune de toutes les doctrines religieuses, la plus forte garantie, le plus solide fondement de la morale, comme paraissent le prouver l'expérience, et l'opinion de tous les siècles et de tous les peuples.

La véritable religion, dans sa noble simplicité, dans sa pureté primitive, celle du Christ, comme il le déclare lui-même avec une précision qui dispense de tout commentaire, consiste uniquement dans l'amour de Dieu et du prochain, et dans des actions conformes à cette loi si douce et si positive (2); où plutôt, l'amour de ses semblables, appliqué à toutes les actions de la vie, est à la fois le plus pur hommage rendu à la divinité, le seul moyen de remplir ses devoirs envers elle et envers la société, et d'être

---

(1) Voy. 3ᵉ partie, tableau de la 17ᵉ année, fin de la case de l'*éduc. intel.* (Rapports entre l'*éducation intellectuelle* et l'*éducation morale. — Tolérance.*)

(1) Préface du traducteur des *OEuvres-complètes* de BACON, t. I.

aussi heureux sur la terre que le comportent la nature des choses et la nature humaine. Voilà la religion tout entière, dont le principe, comme celui de la morale, est dans cette loi de la nature, déjà citée, qui est la base des relations sociales : l'amour des autres est une conséquence nécessaire de l'amour de soi ; les hommes ne peuvent améliorer leur condition, qu'autant qu'ils s'entr'aident. Les échanges, les services mutuels, les bienfaits, l'AMOUR, dans le sens le plus étendu : voilà le lien, le fondement de la société (1).

Ici est le rapport intime et nécessaire de la religion avec la morale, et de toutes les deux avec le développement des facultés intellectuelles. Car la religion, basée sur l'amour des hommes entre eux, devient ainsi la source de la morale ; celle-ci, qu'on peut envisager à la fois comme la pratique des rapports et des devoirs mutuels qui existent entre les hommes, et comme la science des principes qui règlent ces rapports et ces devoirs, est, sous ce point de vue, la première, la plus noble des sciences, celle du bonheur et de la vertu. « La seule précaution, dit Bâcon, nécessaire pour donner aux hommes des connaissances, sans y mêler des vices, et pour prévenir l'abus qu'ils peuvent faire des sciences, c'est de leur enseigner d'abord celle qui apprend à faire un bon usage de toutes » ; et cette science, c'est la MORALE (2).

---

(1) Voy. 3ᵉ partie, tabl. analyt. de la 13ᵉ année, case de l'*éduc. mor.* (*Religion, morale, tolérance.*) Voyez, ci-après, *la Loi des échanges*, 2ᵉ partie.

(2) Voy. 3ᵉ partie, tableau de la 16ᵉ année, case de l'*éduc. mor.* (*Sociabilité, dignité de l'homme.*)

XV. Principes généraux de l'*éducation intellectuelle*, ou de l'*instruction*.

J'arrive à l'éducation intellectuelle ou à l'instruction, et je me borne à poser quelques principes généraux, dont les conséquences et les applications de détail sont indiquées ou développées dans le tableau général de l'exécution du plan.

L'objet d'une instruction solide et véritable qui convient aux jeunes gens, pour lesquels est destiné cet Essai, doit être de leur faire parcourir le vaste domaine des connaissances, en les conduisant successivement de l'une à l'autre, de manière qu'ils aient une idée générale, mais juste et précise, de chacune d'elles ; qu'ils les embrassent toutes dans un système abrégé complet, et méthodique, pour saisir, observer et apprécier les nuances et les différences qui les séparent, les points de contact et les rapports qui les unissent, enfin qu'ils puissent en découvrir la connexion réciproque, et surtout s'accoutument à diriger l'étude de chaque science vers un but d'utilité réelle et pratique.

Aucun homme ne doit, ni ne peut tout savoir. Mais un jeune homme bien élevé qui veut occuper un rang distingué dans la société, ne doit rester absolument étranger à aucune des connaissances humaines. Elles rentrent toutes les unes dans les autres, se mêlent et se confondent sans cesse ; elles se touchent par tous les points ; elles sont les branches d'un même arbre, les anneaux d'une immense chaîne, les veines et les ramifications d'une mine vaste et féconde, les provinces et les cantons d'un même empire, enfin les parties subdivisées, détachées, distinctes et en même tems combinées, coordonnées, identiques d'un seul tout; voilà comme j'ai considéré toutes les sciences. Elles ont entre elles des points de contact, et, pour ainsi dire, des traits de famille; elles sont utiles et nécessaires les unes aux autres, et se prêtent mutuellement de puissans secours; elles forment enfin un seul corps de doctrine qu'il est utile d'examiner tour à tour dans son ensemble et dans les parties séparées qui le composent.

« La force de toute science, dit Bâcon, comme celle du faisceau offert à ses enfans par le vieillard de la fable, réside, non dans les branches dont il est formé, prises séparément, mais dans leur assemblage et dans le lien qui les unit. La contemplation de l'ensemble d'une science, toute composée de parties coordonnées et dépendantes, est et doit être le moyen le plus sûr et le plus facile pour la bien posséder. C'est sur les tours et autres lieux élevés qu'on se place ordinairement pour découvrir au loin; de même, il est impossible d'apercevoir les parties les plus reculées et les plus intimes d'une science isolée, tant qu'on reste au niveau et dans l'atmosphère de cette science, et si l'on ne monte, pour ainsi dire, sur une science plus élevée pour la considérer de ce point. »

Ainsi, le jeune homme qui aspire à devenir un homme supérieur, doit jeter un coup-d'œil sur l'ensemble des connaissances; il doit recueillir et fondre en quelque sorte dans son esprit les notions générales relatives à chacune d'elles, qui appartiennent à cette philosophie première, ou vraie métaphysique, ou analyse universelle, que Bâcon appelle *le réservoir des principes communs à tous les arts et à toutes les sciences,* et qu'un philosophe moderne, judicieux et profond, M. Lancelin (¹), définit ainsi : « La science résultante de toutes les sciences et de tous les arts, qui lui servent de base et dont elle est à son tour le régulateur, science qu'on pourrait nommer avec raison la législatrice de l'esprit humain, qui remonte avec une sage hardiesse à la génération et aux élémens primitifs de toutes nos connaissances, qui embrasse à la fois les sciences, les arts, l'homme, le globe, l'univers, et dont le domaine commence et finit avec celui de la nature. »

Cette science pourra effrayer les esprits timides, médiocres, paresseux, pusillanimes, imbus de préjugés qui retardent et embarrassent la marche de l'esprit humain ; mais elle devra échauffer et agrandir l'ame de ces mortels généreux dont le génie supérieur s'applique les paroles souvent citées du poète latin : « Je suis homme ; rien de ce qui intéresse l'humanité ne sera jamais étranger pour moi. »

Homo sum; humani nihil à me alienum puto. (TÉRENCE.)

Quelle est, en effet, la science, quel est l'art, quel est le métier dont il ne soit pas intéressant et avantageux d'avoir au moins une notion générale, de connaître l'objet, les principaux procédés, de pouvoir apprécier le degré d'utilité ?

(¹) *Introduction à l'Analyse des Sciences,* tome III.

Je ne veux pas néanmoins qu'un homme ait la prétention d'être universel ; il perdrait alors en profondeur et en solidité tout ce qu'il aurait paru gagner en superficie. Je veux, au contraire, qu'il s'attache particulièrement à la profession qu'il a embrassée, que toutes ses forces, toutes ses facultés soient employées à s'y distinguer, mais qu'il possède en même tems les notions générales relatives aux autres arts et aux autres sciences, qui toutes ont des rapports plus ou moins intimes avec la science ou la profession à laquelle il consacre spécialement l'emploi de sa vie.

L'homme n'est fort qu'en s'attachant à un genre ; il gâte son esprit en voulant l'appliquer à trop d'objets. Prendre de tout un peu, effleurer tous les sujets, sans en approfondir aucun, est le défaut naturel de beaucoup de jeunes gens qui ont une plus grande envie d'être et de paraître, que d'acquérir une valeur réelle et des connaissances positives et bien digérées, et qui abusent de leur facilité et d'une extrême activité, dont ils pourraient faire un meilleur usage.

Nous admettrons donc en principe, après avoir donné les développemens nécessaires pour motiver notre opinion, pour prévenir des objections spécieuses, pour garantir du double écueil, également à craindre dans l'éducation, ou de trop embrasser à la fois et de ne rien approfondir, ou de se renfermer dans des bornes trop étroites et de ne rien voir en grand ; nous admettrons, dis-je, en principe qu'un jeune homme bien élevé, sans avoir besoin de posséder à fond toutes les sciences, doit en avoir une idée générale, exacte et complète, prise dans un système abrégé. Telle est la première base et tel doit être le résultat de l'éducation intellectuelle, ou de l'instruction bien dirigée.

Mais, ne vous écartez jamais de cet autre principe, sans lequel nul enseignement n'est profitable : que l'instruction soit libre et volontaire, que le plaisir accompagne et assaisonne le travail.

J'ai recommandé, dans le chapitre sur l'éducation physique, de donner à tous les jeux une direction telle qu'on puisse former le corps, exercer, assouplir et endurcir les muscles et les membres, pour obtenir le double avantage de l'adresse et de la force, par des amusemens actifs et laborieux. Je recommande maintenant de donner à toutes les occupations une forme agréable, le charme de la récréation, l'attrait du plaisir, pour que l'esprit s'y livre avec ardeur et avec fruit.

L'éducation intellectuelle a pour objet de former et de cultiver l'esprit, dont nous distinguerons trois facultés, qui doivent être séparément et simultanément exercées : le *jugement*, l'*imagination*, la *mémoire*.

Le jugement des enfans sera d'autant plus droit et plus sain, d'autant plus dégagé de toute espèce d'erreurs, qu'on aura évité de prévenir et de provoquer leurs réflexions. Un maître sage doit savoir amener et attendre leurs questions pour y répondre : ses réponses doivent toujours être simples, claires, naturelles, également éloignées de la passion, de la prétention scientifique et du mensonge, faites avec franchise, calme et impartialité. Le grand art consiste à faire naître ces questions indirectement et progressivement, à ne point obscurcir l'intelligence par aucune prévention, par aucune idée reçue, pour ainsi dire, de confiance et donnée d'autorité, à la laisser librement se développer d'elle-même, en dirigeant sa marche et ses progrès, sans les précipiter. L'esprit, comme le corps, doit arriver par des gradations insensibles, mais nécessaires, à son point de maturité [1]. Les enfans exercés de bonne heure à penser par eux-mêmes font plus d'usage de leur raison et sont moins sujets aux préjugés.

La logique, ou l'art de communiquer ses idées avec ordre, concision et clarté, formera le jugement de vos élèves; ils seront moins questionneurs qu'observateurs; et, quand ils feront des questions, elles donneront la mesure de leur discernement et des progrès de leur esprit [2].

Parmi les sciences et les talens qui appartiennent à l'imagination, en même tems qu'au jugement, se trouve l'art de bien écrire, ou de former son style, qui s'acquiert et se perfectionne par trois moyens :

1º Par la fréquentation des personnes bien élevées, et qui parlent bien leur langue;

2º Par la lecture des meilleurs écrivains et des auteurs les plus estimés;

---

[1] Loi de la gradation, d'une application générale. *Tout est série et gradation dans la nature.*

[2] Voyez, à la 3ᵉ partie, le tabl. analyt. de la 9ᵉ année, case de l'*éduc. intel.* (*Logique.*)

3º Par l'obligation que doit s'imposer un jeune homme de s'exercer souvent à composer et à traduire, et même de s'essayer à la versification et à la poésie, pour apprendre à vaincre les difficultés du langage, et pour écrire en prose facilement, correctement et avec élégance.

Il ne suffit pas, en effet, de bien concevoir ses pensées et de les énoncer clairement; il faut leur donner un corps et des couleurs, une forme agréable, les grâces d'un style pur et soigné, sans enflure et sans bassesse.

La mémoire, cette faculté précieuse, qui sert à classer, à combiner et à conserver les connaissances acquises, se forme par un fréquent exercice, par une heureuse habitude de se rendre compte de tout ce qu'on a vu, appris ou observé, par l'usage de soutenir, à divers intervalles, des examens sur les sciences qu'on étudie; ce qui exerce en même tems un jeune homme à parler nettement et purement, sans embarras et sans affectation. Mais, on ne doit pas perdre de vue ce principe de Condillac : « Que les vraies connaissances sont dans la réflexion qui les acquiert, beaucoup plus que dans la mémoire qui s'en charge. On sait mieux les choses qu'on est capable de retrouver, que celles dont on ne peut que se ressouvenir... C'est à la réflexion à graver les idées dans la mémoire, c'est à la mémoire à les retracer à la réflexion; et, plus les idées se sont distribuées avec ordre, plus on peut tirer parti de l'une et de l'autre faculté (1). »

(1) CONDILLAC, *Cours d'Études*, tome I.

XVI. Connaissances qu'il convient de donner aux enfans, et ordre progressif de leur enseignement.

Études convenables, depuis six ou sept ans jusqu'à neuf. — Étude des langues; lecture et écriture; dessin et calcul; géographie et histoire naturelle; premières notions d'astronomie.

Jusqu'à six ans, nous avons fortifié le corps et perfectionné les sens; l'éducation morale et intellectuelle a dû être presque entièrement négative (¹). On a pu néanmoins, dans cet intervalle, apprendre aux enfans à lire, à écrire, à compter, et même leur montrer les premiers élémens du dessin, véritable langue universelle, instrument applicable à toutes nos connaissances (²), si tout cela s'est fait volontairement et avec joie, et s'ils ont eux-mêmes désiré se livrer à ces occupations. Le talent de l'instituteur est d'inspirer, d'amener indirectement ce désir; autrement, il vaut mieux attendre, et ne point risquer de rendre l'instruction odieuse par des dégoûts prématurés.

J'indiquerai, dans le tableau des développemens progressifs du plan, comment on peut faire apprendre de bonne heure et à la fois, deux, même trois langues différentes à un enfant, sans que cette instruction soit pour lui ni une étude, ni une fatigue (³).

(1) Voy., 3ᵉ partie, les tabl. analyt. des 1ʳᵉ et 2ᵉ années, cases de l'*éduc. intel.* (Développement des organes et des sens des enfans.)

(2) Voyez, pour l'étude du *calcul* et du *dessin*, les tabl. analyt. des 5ᵉ et 6ᵉ années, cases de l'*éduc. intel.*

(3) Voyez le tableau de la 3ᵉ année, case de l'*éduc. intel.* (Étude des *langues*.)

L'habitude de parler deux langues avec une égale facilité, dès sa plus tendre enfance, lui rendra plus aisée l'étude des autres langues qu'il voudra posséder. Un homme qui sait plusieurs langues, vaut plusieurs hommes.

J'indiquerai aussi plusieurs manières d'apprendre à écrire et à compter aux enfans, d'autant plus sûres, promptes et faciles qu'elles seront pour eux agréables et amusantes (1).

La géographie, ou la connaissance exacte du globe, science qu'on peut apprendre avec les yeux, et dont il est facile de faire un objet de jeu et de récréation pour les enfans, peut être commencée, dès la sixième ou septième année. Plusieurs méthodes ingénieuses, publiées pour enseigner cette science aux enfans, pourront être combinées et employées utilement par un instituteur habile, dont les élèves, se familiarisant ainsi peu à peu avec les principales contrées de la terre, avec leur position et leurs di-

---

(1) Voyez les tableaux des 4e et 5e années, cases de l'*éduc. intel.* (Élémens de *lecture*, d'*écriture* et de *calcul*.)

Note générale sur le motif des renvois aux tableaux d'exécution du plan.

Pour ne pas multiplier inutilement et à l'infini les répétitions, et pour donner occasion de rapprocher et de comparer les articles qui se correspondent, je renvoie souvent à la *troisième partie,* comprenant les *tableaux analytiques et mécaniques de l'exécution du plan,* pour les détails dont il serait trop long de s'occuper dans cette première partie, qui n'est qu'un exposé sommaire. Ces détails se trouveront développés successivement, dans l'ordre des années du cours d'éducation, et classés par époque, suivant le période de la vie où leur application paraît plus convenable.

visions respectives, acquerront, sans le savoir, une connaissance utile, en ne songeant qu'à s'amuser (¹).

Vous pourrez, l'année suivante, adapter aisément à l'étude de la géographie celle de l'histoire naturelle, ou la connaissance des différentes productions de la terre, de leurs propriétés, des divers phénomènes aussi intéressans qu'instructifs, que présente le spectacle si varié de la nature (²).

Commencez l'instruction des enfans par les choses qui ont le plus d'analogie avec leur âge, et qui sont proportionnées à leurs goûts et à leur capacité.

Quelques élémens d'astronomie, qu'on peut donner en pleine campagne, disposent vos élèves à s'instruire dans cette science, qui a des rapports si intimes avec la géographie, avec la navigation et l'extension des relations commerciales. Ils devront en recevoir et en posséder à fond les notions générales, qu'il n'est pas permis à un jeune homme bien élevé d'ignorer, et qui sont d'une utilité pratique et journalière. « On ne se rend pas compte sans quelque étonnement, dit un savant distingué (³), du grand nombre de questions que l'astronomie seule peut résoudre ou éclaircir, et qui tiennent aux usages et aux besoins de la société... La fixation et le classement des époques de tous les

---

(1) Voy., 3ᵉ partie du plan, le tableau de la 7ᵉ année, case de l'*éduc. intel.* (Étude de la *géographie.* — Premières notions d'*astronomie* données en pleine campagne.)

(2) Voy. 3ᵉ partie, tabl. analyt. de la 8ᵉ année, case de l'*éduc. intel.* (Étude de l'*histoire naturelle.* —Élémens de la *langue latine.*)

(3) M. PRONY, dans une Notice insérée dans le *Moniteur* (ventose an 13), sur l'ouvrage de M. BIOT, intitulé : *Traité élémentaire d'Astronomie physique.*

âges; le calendrier, la mesure et la description du globe terrestre; la perfection et la sûreté de la navigation (la connaissance des causes de la différence des climats sur les divers points du globe, et de leurs différentes influences); etc. Voilà une partie de ses bienfaits dans ses grandes et nombreuses applications qui semblent établir une communication immédiate entre le ciel et la terre, pour le bonheur des hommes. »

La géographie, l'histoire naturelle, l'astronomie, sont donc trois sciences qu'on peut faire marcher de pair, et toujours sous la forme d'amusement, depuis six ou sept ans jusqu'à neuf. On continue, dans le même intervalle, de cultiver par un exercice fréquent l'habitude de lire et d'écrire, le calcul et le dessin.

L'importance et l'utilité du *dessin*, comme branche essentielle de l'instruction, qui s'applique également à toutes les sciences et à tous les arts, méritent de fixer l'attention des pères de famille, des instituteurs et des gouvernemens. Le dessin doit entrer, ainsi que la lecture, l'écriture et le calcul, au nombre des connaissances élémentaires qui composent l'instruction primaire et commune, généralement répandue et mise à la portée de toutes les classes de la société. Nous fortifierons encore ici notre opinion de celle du judicieux auteur de l'Introduction à l'analyse des sciences, qui regarde le DESSIN comme la plus belle, la plus précise de toutes les langues, ou méthodes analytiques, l'un des plus puissans leviers pour étendre et multiplier les forces de l'esprit humain, l'un des points fondamentaux de toute bonne éducation publique ou particulière, enfin, comme une introduction nécessaire à tous les états et à tous les talens, comme un des plus beaux et des plus sûrs instrumens de nos connaissances (1).

XVII. *D'un mode particulier d'enseignement* qu'il paraît convenable d'employer pour les enfans, et qui peut s'appliquer à la fois à l'*étude des langues*, à la *lecture* et à l'*écriture*, au *calcul* et au *dessin*, à la *géographie*, à l'*histoire naturelle* et à la *géométrie*.

C'est ici le moment de développer un mode d'instruction qu'il paraît convenable d'employer pour montrer aux enfans, avec succès, en les amusant et en excitant vivement leur attention et leur activité, les élémens des sciences primitives, appropriées à leur âge (2).

En considérant le degré de perfection où sont arrivés la plupart de nos sciences et de nos arts, on a lieu sans doute d'être étonné que l'art qui semblerait devoir être le plus facile, qui du moins est le plus habituellement pratiqué et le plus indispensable, je

(1) Voy. à la 3ᵉ partie, le tabl. analyt. de la 6ᵉ année, case de l'*éduc. intel.* (*Importance et utilité du Dessin.*)

(2) La méthode dont on offre le développement n'est point une simple théorie. Elle a été pratiquée, il y a plusieurs années, dans une école primaire, au faubourg Saint-Antoine, sous les auspices de plusieurs personnes instruites et recommandables, qui en ont observé les heureux et rapides effets, et qui ont regretté que des circonstances particulières aient éloigné ou dégoûté ceux qui avaient commencé à faire appliquer ce mode d'enseignement. (NOTE *de la première édition*. 1808.)

Citons encore ici l'autorité de LOCKE à l'appui de nos principes:

veux dire l'art d'instruire l'enfance, soit encore si imparfait, qu'on doive regarder comme un bienfait inappréciable l'invention d'une méthode raisonnable et sûre pour cet objet. Mais, si d'ailleurs on réfléchit qu'une pareille méthode ne peut être le résultat que d'une observation générale et attentive de nos facultés intellectuelles, et que ce ne peut être que long-tems après qu'un grand nombre de connaissances ou de sciences particulières, plus ou moins immédiatement applicables aux besoins de la société, ont été créées et perfectionnées, qu'il peut être permis à l'homme de porter un œil attentif et observateur sur les pro-

« Il ne faut, dit ce philosophe, imposer aux enfans aucune des choses qu'on veut leur apprendre, comme une tâche à fournir nécessairement, ni leur en faire un sujet de chagrin. On peut leur faire connaître l'alphabet en jouant avec des dés dont les différentes faces portent les différentes lettres alphabétiques, inscrites d'une manière très-lisible. On pourrait employer également une boule d'ivoire à 25 faces, sur laquelle on collerait successivement les différens caractères de l'alphabet, d'abord 2 seulement, puis 4, puis 6, 8, 10, et ainsi de suite, pour qu'un enfant apprît à les connaître sans fatiguer sa mémoire. Il faudrait que de grandes personnes jouassent à ce jeu devant les enfans, et qu'ils ne fussent admis à y jouer que par faveur, et après l'avoir demandé ; puis, que la boule fût serrée avec soin. On pourrait aussi coller les lettres de l'alphabet de la manière suivante, savoir ; les six voyelles, y compris l'y grec, sur les six faces d'un dé ; les dix-huit consonnes sur les faces de trois autres dés. Ces quatre dés formeraient un jeu pour les enfans, où celui-là gagnerait, qui dans un coup jetterait plus de mots avec les lettres des quatre dés réunis. Par le moyen de ce jeu, un enfant encore en jaquette en est venu jusqu'à épeler les lettres avec une extrême ardeur et une grande facilité, sans avoir été tourmenté pour cela ; et il n'a point eu ensuite d'aversion pour les livres, qui ne lui avaient attiré aucun mauvais traitement. »

cédés de son intelligence, considérée comme une faculté générale, et qui embrasse tous ses moyens de connaître et d'agir en vertu de ses connaissances; on s'étonne moins que l'art de transmettre les idées, et d'en diriger la marche ou le développement progressif, ne fasse, pour ainsi dire, que de naître.

Quatre observations principales doivent présider au choix d'une méthode d'enseignement pour les enfans.

1º On doit *frapper les sens des enfans*, puisque chez eux l'intelligence et la raison ne sont pas encore suffisamment développées. Les perceptions des sens bien dirigées sont le véritable moyen d'instruction adapté à l'enfance.

2º Il faut procurer aux enfans des occasions d'amusement, de mouvement et d'action, pour leur rendre l'instruction plus agréable et plus salutaire. Leur âge a pour caractère distinctif une surabondance de vie et d'activité qui demande à être employée.

3º *L'instruction mutuelle* convient entre les enfans; on doit les former de bonne heure à s'entr'aider et à se communiquer les uns aux autres les choses qu'on leur enseigne, et qui doivent leur être communes. Les échanges et les services mutuels, dont ils doivent contracter l'habitude, sont la base de la morale et des relations sociales, et doivent entrer comme élémens essentiels dans l'éducation.

4º Le puissant ressort de l'*émulation* ne doit pas être négligé dans l'enseignement, mais doit être employé de manière que tous les élèves participent également à l'instruction, sans qu'il y ait de préférence marquée, ni des soins trop particuliers pour certains élèves, qui peuvent avoir plus de sagacité ou plus d'assiduité que leurs camarades.

Ces quatre principes posés serviront de points d'appui et de fondemens à la méthode que nous allons indiquer.

Supposons une salle d'étude, où nous réunissons seulement dix ou quinze enfans de l'âge de quatre à cinq ans, auxquels nous voulons apprendre successivement, pendant trois années, les élémens de la lecture et de l'écriture, de l'orthographe et de la grammaire, de plusieurs langues, du calcul, du dessin, et aussi de la géométrie, de la géographie et de l'histoire naturelle, etc.

Nous plaçons à l'extrémité de notre salle d'étude, dans la partie la plus exposée aux regards, une planche adossée au mur, sur laquelle l'instituteur trace tour à tour les *lettres*, voix ou mots (1), les *chiffres* ou les *figures* dont il veut rendre la forme familière aux enfans. Ceux-ci, dont nous avons déterminé le nombre, qui ne doit pas être trop considérable, sont placés sur des chaises ou sur des banquettes, devant lesquelles on a disposé des tables, en forme de pupitres. Sur ces tables sont des planches

---

(1) On peut épargner aux enfans le travail pénible et ennuyeux de l'épellation, en leur faisant connaître, au lieu des lettres, toutes les voix qui servent à comparer les mots de notre langue.

Il en coûte bien moins à l'enfant d'apprendre à prononcer tout d'un coup une voix telle que *ba*, que d'apprendre à prononcer séparément *b, a,* qui composent cette voix, et qui, pour l'épellation, ne font *ba* que conventionnellement.

d'ardoise, où des feuilles de papier préparées exprès, où leur main, armée d'une craie, d'une plume ou d'un crayon, doit tracer les mêmes lettres, chiffres ou figures que trace l'instituteur sur la grande planche qui sert de modèle.

La position et les fonctions de l'instituteur et des élèves étant ainsi déterminées, l'instituteur qui doit montrer à lire et à écrire à la fois, et en même tems à prononcer les lettres et les mots, forme les différens caractères de l'alphabet, les prononce au fur et à mesure d'une voix haute et intelligible; les élèves, qui le regardent et qui l'écoutent, répètent en chœur, au nombre de quatre ou de six à la fois, les mêmes sons dont la prononciation a frappé leurs oreilles, et reproduisent sur leurs planches noires respectives les mêmes lettres dont la forme a frappé leurs yeux.

Par ce moyen, quatre organes sont occupés à la fois, et se développent simultanément chez les élèves.

1º L'*œil* est fixé sur la grande planche noire, placée au point central; il observe et retient la forme des lettres.

2º L'*oreille* est attentive et recueille les sons qui résultent de la prononciation des caractères, dont on combine le son avec la figure pour en avoir une idée précise sous ces deux rapports.

3º La *bouche* répète le son qu'a saisi l'oreille.

4º La *main* trace la forme que l'œil a distinguée.

Nous avons donc rempli notre *première condition*, celle de faire entrer *l'instruction par les sens*, et de faire concourir plusieurs organes, pour que l'instruction soit plus facile et plus complète, et pour que la mobilité naturelle aux enfans soit fixée et dirigée.

On les attache, pour ainsi dire, par quatre fils différens, qui ne leur permettent point d'échapper : si l'un manque, les autres restent, et la trame n'est point rompue.

Non-seulement nous rendons l'instruction plus facile et plus féconde par l'usage combiné de quatre différens organes; mais nous donnons encore des *occasions d'amusement, de mouvement et d'action qui conviennent à cette surabondance de vie observée chez les enfans*. Nous remplissons la *seconde condition* proposée; nous avons aussi cet avantage, que les enfans qui aiment le bruit peuvent en faire et s'amuser en s'instruisant.

La nécessité de répéter tout haut la leçon qu'on leur donne leur procure le plaisir de faire entre eux une espèce de concert tres-bruyant, où nul ne peut se tromper sans que la discordance du son ne l'avertisse de sa méprise. Le maître n'a pas besoin de reprendre les élèves qui se trompent; ils *se corrigent réciproquement, et chacun d'eux peut, à tour de rôle, remplacer l'instituteur à la grande planche noire, et faire répéter à ses camarades la leçon déjà donnée*, d'où résulte l'*instruction mutuelle*, qui est notre *troisième condition*.

C'est ainsi qu'on réunit les avantages de l'*instruction donnée par les sens*, de l'*instruction active et animée*, de l'*instruction mutuelle*, et enfin de l'*instruction commune* (1).

(1) Cette méthode, exposée, je crois, pour la première fois en

En effet, sous ce dernier rapport, l'enseignement est également réparti entre tous les élèves, tandis que, dans le mode d'instruction ordinaire, la légèreté de quelques enfans et la prédilection des maîtres pour quelques autres font souvent qu'un très-petit nombre profite des leçons, et que le plus grand nombre n'en peut retirer aucun avantage. Cet inconvénient très-grave est corrigé par notre méthode ; l'instruction est égale pour tous : on ne se borne pas à interroger un seul élève ou quelques-uns d'entre eux, mais tous répondent à la fois ; tous sont acteurs et jouent leur rôle ; leur attention est constamment éveillée et maintenue ; tous leurs organes et tous leurs sens sont en mouvement et en action ; leur instruction devient un jeu parfaitement convenable aux goûts et aux penchans naturels à cet âge.

Quand on a enseigné de cette manière à lire, à écrire, à compter, on peut employer le même moyen, toujours également récréatif et agréable, pour enseigner les principes de l'orthographe, les règles de la grammaire, les élémens de plusieurs langues, ceux du chant, du dessin, de la géométrie, de la géographie, de l'histoire naturelle, etc. ; enfin, toutes les sciences dans lesquelles on peut parler aux sens au-

---

1808, dans cet ouvrage, et alors presque entièrement inconnue en France, est à peu près la même qui fut ensuite importée dans nos écoles primaires, en 1815 et 1816, sous les noms de BELL et de LANCASTER, et qui, modifiée peu à peu, et perfectionnée dans plusieurs de ses procédés, est aujourd'hui généralement consacrée sous le nom de *méthode d'enseignement mutuel*. (NOTE *de la nouvelle édition*. 1834.)

tant et plus qu'à l'intelligence, et dont l'étude, par ce motif, convient surtout au premier âge.

XVIII. Continuation de l'indication des sciences qui doivent être successivement enseignées aux enfans et aux jeunes gens.

Instruction depuis neuf jusqu'à douze ans. — *Physique* et *chimie*. — Étude des *langues grecque* et *latine*. — Manière d'étudier les langues.

De neuf à douze ans, dans un espace de trois années, on peut ajouter les élémens de deux sciences auxquelles on est déjà initié par les études précédentes : la *physique*, ou l'observation des différens corps, de leurs propriétés, des effets qu'elles occasionent, et des lois générales du mouvement et de sa communication; la *chimie*, ou l'étude de l'action intime et mutuelle que les différens corps de la nature exercent les uns sur les autres [1]. Les premières notions, déjà données à vos élèves, les rendent plus susceptibles de recevoir ces connaissances nouvelles, qui ne sont que des branches de l'histoire naturelle, dont ils ont acquis une idée générale. Le desir de s'instruire, vivement senti, fortement exprimé, doit toujours précéder toute espèce d'instruction.

Les élémens des langues grecque et latine, et d'une langue moderne (l'anglais ou l'allemand), occuperont en même tems vos élèves, de manière que, sur

[1] Voy. 3ᵉ partie, le tabl. analyt. de la 9ᵉ année, case de l'*éd. intel. Physique.* — Idem le tabl. de la 10ᵉ année, case de l'*éduc. intel. Chimie.*

trois années, dix-huit mois soient donnés d'abord au latin seulement, et les dix-huit mois suivans, alternativement, à la continuation de l'étude du latin et aux élémens de la langue grecque (1). L'enfance est l'âge d'apprendre, et surtout d'apprendre les langues. Mais éloignez les grammaires et les dictionnaires ; ayez près d'un enfant deux ou trois personnes avec lesquelles il ait des conversations et des relations nécessaires à ses besoins, et dont chacune, en lui parlant, fasse usage d'une langue différente. Obligé de répondre tour à tour dans différens idiomes, il se les rendra bientôt familiers, et pourra passer ensuite à l'étude de la grammaire et du mécanisme du langage. On a fait les langues et on s'en est servi long-tems avant d'inventer les syntaxes et les règles grammaticales. Suivons, pour l'instruction des enfans, la marche qui a été celle de la nature pour tous les peuples.

Il existe trois manières de posséder une langue : on peut la parler, l'entendre et la lire. Un enfant peut apprendre simultanément ces trois choses. La meilleure méthode pour ce genre d'enseignement est de faire traduire littéralement un ouvrage intéressant et instructif, au moyen de la version interlinéaire, imaginée par Dumarsais, ou à l'aide d'un maître ou interprète qui fait l'office d'un dictionnaire, et détermine aussitôt le vrai sens des mots nouveaux et inconnus. On traduit ainsi très-promptement ; on ob-

---

(1) Voy. le tabl. de la 10e année, fin de la case de l'*éduc. intel. Étude des langues*; clef des connaissances humaines.

serve le génie d'une langue, les constructions, les tournures de phrases qui lui sont propres, les différens tems des verbes; on crée, pour ainsi dire, la grammaire; on parvient à lire couramment et seul en moins de six mois. On se familiarise avec les beautés du langage; on s'exerce à les appliquer dans des entretiens ou dans des compositions qui roulent sur les objets qu'on a observés, sur les sciences qu'on étudie; car, les langues et les sciences doivent s'apprendre à la fois et s'aider mutuellement. « L'art de parler, dit Condillac (1), est une méthode analytique, qui nous conduit d'idée en idée, de jugement en jugement, de connaissance en connaissance; et ce serait en ignorer le premier avantage, que de le regarder seulement comme un moyen de communiquer nos pensées. »

Une fois ces études commencées et rendues agréables, on y perfectionnera successivement les enfans par un exercice continuel ou rarement interrompu. Il est superflu de rappeler que les momens employés à ces occupations n'absorbent jamais la plus grande partie de la journée, et ne nuisent en rien aux exercices du corps, recommandés comme indispensables.

(1) *Cours d'Études*, tome I, discours préliminaire.

XIX. Instruction des 12°, 13° et 14° années. — *Géométrie théorique et pratique*, et *Arpentage*. — *Mathématiques et Algèbre*. — *Mécanique et Hydraulique*. — Suite des leçons *d'histoire naturelle*.

Vous pourrez, pendant les onzième, douzième, treizième et quatorzième années, faire entrer dans votre plan d'instruction, la géométrie théorique et pratique et l'arpentage, les mathématiques, l'algèbre, une connaissance générale de la mécanique, de l'hydraulique, et des divers procédés des arts et des métiers, qui soit le résultat de promenades instructives, continuées pendant deux années, dans les musées, dans les fabriques, dans les campagnes.

Ces nouveaux genres d'enseignement, combinés avec des notions plus étendues sur l'histoire naturelle, considérée sous les rapports de l'astronomie, ou histoire du ciel; de la physique, ou histoire des différens corps et de leurs propriétés; de la zoologie, ou histoire des animaux; de l'anatomie, ou histoire du corps humain, enfin de la botanique et de la minéralogie, peuvent remplir utilement et agréablement l'espace de quatre années, depuis onze jusqu'à quinze ans ([1]).

([1]) Voy., 3e partie, le tabl. analyt. de la 11° année, case de l'*éduc. intel.* (Continuation des *études littéraires*. Enseignement des *langues latine et grecque; grammaire, logique et rhétorique.* — *Géométrie et arpentage.* — *Botanique et histoire naturelle.*)

Voy. ibid. le tabl. analyt. de la 13° année. (*Littérature, logique et rhétorique.* — *Mathématiques et algèbre.*)

Ce n'est point dans un cabinet d'études, tristement fermé de toutes parts, que vous prenez vos leçons. Les champs, les montagnes, les bois, les prairies, les bords des rivières, les fermes où vous êtes témoins des utiles travaux du cultivateur, les jardins, les ateliers, les manufactures, les dépôts scientifiques ou littéraires des principales productions de la nature et des monumens des arts, ou des produits de l'industrie humaine : voilà les théâtres de vos observations. Vous vous instruisez dans vos promenades ; vous exercez à la fois le corps, tous les organes, tous les sens, toutes les facultés ; vous formez l'ame, vous ornez l'esprit, vous mûrissez le jugement.

XX. Instruction des 15e et 16e années. — *Langue italienne et musique.* — Étude de l'*histoire* suivie pendant trois ans. Continuation des études précédentes. — Apprentissage du *service militaire*, depuis dix-huit jusqu'à vingt ans. — Utilité d'une éducation et d'une instruction complètes et variées, qui occupent toujours les enfans et les jeunes gens, et qui tiennent leur corps, leur ame, leur esprit sans cesse en action.

La langue italienne et la musique peuvent être présentées à vos élèves, dans leur quinzième ou seizième année, comme des délassemens agréables. Les langues sont le véhicule des sciences ; le jeune homme qui en possède plusieurs depuis son enfance peut en apprendre plus aisément de nouvelles, qui ajoutent à l'étendue de son esprit, à la masse de ses idées. Si nous indiquons ici, sans la recommander expressément, l'étude de la musique, à laquelle nous avons conseillé de ne pas attacher une trop grande importance, et même de renoncer entièrement, si l'on veut, à moins qu'on ait reconnu des talens naturels et des dispositions spéciales, qui méritent d'être cultivées; c'est parce que les procédés d'un art particulier aident souvent à perfectionner ceux d'un autre, et que la possibilité de comparer entre elles les différentes connaissances donne plus de justesse et de force à l'esprit.

De quinze ou seize ans jusqu'à dix-huit, nous étudierons successivement l'histoire ancienne et la mythologie, l'histoire du moyen âge, l'économie politique, ou la connaissance des lois et des ressorts qui font tour à tour fleurir et déchoir les sociétés humaines; enfin, l'histoire moderne, celle surtout de notre patrie. Nous y joindrons l'étude de ses lois, de sa religion, de ses mœurs; nous avons réservé pour l'époque de la jeunesse, où la raison a pu acquérir toute sa maturité, les études qui demandent de la réflexion et du discernement (1).

La variété des occupations dédommage de leur multiplicité; le corps et l'esprit, qui se forment tour à tour, se prêtent un mutuel appui pour leurs développemens progressifs, et se procurent l'un à l'autre des moyens de délassement et de repos.

Chacun de nos élèves servira, pendant une ou deux années, comme soldat et ensuite sous-officier dans un régiment de cavalerie, ou dans une école mili-

---

(1) Voy, 3ᵉ partie, tabl. analyt. de la 16ᵉ année, case de l'*éduc. intel.* (*Histoire, Statistique* et *Économie politique.*) Id. tabl. de la 17ᵉ année, *éduc. intel.*

taire, dont le régime et la discipline soient exactement ceux d'une armée en garnison ou en guerre, pour prendre une idée de la vie militaire, pour achever d'endurcir et de fortifier son tempérament. Je suis loin de vouloir, par cette mesure de précaution, le dévouer uniquement et spécialement à la carrière des armes; il sera libre d'embrasser l'état ou la profession qui aura plus d'analogie avec ses penchans, ses talens et ses goûts. Mais il paraît utile et même nécessaire qu'un jeune homme passe au moins une année dans le service militaire pour compléter son éducation. Aucune des branches de la vie sociale ne doit lui rester absolument étrangère, encore moins celle qui peut donner le plus de force et d'adresse au corps; de fierté, de noblesse et d'élévation à l'ame; d'étendue et de précision à l'esprit. Mais qu'un surveillant attentif, que leur instituteur et leur ami soit toujours auprès de nos élèves; assurons-leur les avantages que nous voulons tirer pour eux de cette situation, en écartant avec soin les inconvéniens qu'elle présente; car, souvent la vie militaire et la profession des armes tendent à détruire les habitudes morales et sociales. Cette espèce d'apprentissage aura lieu depuis dix-huit jusqu'à dix-neuf ou vingt ans [1].

Nous sommes arrivés à cette époque de la vie (à

---

[1] Voy., 3ᵉ partie, tabl. analyt. de la 18ᵉ année, case de l'*éd. phys.*, *mor.* et *intel.* (Apprentissage du métier des armes; vie dure et militaire. — Art d'obéir, qui prépare à celui de commander. Sentiment d'honneur. — Étendue et précision de l'esprit, perfectionnées par la science de la tactique militaire : art de lire avec fruit, d'observer, d'analyser, de méditer, qui conduit à l'art de créer ou de produire.)

la vingtième année de nos élèves), sans avoir laissé dans l'ame aucun accès aux passions, dont l'influence, trop souvent prématurée, détruit, comme un vent du nord, les fruits prêts à mûrir et qui donnaient les plus douces espérances. L'absence des desirs et des passions orageuses et la pureté des sens peuvent être prolongées par une bonne éducation jusqu'à un âge assez avancé. Le corps toujours exercé, l'esprit constamment occupé, toutes les facultés physiques et intellectuelles sans cesse tendues et en action, ne laissent aucune prise à des influences étrangères.

XXI. Observations générales sur le mode et les résultats de l'instruction bien dirigée.

Quelle riche provision ont faite nos élèves! Comme la sphère qu'ils ont parcourue est vaste! Et ils l'ont parcourue en se jouant; le désir et le plaisir d'apprendre et de s'instruire les attirent et les entraînent; le riche domaine des connaissances est le pays où ils sont avides et impatiens de faire tous les jours de nouvelles conquêtes. C'est là leur ambition favorite et la passion de leurs jeunes cœurs. « L'homme, dit Bâcon, ne peut qu'autant qu'il sait; les limites de sa science sont aussi les limites de son empire sur la nature... Ces deux buts, la science et la puissance humaine, coïncident exactement dans les mêmes points; si l'on manque les effets, c'est par l'ignorance des causes (1). »

(1) *OEuvres complètes de* Bacon, traduites par La Salle, tome Ier, page 70.

Cependant, leur esprit n'a pas été cultivé aux dépens de leur ame; les différentes parties de leur éducation ont été surveillées à la fois avec une attention toujours inquiète, scrupuleuse et active. Les connaissances qu'ils ont acquises ne leur inspirent point d'orgueil; plus ils promènent leurs regards dans les sciences, mieux ils sentent combien il est de choses qu'ils ignorent et qu'ils ne sauront jamais. Le vrai savoir est modeste; le demi-savoir est présomptueux; les esprits médiocres et bornés sont tranchans et décisifs. La science est la mère et la compagne de la modestie, l'une des vertus les plus nécessaires à la jeunesse, et qui peut le mieux lui concilier l'estime, la considération, la bienveillance. En même tems, la science agrandit l'esprit de l'homme, épure ses affections, l'empêche de circonscrire ses pensées dans le cercle étroit de ses intérêts personnels, devient ainsi, à plusieurs égards, comme nous l'avons observé, la base et la source de la morale, ou de la connaissance des relations sociales, c'est-à-dire, des rapports et des devoirs réciproques entre les hommes.

Le cœur, la raison, le jugement se sont formés et développés, autant que le corps et les forces physiques. Des entretiens proportionnés à l'âge et aux progrès de l'intelligence; des exemples en action, préparés et amenés, pour ainsi dire, sur les pas et sous les yeux de nos élèves; la tendresse pour leurs parens, l'amitié fraternelle, vive et sincère; la touchante affection qui les unit entre eux; la douce et noble humanité, la pitié généreuse pour le malheur, qu'il faut voir de près, qu'il faut connaître dès sa première jeunesse; la bienfaisance dans les faits plus que dans les paroles, toujours pure, désintéressée, dépouillée d'ostentation et de vanité; le silence qui écoute, plutôt que la curiosité qui babille; une modestie simple, une aimable franchise ajoutent à tous les charmes que nous offrent déjà nos jeunes amis.

XXII. Instruction depuis 20 jusqu'à 21 ans. — *Étude des lois.* Travaux pendant six mois ou un an chez un avocat ou chez un notaire, et pendant six autres mois, ou une année, chez un commerçant ou un banquier.—Continuation de l'examen des résultats du plan d'éducation.

Après son année de noviciat dans un régiment, et une autre année passée dans une grande ferme pour bien connaître les procédés de l'agriculture, dans une fabrique, dans un atelier, dans une maison de commerce, chacun de nos élèves peut travailler alternativement six mois chez un notaire ou chez un avoué, pour acquérir une connaissance au moins générale, des affaires de la vie civile, du droit et de l'action des tribunaux; pour étudier les formes qui rendent un acte authentique dans la société, les lois relatives à la fidélité dans les engagemens, à la garantie des propriétés, à la sainteté des contrats, et aux conventions qui se diversifient à l'infini entre les hommes. Il doit se mettre en état d'éviter un jour les piéges, trop souvent tendus à l'ignorance, à la candeur, à la bonne foi. Il peut passer six mois, ou même une année chez un banquier, pour prendre une idée du commerce, de ses relations, de son objet, de son influence, pour compléter son cours d'économie politique et sociale, qui achève de développer son esprit et son jugement, et qui lui permet de voir à la fois, en masse et dans leurs détails, le mécanisme et les rouages de l'administration publique et de la société (1).

Notre éducation a nécessairement habitué chaque élève à bien employer son tems et à n'en perdre aucune partie. Nous sommes fondés à croire qu'il a dû conserver, étendre et perfectionner, par la lecture et par l'étude, par des cours, des expériences, des observations, par des entretiens avec des hommes instruits, ses premières notions en histoire naturelle, physique, chimie, botanique, géographie, géométrie, mathématiques, astronomie; ses connaissances historiques, ses talens acquis, le dessin, peut-être un peu de musique, et la pratique de l'art du menuisier ou du tourneur. Il n'aura point passé une année dans un régiment sans savoir bien tirer une arme à feu, passablement escrimer et monter parfaitement à cheval. Nous avons ailleurs montré l'utilité de ces exercices.

Ce n'est point par un vain désir de savoir que nos élèves sont jaloux de s'instruire. Nous n'en ferons ni de minutieux naturalistes, ni des antiquaires enthousiastes, ni des savans systématiques, ni des pédans présomptueux. Ils n'apprennent que ce qu'ils

---

(1) Voyez, 3ᵉ partie, tabl. analyt. de la 19ᵉ année, case de l'éduc. intel. (*Etude des lois et du commerce.*)

savent devoir leur être utile, ou leur procurer les moyens de se rendre utiles à leurs semblables. Le but d'utilité, cette réflexion bien simple : *A quoi cela est-il bon?* CUI BONO? dirigent leurs recherches, leurs études, et président à leurs travaux. Par conséquent, toutes les sciences, considérées à la fois séparément et dans leur ensemble, ne sont pour eux que des branches et des ramifications diverses qui aboutissent à un point commun et à un même tronc.

La conservation et l'amélioration de leur être, la jouissance la plus délicieuse pour un bon cœur, pour un esprit élevé, celle de concourir au bien-être d'autrui, d'honorer et de servir leur patrie, voilà le principe de leur morale et le mobile de leurs actions.

XXIII. Avantages résultant de l'étude des différentes sciences et de la pratique des différens exercices du corps. Rapports entre les différentes branches de l'éducation.

La *botanique*, en offrant à nos élèves une exacte connaissance des simples, des plantes, de toutes les productions végétales et de leurs différentes propriétés, salutaires ou nuisibles, anime à leurs yeux le tableau pittoresque des campagnes. La *chimie* leur découvre les secrets de la nature et les opérations mystérieuses qui peuvent rendre moins conjectural l'art de soulager les maux de l'espèce humaine. La *physique* leur développe ce système de lois si habilement coordonnées, qui gouverne le monde. L'*astronomie* semble les rapprocher de l'auteur de leur être, et les familiariser, par l'observation des corps, des phénomènes célestes et de l'ordre universel, avec les idées touchantes et consolatrices d'une puissance infinie, qui régit l'univers, d'une ame immortelle, qui paraît être dans l'homme une émanation de la divinité. La *géographie* et l'*histoire* les font voyager prématurément sur tous les points du globe pour y observer les climats, les arts, les religions, les mœurs et les lois, la marche et les progrès de l'esprit humain, les nations et les individus. La *logique* et *les mathématiques* assujétissent leur raison et leur esprit à des règles salutaires. Dans le même tems, les *courses*, les *exercices*, la *natation*, la *danse*, l'*équitation*, l'*escrime*, l'apprentissage chez un tourneur, le *dessin*, une légère teinture de la *musique*, et l'usage du *chant* exercent tous leurs sens, perfectionnent leurs organes, fortifient leur tempérament.

XXIV. *Notions d'*anatomie *et de* physiologie. *Universalité et sainteté de la profession de médecin.* — *Utilité et nécessité de faire entrer les* connaissances médicales *dans un système complet d'éducation.*

La connaissance générale de l'intérieur du corps humain ne doit pas rester étrangère à des hommes pourvus d'une instruction étendue, solide et pratique.

L'*anatomie* et la *chirurgie* leur révèlent à la fois l'immensité de la puissance qui a tout créé, et la fragilité de cette faible créature, qui paraît appelée à ramper et à régner sur la terre.

Ils étudient, dans leur patrie et dans les pays étrangers, les principales branches de l'*art de guérir*, qui, pour me servir des expressions d'un médecin éclairé, soit par l'importance et la dignité de son objet, soit par son utilité, ne le cède à aucun autre ; qui, né, comme l'agriculture, des premiers besoins des hommes, offre comme elle une des premières sciences dont ils aient ébauché les élémens ; qui, dévoué tout entier à l'étude de la nature dans son plus parfait ouvrage, recherche les parties si cachées de son organisation, les ressorts secrets qui le font agir et penser ; qui, se liant à toutes les branches de l'administration, instruit l'homme d'État sur les divers objets de salubrité publique, poursuit les fléaux qui nuisent à la population, perfectionne dans cette vue ses méthodes préservatrices, éclaire les tribunaux, prête un appui même à la morale et à la législation ; qui, rivalisant enfin avec le courage des guerriers, déploie aussi le plus noble héroïsme au milieu des combats (1).

Nos élèves apprécieront la nature et le degré d'utilité des professions délicates et importantes de médecins, de chirurgiens, de pharmaciens, pour lesquelles des examens rigoureux sont exigés, dans tous les pays policés, comme une garantie sociale contre les dangers du charlatanisme et contre les séductions des empyriques. On leur montrera par quels motifs les lois considèrent comme une sorte de

---

(1) Voy. 3ᵉ partie, tabl. analy. de la 20ᵉ année, case de l'*éduc. intel.* (*Médecine, chirurgie, pharmacie, anatomie* et *physiologie*. Utilité de ces sciences. Rapports mutuels qui les unissent ; leurs points de contact avec toutes les autres professions sociales.)

magistrature publique la fonction de celui qui doit veiller à la santé de ses concitoyens ; mériter leur confiance par sa moralité non moins que par ses lumières ; les diriger par ses conseils ; guider leur inexpérience, soutenir leur faiblesse, éclairer l'ignorance et la crédulité ; seconder la nature dans le développement et dans la croissance du premier âge, dans la réparation des forces épuisées ; prodiguer les mêmes soins à l'indigence et à la richesse ; élever son ame au-dessus des considérations sordides d'un vil intérêt, et la conserver toujours libre, généreuse, indépendante, animée du seul amour de l'humanité ; dont enfin l'esprit doit se frayer un chemin à la vérité à travers les nuages du doute, et dont les conjectures mêmes, appuyées sur la méditation et sur l'expérience, doivent approcher de la certitude.

Le MÉDECIN doit étudier et connaître à la fois l'homme physique et l'homme moral, calculer les influences variées de l'atmosphère, des climats et des saisons sur les tempéramens, l'action et la réaction réciproques du tempérament et des passions dans chaque individu, porter des regards attentifs et curieux sur la nature entière, appeler autour de lui le concours de toutes les sciences, destinées à se prêter, en sa faveur, un mutuel appui.

Ne lui faut-il pas le talent de l'*observation* pour comparer et apprécier les nombreuses modifications de tous les régimes curatifs, applicables aux diverses maladies, et les nuances délicates des signes qui les distinguent ; la connaissance de l'*histoire* pour comparer les différens systèmes proposés ou pratiqués par des médecins célèbres chez les divers peuples et dans la succession des siècles, et pour balancer les avantages respectifs des différentes théories soumises au creuset de l'expérience ; la science de l'*analyse* pour se rendre un compte fidèle et raisonné de ses observations et des faits sur lesquels il les a fondées ; le *talent de la parole* pour exposer et faire valoir ses opinions et ses preuves, ou pour porter la consolation, l'espérance, la conviction dans l'ame de ses malades, et pour guérir leur esprit, souvent plus affecté que leur corps ; le *talent d'écrire* avec précision et clarté, même avec élégance, pour développer, dans certaines circonstances délicates, ses ordonnances et ses consultations ? N'a-t-il pas dû s'instruire, par l'*anatomie*, par la *physiologie* et la *phrénologie*, de la structure intérieure de l'homme et des accidens auxquels elle est exposée, de la formation et des fonctions de ses divers organes, de l'influence nécessaire de son organisation sur tout son être ? N'a-t-il pas dû apprendre à lire, en quelque sorte, à travers l'enveloppe qui le couvre, les affections internes dont il peut devenir la proie ? L'*hygiène* et la *gymnastique* ne lui fournissent-elles pas des méthodes simples et faciles pour maintenir dans un juste équilibre et dans une heureuse harmonie, par la modération, la tempérance, et par les exercices du corps, toutes les parties de la machine humaine ?...

La branche particulière de la *pharmacie* puise ses principales ressources dans la *chimie*, dans la *botanique*, dans la *physique expérimentale*, dans l'*histoire naturelle* des trois règnes, qui lui révèlent les propriétés des corps séparés ou réunis, les vertus des plantes, les remèdes secrets que presque partout une main prévoyante et libérale a placés à côté des maux qu'ils peuvent guérir.

Dans la *chirurgie*, les opérations qui demandent une main sûre, prompte, exercée; les appareils, les accouchemens, les différens organes de l'ouie, de la vue, de l'odorat, du goût, de la voix, donnent autant de subdivisions particulières (arts de l'*accoucheur*, de l'*oculiste*, du *dentiste*, etc.) qui demandent à être examinées séparément.

Les *rapports en justice*, la *médecine* et la *chirurgie légales* associent le médecin (appelé dans la révolution *officier de santé*) aux fonctions les plus importantes de l'organisation sociale, et en quelque sorte à l'exercice de la puissance judiciaire, quand les tribunaux incertains tiennent leur balance suspendue, et attendent que l'opinion du médecin ou du chirurgien qu'ils ont consulté décide de la vie ou de la mort d'un ou de plusieurs accusés. La *police* réclame les mêmes témoignages, avant de permettre l'inhumation des morts. Les états de population et les tableaux comparatifs des naissances, des décès, des mortalités, sont dressés en partie d'après les renseignemens que les médecins sont invités à fournir à l'autorité. Dans les époques d'épidémies et de contagions, l'administration publique appelle à son secours les conseils et les lumières des médecins et des chirurgiens habiles, qui paraissent alors comme des ministres de bienfaisance et des sauveurs, au milieu des malheureuses victimes sur lesquelles plane la mort.

Mais, en prodiguant les ressources de son art à ceux qui souffrent, même dans le conflit des dissensions civiles les plus violentes, des passions haineuses, délirantes, acharnées à poursuivre d'ignobles ou de cruelles vengeances, le médecin qui se respecte, qui a le sentiment de ses devoirs, de la dignité, de la sainteté de sa mission, ne se prête jamais aux demandes injustes ni même aux exigences les plus impérieuses du pouvoir, ou des partis furieux, pour leur signaler des victimes. Il repousse avec indignation l'odieux métier de délateur. Il donne également des soins affectueux à tous ceux qui en ont besoin, sans faire aucune distinction entre eux, sans rechercher les causes ni les circonstances qui ont pu produire les blessures ou les maladies qu'il est chargé de guérir (1).

Dans les armées, le médecin partage les périls et la gloire des guerriers : il les reçoit dans ses bras, à l'instant où le fer vient de les frapper; il panse leurs blessures sanglantes sur le même champ de bataille où la foudre gronde encore autour de lui, où souvent la mort vient l'atteindre lui-même.

---

(1) Parmi d'honorables médecins qui ont résisté avec fermeté à des injonctions de police, après les déplorables journées de juin, à Paris, nous aimons à citer M. DELACOUX, qui, le premier, a refusé courageusement de signaler à la police ceux des malades ou des blessés auxquels il donnait ses soins, et qui auraient pu se trouver compromis comme prévenus de rébellion contre le gouvernement. Ce digne médecin, dont le noble caractère d'indépendance égale la haute capacité, a cru devoir quitter la France et porter à nos anciens compatriotes de la Louisiane le tribut de sa longue expérience et de ses lumières.

Donc, toutes les connaissances, les sciences naturelles, les sciences physiques et mathématiques, les arts mécaniques, les belles-lettres, l'étude des langues et de l'histoire, l'éloquence, la logique, l'art d'écrire; toutes les vertus et toutes les qualités morales, la probité, le désintéressement, la discrétion, la fermeté, la douceur, la patience, l'humanité, la bonté; le courage, l'héroïsme forment, pour ainsi dire, un faisceau, et viennent se rattacher à l'honorable profession de ceux qui consacrent leurs veilles à la recherche et à l'étude des moyens de rappeler ou de conserver dans l'homme les principes de la vie, la force et la santé. Donc, l'administration publique, la police, les tribunaux, la carrière militaire, la carrière des fonctions civiles ont également besoin des secours de la médecine, de la chirurgie et de la pharmacie, et les associent également, sous plusieurs rapports, à leurs travaux et à leur considération.

Quelles précautions, quelles études préparatoires, quelles garanties spéciales sont donc nécessaires pour rendre le médecin, le chirurgien, le pharmacien dignes de leur noble destination et des fonctions importantes auxquelles l'intérêt de l'humanité les appelle! Par combien de soins ne doit-on pas écarter de ce ministère sacré les charlatans, les ignorans, les imposteurs, les hommes sans talens et sans moralité! Si la source première et féconde des élémens de la prospérité publique est tout entière dans l'accroissement et dans la conservation de la population nationale, l'art qui veille à la santé publique, aux moyens d'augmenter et de conserver la population, se lie essentiellement à toutes les autres causes du bonheur et de la gloire des États. Plus les élémens des connaissances médicales seront généralement répandus, plus il deviendra difficile et presque impossible au charlatanisme d'exploiter l'ignorance et la crédulité.

C'est sous un pareil point de vue d'utilité générale qu'on doit présenter aux jeunes gens la liaison et l'enchaînement des sciences, pour étendre et agrandir leur esprit, en lui faisant parcourir et observer les différentes contrées du monde intellectuel, comme les provinces d'un même empire qui, par les échanges mutuels de leurs richesses particulières, contribuent à l'abondance commune (1).

XXV. *Des divers moyens de communication entre les hommes* : principes de toutes les connaissances humaines. — De *l'étude de l'histoire*. — Des observations appliquées à l'*agriculture* et aux différens *arts* et *métiers*.

Les *langues comparées* familiarisent nos élèves avec le grand art de l'éloquence, forment à la fois leur jugement, leur langage et leur style, et leur ouvrent les riches trésors que nous ont légués les meilleurs écrivains de toutes les nations et de tous les siècles.

Les langues, la lecture, l'écriture, la logique et

(1) Voy., ci-après, le *Tableau synoptique des connaissances humaines*, d'après un nouveau système de classification.

l'éloquence, le calcul, le dessin, la géométrie, la géographie et l'histoire leur ont offert les divers moyens de communication connus entre les hommes et les premiers élémens des autres connaissances qu'ils ont successivement parcourues.

L'histoire, considérée et étudiée sous les principaux rapports d'utilité, devient pour eux comme un atelier et un arsenal de toutes les sciences, comme une mine féconde et inépuisable d'instructions, de réflexions, de faits et d'expériences.

« L'histoire, dit Condillac, est un recueil d'observations qui offre aux citoyens de toutes les classes des vérités relatives à eux-mêmes. Si nous savons y puiser les choses à notre usage, nous nous éclairons par l'expérience des siècles passés. Il ne s'agit donc pas de ramasser tous les faits et d'en charger sa mémoire ; il y a un choix à faire.

» Cette étude, qui est un vrai cours de morale et de législation, embrasse tout ce qui peut contribuer au bonheur ou au malheur des peuples (et des individus); c'est-à-dire, les gouvernemens, les mœurs, les opinions, les abus, les arts, les sciences, les révolutions ; leurs causes; les progrès de la grandeur des empires et leur décadence considérée dans son principe, dans son accélération et dans son dernier terme. Elle embrasse, en un mot, toutes les choses qui ont concouru à former les sociétés civiles, à les perfectionner, à les défendre, à les corrompre, à les détruire. »

Le vrai moyen, pour chaque homme, d'étudier avec fruit les différens ouvrages historiques, est d'en faire des extraits raisonnés, appropriés à sa destination particulière dans la société (1).

Nous avons parcouru dans l'histoire et autour de nous la marche et les progrès de l'esprit humain, des sciences et des arts. Nous avons observé l'agriculture, et suivi ses opérations dans nos promenades champêtres ; les manufactures ont été visitées avec soin et intérêt, depuis l'humble métier du tisserand jusqu'aux fabriques de drap, de tapisseries et de porcelaine. Nous avons examiné d'un œil curieux les procédés des arts et des métiers (2). Ainsi, Pierre Ier, qu'on est toujours tenté de proposer pour exemple, quand on veut appeler les hommes à des choses grandes et utiles, maniait tour à tour la hache et le compas, ou travaillait aux forges et aux corderies, dans les chantiers de Sardam ; étudiait à Londres les proportions mathématiques et toutes les parties de la construction des vaisseaux ; apprenait en peu de jours la théorie de l'art de l'horlogerie ; était versé dans l'astronomie, et savait observer et calculer les éclipses ; obtenait enfin, et méritait ce témoignage rendu par le capitaine-ingénieur Perry, que, depuis la fonderie de canons jusqu'à la filerie de cordes, il n'était aucun art, aucun métier, qu'il n'eût observé,

---

(1) Voy. 3e partie, tabl. analyt. de la 15e année, case de l'*éd. intel.* (*Étude de l'histoire.* —Résumé de l'emploi des quinze premières années, sous le rapport de l'instruction ; et indication des divers emplois de chaque jour, ou intervalle de vingt-quatre heures.)

(2) Voyez, 3e partie, tableau analyt. de la 14e année, case de l'*éduc. intel.* (*Promenades instructives. Cours expérimental des arts et métiers.*) —Id. 15e année.

et auquel il n'eût mis la main dans les ateliers qu'il visitait. Ce prince voyageur, guerrier, marin et artisan, revenu dans sa patrie, fit le plan du canal et des écluses de Ladoga, nivela de ses propres mains le terrain, et, se mettant à la tête des travailleurs pour les encourager, les aida lui-même à fouiller et à transporter la terre. Avec les matelots, il commandait les manœuvres ; avec les soldats, il entrait dans les détails de leur armure, de leur habillement, de leur subsistance ; il se montra toujours, par son génie vaste, docile et actif, dans tous les lieux et dans tous les tems, également capable d'apprendre, et digne de commander.

Nos élèves, formés sur ce grand modèle, ont appris comment se font ou se préparent toutes les choses dont il se servent : ils ont à la fois parcouru la sphère, et entrevu les limites du vaste domaine de l'industrie.

XXVI. Utilité des voyages pour compléter l'éducation. — L'époque des voyages paraît devoir s'étendre depuis 20 ou 21 jusqu'à 24 ou 25 ans.

Possesseurs d'un bien qu'il n'appartient qu'à la mort de leur enlever, riches de leurs connaissances, heureux par l'utile et agréable emploi de leur jeunesse, par les souvenirs qu'elle a gravés dans leur âme, par les jouissances qu'elle leur donne, par celles qu'elle leur promet encore, par les habitudes salutaires qu'ils ont contractées, par les affections morales et douces dont ils ont été nourris, par l'absence des passions corrosives, par le calme d'une conscience sans nuages, unie à la force d'un jugement sain et d'un esprit sans préjugés, par la constitution vigoureuse d'un corps exempt des maladies factices dont la plupart des hommes empoisonnent eux-mêmes leur existence, nos élèves vont voyager.

Ils ont au plus vingt ou vingt et un ans. Leur instituteur, qu'ils ne connaissent et qu'ils n'appellent que du nom d'ami, sera leur compagnon et leur guide. Ils lui demandent eux-mêmes, ils le conjurent de ne point les quitter.

Les pays qu'ils doivent parcourir ne leur sont point étrangers; ils en ont étudié, ils en ont tracé la carte; ils vont les reconnaître sur le terrain. Ils y portent les souvenirs de l'histoire, qui a été leur dernière étude, et le complément de leur éducation; les méditations d'hommes qui ont observé et approfondi les différentes connaissances, les sciences physiques et les arts, les professions mécaniques, les principes de l'administration publique; la brillante imagination de jeunes poètes, familiarisés avec les monumens immortels des chantres des héros; enfin, les regards scrutateurs et pénétrans d'amis éclairés de l'humanité [1].

Après que trois ou quatre années de voyages ont

[1] Voy., 3ᵉ partie, le dernier tableau analyt. de la 25ᵉ ou 26ᵉ année, case de l'*éduc. mor*. (Influence bien dirigée d'un *amour vertueux;* ses effets. D'un *mariage bien assorti*, qui moralise l'homme. Des *devoirs mutuels dans l'association conjugale*. Image du bonheur domestique au sein de sa famille.) — Voyez aussi 2ᵉ partie. (Destination de l'homme, et devoirs d'un père de famille.)

étendu, augmenté, mûri leurs connaissances, ils reviennent, âgés de vingt-quatre ou vingt-cinq ans, dans leur patrie, consacrer à leurs concitoyens les facultés précieuses qu'aura développées et fortifiées en eux une excellente éducation.

Une ou même deux années sont alors employées spécialement par nos élèves à se préparer à l'état qu'ils doivent embrasser dans la société. Mais, comme ils sont approvisionnés de toutes les connaissances nécessaires, et que leur esprit n'a pu manquer d'acquérir, par un continuel exercice, une grande facilité de conception et une extrême activité, il ne leur faut que peu de tems et d'efforts pour se rendre propres à la profession qui leur convient le mieux, et pour s'y distinguer par un mérite supérieur.

Le moment est venu où chacun d'eux doit payer son tribut à la société, choisir une femme digne de lui, ou s'unir à elle, si elle est déjà choisie depuis long-tems ; si elle a été préparée, amenée, présentée par les soins attentifs, prévoyans, adroitement déguisés d'un ami et d'un père. Ils vont acquérir les doux noms et remplir les devoirs sacrés d'époux, de pères : titres respectables, qui moralisent l'homme, constituent le citoyen, qui l'attachent par des liens plus étroits à son pays et à la société. L'époque proposée pour les voyages doit, suivant Locke, reculer celle où un jeune homme se marie ordinairement ; c'est un avantage de plus pour lui, pour sa santé, pour son bonheur, pour les enfans qu'il doit avoir, et qui seront plus robustes, et que le père sera mieux en état de bien élever.

ESSAI GÉNÉRAL

XXVII. Résultats généraux de l'éducation pour les élèves.

Chacun de ces élèves chéris, dont je me plais à caresser, à embellir l'image, nous offre un homme à la fois fort et robuste, vertueux et éclairé. Son extérieur est noble et modeste, son ton décent et doux, ses manières polies et pleines d'humanité ; son ame est neuve et pure, son esprit cultivé, son corps vigoureux.

Il craint peu les maladies ; d'ailleurs, il sait souffrir. Est-il atteint par la détresse ? le travail, à ses yeux, n'a rien qui déshonore ; son industrie peut suffire à ses besoins ; ses mains ne dédaignent point des outils grossiers, et les emploient avec dextérité.

Dans une réunion d'hommes éclairés, quel que soit le sujet qu'on traite, il peut écouter avec fruit ; s'il prend la parole, et jamais il n'est pressé de le faire, on sera porté à l'écouter avec intérêt.

Vivra-t-il dans une campagne reculée ? il saura diriger une exploitation d'agriculture, donner de sages conseils à ses voisins, les aider et les soulager dans leurs maladies, par son expérience ; il sera l'instituteur et l'ami des enfans, le guide des fermiers et des laboureurs, le médecin, le défenseur et l'avocat des pauvres, le bienfaiteur et le père des habitans de son canton. Il n'a pas besoin de l'éclat et du secours des richesses pour obtenir cette considération honorable et pour remplir ces nobles fonctions. Mais, supposez l'un de nos élèves propriétaire de vastes domaines, ou chargé de la direction administrative d'un département, quelle ne sera pas l'influence de son caractère humain et généreux, de ses connaissances et de ses talens variés sur la richesse et la prospérité du canton qu'il habite, sur la civilisation et le bonheur des hommes placés autour de lui?

Est-il appelé dans un emploi public, dans un tribunal, dans une administration supérieure? il n'est déplacé nulle part. Dans ces différens postes, son intégrité, son bon sens, ses lumières lui assurent l'estime, et le feraient paraître supérieur à tous ceux qui l'approchent, si la bonté, la simplicité, la modestie, qui lui sont naturelles, en effaçant cette supériorité, ne rétablissaient l'équilibre.

Sera-t-il enfin employé dans la diplomatie, dans les missions les plus délicates, ou dans la sphère politique la plus élevée? sera-t-il même destiné à concourir à l'action du gouvernement? il n'est point enorgueilli de son nouveau poste, ni au-dessous des devoirs qu'il lui impose. Il connaît les hommes et il les aime; il les a étudiés dans toutes les conditions et dans toutes les classes; il met son bonheur à leur être utile; il saura en chercher et en employer les moyens, s'entourer de sages conseils, les suivre ou les modifier, se dévouer enfin tout entier, avec un zèle pur et désintéressé, au bonheur et à la gloire de sa patrie. Aimer les hommes est la première condition nécessaire pour être capable de les servir, et digne de les gouverner.

XXVIII. Objections prévues et réfutées, et observations générales.

J'ai appliqué à l'éducation la leçon donnée par Sertorius à ses compagnons d'armes. Il leur avait proposé d'essayer leurs forces en arrachant la queue d'un cheval vigoureux. Lorsqu'ils se furent tous épuisés en efforts inutiles pour y parvenir, il la fit épiler peu à peu, crin à crin, par un homme délicat et faible, qui réussit dans une entreprise où les hommes les plus robustes venaient d'échouer. Ainsi, le projet qu'on est peut-être porté d'abord à croire chimérique, gigantesque et hors de la faiblesse humaine, de parcourir et d'enseigner toutes les branches des connaissances qui ont un véritable objet d'utilité, devient facile et simple dans l'exécution, si l'on veut les prendre l'une après l'une, les faire enseigner progressivement, et en proportionnant chaque espèce d'étude, d'exercice et de travail, à l'âge, à l'avancement, aux dispositions et à l'intelligence de son élève.

On doit apprécier la rapidité de la vie, l'importance de la bien employer, surtout dans le premier âge. Il faut, pour tirer tout le parti possible de ses instans, en bien sentir la valeur ; ce n'est pas notre élève qui peut faire cette appréciation : nous seuls devons la faire pour lui. Ce n'est pas lui qui peut juger de ce qu'il lui est essentiel de savoir ; c'est à nous de placer en quelque sorte sous ses yeux, et de manière à exciter ses désirs et à piquer sa curiosité, chacune des connaissances auxquelles nous voulons l'initier.

Nous consacrons chaque année successivement à une étude spéciale et à un exercice particulier, toujours dans la proportion de l'âge, de la force, de la capacité. Nous ajoutons, d'année en année, une nouvelle branche d'étude et un autre exercice du corps ; nous continuons d'entretenir et de perfectionner notre élève dans la pratique des études et des exercices dont il s'est précédemment occupé.

Nous avons soin de faire toujours, habilement et indirectement, naître en lui le désir d'acquérir une connaissance nouvelle, et nous indiquons d'avance l'époque fixe à laquelle on lui permettra d'en commencer l'étude. Il doit redouter, comme une punition, tout délai qui tendrait à reculer cette époque.

Nos élèves ne sont étrangers à aucune des connaissances humaines. L'homme qui a pris une teinture des différentes branches des sciences, peut comparer leur mérite et leurs avantages respectifs, faire servir l'une aux progrès de l'autre, profiter de ce qu'il les a toutes soumises à son examen pour choisir celle vers laquelle sa destination, son penchant ou son génie l'entraînent, et pour prendre de chacune d'elles ce qui, dans les circonstances variables et dans les vicissitudes de sa vie, peut s'appliquer à son utilité personnelle, ou à celle des autres (1).

(1) Voy. 3ᵉ partie, tabl. analyt. relatif à la 25ᵉ et 26ᵉ année, case de l'*éduc. intel.* (*Résultats généraux de l'instruction*. Disposition commune à tous nos élèves : besoin qu'ils éprouvent, dans leurs sphères ou conditions respectives, d'imprimer à leur

« Une des choses, dit encore Condillac (¹), qui étonnerait davantage un ancien, s'il renaissait parmi nous, ce serait cette distribution de citoyens en différentes classes, qui n'ont rien de commun entre elles, et dont les mœurs, les principes, les préjugés sont opposés. Par cette politique, nous avons donné des bornes étroites au génie. Un Grec ou un Romain était un grand homme d'État, parce qu'il embrassait toutes les connaissances utiles à la république, et que ces connaissances se prêtent un secours mutuel. Nous ne devons produire que des hommes médiocres, parce que nous nous bornons à un seul objet. Qui n'étudie qu'une partie de l'État, ne le connaît qu'imparfaitement, parce qu'il ignore ses relations et ses rapports avec les autres parties.

» Quoi qu'il en soit de nos talens, il résulte de notre arrangement, que chaque citoyen, militaire, ecclésiastique, homme de loi, financier ou commerçant, s'habitue à ne considérer la société que par les intérêts particuliers de son ordre. Au lieu de lois générales et impartiales, chacun ne pense donc qu'à des lois particulières et partielles. Tant qu'on n'embrasse point le corps entier de l'État, on ne corrige un abus que pour en faire naître un autre. »

Chacun de nos élèves a été familiarisé avec tous les périls et avec l'idée de la mort. Pour apprendre à ne pas la craindre, il faut y penser souvent. « La pensée de la mort, dit Young, est un dieu qui ins—

art particulier, à la science ou à la chose dont ils s'occupent spécialement, une marche progressive.)

(¹) *Cours d'Études* de Condillac; *Étude de l'histoire*.

pire l'homme, et lui conseille la vertu. » Cette idée se reproduit sans cesse, dans tous les lieux, sous toutes les formes ; si l'ame ne s'est pas préparée de bonne heure à la considérer de sang-froid, à regarder le trépas comme un décret éternel de l'immuable nécessité, comme une condition imposée à tous les êtres vivans, dont tout homme sage doit être prêt à subir la loi, sans crainte et sans murmure ; alors, cette image, souvent présente, produit sur le caractère une impression de tristesse, de découragement et de terreur ; elle rend l'ame timide et pusillanime ; l'homme le plus intrépide dans quelques occasions, s'étonne d'être malgré lui, en un seul instant, différent de lui-même.

La pensée de la mort, inspirée dès la première jeunesse, rendue habituelle et familière, devient un levier puissant qui soulève l'homme de la poussière et le redresse sur lui-même ; qui le dirige, le soutient, le fortifie, éveille, conserve et nourrit en lui le sentiment du courage et de la vertu. « Il n'est point de folie ni de vice, dit encore Young, qui ne perde ses couleurs trompeuses devant la pensée de la mort. Laissez agir son ascendant salutaire. Elle comble l'effroyable profondeur de l'abîme, et nous fait descendre dans le tombeau par une pente plus douce. Elle remplit les ames du sentiment consolateur de notre immortalité. La mort n'est terrible que pour le crime ; c'est de lui qu'elle emprunte son masque hideux ; c'est lui qui aiguise le tranchant de son glaive. La mort, aux yeux de la vertu, n'ensevelit que le corps ; elle délivre l'ame de sa prison, dissipe devant elle tous les nuages, lui rend le jour et des ailes pour voler à l'immortalité. La mort n'a que des maux imaginaires, que la nature ne sentira point; la vie a des maux réels que la sagesse ne peut éviter… La vie est trop flattée, la mort trop calomniée. Le sage, qui sait user de l'une et ne pas redouter l'autre, les compare ensemble et leur rend justice. »

Mais, direz-vous, cet ouvrage de vos mains, ou plutôt de votre imagination, cet élève dont vous tracez un portrait si flatteur, sera-t-il entièrement accompli?..... Non, sans doute. La perfection n'appartient pas à la nature humaine. Mais, parcourez tous les vices qui peuvent entrer dans le cœur, tous les défauts dont le caractère est susceptible : vous reconnaîtrez qu'ils sont tous plus ou moins corrigés, réprimés, modifiés, atténués, presque anéantis par cette éducation.

L'amour-propre, cette faiblesse des plus grands hommes, trouve difficilement accès, ou du moins ne peut guère jeter des racines profondes dans l'ame de celui dont la raison est cultivée, l'esprit étendu et agrandi dès l'enfance par une application non interrompue à des objets utiles, et par une pratique continuelle des actions par lesquelles il peut servir ses semblables. L'amour-propre et l'orgueil sont bien plutôt le partage de la médiocrité ou des demi-connaissances, que de la véritable et solide instruction, et de l'homme qui, je le répète, est placé à cette hauteur où la perspective d'un horizon sans bornes lui permet de calculer sa propre faiblesse, comparée à l'immensité des choses qu'il ne peut voir et qu'il ignore.

Une ambition inquiète tourmente l'esprit et corrompt le cœur ; notre élève ne sera point agité par l'ambition. Les qualités qui seront communes à tous les jeunes gens formés par notre méthode, je les applique à un seul individu, pour simplifier ma pensée. Par l'effet de cette éducation et des principes qu'il a sucés dès l'enfance, notre jeune Télémaque se trouve partout également à sa place, et aussi heureux qu'on peut l'être. Il a la véritable sagesse, la philosophie pratique, éclairée par les lumières d'un esprit droit, étayée sur les sentimens d'un cœur pur. Il ne désire jamais sortir de sa sphère. Il ne fait pas consister l'augmentation de son bien-être dans un accroissement de richesses ou dans l'élévation aux honneurs, mais dans le perfectionnement de ses qualités morales, dans la pratique toujours continuée des actions bonnes et louables, et dans une acquisition nouvelle de connaissances utiles. Il apprécie froidement le néant des grandeurs humaines ; il ne sera ni ébloui par l'éclat des emplois les plus brillans où il peut se voir appelé, ni accablé par les revers qui peuvent le plonger dans une condition obscure, ou dans les classes réputées les dernières de la société. Il sait toujours se suffire, il est toujours lui. Les ressources qu'il trouve en lui-même sont comme un bouclier impénétrable à tous les traits de la fortune. Il sait que, pour être heureux dans toutes les situations de la vie, il doit conserver sa propre estime et mériter celle des autres, et qu'il ne peut remplir l'un et l'autre but, qu'en se rendant utile, qu'en étant bon et vertueux.

Une présomption insolente dessèche l'ame et détruit toutes les qualités morales ; une abjecte humilité avilit et dégrade. Notre élève ne sera ni enflé d'un vain orgueil, ni, par un vice contraire, dépourvu du respect de lui-même. Il a le sentiment de sa force relative et de sa faiblesse absolue. D'ailleurs, il a de jeunes camarades qui sont entrés en partage de toutes ses études, qui ont reçu la même éducation, la même instruction que lui. Cette association salutaire, qui lui offre sans cesse des individus de son âge, auxquels il peut se comparer et qui lui ressemblent, ne lui permet jamais de se croire unique dans son genre, et un être exclusif et privilégié. Elle prévient et réprime à la fois les mouvemens d'orgueil, d'amour-propre, de vanité, de présomption, dont il pourrait être susceptible.

Non, il ne sera point faux, hypocrite, ni méchant; dès l'enfance, il est noble et sincère; il n'a jamais intérêt à cacher les sentimens de son cœur, ni à déguiser ses pensées; il n'a jamais lieu d'en rougir.

Sera-t-il esclave des sens, des plaisirs de la table, des plus sales voluptés, d'une sordide avarice, des penchans les plus déréglés ?... Ah ! prenez dans leur berceau les Néron, les Vitellius, les Héliogabale; donnez-leur une semblable éducation, et soyez sûr qu'ils ne transmettront point à l'avenir des noms déshonorés par le souvenir de leurs débauches, de leurs excès et de leurs crimes. L'amour du travail, le bon emploi du tems, la culture de l'esprit, les habitudes morales, n'ont cessé d'être, pour notre élève, depuis l'époque de sa naissance, un préservatif assuré contre les erreurs, les faiblesses, les désordres et les vices.

La colère, même chez l'homme d'un naturel violent, est toujours tempérée et presque détruite par l'empire de la raison, par l'habitude d'une surveillance active et continuelle sur soi-même.

Sans pousser plus loin cet examen, je répète et j'ose garantir que notre élève n'aura point une perfection absolue, mais une perfection relative ; il aura beaucoup moins de défauts et de préjugés que tout individu autrement élevé ; mais aucune erreur dangereuse, aucun vice révoltant ni honteux n'auront pu se glisser ou du moins se fixer dans son esprit, ou dans son cœur.

Nous l'avons considéré sous le rapport physique et sous le rapport moral. Quant à l'instruction, je n'ai point annoncé le projet de former un homme universel ; je prétends même qu'il n'y ait pas une branche des connaissances humaines, dans laquelle il ne trouve quelqu'un qui lui soit supérieur : excepté peut-être celle qu'il aura spécialement à cœur d'approfondir, en s'aidant pour cela du concours de toutes les autres. La nature de son éducation lui fera rechercher la société des hommes versés dans les sciences et dans les arts. L'homme instruit a besoin de profiter avec les hommes éclairés et de s'instruire encore. Leur conversation forte, substantielle, nutritive l'entraîne, le retient et le charme. Mais il ne méprise point les hommes ignorans ; il n'a de mépris que pour la sottise unie à la fatuité et pour la médiocrité présomptueuse.

Les connaissances qu'il a étudiées et dont il a saisi l'ensemble, lui ont appris à honorer l'espèce humaine, qui a franchi, pour ainsi dire, sur les ailes du génie, les limites que semblait lui fixer la nature. Il a vécu avec les savans illustres de tous les pays et de tous les siècles, avec tous ceux que leurs talens et leurs vertus ont distingués. Un noble respect pour leur personne ou pour leur mémoire, pour les monumens qu'ils ont élevés, pour les services qu'ils ont rendus, agrandit sa pensée, le rend fier d'appartenir à cette classe d'êtres privilégiés, qui paraissent animés d'un rayon de la divinité. En même tems, il aime ses semblables; son bonheur est d'améliorer leur condition, dans la sphère où il se trouve; de les servir, sans ostentation et sans intérêt, ou plutôt, par un raffinement d'égoïsme, par un sentiment plus délicat de son véritable intérêt, mieux entendu et mieux calculé; sa jouissance est dans son propre cœur. Et comme les différentes branches de l'éducation, surtout l'instruction et la morale, se perfectionnent l'une par l'autre (1), il sera nécessairement modeste, obligeant, indulgent, bon et généreux; ou, si quelquefois des mouvemens involontaires et momentanés de haine, d'orgueil ou d'envie peuvent trouver accès dans son ame, sa raison éclairée les aura bientôt subjugués et bannis.

De même que notre élève, sans être parfait,

(1) Loi de la chaine. *Tout se tient.* Principe général, d'où découle la belle idée de l'unité et de la communauté des sciences, de leur union intime et nécessaire avec la morale, dont elles ne peuvent être impunément séparées.

n'est point vicieux ; de même, sans être universel, il ne ressemble nullement à ces hommes légers et superficiels, qui raisonnent de tout, et qui n'ont rien approfondi. Il ne sera point très-savant dans toutes les parties; mais il possédera dans chacune ce qui est le plus utile à connaître ; il aura une heureuse habitude de diriger toujours ses études, ses pensées, ses travaux vers un but d'utilité. J'ai parcouru toutes les sciences que je lui enseigne; j'ai montré comment, dans son éducation, les différentes branches de l'instruction se trouvent coordonnées et en rapport les unes avec les autres.

Il ne sera ni un peintre, ni un sculpteur célèbre, ni un artiste distingué, ni un grand physicien, ni un habile mécanicien, ni un profond jurisconsulte, à moins qu'un penchant particulier ne l'entraîne vers l'une de ces professions ; et alors il y sera nécessairement supérieur. Mais il aura pris une idée suffisante de ces divers talens, pour les apprécier, pour en appliquer ce qui convient, soit à son avantage particulier, soit à celui de ses semblables, dans la condition où il sera placé. On aura formé en lui un homme utile, un sujet précieux, un citoyen distingué, et dévoué au bien public. On pourra lui appliquer ce mot fameux de Thémistocle jeune encore : « Je ne sais, disait-il, ni accorder la lyre, ni former des sons harmonieux; mais qu'on me donne une ville, quelque obscure et malheureuse qu'elle soit, je l'aurai bientôt rendue célèbre et florissante. »

XXIX. Conclusion. Résultats de l'exécution du plan d'éducation proposé, pour nos élèves eux-mêmes et pour la patrie.

Les élèves que nous avons formés peuvent rester simples particuliers. Dans quelque situation, dans quelque pays que les jette la fortune, ils sauront se rendre utiles aux autres, et se suffire à eux mêmes; ils seront heureux, calmes, exempts de désirs inquiets et de passions turbulentes; ils ne porteront ombrage, ni à la société dans laquelle ils vivent, ni à l'autorité.

Mais, si le sort les élève au rang de conseillers et de ministres du prince, s'ils sont appelés à concourir à la direction des affaires publiques et à la pensée du gouvernement, heureux le monarque qui pourra les employer à l'exécution de ses vues généreuses pour la prospérité de la patrie! Plus heureux le peuple qui vivra sous l'influence de leurs conseils! Ils ont parcouru toutes les classes de la société, toutes les branches des sciences, toutes les périodes de l'histoire; leur ame s'est agrandie, leur esprit s'est exercé et fortifié; leur cœur s'est nourri de sentimens de bienveillance et d'amour de l'humanité; leur existence tout entière sera marquée par les bienfaits qu'ils répandront autour d'eux : dans un cercle étroit, s'ils restent au sein d'une condition privée; sur une nation entière, s'ils sont élevés à des fonctions publiques importantes.

Les hommes ne doivent craindre de voir associé aux travaux et aux conseils de la suprême autorité que celui qui fait profession de les mépriser, qui veut les sacrifier, comme de vils instrumens, à ses passions ou à ses caprices ; qui regarde la sensibilité comme une faiblesse, la vertu comme un préjugé ou comme un mensonge, l'idée du bien public comme une chimère, la gloire comme un vain prestige. Mais un être sensible et généreux, bon et éclairé, doux et ferme à la fois, habitué au travail, avide de s'instruire et de faire le bien, pénétré du feu sacré de l'amour de ses semblables, et de l'amour de sa patrie, passionné pour l'honneur et la gloire qu'il préfère à la vie : voilà celui dont le chef d'un État peut employer avec confiance le zèle et les talens ; c'est par ses mains qu'un grand pays et une grande nation, qui réunissent tous les avantages que peuvent offrir l'art et la nature, la variété des climats, l'étendue, la fertilité du sol et la population, seront rapidement conduits au degré le plus élevé de la prospérité, de la richesse et du bonheur.

J'oserais donc dire qu'une semblable éducation convient surtout à un jeune prince destiné à régner, et aux enfans des familles que leur position sociale appelle à exercer une grande influence sur leur pays. Pour être un grand roi, que le prince commence par être un homme : pour faire le bien sur le trône, qu'il ait long-tems vécu dans la foule ; pour être appréciateur du mérite et des talens, qu'il ait lui-même des talens, du mérite, et une expérience pratique des hommes et des choses ; qu'il ait étudié les diverses connaissances, qu'il ait observé les diverses professions, et, pour ainsi dire, essayé les différentes conditions de la vie.

Quel est le prince jaloux d'étendre la prospérité de ses États au-delà du terme borné de son existence; animé du noble espoir de se former un successeur, qui maintienne son ouvrage, et qui ajoute à la gloire de son père, par les salutaires effets et par les prodiges d'une administration sage et bienfaisante, résultat de son instruction et de l'utile emploi de ses premières années?... Que ce prince, pour affermir un bon système de gouvernement, pour le rendre durable, pour accélérer la civilisation et l'amélioration du peuple dans tous les genres, fasse élever, d'après le plan et dans les principes qu'on vient d'exposer, le fils destiné à le remplacer, et les enfans des premières familles de l'État, qui doivent être appelés à prendre une part active à l'administration publique, et qui devront diriger les affaires du pays d'après des vues largement conçues de bien public et d'avenir.

XXX. Vues préliminaires qui ont présidé à la formation d'un TABLEAU SYNOPTIQUE DES CONNAISSANCES HUMAINES, d'après un *nouveau système de classification*.

Vivre, c'est aimer, c'est sentir, c'est connaître, c'est agir (1). La *vie de l'homme* est *l'action* : il doit diriger avec intelligence son activité vers un but.

(1) Vivre, c'est respirer, c'est jouir de son être ;
C'est aimer, c'est sentir, c'est vouloir, c'est connaître ;
C'est agir dans sa force et dans la liberté ;
C'est exercer enfin sa noble faculté
D'élever jusqu'au ciel son ame et ses pensées,
De puiser des leçons dans les choses passées,

La *vie sociale des nations*, c'est l'*avancement* et le *progrès*. Une éducation philosophique et rationnelle (1) peut seule former des hommes capables de comprendre leur destination et le but qu'ils doivent se proposer. Une meilleure direction donnée aux sciences et aux arts qui animent et qui embellissent la vie peut seule faire avancer la société.

Un examen raisonné des connaissances humaines, de leur ensemble et de leurs détails, des points de contact qui existent entre elles, des méthodes qui leur sont communes, des différences qui les distinguent, des moyens par lesquels elles peuvent se communiquer et s'entr'aider, des parties de ces con-

D'unir la prévoyance avec le souvenir,
Et d'éclairer ainsi la nuit de l'avenir.

(Vers extraits d'une *Épître* à M. de Vandernat. Poésies politiques, par M. A. Jullien *de Paris*. Paris, 1831. In-8° de 115 pages. Au bureau de la Mère de famille, *rue des Fossés-Saint-Germain-l'Auxerrois*, n° 43, *en face de la colonnade du Louvre*.)

(1) M. Gasc, chef d'institution, *rue des Postes*, n° 40, a conçu un *plan d'éducation rationnelle*, très-supérieur à nos anciens cours d'études universitaires, et plus en rapport avec l'état et les besoins actuels de la société. Il applique ce plan depuis plusieurs années, et les résultats ont pleinement répondu à ses espérances. Il a formé le projet de fonder une *société d'éducation rationnelle*, où les amis de l'éducation et de l'instruction pourront mettre en commun leurs observations pour donner une direction mieux entendue et plus utile à l'art de former les hommes. — Voy. le *Discours sur la réforme universitaire et sur la liberté d'enseignement,* prononcé par M. Gasc, le 14 août 1833. Paris, 1833. In-8° de 67 pages. Paulin, libraire-éditeur, *place de la Bourse.*

naissances qui sont encore incultes et presque en friche, de celles dont la culture est déjà perfectionnée, peut seul permettre de choisir avec discernement les parties du savoir humain où l'on sent, par une sorte de vocation instinctive, que l'on peut appliquer utilement les forces de son esprit. Il est nécessaire qu'un bon père de famille, un instituteur dévoué à ses fonctions, un jeune homme formé par leurs soins, puissent avoir sous les yeux un TABLEAU COMPLET ET MÉTHODIQUE DES SCIENCES, classées d'après la marche naturelle que l'homme a dû suivre en les créant. Ce tableau est comme la carte géographique des pays qu'ils doivent parcourir ensemble, ou dans lesquels ils ont déjà commencé à voyager. Une jeunesse ardente et avide d'instruction consulte cette carte pour se tracer d'avance les routes qu'elle doit suivre, pour se diriger dans les excursions qu'elle veut entreprendre. La même carte des différentes provinces du monde intellectuel sert au philosophe et à l'homme d'État pour se rendre compte des inventions, des découvertes, ou des améliorations, en quelque genre que ce soit, qui importent le plus à la nation dont les intérêts de bonheur, de puissance et de gloire leur sont confiés.

En méditant sur l'origine et sur le but des sciences, j'ai cru pouvoir les diviser, d'abord, en DEUX grands ORDRES, d'après la *nature* même *de l'homme* et la *nature des objets* auxquels les sciences s'appliquent; puis, j'ai été conduit à subdiviser *chacun de ces deux ordres en deux classes*, d'après la *nature* même des connaissances humaines, occupées de *faits*, ou de *méthodes* pour agir sur les faits; ce qui produit QUATRE CLASSES de sciences, deux dans chaque *ordre*. Enfin, j'ai cru devoir compléter cette division des sciences en *ordres* et en *classes*, par une division correspondante des mêmes sciences en QUATRE GENRES, qui se rapportent aux opérations de l'esprit humain dans la production des connaissances, et à sa marche naturelle et progressive.

On ne doit pas oublier que chacun des *quatre genres* de sciences, compris dans notre tableau, et chaque science elle-même, peuvent reproduire, suivant le point de vue sous lequel on les considère, les quatre parties ci-après :

1. DESCRIPTIVE, ou d'*observation*;
2. DISTINCTIVE, ou de *classification*;
3. RATIONNELLE, ou de *jugement*;
4. PRATIQUE, ou d'*application*.

Mais, on a cru pouvoir admettre cette division de QUATRE GENRES dans les sciences, d'après les caractères spéciaux qui les distinguent.

Du reste, une méthode de classification des connaissances humaines, comme toute autre méthode, a principalement pour objet d'aider la marche de l'esprit qui veut acquérir une idée claire et positive, quoique générale, d'une chose compliquée. On doit donc éviter, en poussant trop loin l'esprit méthodique, de tourmenter, pour ainsi dire, les sciences ou les êtres, pour les plier systématiquement à une forme donnée, ou à une combinaison arbitraire.

ESSAI GÉNÉRAL

L'ordre numérique des sciences est également une chose de convention, qui résulte du mode de classification adopté, mais qui ne doit entraîner aucune idée de prééminence des unes sur les autres. C'est à un bon esprit à retirer de la science dont il s'occupe, et dont l'importance augmente à ses yeux, en proportion du tems et des soins qu'il met à l'approfondir, tous les avantages qu'elle peut comporter, et qu'elle paraît susceptible de procurer à l'espèce humaine.

Le *Tableau* qui suit, et les cadres particuliers affectés à chacune des branches du savoir humain, permettent de rechercher avec facilité et de distinguer, dans notre *Carte générale abrégée du monde intellectuel*, les régions déjà cultivées et exploitées par l'homme, et les régions, pour ainsi dire, incultes, ou les parties des sciences qui n'ont pas encore été suffisamment approfondies, et où il reste des problèmes importans à résoudre, des perfectionnemens à introduire, des découvertes à faire [1]. L'auteur se propose d'ajouter plus tard, à cette *mappemonde scientifique*, des *cartes particulières de chaque science*, destinées à faire mieux saisir, par une sorte

[1] Les développemens relatifs à cette *classification des connaissances humaines* se trouvent dans l'ESQUISSE DE L'ESSAI SUR LA PHILOSOPHIE DES SCIENCES, qui a été insérée dans les deux derniers cahiers des *Annales Encyclopédiques* (*novembre et décembre* 1831). — Voy. aussi la *Revue Encyclopédique*, T. II, p. 408 (mai 1819), et T. XXXIII, p. 782 (mars 1827). — L'Esquisse de l'Essai sur la philosophie des sciences a été, d'abord, imprimée à Paris, en 1819; puis, traduite et publiée en Allemagne, dans l'année 1820.

TABLEAU SYNOPTIQUE DES CONNAISSANCES HUMAINES

D'APRÈS UNE NOUVELLE MÉTHODE DE CLASSIFICATION.

ENTENDEMENT, PRINCIPE COMMUN DES CONNAISSANCES.
CONSERVATION, PERFECTIONNEMENT, FÉLICITÉ ou BIEN-ÊTRE de l'homme individu et de l'espèce humaine ; AMÉLIORATION DE L'ESPÈCE HUMAINE et DE LA CONDITION HUMAINE ; BUT CON[...] des Arts.

HOMME, inventeur et possesseur des connaissances, qui dépendent toujours de l'action de son INTELLIGENCE, comme du PRINCIPE d'où elles émanent, mais qui doivent être considérées et à leurs nombreuses applications, soit par rapport à l'homme lui-même, soit par rapport aux corps MATÉRIELS.

DEUX ÉLÉMENS primitifs constituans dans l'HOMME, considéré comme ÊTRE PHYSIQUE, comme ÊTRE MORAL et INTELLECTUEL.

DEUX OBJETS distincts des connaissances humaines : les CORPS MATÉRIELS et l'INTELLIGENCE ; d'où résultent DEUX ORDRES de sciences : les SCIENCES PHYSIQUES et les SCIENCES MÉTAPHYS[...]

DEUX POINTS DE VUE qui s'appliquent à chacun de ces deux objets, suivant qu'on examine les FAITS eux-mêmes, ou les MOYENS inventés par l'homme ; d'où l'on peut admettre DEUX CL[...] chacun des deux ordres de connaissances : les SCIENCES POSITIVES, ou de faits ; — INSTRUMENTALES, ou de méthodes. Ces deux classes se subdivisent chacune en QUATRE GENRES, qui corr[...] principaux degrés de la marche naturelle et progressive de l'esprit humain ; ainsi qu'il suit :

ORDRES.

PREMIER ORDRE.	SECOND ORDRE.
A. SCIENCES PHYSIQUES, ou relatives aux *corps matériels*, divisées en DEUX CLASSES :	B. SCIENCES MÉTAPHYSIQUES, ou MORALES et INTELLECTUELLES, relatives à l'*Intelligence* CLASSES :
A¹ POSITIVES, ou de *faits* (qui tombent sur des objets, tels qu'ils sont.)	A² INSTRUMENTALES, ou de *méthodes* (qui fournissent des instrumens et des méthodes aux autres sciences, et qui traitent des moyens inventés par l'homme.)	B¹ POSITIVES, ou de FAITS.	B² INSTRUMENTALES, ou de MÉTH[...]

GENRES.

PREMIER GENRE. — SCIENCES DESCRIPTIVES et d'OBSERVATION.

L'esprit humain observe d'abord et décrit les êtres et les faits, dans l'ordre dans lequel ils s'offrent à lui, soit par rapport au tems, soit par rapport à l'espace. — (FAITS NUS, observés et décrits.) — Les [...] sont plus spécialement propres à l'étude des sciences comprises dans ce premier genre.

I. Cosmographie, comprenant l'*Uranographie*, ou la description du ciel, la *Géognosie*, ou *Géologie*, description de la terre, la *Géographie physique*, etc. — Les sciences secondaires et accessoires, qui dépendent de ces sciences-mères, sont comprises dans ce même genre. | I. *Histoire des sciences physiques et mathématiques*. — Nomenclature des phénomènes et des faits particuliers qui appartiennent à cette branche des sciences. | II. *Histoire civile du genre humain*, ou des différentes nations, qui est, dans le tems, ce que la géographie est dans l'espace. — *Chronologie, Mythologie, Archéologie*, etc. | II. *Histoire de l'esprit humain*, ou Histoire de la philosophie et la littérature.

SECOND GENRE. — SCIENCES DISTINCTIVES et de CLASSIFICATION.

L'esprit humain fait un pas de plus. Il rapproche, il compare et il classe les êtres et les phénomènes ; il établit, il DISTINGUE leurs RAPPORTS et leurs ANALOGIES ; il en forme des CLASSES, des GENRES. [...] forme les expressions en termes équivalens. — (FAITS *rapprochés*, *comparés* et *classés*.) — Ce second genre appartient essentiellement aux philosophes *méditatifs*.

II. *Histoire Naturelle* (Classification et description des *corps*), *Minéralogie*, *Botanique*, *Zoologie*, *Anatomie comparée* ; *Nomenclature Systéme de la Nature*, ou Classification des différens objets de l'histoire naturelle. — *Cranologie*, ou *Craniscopie*, classes comparatif du développement des différentes parties du cerveau, appréciées par le développement plus ou moins grand des différentes portions du crâne. | II. *Calcul*, soit *Arithmétique*, soit *Algébrique* ; *Géométrie*. — Combinaisons des formes et des grandeurs. | II. *Idéologie et Psychologie* (*Histoire Naturelle de l'Intelligence*), ou rapport avec la *Phrénologie*. — Classification des facultés et des phénomènes intellectuels. — *Analyse de l'entendement humain*, des facultés, et des opérations ou des procédés de l'intelligence. — *Statistique*, classification des faits moraux. | II. *Grammaire générale, ou Grammaire universelle*, — *Lexicographie* — science des méthodes. — *Mnémonique*, la mémoire.

TROISIÈME GENRE. — SCIENCES SPÉCULATIVES et RATIONNELLES, ou d'INVESTIGATION. — RECHERCHE DES CAUSES.

L'esprit humain, après avoir commencé par *observer* et *décrire* les êtres et les *faits*, après les avoir *comparés* et *divisés* en différentes *classes*, s'attache à les EXPLIQUER, à rechercher leurs causes. — causes et l'expliquer). — Cette troisième opération de l'intelligence, qui constitue ce que l'on appelle proprement *esprit scientifique*, convient essentiellement aux philosophes spéculatifs ou théoriciens.

III. *Physique*, *Chimie*, *Physiologie*, qui n'est que la physique et la chimie des êtres organisés. — *Pathologie*, science des maladies, des aptitudes, des penchans, des facultés intellectuelles de l'homme et des animaux, en rapport, d'une part, avec la *Cranologie* de l'histoire naturelle, et, d'autre part, avec la *Médecine* de l'Art culinaire, etc. Recherche et explication des causes des phénomènes matériels. | III. *Synthèse du monde*, ou *Mécanique céleste* et *Astronomie* ; *Mécanique rationnelle*. — *Optique* ; *Acoustique*. Recherche et explication des lois qui gouvernent le monde. | III. *Théologie naturelle ; Métaphysique* proprement dite ; *Connaissance de l'homme ; Philosophie morale et Économie politique*, ou *sociale*, sorte de physiologie des sociétés. Recherche des causes des phénomènes moraux et intellectuels, analogue à la recherche des causes des phénomènes matériels dans la physique et la chimie. | III. *Doctrine de la perfectibilité* plus ou moins. Recherche des moyens et des lois de l'homme et l'espèce hum[...]

QUATRIÈME GENRE. — SCIENCES PRATIQUES, ou d'APPLICATION.

L'esprit humain applique aux besoins et aux usages de l'homme les connaissances contenues dans les *trois genres précédens*, pour chacune des *quatre classes* qu'on a déterminées. — (APPLICATION productive, ou des moyens *observés*, *comparés*, *approfondis*, pour produire des EFFETS.) — Ce quatrième genre appartient spécialement aux *praticiens*. Les praticiens ne peuvent appliquer avec succ[...] dont ils possèdent à fond la théorie.

IV. *Arts physiques et chimiques*, comprenant : 1° l'*Agriculture* et les arts qui s'y rapportent ; 2° l'*exploitation des mines* et les arts de *l'extraction* ; 3° tous les arts de la *fabrication* de la *poudre* et de l'Artillerie, etc. ; 4° l'*art de guérir*, et spécialement la *Médecine*, la *thérapeutique*, la *clinique*, la *chirurgie*, etc. ; 5° l'*art culinaire*, etc. | IV. *Mécanique pratique et Technologie appliquée*, comprenant : 1° la *Théorie des machines* ; 2° la *Navigation* ; 3° l'*Emploi des Pompes à feu* et des *Machines à vapeur* ; 4° l'*Emploi militaire* de la *Stratégie* ; 6° la *Typographie*, etc. — *Gédodésie*, art de mesurer la terre. *APPLICATIONS des Connaissances Mathématiques aux besoins de l'homme*. | IV. *Arts moraux et intellectuels*, comprenant : 1° l'*Éducation* ; 2° la *Morale pratique* ; 3° la *Logique* ; 4° la *Science du droit*, ou la *Législation positive* ; 5° la *Politique et l'administration publique* ; 6° la *Diplomatie* ; 7° le *Commerce* ; 8° les *Finances*, etc. *Application des Sciences Métaphysiques positives aux besoins et aux usages des sociétés humaines, ou moyens d'agir sur les besoins de l'homme, dans les rapports physiques et chimiques, en agit sur les corps*. | IV. *Arts libéraux et Beaux-Arts*, comprenant : 1° la *Poésie* ; 2° la *Musique* ; 3° l'*Architecture* ; 4° la *Sculpture*, etc. *Sciences morales et intellectuelles s'occupent du* BON *et du* VRAI.

Les ARTS PHYSIQUES et CHIMIQUES s'occupent surtout de l'UTILE. | Les ARTS MÉCANIQUES s'occupent de l'UTILE et du COMMODE. | Les ARTS MORAUX et INTELLECTUELS s'occupent du BON et du VRAI. | Les ARTS LIBÉRAUX et les BEAUX-ARTS et de l'AGRÉABLE.

RÉSUMÉ SOMMAIRE DES QUATRE GENRES DE SCIENCES,

CONSIDÉRÉS DANS LEURS RAPPORTS AVEC LES ORDRES ET LES CLASSES QUI S'Y TROUVENT INDIQUÉS.

PREMIER GENRE.
SCIENCES DESCRIPTIVES et d'*Observation*.
(OBSERVATEURS et Philosophes contemplatifs.)

OBSERVATION et *Histoire* :

		CLASSES.
1. Dans les Sciences Physiques.	{ 1° Du globe. — *Cosmographie*, *Géognosie*, etc. 2° Des sciences physiques et mathématiques.	1. *Sciences Positives*. 2. — *Instrumentales*.
2. — *Métaphysiques*.	{ 1° Du genre humain. — *Histoire civile*, etc. 2° De l'esprit humain. — Histoire littéraire, etc.	1. — *Positives*. 2. — *Instrumentales*.

SECOND GENRE.
SCIENCES DISTINCTIVES et de *Classification*.
(PENSEURS et Philosophes méditatifs.)

EXAMEN *raisonné* :

1° Dans les Sciences Physiques.	{ 1° Des corps et des phénomènes physiques. — *Histoire Naturelle*. 2° Des formes et des grandeurs. — *Géométrie, Calcul*.	1. *Sciences positives*. 2. — *Instrumentales*.
2° — *Métaphysiques*.	{ 1° Des facultés et des phénomènes intellectuels. — *Idéologie*, etc. 2° Des signes, et des règles ou méthodes. — *Grammaire générale*, etc.	1. — *Positives*. 2. — *Instrumentales*.

TROISIÈME GENRE.
SCIENCES RATIONNELLES et d'*Investigation*.
(THÉORICIENS, ou Philosophes spéculateurs.)

RECHERCHE DES CAUSES ; Théorie et Philosophie générales. EXPLICATION, plus ou [...]

1. Dans les Sciences Physiques.	{ 1° Des phénomènes matériels. — *Physique, Chimie*, etc. 2° Des lois qui gouvernent le monde. — *Mécanique céleste*.	1. 2.
2. — *Métaphysiques*.	{ 1° Des phénomènes moraux et intellectuels. — *Théologie* naturelle, *métaphysique*. 2° Des méthodes ou des moyens propres à perfectionner l'espèce humaine.	1. 2.

QUATRIÈME GENRE.
SCIENCES PRATIQUES, ou d'*Application*.
(PRATICIENS, ET ARTISTES.)

APPLICATION PRATIQUE des *quatre* classes des connaissances humaines distinguées :

1. Pour les Sciences Physiques.	{ 1° Arts physiques et chimiques. 2° Arts physiques, mathématiques, et Arts mécaniques.	1. 2.
2. — *Métaphysiques*.	{ 1° Arts moraux et intellectuels. 2° Arts libéraux et Beaux-Arts.	1. 2.

N. B. Ce TABLEAU ENCYCLOPÉDIQUE, qui a déjà été inséré en partie dans une *Esquisse d'un Essai sur la philosophie des sciences*, en 1818, et dans la REVUE ENCYCLOPÉDIQUE, tome XXXIII, pag[...] reproduit ici avec de nouveaux développemens. Se vend séparément, et se trouve à Paris, chez l'AUTEUR, rue du Rocher, 23, près la rue Saint-Lazare ; et chez BÉCHET, libraire, quai des Augustins, 21. — [...]

TABLEAU SYNOPTIQUE DES CONNAISSANCES HUMAINES,

D'APRÈS UNE NOUVELLE MÉTHODE DE CLASSIFICATION.

ENTENDEMENT, PRINCIPE COMMUN DES CONNAISSANCES.
CONSERVATION, PERFECTIONNEMENT, FÉLICITÉ ou BIEN-ÊTRE de l'homme individu et de l'espèce humaine; AMÉLIORATION DE L'ESPÈCE HUMAINE ET DE LA CONDITION HUMAINE: BUT COMMUN des Sciences et des Arts.
HOMME, inventeur et possesseur des connaissances, qui dépendent toujours de l'action de son INTELLIGENCE, comme du PRINCIPE d'où elles émanent, mais qui doivent être considérées, quant à leur objet et à leurs nombreuses applications, soit par rapport à l'homme lui-même, soit par rapport aux corps extérieurs.
DEUX OBJETS DISTINCTS des connaissances humaines: les CORPS MATÉRIELS et l'INTELLIGENCE; d'où résident DEUX ORDRES de sciences: les SCIENCES PHYSIQUES et les SCIENCES MÉTAPHYSIQUES.
DEUX POINTS DE VUE s'appliquent à chacun de ces deux objets, suivant qu'on examine les FAITS eux-mêmes, ou les MOYENS inventés par l'homme; d'où l'on peut admettre DEUX CLASSES distinctes dans chacun des deux ordres de connaissances: les SCIENCES POSITIVES, ou de faits; — INSTRUMENTALES, ou de méthodes. Ces deux classes se subdivisent chacune en QUATRE GENRES, qui correspondent aux quatre principaux degrés de la marche naturelle et progressive de l'esprit humain; ainsi qu'il suit:

ORDRES.

PREMIER ORDRE.	SECOND ORDRE.
A. SCIENCES PHYSIQUES, ou relatives aux corps matériels, divisées en DEUX CLASSES:	B. SCIENCES MÉTAPHYSIQUES, ou MORALES ET INTELLECTUELLES, relatives à l'Intelligence, divisées aussi en DEUX CLASSES:
A¹ Positives, ou de faits (qui traitent des objets, tels qu'ils sont.)	A² Instrumentales, ou de méthodes (qui fournissent des instruments et des méthodes aux autres sciences, et qui traitent des moyens inventés par l'homme.)	B¹ Positives, ou de faits.	B² Instrumentales, ou de méthodes.

GENRES.

PREMIER GENRE. — Sciences DESCRIPTIVES et d'OBSERVATION.

L'esprit humain observe d'abord et décrit les êtres et les faits, dans l'ordre dans lequel ils s'offrent à lui, soit par rapport au temps, soit par rapport à l'espace. — (Faits nus, observés et décrits.) — Les philosophes observateurs sont plus spécialement propres à l'étude des sciences comprises dans ce premier genre.

I. Cosmographie, comprenant l'Uranographie, ou la description du ciel; la Géognosie, ou Géologie, description de la terre; la Géographie physique, etc. — Les sciences secondaires et accessoires, qui dépendent de ces sciences-mères, sont comprises dans ce même genre.

I. Histoire des sciences physiques et mathématiques. — Description des phénomènes et des faits particuliers qui appartiennent à cette branche des sciences.

I. Histoire civile du genre humain, de ses différentes nations, qui est, dont le temps, ce que la géographie est dans l'espace. — Chronologie, Mythologie, Archéologie, etc.

I. Histoire de l'esprit humain, de sa marche et de ses progrès, ou Histoire de la philosophie morale et intellectuelle, et de la littérature.

SECOND GENRE. — Sciences DISTINCTIVES et de CLASSIFICATION.

L'esprit humain fait un pas de plus. Il rapproche, il compare et il classe les êtres et les phénomènes; il établit, il pose leurs rapports et leurs analogies; il forme des classes, des genres, des espèces; il en transforme les expressions en termes équivalents. — (Faits rapprochés, comparés et classés.) — Ce second genre appartient essentiellement aux philosophes méditatifs.

II. Histoire Naturelle (Classification et description des corps). — Minéralogie; Botanique; Zoologie; Anatomie comparée; Nosographie; Système de la Nature, ou Classification des différents objets de l'histoire naturelle. — Craniologie, ou Cranioscopie, examen comparatif du développement des différentes parties du cerveau, appréciées par le développement plus ou moins grand des différentes parties du crâne.

II. Calcul, Arithmétique, soit Algébrique; Géométrie. — Combinaison des formes et des grandeurs.

II. Idéologie et Psychologie (Histoire Naturelle de l'Intelligence, en rapport avec la Phrénologie). — Classification des facultés et des phénomènes intellectuels. — Analyse de l'entendement humain, des facultés, et des opérations ou des procédés de l'intelligence. — Statistique, classification des faits sociaux.

II. Grammaire générale, et Grammaires particulières comparées; Littérature analytique. — Classification des signes, et critères des méthodes. — Mnémonique, méthode pour aider la mémoire.

TROISIÈME GENRE. — Sciences SPÉCULATIVES et RATIONNELLES, ou d'INVESTIGATION. — Recherche DES CAUSES.

L'esprit humain, après avoir commencé par observer et décrire les êtres et les faits, après les avoir comparés et divisés en différentes classes, s'attache à les expliquer, à recherches leurs causes. — (Faits étudiés dans leurs causes et expliqués.) — Cette troisième opération de l'intelligence, qui constitue ce caractère notre troisième genre, appartient essentiellement aux philosophes spéculatifs ou théoriciens.

III. Physique, Chimie; Physiologie, qui n'est que la physique et la chimie des êtres organisés. — L'anatomie, science des instincts, des aptitudes, des penchants, des facultés intellectuelles de l'homme et des animaux, en rapport, d'une part, avec la Craniologie; de l'autre, avec l'Analyse de l'entendement humain.
Recherche et explication des causes des phénomènes matériels.

III. Système du monde, ou Mécanique céleste et Astronomie. Mécanique rationnelle. — Optique; Acoustique.
Recherche et explication des lois qui gouvernent le monde.

III. Théologie naturelle; Métaphysique proprement dite; Connaissance de l'homme; Philosophie morale; Économie politique, ou sociale, sorte de physiologie des sociétés.
Recherche des causes des phénomènes moraux et intellectuels, analogue à la recherche des causes des phénomènes matériels dont s'occupent la physique et la chimie.

III. Doctrine de la perfectibilité humaine. — Science de complot en tous.
Recherche des moyens et des méthodes qui peuvent améliorer l'homme et l'espèce humaine.

QUATRIÈME GENRE. — Sciences PRATIQUES, ou d'APPLICATION.

L'esprit humain applique aux besoins et aux usages de l'homme les connaissances contenues dans les trois genres précédents, pour chacune des quatre classes qu'on a déterminées. — (Applications des faits humains et productifs, ou des causes observées, comparées, approfondies, pour produire des effets.) — Ce quatrième genre appartient spécialement aux praticiens. Les praticiens ne peuvent appliquer avec succès que les connaissances dont la possibilité a fondé la théorie.

IV. Arts physiques et chimiques, comprenant: 1° l'Agriculture et les arts qui s'y rapportent; 2° l'Exploitation des mines; 3° tous les arts des travailleurs; 4° de salpêtrier; 5° la fabrication de la poudre et divers; 6° Vestiférie, etc.; 7° l'art de guérir, et spécialement la médecine, la thérapeutique, la clinique, la chirurgie, etc.; 8° l'art culinaire, etc.

IV. Mécanique pratique et Technologie appliquée, comprenant: 1° la Théorie des machines; 2° la Navigation; 3° l'Hydrodynamique; 4° l'emploi des Pompes à feu et des Machines à vapeur; 5° la Tactique militaire ou la Stratégie; 6° la Typographie, etc. — Géodésie, art de mesurer la terre.
APPLICATION DES CONNAISSANCES MATHÉMATIQUES aux besoins de l'homme.

IV. Arts moraux et intellectuels, comprenant: 1° l'Éducation; 2° la Morale pratique; 3° la Logique; 4° la Science du droit, ou la Législation positive; 5° la Politique et l'Administration publique; 6° la Diplomatie; 7° le Commerce; 8° les Finances, etc.
Application des Sciences Métaphysiques positives aux besoins et aux usages des sociétés humaines, ou moyens d'agir sur le moral de l'homme, ainsi que, dans les arts physiques et chimiques, on agit sur les corps.

IV. Arts libéraux ou Beaux-Arts, comprenant: 1° l'Éloquence; 2° la Poésie; 3° la Musique; 4° le Dessin; 5° la Peinture; 6° l'Architecture; 7° la Sculpture; 8° la Gravure; 9° la Lithographie, etc., etc.

Les ARTS PHYSIQUES et CHIMIQUES s'occupent surtout du NÉCESSAIRE.

Les ARTS MÉCANIQUES s'occupent de l'UTILE et du COMMODE.

Les ARTS MORAUX et INTELLECTUELS s'occupent du BON et du VRAI.

Les ARTS LIBÉRAUX et les BEAUX-ARTS s'occupent du BEAU et de l'AGRÉABLE.

RÉSUMÉ SOMMAIRE DES QUATRE GENRES DE SCIENCES,

CONSIDÉRÉS DANS LEURS RAPPORTS AVEC LES ORDRES ET LES CLASSES QUI S'Y TROUVENT INDIQUÉS.

PREMIER GENRE.

SCIENCES DESCRIPTIVES et d'Observation.
(Observateurs et Philosophes contemplatifs.)

OBSERVATION et Histoire:

1. Dans les Sciences Physiques.
   - 1° Du globe. — Cosmographie, Géognosie, etc. — 1. Sciences Positives.
   - 2° Des sciences physiques et mathématiques. — 2. — Instrumentales.

2. — Métaphysiques.
   - 1° Du genre humain. — Histoire civile, etc. — 1. — Positives.
   - 2° De l'esprit humain. — Histoire littéraire, etc. — 2. — Instrumentales.

SECOND GENRE.

SCIENCES DISTINCTIVES et de Classification.
(Penseurs et Philosophes méditatifs.)

EXAMEN DIFFÉRENTIEL:

1° Dans les Sciences Physiques.
   - 1° Des corps et des phénomènes physiques. — Histoire Naturelle. — 1. Sciences positives.
   - 2° Des formes et des grandeurs. — Géométrie, Calcul. — 2. — Instrumentales.

2° — Métaphysiques.
   - 1° Des facultés et des phénomènes intellectuels. — Idéologie, etc. — 1. — Positives.
   - 2° Des signes, et des règles ou méthodes. — Grammaire générale, etc. — 2. — Instrumentales.

TROISIÈME GENRE.

SCIENCES RATIONNELLES et d'Investigation.
(Théoriciens, ou Philosophes spéculateurs.)

RECHERCHE DES CAUSES; Théorie et Philosophie générales. EXPLICATION, plus ou moins conjecturale:

1. Dans les Sciences Physiques.
   - 1° Des phénomènes matériels. — Physique, Chimie, etc. — 1. Sciences Positives.
   - 2° Des lois qui gouvernent le monde. — Mécanique céleste. — 2. — Instrumentales.

2. — Métaphysiques.
   - 1° Des phénomènes moraux et intellectuels. — Théologie naturelle, ou métaphysique.
   - 2° Des méthodes ou des moyens propres à perfectionner l'espèce humaine. — 1. — Positives. — 2. — Instrumentales.

QUATRIÈME GENRE.

SCIENCES PRATIQUES, ou d'Application.
(Praticiens, et Artistes.)

APPLICATION PRATIQUE des quatre classes des connaissances humaines distinguées dans ce tableau:

1. Pour les Sciences Physiques.
   - 1° Arts physiques et chimiques. — 1. En rapport avec les Sciences Positives.
   - 2° Arts physiques, mathématiques, et Arts mécaniques. — 2. — Instrumentales.

2° — Métaphysiques.
   - 1° Arts moraux et intellectuels. — 1. — Positives.
   - 2° Arts libéraux et Beaux-Arts. — 2. — Instrumentales.

N. B. Ce TABLEAU ENCYCLOPÉDIQUE, qui a déjà été inséré en partie dans une Esquisse d'un Essai sur la philosophie des sciences, en 1818, et dans la Revue Encyclopédique, tome XXXIII, page 782 (Mars 1827), est reproduit ici avec de nouveaux développements. Il se vend séparément, et se trouve à Paris, chez l'Auteur, rue du Rocher, 25, près la rue Saint-Lazare; et chez Bécohet, libraire, quai des Augustins, 21. — Prix: 1 franc.

IMPRIMERIE DE LOTTIN-DE-SAINT-GERMAIN,
rue de Nazareth, 4.

d'*intuition*, ou de vue intérieure, claire et distincte, son état actuel, les progrès qu'elle a faits, les portions de son domaine qui restent encore à défricher, ses rapports et ses moyens de communication et d'échange avec d'autres parties des sciences qui ont de l'analogie avec elle.

SECONDE PARTIE,

CONTENANT L'EXPOSÉ D'UNE *méthode qui a pour objet de régler avec économie et discernement le* BON EMPLOI DU TEMS, *premier moyen d'être heureux;*

A l'usage des jeunes gens, depuis quinze jusqu'à vingt-six ans.

I. Résumé de la *Première partie.*—Objet de la *Seconde.*

Nous avons tâché de déterminer avec précision les bases d'un système d'*éducation mixte*, où fussent combinés et réunis les avantages des deux modes d'éducation particulière et publique, généralement connus et pratiqués, et dont toutes les parties, bien assorties entre elles, formassent un ensemble satisfaisant et complet. Nous en avons indiqué, parcouru, analysé les différentes branches, en fixant pour chacune d'elles les principes généraux et quelquefois aussi les méthodes particulières, qui paraissent leur convenir. Nous avons établi, comme autant de degrés d'une échelle, par laquelle les enfans, confiés à nos soins, puissent s'élever à la condition d'hommes distingués et supérieurs, les *exercices physiques*, les *habitudes morales*, les *études* et les *connaissances* qui doivent successivement et par gradation entrer dans leur plan de vie, occuper utilement et agréablement les années de leur enfance, de leur adolescence et de leur jeunesse. Nous avons ainsi conduit nos élèves d'année en année, en suivant pas à pas leurs progrès sous les trois rapports du développement de leurs forces physiques, qui doit leur assurer une santé robuste et des corps vigoureux, de l'emploi bien dirigé de leurs qualités morales et de leurs facultés intellectuelles, qui doit créer et conserver pour eux les deux avantages inappréciables de l'élévation et de la dignité de l'ame, de la justesse et de l'étendue de l'esprit. Nous avons prévenu et repoussé les objections auxquelles notre plan pouvait donner lieu. Enfin, nous avons présenté les résultats, également avantageux à la patrie, aux individus en particulier et à la société, que l'application bien entendue et constamment suivie de notre méthode doit produire.

Nos élèves sont arrivés sur les limites de l'adolescence et de la jeunesse; ils peuvent désormais apprécier leur position sur la terre, leur destination dans le monde, régler eux-mêmes leur conduite, si on leur fournit des points d'appui, des moyens de direction propres à éclairer leur inexpérience, à soutenir leur faiblesse. Nous croyons devoir leur offrir à part, pour compléter leur éducation, une méthode spéciale, qui n'est plus une simple théorie, mais qui a déjà été pratiquée avec succès par plusieurs jeunes gens, et qui a pour objet de régler, au profit de la jeunesse, trop souvent prodigue d'un trésor qu'elle ne croit jamais devoir épuiser, le bon EMPLOI DU TEMS, l'un des premiers élémens de la sagesse et du bonheur.

II. De la signification la plus restreinte, et de la signification la plus étendue du mot ÉDUCATION.

L'ÉDUCATION, dans le sens le plus limité de ce mot, n'est que l'apprentissage de la vie, ou la conduite d'un individu pendant la première portion de son existence ; car, on existe long-temps sans vivre ; et, quand on commence à vivre, on ne peut encore se conduire, ni se gouverner (1). Mais la véritable éducation, en donnant à ce mot le sens le plus étendu, celle dont l'homme peut s'appliquer à lui-même les préceptes et les avantages, commence surtout à cette époque de la vie, où la raison reçoit ses premiers développemens, où l'ame essaie, pour ainsi dire, ses forces et ses inclinations, où l'esprit acquiert de la vigueur et de la consistance, où le jugement se mûrit, où le cœur conserve encore sa pureté primitive, où le jeune homme, enfin, peut avoir la conscience de lui-même, réfléchir avec fruit sur sa destination, et se tracer un plan de conduite, basé sur des principes dont il s'est rendu compte.

Cette seconde et nouvelle éducation, « si puissante, a dit un académicien moderne (2), parce qu'elle est libre et volontaire, si précieuse et si importante, parce que les impressions qu'elle laisse sont plus durables, et modifient communément, pour le reste

---

(1) PORTALIS, *Rapport sur le Code civil.*
(2) MORELLET, *Réponse à* LACRETELLE, lors de la réception de ce dernier à la *classe de langue et de littérature française de l'Institut* (Académie française).

de la vie, nos opinions et nos sentimens; » cette éducation peut et doit être continuée jusqu'aux dernières limites de l'existence. Solon disait qu'il s'instruisait encore en vieillissant. L'homme sage, et qui veut être heureux, ne cesse point, jusqu'à la vieillesse la plus reculée, de travailler à son *éducation*, à son *perfectionnement*, à son *bien-être*. Ces trois mots expriment ici la même idée. La sagesse est-elle en effet autre chose que la science de la vertu et du bonheur?

Tant que la vie se prolonge, il dépend d'un homme d'exercer sur lui l'action et l'influence de sa raison, de ses observations, de son expérience; de s'approprier l'exemple et les conseils des autres, pour se corriger, se perfectionner, s'instruire; pour tendre au bonheur, ou pour s'en rapprocher, par le développement et l'amélioration de ses facultés physiques, morales et intellectuelles.

III. Des *trois points de vue* sous lesquels il convient de considérer l'emploi de l'existence.

Les *facultés physiques*, qui comprennent la bonne constitution du corps et la santé, demandent, pour être bien entretenues, un exercice journalier et modéré, des promenades, quelques travaux manuels, l'habitude de la tempérance et de la sobriété, l'éloignement de toute espèce d'excès. Appliquons ce sage précepte d'Hippocrate :

Omne nimium naturæ inimicum est.
Tout excès est ennemi de notre nature.
Ne quid nimis. — Rien de trop.

D'ÉDUCATION.

Si l'on veut conserver la liqueur, il faut ménager le vase. Dans un corps malade, l'esprit, l'ame, tout s'affaiblit; dans un corps robuste, l'esprit conserve mieux sa vigueur.

Mens sana in corpore sano.
A la santé du corps tient la santé de l'ame.

Les *facultés morales* ont rapport à la pratique de la vertu, à la noblesse et à la dignité de l'ame, au calme d'une conscience pure et sans reproches, calme délicieux, qui résulte du bien qu'on fait, du mal dont on s'abstient. Il existe, à cet égard, au fond de nos cœurs, un instinct secret et irrécusable qui parle à tous les hommes, qui les surveille et les avertit intérieurement, et dont ils doivent écouter les inspirations et suivre les conseils.

Enfin, *les facultés intellectuelles* ne sont développées et perfectionnées que par une culture soignée de l'esprit, par des études bien coordonnées entre elles, dirigées avec méthode et constance vers un but déterminé.

IV. Du prix et de l'économie du TEMS, considéré comme un instrument donné à l'homme par la nature. Utilité d'une méthode qui permettrait d'en tirer tout le parti possible.

Pour maintenir ces trois facultés précieuses, qui constituent les vrais élémens du bonheur, dans un état toujours croissant de force et d'action, chaque individu a sous la main et à sa disposition un grand et universel instrument donné par la nature, le *tems*;

inestimable trésor, que peu d'hommes savent apprécier, dont ils prodiguent la plus grande partie à des emplois frivoles, inutiles ou nuisibles; tandis que, par une inconséquence bizarre, ils accusent la brièveté de la vie, et travaillent eux-mêmes à en abréger la durée.

Celui qui connaît le prix du tems et qui sait employer tous les instans pour son avantage et son perfectionnement, sous les trois rapports indiqués, double son existence. Il obtient par cela seul une grande supériorité sur le commun des hommes; il acquiert une richesse réelle et personnelle, indépendante de la fortune et des événemens.

Avant la division des jours en heures, et des heures en intervalles égaux, distincts et séparés, beaucoup de momens étaient perdus, faute d'en pouvoir régler l'usage, par une exacte proportion dans leurs divers emplois, et par une sévère économie. Le bon emploi du tems est une véritable science qui a besoin d'être acquise par l'étude, comme les autres connaissances humaines. Le tems, dit Bâcon, est de ces choses qu'on ne peut retrouver.

Le tems est le seul bien dont on doive être avare.

Aujourd'hui, si l'on réussit à combiner une méthode facilement praticable pour tirer tout le parti possible de cet instrument, un pareil secret ne sera pas moins utile que ne l'a été l'invention des montres et des pendules, pour déterminer la division régulière des différentes parties du jour et de la nuit.

V. Première condition imposée à celui qui veut bien régler l'emploi de son tems. Question préalable et nécessaire, qu'on doit s'adresser, avant de parler ou d'agir : *A quoi cela est-il utile ?*

Se demander toujours, avant de parler ou d'agir : A quoi cela est-il bon et utile ? *Cui bono ?* Telle est la question préalable et nécessaire qui doit présider à toute action, à tout discours, à toute démarche, à toute espèce d'étude. Pourquoi l'homme, dont la raison est la plus noble prérogative, ne ferait-il pas un usage continuel de cette belle faculté, pour ne jamais agir ni parler, sans un motif déterminé ? Cette seule habitude préviendrait beaucoup de fautes, d'indiscrétions, de démarches inconsidérées, et une perte de tems immense et irréparable.

Mais une méthode de conduite, pour avoir des effets réels et salutaires, doit se proportionner à la faiblesse et à la légèreté, malheureusement propres à l'esprit humain. Il faut prémunir l'homme contre ces inconvéniens et ces dangers qui tiennent à sa nature. Nous fortifierons donc la première condition par une seconde non moins importante.

VI. Seconde condition. Examen journalier, fait régulièrement, chaque matin ou chaque soir, de l'emploi de la journée qui a précédé.

Que chaque individu, jaloux de s'améliorer soi-même et de travailler à son bonheur, consacre tous les jours quelques momens, soit avant de se livrer au sommeil, soit (de préférence) le matin en se levant, à repasser dans son esprit ce qu'il a fait, dit, entendu, observé dans la journée précédente. Cet examen fugitif et rapide occupe précisément une portion de tems perdue pour tous les hommes, qui est ainsi retrouvée et employée de la manière la plus fructueuse. On saisit ce moment, qui semble indiqué par la nature, dont la vie sociale elle-même permet le plus souvent la libre disposition, pour descendre dans son ame, pour se recueillir, pour se rappeler tout ce qu'on a vu, remarqué, appris, ce qu'on a pu faire et dire avec sagesse ou imprudence, utilement ou inutilement, au profit ou au désavantage de son corps, de son esprit et de son cœur. On se rend un compte exact et sévère de l'emploi de ses instans, pendant l'intervalle des vingt-quatre heures qui ont précédé. On adresse, pour ainsi dire, cette question à chaque jour qui vient de s'écouler : « *En quoi m'as-tu profité, pour mon perfectionnement physique, moral, intellectuel, pour mon bonheur? Je t'ai constitué mon tributaire; as-tu payé ta dette?* » On considère le tems comme un fermier, qu'on assujétit à fournir exactement un revenu fixe par jour, comme un individu qu'on soumet à un droit de barrière. Ce droit ou ce revenu est acquitté à chaque distance, à chaque terme fixé. La vie entière devient une école pratique, où aucune leçon n'est oubliée, aucun exemple n'est perdu, où tous les instans tournent au profit de la santé, de l'instruction et du perfectionnement. Croit-on que cette méthode, suivie avec constance et persévérance, ne produirait pas des effets lents, il est vrai, insensibles et progressifs, mais certains et immanquables?

VII. Troisième condition. Résumé par écrit du compte rendu journalier de ses actions et de ses discours. Usage d'un *Mémorial analytique.*

Ajoutons une troisième condition aux deux premières. On ne saurait trop garantir l'homme de sa propre inconstance, pour l'affermir dans une habitude reconnue bonne et salutaire.

L'esprit ne divaguerait point dans l'examen proposé; il serait circonscrit dans un espace de tems très-resserré, dont tous les souvenirs seraient encore frais et neufs dans l'imagination; il s'appliquerait seulement aux trois branches qu'on a déterminées. Mais cette habitude pourrait n'être pas continuée avec assiduité; on pourrait se relâcher, se négliger, se ralentir; on ne donnerait pas toujours une attention également scrupuleuse à suivre les progrès successifs qu'on aurait faits, ou à se préserver d'une involontaire nonchalance, par laquelle on serait bientôt éloigné du but.

Nous ne devons donc point nous borner à un acte de pure méditation et de réflexion, mais nous assujétir à en fixer le résultat par écrit dans un *mémorial*, divisé en trois colonnes, dont chacune aura quelques lignes seulement destinées pour chaque jour. On résumera sur ce mémorial le compte rendu de ses actions, de ses discours et de l'emploi de son tems; on aura un tableau journalier analytique de sa situation et de sa conduite, une sorte de thermomètre, qui indiquera, si je puis ainsi parler, les différens degrés et les variations de température, dans la constitution physique, morale et intellectuelle.

« Pourquoi, dit Condillac, dans son excellent traité d'éducation (1), ne pourrait-on pas faire remarquer à un enfant ou à un jeune homme, ce qui s'est passé en lui, lorsqu'il a fait des jugemens et des raisonnemens, lorsqu'il a eu des désirs, lorsqu'il a contracté des habitudes? Pourquoi ne pourrait-on pas lui faire remarquer les occasions où il a bien conduit ses facultés, celles où il les a mal conduites, et lui apprendre, par sa propre expérience, à les conduire toujours mieux? Quand on lui aura fait faire ces premières observations, il en exercera ses facultés avec plus de connaissance; dès lors, il sera plus curieux de les exercer, et, en les exerçant davantage, il se fera insensiblement une habitude de cet exercice. » Tel est le grand et inappréciable avantage du mémorial analytique.

La nécessité qu'on s'impose d'écrire régulièrement quelques lignes chaque jour, prend au plus un demi-quart d'heure tous les matins, après qu'on s'est levé, et peut s'accommoder à toutes les circonstances de la vie.

Cette méthode, qui sera peut-être jugée assujétissante et minutieuse au premier coup-d'œil, mais que l'habitude et une volonté ferme auront bientôt rendue simple et facile, se retrouve aujourd'hui dans

---

(1) *Cours d'Études* de CONDILLAC, Discours préliminaire.

l'état militaire, où, chaque jour, les officiers d'un corps adressent à leurs capitaines, et ceux-ci au colonel du régiment, le rapport exact de tout ce qui s'est passé dans leurs compagnies respectives. Cette règle n'est pas interrompue, lors même qu'il n'est rien arrivé de nouveau ; une surveillance continuelle, une discipline sévère sont maintenues par son moyen. Sommes-nous donc moins intéressés à nous surveiller nous-mêmes, qu'un chef ne l'est à surveiller ses soldats? Une pareille coutume, appliquée à notre vie particulière et à l'emploi de nos instans, ne promet-elle pas les plus grands avantages pour conserver toutes nos facultés dans un état de calme, d'équilibre et d'harmonie?

VIII. Récapitulation des conditions proposées. — *Trois avantages principaux* qu'on peut retirer de cette méthode.

La triple habitude de ne rien dire ou faire, sans se demander : A quoi cela est-il utile? de se rendre compte, chaque soir ou chaque matin, de l'emploi de la journée qui a précédé, de résumer ce compte rendu par écrit : voilà la base de notre méthode, dont il s'agit maintenant de bien faire calculer et apprécier les résultats.

On remarque d'abord trois principaux avantages que l'usage continué de cette méthode doit nécessairement procurer.

1º La santé ne se détériore point, du moins par notre faute. Or, la plupart des maladies qui affligent les hommes et leur enlèvent la libre disposition d'une grande partie de leur existence, leur viennent d'eux-mêmes, et sont le produit de leur négligence, de leurs passions, ou de leurs excès.

<blockquote>Des bienfaits les plus doux l'homme corrompt l'usage ;
Nos maux, presque toujours, sont notre propre ouvrage.</blockquote>

2° L'ame ne s'avilit point. Comme elle veille sur elle-même avec une continuelle sollicitude, la pureté de son essence primitive n'est point corrompue par le commerce des hommes, ni par la contagion des mauvais exemples. La paix et la dignité de l'ame, toujours conservées avec soin, empêchent la constitution physique d'être altérée et troublée par l'influence des passions malfaisantes et corrosives, et l'intelligence, d'être obscurcie et détournée de sa direction naturelle par l'inquiétude et les soucis, qui accompagnent les repentirs et les remords. Tel est le rapport intime de la morale avec les deux autres branches de l'éducation (1).

3° L'esprit est fortement secoué par un état de méditation habituelle, qui ne lui permet pas de languir dans cette inaction à laquelle il serait naturellement enclin, et dont l'effet serait d'engourdir et de détériorer ses plus nobles facultés.

Tout est gradation dans la nature (2). L'homme,

---

(1) Rapports entre les différentes branches de l'éducation : application de la loi de la chaîne, *tout se tient*, principe général.

(2) Loi de la gradation, ou de l'échelle, *tout est série et gradation*. Cette loi est d'une généralité absolue et d'une grande fécon-

également susceptible d'être sain ou malade, bon ou méchant, ignorant ou instruit, n'arrive à l'un ou à l'autre de ces trois états, que par une progression lente et insensible. C'est de lui qu'il dépend de tourner cette progression à son avantage. La loi qu'on s'est imposée de ne jamais laisser écouler un jour sans le citer au tribunal de sa raison, pour examiner s'il a été employé utilement, ou sans aucun fruit, ne donne jamais aux habitudes vicieuses le tems de prendre racine et de faire des progrès. A-t-on été quelquefois détourné de la véritable route de la santé, de la sagesse et du bonheur? on s'en aperçoit assez tôt pour y rentrer sans peine. On peut juger, tous les jours, s'il n'est survenu aucune altération sensible dans sa constitution; si l'ame n'a rien à se reprocher qui soit indigne d'elle et propre à la dégrader; si la culture de l'esprit n'a pas été négligée ou mal dirigée; ou plutôt, on peut remarquer tous les jours quelques progrès dans le développement des forces du corps, dans l'élévation et la noblesse des sentimens de l'ame, dans l'utile application des facultés intellectuelles, ou de la force pensante; car la vie de l'homme individu, comme la vie sociale d'une nation, est l'activité bien dirigée, ou le progrès.

Loin qu'il y ait un moment perdu ou mal employé

---

dité dans ses conséquences. On peut influer sur chacune des nuances délicates et imperceptibles dont la gradation se compose, et l'on peut ainsi, en les modifiant à mesure qu'elles se développent, devenir maître de l'ensemble, dont on a détaché, pris séparément et considéré les parties l'une après l'autre.

dans la vie, tous les instans sont rendus productifs et comme placés à un fort intérêt.

Si nous admettons maintenant que la plupart des hommes, faute d'avoir senti le prix du tems, consument sans profit le tiers environ de chaque journée, soit par une prolongation excessive des heures données aux repas et au sommeil, soit par le jeu ou par d'autres emplois frivoles et souvent nuisibles, nous reconnaîtrons que la méthode proposée, qui fait retrouver à un jeune homme le tiers de son existence, perdu pour les autres hommes, lui fait compter trente années de vie appropriées à son perfectionnement, à son instruction, à son bonheur, pendant le le même intervalle de tems qui n'a rapporté au reste des hommes qu'un résultat ou un revenu de vingt années. Puis, si l'on considère que, dans la portion même de tems utilement employée, la sévère économie, qui en dirige l'emploi, permet d'en tirer un plus grand profit, on conviendra que la différence ou la proportion de dix ans sur trente, en faveur de celui qui a pratiqué notre méthode, est plutôt en deçà qu'au delà de la vérité.

IX. *Douze habitudes* précieuses résultent également de l'usage de cette méthode, et améliorent l'homme, sous les trois rapports indiqués.

On contracte, d'ailleurs, les habitudes suivantes, qui se rattachent aux trois résultats principaux dont nous avons parlé :

1º Ne rien faire qui nuise à son tempérament, et

s'assujétir au régime le plus propre à maintenir sa santé;

2º Se surveiller soi-même;

3º Détruire ou atténuer successivement ses défauts;

4º Étudier et connaître les hommes;

5º Choisir ses amis, et fréquenter, de préférence et uniquement, autant que sa position le permet, ceux avec lesquels on peut s'améliorer et s'instruire;

6º Tirer parti de toutes les personnes avec lesquelles on se trouve, pour son instruction et son perfectionnement;

7º Parler peu et toujours à propos, savoir se taire et garder un secret;

8º Observer et réfléchir; mûrir sa raison; s'approprier l'expérience et les connaissances des autres;

9º Exercer sa mémoire;

10º Analyser avec précision;

11º Écrire avec facilité; former à la fois son jugement et son style;

12º Apprécier l'emploi du tems, et vivre beaucoup plus que le reste des hommes, qui perdent souvent, à dessein et par ennui, un grand nombre d'heures chaque jour, et un grand nombre d'années dans la vie.

Enfin, on s'impose à soi-même des règles de conduite fixes et invariables, fruit de l'expérience et de la réflexion. On rapporte tout à son perfectionnement physique, moral et intellectuel, à son utilité, à son bien-être, considéré sous ces trois points de vue. La question, toujours présente à l'esprit et à la raison, *Cui bono?* A quoi cela est-il bon? sert de guide et de fanal, dans toutes les circonstances, dans toutes les positions de la vie; elle fait l'office d'un véritable levier, ou d'un point-d'appui qui double les forces.

Dic ubi consistam : cœlum, terramque movebo.
Un point-d'appui : je meus et le ciel et la terre (1).

X. De DEUX CONDITIONS accessoires pour rendre la méthode plus profitable. — PREMIÈRE CONDITION. Usage de tenir trois comptes ouverts, distincts et séparés, pour y recueillir, à mesure qu'elles s'offrent à l'esprit, les observations utiles, relatives à l'une ou à l'autre des trois facultés que l'homme doit perfectionner.

Deux conditions accessoires serviront de complément à cette méthode.

La première sera d'avoir, outre le *Mémorial* journalier dont on a parlé, trois cahiers particuliers ou un seul cahier, avec trois comptes ouverts distincts, pour les développemens à donner à chaque branche, de mois en mois, à mesure qu'il se présente une observation utile, ou un article intéressant à écrire.

Nous avons posé ce principe : qu'il ne doit s'écouler aucune journée qui n'ait, pour ainsi dire, payé son tribut et procuré quelque amélioration; nous avons montré sous quels rapports on doit tirer parti du tems; nous devons réunir tous les moyens propres

---

(1) *Loi du point-d'appui*, d'une application générale, en physique, en mécanique, en hydraulique, en méthaphysique, en éloquence, en législation, en morale, en politique et dans toutes les sciences. — *En tout, il faut un Point-d'appui*. Principe général.

à ne laisser perdre aucune portion de ce trésor, dont notre but est de régler l'emploi.

XI. Des deux portions du tems, distinctes par leur emploi, dont se compose la vie.

La fortune publique, dans un État, et le fonds de chaque particulier, ainsi que l'a démontré Adam Smith, se divisent naturellement en deux classes : l'une comprend le fonds proprement dit, ou fonds de consommation, dont le caractère distinctif est de ne point rapporter de revenu ; la seconde partie se compose du fonds ou capital employé pour produire un revenu. On peut, sous un autre point de vue, distinguer aussi deux emplois différens des fonds ; l'un, commandé par le besoin, s'applique aux choses de nécessité ; l'autre s'applique indifféremment, suivant la volonté du propriétaire des fonds, soit à des choses d'utilité réelle, présente ou à venir, et de commodité, soit à des objets de pur agrément ou de luxe frivole, ou à des dépenses de caprice et de fantaisie, totalement inutiles.

La vie de chaque individu peut également être divisée en deux parties bien distinctes. L'une est donnée à la nécessité de s'assurer des moyens d'existence ; de se livrer à sa profession, de remplir les fonctions dont on est revêtu, et les autres devoirs qu'impose la société ; de satisfaire enfin aux divers besoins de la nature, qui tiennent à la conservation de l'homme. La seconde portion est laissée à la libre disposition de chaque individu, qui peut en faire l'usage qui lui convient le mieux.

Le tems employé à se procurer des moyens d'existence, ou à s'acquitter d'un devoir qui tient à la place qu'on occupe, ou à ses relations sociales, est comme un fonds destiné à la consommation immédiate. Son emploi s'applique à des choses de nécessité ; il est commandé par le besoin.

La portion de tems disponible dont on peut faire à son gré un bon ou mauvais usage, est perdue par beaucoup d'hommes qui la consomment en actions inutiles, frivoles ou préjudiciables ; elle est consacrée par quelques autres à se perfectionner, à s'instruire, à entretenir et à développer leurs forces physiques et leur santé ; elle devient pour eux une sorte de capital destiné à rapporter un profit pour l'avenir, et qui procure aussi le plus souvent une véritable jouissance dans le moment même où on l'emploie.

Puisque la vie entière est composée de ces deux portions distinctes et séparées, il faut en régler la destination avec une telle mesure et une si juste proportion, que la première n'enlève à l'autre aucun des instans que celle-ci peut s'approprier. On doit même les faire concourir simultanément, pour le présent et pour l'avenir, au développement de ses facultés, dirigées vers le grand but, qui est le même pour tous les hommes, le BIEN-ÊTRE, ou le BONHEUR, auquel tendent également l'*instinct primitif* de l'enfance, l'*égoïsme calculé et raisonné* d'un âge plus avancé, le *sentiment moral* du jeune homme et de l'homme fait, qui élève et ennoblit les deux autres motifs de nos actions.

XII. Nécessité de tirer à la fois parti des circonstances et des hommes : Avantages que doit procurer, sous ce rapport, l'usage de tenir trois comptes ouverts distincts, pour y recueillir les observations puisées dans ses lectures, dans les sociétés qu'on fréquente, dans les événemens de la vie, et dans ses propres réflexions.

Le talent de tirer parti des événemens et des hommes se lie essentiellement à l'art de bien employer le tems. On doit à la fois faire tourner à son profit le tems, considéré comme un fonds disponible; les circonstances et les événemens, lors même qu'ils sont peu favorables ou contraires à nos vues; et les hommes avec lesquels on se trouve et qui peuvent servir à notre instruction, à notre perfectionnement.

Le *Mémorial* ne remplit pas suffisamment ces divers objets. Il se borne à donner l'assurance que, sur chaque intervalle de vingt-quatre heures, aucun moment ne sera perdu; il permet d'en distribuer régulièrement les divers emplois avec économie. Semblable au serviteur fidèle, chargé par le roi Philippe de lui répéter tous les matins : « Souviens-toi que tu es homme », le Mémorial semble dire, chaque jour : « Souviens-toi que tu auras à te rendre compte de l'emploi des vingt-quatre heures dont tu vas disposer. »

L'objet des trois journaux, ou comptes ouverts particuliers, est de résumer, avec une étendue proportionnée à l'importance des matières, tout ce qui, dans ses lectures, dans ses observations, dans la société, dans les faits qu'on a sous les yeux, paraît d'une utilité réelle pour l'amélioration des trois branches indiquées.

XIII. Du Journal ou *Compte Ouvert physique*.

Sur le journal, ou compte ouvert pour le *rapport physique*, seront successivement réunies les observations résultant de l'étude suivie et de la connaissance parfaite de son tempérament : on aura facilement vérifié, par l'expérience et par une attention exacte sur soi-même, quelles choses lui sont avantageuses ou nuisibles. On se rendra capable d'être son propre médecin, de choisir les exercices et les alimens les plus salutaires, d'appliquer enfin le régime le plus favorable à sa santé.

D'autres remarques également intéressantes pourront être recueillies sur des moyens facilement praticables et sur des remèdes usuels dans les maladies les plus fréquentes. On pourra non seulement se diriger, mais donner dans l'occasion des conseils utiles aux autres. Ces connaissances de détail, puisées, suivant le tems et les circonstances, dans des entretiens avec des hommes instruits, ou dans l'examen des différens faits dont on est témoin, pourront à la fois empêcher d'être la dupe des charlatans, et fournir le moyen d'exercer des actes de bienfaisance. Chaque homme, dit Hippocrate, doit être jaloux de prendre au moins une légère teinture de la médecine, qui est l'art qui le touche de plus près, et dont il peut le plus souvent faire usage pour lui-même ou pour ses semblables (¹).

Un militaire, obligé de savoir se suffire à lui-même, de veiller, dans les grades supérieurs, aux intérêts de ses subordonnés, de s'exposer comme eux aux accidens et aux maladies provenant de l'insalubrité, de l'intempérie ou des changemens fréquens et des variations de l'atmosphère et des climats, a besoin plus qu'un autre d'acquérir des notions au moins générales sur l'hygiène ou sur l'art de conserver la santé, de prévenir ou de guérir les maladies les plus communes. Combien ne sera pas chéri de ses soldats l'officier, le colonel, le général, qui pourra quelquefois adoucir leurs souffrances, éclairer et guider leur inexpérience dans leurs infirmités, leur faire appliquer, dans une circonstance difficile et qui n'admet aucun délai, les premiers appareils ou les traitemens convenables, et réparer enfin, par un vif empressement à soulager leurs maux, la nécessité que son devoir a pu lui imposer de paraître prodigue de leur vie!

XIV. Du JOURNAL ou *Compte Ouvert moral.*

Le journal ou compte ouvert pour le *rapport moral*, contiendra les réflexions véritablement utiles et d'une application pratique, qu'on aura l'occasion de faire chaque jour; les principes et les règles de conduite qu'on voudra se proposer, les portraits des

---

(1) Voy. ci-dessus, pag. 131, le chapitre sur la nécessité de comprendre les élémens des *sciences médicales* dans un système complet d'éducation.

hommes qui auront paru dignes d'observation, les nuances variées du cœur humain reproduites dans toutes les conditions et dans les différentes situations de la vie, les traits remarquables, les actes de courage, de franchise, d'héroïsme, de vertu, de lâcheté, de fausseté, d'hypocrisie, de pusillanimité, de perfidie ; les anecdotes piquantes et instructives ; tout ce qui tient enfin aux caractères, aux mœurs, aux coutumes, à la connaissance et à l'usage du monde, partie essentielle de l'éducation. Vous prenez ainsi la nature sur le fait, et vous saisissez facilement la ressemblance. Vous suivez l'ordre indiqué par Bâcon, pour former insensiblement un excellent traité de morale pratique ; vous placez chaque vérité, qui doit servir de règle de conduite, immédiatement après la description ou le tableau du mal le plus douloureux, dont elle indique le remède. Vos fautes mêmes et vos malheurs servent à vous instruire ; les fautes et les malheurs des autres deviennent pour vous des leçons toujours présentes, dont vous avez soin, en tems et lieu, de faire l'application.

Vous étudiez le cœur humain dans votre propre cœur et dans celui de vos semblables ; vous pénétrez dans les secrets les plus cachés de leurs désirs, et de vos passions ; vous arrêtez celles-ci, pour ainsi dire, au passage, et vous les peignez vivantes et animées.

« Dans cet instant, dit un écrivain moderne (1), où l'ame, se partageant entre la sensation et la ré-

---

(1) Le traducteur des *Nuits* d'Young, *Discours préliminaire*.

flexion, commence à devenir assez tranquille pour se voir agitée, et peut se rendre compte de toutes ses impressions; si l'homme fixait alors sur le papier les idées fugitives, les réflexions extraordinaires, les illuminations soudaines qui passent devant sa pensée, s'il laissait ses sentimens s'exprimer eux-mêmes, que l'ame alors tendue serait bien autrement retentissante et rendrait bien d'autres sons! Quelle énergie! quelle nouveauté d'expressions et d'idées! quelle force donnée aux leçons éloquentes de la morale et de la vertu! »

La morale, qui, selon Locke, consiste à découvrir les règles et les mesures des actions humaines qui conduisent au bonheur, et les moyens de mettre ces règles à exécution, est la science pratique et usuelle par excellence, qui se propose pour fin, non la simple spéculation et la connaissance de la vérité, mais ce qui est juste, et une conduite conforme à la justice, à la raison, à la sagesse.

On étudie cette science, qui apprend à faire un bon usage de toutes les autres, dans tous les momens de la vie, dans toutes les classes de la société. Ici, se montre une passion hideuse dont on a besoin de voir toute la difformité dans les autres, pour être plus fortement disposé à s'en défendre soi-même. Là, on observe l'influence d'un penchant fougueux, mal réprimé, les progrès et les ravages d'une inclination vicieuse, qui n'est point surveillée, ni combattue, les effets d'une imprudence coupable, d'une témérité indiscrète, d'une trop grande précipitation à parler, d'une irrésolution continuelle dans le caractère, d'un défaut d'ordre et d'économie dans les affaires domestiques. On profite des fautes qu'on a remarquées pour les éviter; on s'approprie les bonnes actions et les exemples louables, pour y conformer sa conduite.

On apprend à plier et à réformer son caractère, à combattre et à dompter ses passions, ou à les calmer et à leur donner une sage direction; à se défier de soi, à se surveiller avec sévérité, à se taire ou à ne parler qu'à propos, à placer, pour ainsi dire, des sentinelles attentives sur ses lèvres, dans ses yeux et dans son cœur. On s'habitue à bien étudier et à connaître les hommes, à les aimer et à les servir, à mériter d'en être aimé, à distinguer et à honorer les talens et les vertus, à choisir ses amis avec discernement, à observer les convenances et les bienséances, qu'il est honteux d'ignorer ou d'oublier dans la société. On s'exerce enfin successivement aux vertus, dont la pratique est la plus nécessaire, à être juste, bon, toujours vrai, fidèle à remplir ses engagemens, sévère pour soi, parce qu'on a un intérêt direct et personnel à se corriger, indulgent et tolérant pour les autres, qui ne font jamais le mal qu'en se trompant et se trahissant eux-mêmes (1).
« On attache aussi bien, dit Montaigne, toute la philosophie morale à une vie populaire et privée,

(1) *Les mal-entendus sont la cause des crimes et des malheurs du monde*, dans les détails de la vie commune et dans les grands résultats des dissensions politiques. *Le mal que se font les hommes est toujours un mal-entendu*. Principe général. (Voyez, ci-après, page 192, la note relative à la *loi des échanges*, qui se lie à celle des *mal-entendus*.)

qu'à une vie de plus riche étoffe; chaque homme porte en soi la forme entière de l'humaine condition. »

L'état de réflexion habituelle et de retour sur soi-même neutralise les passions, et donne la vraie philosophie pratique. On voit qu'il y a du bon, même dans ce qui est le plus défectueux, et que tout, dans les choses humaines, est mêlé de bien et de mal (1). Une raison saine et éclairée discerne et choisit; elle asseoit ses jugemens sur une sage modération, sur une entière impartialité. Car, l'esprit de parti est aveugle, fanatique, injuste, persécuteur; la tolérance est douce et indulgente, et son indulgence est justice.

(1) *Loi du mélange universel du bien et du mal*, d'une application générale et très-féconde dans ses conséquences. Elle dérive de la *loi de la chaîne* déjà énoncée par ces mots : *Tout se tient.*

Il faut savoir distinguer et choisir, dans chaque chose, le bien, ou ce qui est bon et utile; en élaguer et en détacher le mal, ou ce qui est nuisible, et quelquefois même s'emparer du mal pour en tirer parti. D'où l'on est ramené à cet autre principe déjà cité : *Tout inconvénient, tout obstacle doit être changé en moyen et en élément de succès.* (Voyez, ci-dessus, page 19.)

Si tout est mêlé de bien et de mal, l'application de ce principe, l'observation de ce mélange, pour discerner les nuances de chaque objet, donnent à la longue une grande expérience pratique des hommes et des choses. De cette habitude salutaire d'observation et de cette expérience pratique, résultent la prudence et la vraie sagesse, l'art de se conduire dans le monde, une disposition naturelle et continuelle à la tolérance, à l'indulgence, à la bienveillance, puisque les vices même ont pu souvent avoir un bon principe, et découlent de passions nobles et généreuses, mais détournées de leur direction primitive, dégénérées et corrompues.

Cette loi du mélange universel du bien et du mal avertit, comme

On apprécie et l'on applique journellement à sa conduite ces vérités simples et communes, mais essentielles et fondamentales, qui sont l'abrégé de la morale, de la sagesse et du bonheur : *Inter utrumque tene. Stat medio virtus.* La vertu garde en tout un juste milieu (1).

La modération est le trésor du sage (2).

Peu de besoins, véritable richesse.—*Vivere parvo;* savoir se contenter de peu.

on l'a montré, de chercher à tirer parti, même des obstacles. Elle apprend à se diriger avec précaution, et sans crainte d'échouer entièrement, au milieu des écueils de l'océan de la vie; elle offre toujours une planche dans le naufrage, un moyen de salut dans les dangers, un remède et un sujet de consolation dans le malheur. Elle sert aussi de boussole dans l'étude des sciences, et donne à l'esprit, qu'elle tient toujours sur ses gardes et en observation, le moyen d'écarter les faux procédés et les mauvaises méthodes. Elle est enfin d'une application générale, d'une utilité réelle et pratique dans le monde physique, moral et intellectuel, social et politique.

On se propose de développer, dans l'introduction d'un autre ouvrage : *Essai sur la philosophie des sciences, et sur une méthode propre à leur imprimer une marche plus rapide,* de nouvelles considérations sur douze lois générales, ou vérités-principes dont l'influence et les applications seront démontrées et suivies dans les différentes branches des sciences, et dans toutes les parties du monde physique, moral et intellectuel.

(1) *Loi générale de l'équilibre* ou *du juste milieu,* dont les applications et les conséquences sont très-nombreuses et variées à l'infini. — *En tout, il faut garder un juste milieu.*

(2) *Sors tua mortalis, non est mortale quod optas.* (OVIDE.)
Tes destins sont d'un homme, et tes désirs d'un Dieu.
(VOLTAIRE.)

Aimer pour être aimé ; l'amitié ne s'acquiert que par l'amitié.

> Le cœur seul peut payer ce que le cœur nous donne.
>
> *Homo sum ; humani nihil à me alienum puto.*

Je suis homme, rien de ce qui intéresse l'humanité ne m'est étranger.

> *Res est sacra miser.* Les malheureux sont un objet sacré.

On se pénètre aussi de ces deux maximes :

> « Fais à autrui ce que tu voudrais qu'on te fît. »
>
> « Si une action est douteuse, abstiens-toi. »

On apprécie à la fois la valeur et la fuite du tems, et l'on s'habitue à ne jamais renvoyer au lendemain ce qu'on peut faire le jour même, et à croire n'avoir jamais assez fait, tant qu'il reste quelque chose d'utile à faire :

> *Nil actum reputans, si quid superesset agendum.*

On se met dans le cas de ne jamais être sourd à la voix intérieure de sa conscience, qui parle, pour ainsi dire, au nom de la divinité, qui semble révéler à l'ame le secret de sa nature et de sa destination immortelles, qui rend l'homme supérieur à la brute, et qui détermine la moralité de ses actions. On lui donne sur sa conduite une influence salutaire et un continuel empire. La conscience et la raison règnent alors sur les désirs et sur les passions.

La tempérance et la sobriété, qui sont les gardiennes de la santé ; la modération, qui fuit également toute espèce d'excès ; la fermeté de caractère, la constance dans les entreprises, la justice impartiale, l'amour de la vérité, l'humanité noble, bienfaisante et généreuse, résulteront nécessairement de cette habitude d'un examen journalier et suivi de sa conduite, de ses moindres actions, de ses discours et de ses pensées.

On s'appliquera souvent ce mot d'un ancien sage : *Connais-toi toi-même*. On fera, chaque jour, de nouveaux progrès dans la connaissance du cœur humain, dans l'étude de l'homme, dans l'étude de son propre caractère, dans la science du bonheur et de la vertu.

On apprendra, par l'expérience et la réflexion, à faire son bien-être, toujours en concourant à celui des autres ; car, tout est échange entre les hommes (1). Plus vous ferez de bien, plus vous en recevrez ; plus vous aurez semé de bonheur autour de vous, plus vous en recueillerez pour vous-même.

« La nature, a dit Young, force les mortels à partager le bonheur, s'ils veulent en jouir ; elle l'é-

---

(1) *Loi des échanges.*—*Tout est échange entre les hommes et entre tous les êtres.*— Les échanges (qui résultent de la *division* et du *concours*, dont l'influence également générale mérite qu'elle forme l'objet d'une autre loi séparée) sont, dans l'ordre social, comme dans l'ordre moral et intellectuel, et dans toutes les sciences, un moyen essentiel et nécessaire de reproduction. — Le concours, ou le résultat des échanges, est un principe de forces.

Un homme ne peut faire de mal aux autres, sans qu'il en résulte aussi, tôt ou tard, directement ou indirectement, du mal pour lui-même. Le bien qu'on fait rejaillit également sur son auteur. La loi des échanges, bien entendue et bien appliquée, est le principe de la bienfaisance et de toutes les relations sociales, dont l'ensemble constitue la morale pratique. Le père ne peut pas impunément isoler son bonheur de celui de ses enfans, ni des enfans s'isoler impunément de leur père ; ni le chef d'un État séparer sa félicité de celle du peuple qu'il gouverne.

touffe ou l'appauvrit dans les mains de l'ingrat qui veut en priver son semblable, et le retenir pour lui seul. Le bonheur est un commerce, un échange de plaisir ; jamais homme n'a été, seul, aussi heureux qu'il pouvait l'être.... Là, est le principe de la morale, de la sociabilité, de la civilisation.

En même tems, on saura se suffire, se reposer sur ses propres ressources pour créer son avenir, ne regarder comme à soi que le produit de son travail.

Plus on étudiera les hommes en général, et les rouages compliqués de l'organisation sociale, plus on aura une attention scrupuleuse à se tenir toujours éloigné de ces trois classes, qui sont les chancres de la société : les *joueurs*, ou les hommes qui font du jeu leur principal moyen d'existence ; les *mendians* et tous ceux qui vivent d'aumônes ou de grâces non acquises par des moyens légitimes ; les *voleurs*, ou les hommes qui fondent leur industrie sur la violation du droit de propriété, base première et fondamentale de l'ordre social ; ces trois espèces d'hommes existent aux dépens de la société, sans lui procurer aucun avantage. L'homme qui se respecte lui-même ne veut devoir qu'à son travail ses moyens d'existence, et toutes les choses utiles et commodes qu'il désire se procurer ; il veut payer son tribut à la société, en compensation des avantages qu'il en reçoit. L'oisiveté, l'égoïsme, l'immoralité n'entrent point dans son plan de vie ; lui seul sait apprécier et obtenir la véritable gloire, qui, dans toutes les conditions, consiste uniquement dans le bien fait aux hommes. Plus il est grand et durable, plus la gloire est belle et solide.

XV. Du Journal, ou *Compte ouvert* consacré à la *partie intellectuelle*.

Le journal, ou compte ouvert, consacré à la partie intellectuelle, sera aussi composé d'articles détachés sur les différentes branches des sciences, sur lesquelles on aura l'occasion d'entendre des hommes éclairés.

Les sciences, qui toutes ont commencé d'exister avant d'être désignées par des dénominations particulières et divisées en différentes classes, ne sont que des collections de faits, d'observations, d'expériences, de résultats. L'homme qui a contracté l'heureuse habitude de rapporter tout à son perfectionnement, à son intérêt bien entendu, d'augmenter tous les jours son recueil d'expériences, de faits, d'observations, et qui cherche toujours à s'instruire, doit tourner à son profit les conversations même et les discussions qu'il entend dans les sociétés où il se trouve, lorsqu'elles sont intéressantes et instructives. Il se rend compte, chaque jour, de celles qu'il a pu recueillir ; il les résume et les analyse, après les avoir digérées et mûries, en les méditant ; car, on retient mieux ce qu'on a fixé dans son entendement par la réflexion, que ce qu'on apprend seulement à l'aide de la mémoire : on exerce par là son esprit, on se fait toujours des idées justes, et l'on apprend à penser.

Une table des matières, établie d'après la méthode de Locke (¹) et placée à la fin du journal, permet de rapprocher tous les articles écrits séparément sur le même objet, et sert à former un ensemble sur une ou plusieurs sciences, dont on acquiert ainsi une idée générale. Le sujet de chaque article étant énoncé à la marge, en un seul mot, on peut y recourir facilement au besoin. Les résultats, au bout de quelques années, offrent des notions élémentaires sur plusieurs branches de sciences; ces notions ont été recueillies sans peine, sans embarras, sans fatigue, dans les instans même de délassement donnés à la société, et perdus en général pour les autres hommes. Il est à remarquer, à cet égard, que les savans se proportionnent, dans les conversations familières, à la portée ordinaire de l'intelligence, et présentent alors les sciences sous un jour qui les rend plus faciles à saisir.

Je ne prétends pas qu'on arrive, par ce moyen, à posséder à fond les sciences; mais on en prendra successivement une légère teinture (²) : on les envi-

---

(¹) Voyez le développement de la *méthode de* LOCKE, à la fin de ce volume.

(²) *Loi de la division et de la réunion.* — C'est par la double action, toujours combinée, de *diviser* d'abord et de *réunir* ensuite, de prendre isolément chacun des faits et des élémens d'une science pour les associer et les coordonner, que l'on parvient à créer un vaste ensemble et un solide édifice....

L'homme qui ne fait que *diviser* se noie dans les détails et n'a point de vues d'ensemble. Celui qui ne songe qu'à *réunir* ne trouve que des masses, et ignore les principes constituans des corps, ou des choses qu'il doit employer. *Un juste milieu en tout* est donc nécessaire, comme nous l'avons établi. — Une sage combinaison, un heureux mélange de ces deux actions de diviser et de réunir,

sagera sous différentes faces ; on pourra comparer les différentes doctrines de ceux qui les cultivent ; on formera son jugement, sa mémoire et son style.

Cette méthode est principalement utile pour un militaire, pour un voyageur, dont la vie errante et vagabonde ne leur offre guère d'autres moyens de s'instruire ; mais qui voient tour à tour beaucoup de pays différens, qui passent la plus grande partie de leur vie dans la société des autres hommes, qui ont, pour ainsi dire, successivement sous les yeux, beaucoup d'individus, de peuples, d'événemens, d'observations, de phénomènes, de mœurs, de lois, d'usages différens et variés.

Il n'est pas un seul homme, quelque ignorant et borné qu'il soit, qui ne puisse être supérieur à un autre, en quelque point, ou lui être utile de quelque manière, et dont on ne puisse, par conséquent, tirer parti plus ou moins.

Vous trouvez-vous avec un avocat ou un juge ? faites tomber la conversation sur les tribunaux, leur organisation, sur la législation actuelle, sur les abus

produisent le même résultat que la différence et la combinaison des deux sexes, qui se rapprochent, s'unissent, s'identifient pour créer. On ne donne naissance à un nouvel être, dans le monde physique, moral, intellectuel, social et politique, que par l'application bien entendue des deux principes de division et d'union. *Discordia concors* : voilà le germe de la vie, l'âme du monde.

L'organisation et l'ordonnance d'une vaste administration, d'une grande armée, d'un superbe édifice, d'une bibliothèque, d'un musée, d'un bon ouvrage en tout genre, d'un poëme, d'un tableau, d'un bal, d'un simple festin, consistent uniquement dans le double mérite des détails et de l'ensemble, dans la *division* et la *réunion* bien combinées et bien appliquées.

qui ont lieu dans les procédures et dans les jugemens. Vous obtiendrez des renseignemens utiles, même d'un praticien routinier, à plus forte raison, d'un habile jurisconsulte.

Êtes-vous avec un commerçant, un banquier, un simple marchand? Vous l'interrogez sur la nature de ses spéculations, sur les intérêts de la classe d'hommes dont il fait partie ; vous prenez une idée des relations commerciales considérées en détail dans la société, ou du commerce, vu en grand dans ses rapports avec la prospérité d'un pays, et dans les communications qu'il établit entre les peuples.

Un militaire, si vous avez l'art de le questionner sur la partie qui lui est familière, vous introduira dans le service intérieur d'un corps, vous rendra, pour ainsi dire, témoin des évolutions et des manœuvres, vous permettra de juger de l'état de la discipline, de l'instruction, de l'administration des troupes, vous offrira des récits attachans et instructifs des batailles où il s'est trouvé, vous désignera les meilleurs ouvrages à consulter sur l'art de la guerre.

Avec un officier du génie, vous parlerez de campemens et de fortifications ; avec un marin, des élémens qui composent une flotte, des rapports qui existent entre la marine militaire et la marine marchande ; des connaissances qui tiennent à la science de la tactique navale et de la navigation.

Le voyageur vous fera visiter les pays qu'il a parcourus ; l'ambassadeur et le diplomate vous introduiront dans les cabinets des rois, dans les mystères des intrigues et des intérêts des cours, vous feront apprécier la force et la puissance respectives des différens États.

Avec un prêtre, vous amenez l'entretien sur sa religion; vous vous instruisez de son objet, de ses dogmes; vous étudiez l'esprit des ministres qui la professent, et vous trouvez, dans cette classe, beaucoup d'hommes estimables et instruits; mais le prêtre même ignorant et borné pourra vous donner des moyens d'ajouter à vos connaissances. Il faut, selon Bâcon, écouter, fréquenter même quelquefois les hommes superstitieux, ne fût-ce que pour observer à fond la superstition, maladie fort commune, qu'on ne peut guérir et dont on ne peut se bien préserver sans la connaître, qu'on ne peut connaître sans l'étudier, ni étudier sans voir de près ceux qui en sont atteints; seulement on les approche avec précaution et réserve, comme des gens attaqués de maladies contagieuses.

Vous mettez à profit l'expérience du vieillard, les manières et le tact fin et délicat de l'homme du monde. Les hommes de lettres, les artistes, les femmes, vous donneront à la fois le sentiment du beau et les règles nécessaires pour former et diriger le goût; avec le chimiste, le physicien, le naturaliste, l'astronome, le médecin, le botaniste, l'agriculteur, vous acquerrez des notions élémentaires de la branche que chacun d'eux a spécialement approfondie.

Le simple artisan, l'ouvrier, vous initieront aux connaissances mécaniques ou de détail, qu'on ne doit pas négliger, ni mépriser; les objets les plus minutieux peuvent acquérir un degré d'utilité dans un esprit vaste et qui coordonne bien tout ce qu'il sait. Chaque homme a vécu dans une sphère quelconque, a parcouru un cercle plus ou moins étendu d'idées et d'observations, et peut instruire plus ou moins celui qui veut et sait en tirer parti.

<small>L'homme instruit croit toujours qu'on peut s'instruire encor.</small>

Sachez donc mettre à profit ceux que vous rencontrez, pour ne point perdre de tems et pour rapporter tout à votre instruction. *L'emploi du tems et l'emploi des hommes* sont à la fois les deux élémens de l'art de se conduire dans le monde, et de l'art de gouverner les autres.

L'éloquent Bossuet nous offre cette maxime, mise en pratique par le grand Condé : « Avec quelle vivacité, dit l'orateur, il se met dans l'esprit, en un moment, les tems, les lieux, les personnes, et non seulement leurs intérêts et leurs talens, mais encore leurs humeurs et leurs caprices ; rien n'échappe à sa prévoyance. Avec cette prodigieuse compréhension de tout le détail et du plan universel de la guerre, on le voit toujours attentif à ce qui survient ; il tire d'un déserteur, d'un transfuge, d'un prisonnier, d'un passant, ce qu'il veut dire, ce qu'il veut taire, ce qu'il sait, et, pour ainsi dire, ce qu'il ne sait pas, tant il est sûr dans ses conséquences... Mais ce n'était pas seulement la guerre qui lui donnait de l'éclat ; son grand génie embrassait tout : l'antique comme le moderne, l'histoire, la philosophie, la théologie la plus sublime, et les arts avec les sciences. Il n'y avait livre qu'il ne lût ; il n'y avait homme excellent, ou dans quelque spéculation, ou dans quelque ouvrage, qu'il n'entretînt; tous sortaient plus éclairés d'avec lui, et rectifiaient leurs pensées, ou par ses pénétrantes questions, ou par ses réflexions judicieuses. Aussi, sa conversation était un charme, parce qu'il savait parler à chacun selon ses talens; et non seulement aux gens de guerre, de leurs entreprises; aux courtisans, de leurs intérêts; aux politiques, de leurs négociations; mais encore aux voyageurs curieux, de ce qu'ils avaient découvert, ou dans la nature, ou dans le gouvernement, ou dans le commerce; à l'artisan, de ses inventions; et enfin, aux savans de toutes les sortes, de ce qu'ils avaient trouvé de plus merveilleux [1]. »

Le prince russe Potemkin, dont un ambassadeur, qui a vécu dans son intimité [2], nous a tracé le portrait, avait acquis par les mêmes moyens une instruction extraordinaire, quoiqu'il n'eût rien appris dans les livres. Il avait causé avec des hommes habiles dans toutes les professions, dans toutes les sciences, dans tous les arts. On ne sut jamais mieux s'approprier le savoir des autres et s'en faire une richesse personnelle. Il aurait étonné dans ses entretiens un littérateur, un artiste, un artisan, un théologien. Son instruction n'était pas profonde, le genre de vie qu'il avait mené ne lui avait permis de rien approfondir; mais elle était fort étendue et va-

---

[1] BOSSUET, *Oraison funèbre du prince de Condé*.
[2] M. le comte de SÉGUR, auteur d'un *Tableau politique de l'Europe*, et de Mémoires politiques, historiques et anecdotiques d'un grand intérêt.

rièe. Combien ne sera pas plus véritablement instruit celui qui aura puisé, avec choix et discernement, toutes ses connaissances dans ces deux sources également abondantes, la lecture et la société, ou dans les extraits qu'il aura faits lui-même des ouvrages les plus estimés, et dans les conversations instructives dont il aura recueilli la substance!

Personne, dit l'auteur d'un Éloge de Locke, n'a jamais mieux entendu que cet illustre philosophe, l'art de *s'accommoder à la portée de toute sorte d'esprits: ce qui est peut-être l'une des plus sûres marques d'un grand génie.* Une de ses adresses dans la conversation était de faire parler les gens sur ce qu'ils entendaient le mieux. Avec un jardinier, il s'instruisait du jardinage ; avec un jouaillier, des pierreries ; avec un chimiste, de chimie, etc. « Par-là, disait-il à lui-même, je plais à tous ces gens, qui, pour l'ordinaire, ne peuvent pas parler pertinemment d'autre chose. Comme ils voient que je fais cas de leurs occupations, ils sont charmés de me faire voir leur habilité ; et moi, je profite de leur entretien. » En effet, Locke avait acquis, par cette habitude pratique, une assez grande connaissance de tous les arts, et s'y perfectionnait chaque jour. Il disait aussi que la connaissance des arts contenait plus de véritable philosophie que toutes ces belles et savantes hypothèses, qui, n'ayant aucun rapport avec la nature des choses, ne servent au fond qu'à faire perdre du tems à les inventer ou à les comprendre. Par différentes interrogations qu'il faisait à des gens de métier, il trouvait le secret de leur art qu'ils n'entendaient pas eux-mêmes, et leur fournissait souvent des vues toutes nouvelles qu'ils étaient charmés de mettre à profit.

Vous avez déterminé le bon emploi de votre tems, par une sage distribution de vos instans, habituellement consacrés à des objets utiles; vous appréciez aussi le choix et l'emploi des hommes; vous évitez ceux avec lesquels il y aurait moins à gagner qu'à perdre; vous recherchez ceux dont l'entretien et la société sont profitables.

Cette méthode n'a pas moins d'avantages pour l'homme sédentaire, renfermé dans un cercle étroit et borné, qui, puisant alors les matériaux de son journal dans ses lectures, et non dans ses sociétés, fait également tous les jours une riche moisson, et classe avec soin les résumés ou les extraits des ouvrages qu'il a lus et médités, ou se rend compte des branches successives des sciences qu'il a étudiées et approfondies. On revoit ainsi, en quelques heures, la substance de ce qu'on a lu en plusieurs mois [1]. On peut avoir autant de journaux séparés qu'on a de sciences ou d'objets d'études, dont on veut réunir et recueillir les notions détachées, pour en former un ensemble [2].

Plus on ajoute, par ce moyen, à son instruction; plus on éprouve le besoin pressant de cultiver son

[1] Voyez, à la fin de cet Essai, l'indication d'une *Méthode particulière pour lire, étudier et analyser les ouvrages historiques.*

[2] *Loi de la division et de la réunion.* Voyez ci-dessus, p. 195, note 2.

esprit et le sentiment d'une satisfaction intérieure, pure et délicieuse, attachée à l'étude et à ses succès.

Lucidus ordo, l'ordre et la clarté, voilà ce qui doit présider à toutes les études. Une bonne division du travail, une méthode sûre et toujours la même, choisie avec discernement, suivie avec constance; un but d'utilité réelle et pratique, toutes les fois qu'on s'applique à une science; de la diversité dans les travaux pour délasser l'esprit; un mélange heureux de l'occupation et du repos, des exercices du corps et de ceux de la faculté intellectuelle, des lectures et des conversations instructives; l'usage salutaire de réunir et de concentrer toutes ses forces sur un point, au lieu de les disséminer et de divaguer sans cesse; l'avantage qu'on en retire de bien posséder la matière qu'on a voulu approfondir, de mûrir successivement les questions les plus difficiles et les plus intéressantes, par le doute et la méditation, par l'observation et l'expérience; tels sont quelques-uns des effets de la méthode proposée.

XVI. OBJECTIONS prévues et réfutées. Inconvénient à éviter dans la rédaction des trois comptes ouverts particuliers.

Je dois ici prévenir une objection qui se présente naturellement.

Ce que vous demandez, dira-t-on, est-il praticable, et un homme passera-t-il ainsi sa vie à faire des journaux ?

Je réponds : la méthode proposée, susceptible d'être variée, modifiée, réduite à l'infini, quoiqu'on ait cru convenable de lui donner tous les développemens qu'elle peut recevoir, n'est certainement pas applicable en tout à tous les hommes. Elle convient d'abord à celui qui veut devenir un homme supérieur, qui est appelé par son caractère, par ses talens, par une noble ambition, ou par ses richesses, par sa position sociale, à occuper des fonctions importantes. Celui-là doit, plus qu'un autre, travailler à se perfectionner sans cesse, et justifier par une supériorité réelle de talens, de lumières, de vertus, la supériorité du rang qui paraît devoir lui être un jour assigné. Quelques individus pourront se borner à l'usage des trois premières conditions de la méthode, savoir : *la question qui doit présider à l'emploi de tous les instans de la vie, l'examen journalier, et le Mémorial analytique.*

Ceux qui auront plus de loisirs, une volonté plus forte, un esprit plus actif, et qui regarderont les trois cahiers, physique, moral et intellectuel, comme autant de magasins encyclopédiques, où ils peuvent faire une ample provision de principes, de connaissances, de vérités pratiques, s'appliqueront cette condition accessoire de la méthode, et auront à écrire plus ou moins sur ces différens recueils, suivant que leur genre de vie, la disposition de leur esprit ou les objets qui les entourent, leur fourniront des matériaux pour cette sorte de travail. Ils imiteront l'industrieuse abeille, qui, dans ses excursions en apparence vagabondes, exprime les sucs les plus exquis des différentes fleurs, et les combine ensuite pour composer son miel.

Tout devient facile par l'habitude. Se rendre un compte exact et même détaillé, par écrit, de ses conversations, de ses réflexions, de ses lectures de chaque jour, n'est ordinairement l'affaire que d'un quart d'heure, et tout au plus d'une heure, dans les jours les mieux employés, où la récolte est plus abondante. Et malheureusement, quel est l'homme qui ne perd pas une heure et plus dans chaque journée!

Une autre objection plus solide, même fondée à certains égards, doit être également combattue et détruite.

L'habitude, salutaire sous plusieurs rapports, d'écrire un registre journalier de ses pensées et de sa vie, n'est pas sans inconvéniens. Elle peut rendre minutieux, rétrécir l'esprit, en lui faisant attacher trop d'importance à de misérables détails qui flattent l'amour-propre ou la vanité, mais qui ne méritaient pas d'être fixés sur le papier. Il était nécessaire de montrer cet écueil; il sera facile de l'éviter. Les meilleurs usages ne sont pas exempts d'abus : doit-on pour cela les proscrire? Il faut séparer avec soin le bon grain de l'ivraie, et garantir une coutume bonne et utile en elle-même, des vices qui pourraient s'y mêler et en corrompre la pureté (1). L'amour-propre est la maladie de tous les hommes, mais surtout des

---

(1) *Loi du mélange universel du bien et du mal.* Voy., ci-dessus, page 189, note 1.

petits esprits. Un esprit sain, droit, éclairé, qui aime et qui recherche la vérité, combat toujours avec succès cet ennemi secret et dangereux. Il suffit d'être continuellement sur ses gardes ; nous en avons donné le plus sûr moyen.

XVII. D'une ancienne coutume de l'*Ecole pythagoricienne*, et d'une pratique suivie et recommandée par Franklin.

La méthode qu'on vient d'exposer était en partie adoptée dans l'école de Pythagore. Ce philosophe prescrivait à ses disciples de rentrer tous les jours quelques instans en eux-mêmes, et de se faire ces questions : Quel est l'emploi que j'ai fait de ma journée ? Dans quels lieux suis-je allé ? Quelles personnes ai-je vues ? Qu'ai-je fait à propos ? Qu'ai-je fait à contre-tems ?

> Quand l'heure du sommeil vient fermer ta paupière,
> Sur le jour écoulé porte un regard sévère ;
> Sur le bien, sur le mal interroge ton cœur ;
> Sois toi-même ton juge et ton accusateur ;
> Le repentir du mal te rendra l'innocence,
> Le souvenir du bien sera ta récompense (1).

Une autre méthode, du même genre, suivie et conseillée par Franklin, consiste à s'exercer sur chaque vertu séparément, afin de se les rendre toutes plus familières, en les prenant l'une après l'autre, et en appliquant successivement à chacune d'elles, pendant un espace de tems déterminé, toutes les forces

---

(1) *Vers dorés de* Pythagore, traduits par La Chabeaussière.

de son ame (1). Cette méthode préservatrice, qui se concilie parfaitement avec la nôtre, pourra être pratiquée avec succès. Elle convient surtout à l'âge où l'on peut triompher aisément des penchans les plus déréglés, ou plutôt les empêcher de naître, en s'attachant à déposer et à cultiver dans l'ame les germes de toutes les qualités morales qui élèvent et distinguent l'homme (2).

XVIII. SECONDE CONDITION accessoire, qui sert de complément à la méthode indiquée pour régler le bon emploi de tous ses instans. *Choix d'un ami franc et sévère,* auquel on adresse régulièrement, tous les trois ou tous les six mois, le tableau de sa situation physique, morale et intellectuelle.

Une seconde et dernière condition accessoire promet de grands avantages pour le succès de notre méthode; car, plus celle-ci est reconnue bonne et utile, plus il faut s'assurer qu'elle sera constamment suivie.

Le Mémorial journalier et les trois cahiers, ou comptes ouverts séparés, sont les résultats de l'examen de chaque jour, et permettent de juger si l'on avance dans la carrière qu'on s'est proposé de parcourir, si l'on reste dans l'inaction ou si l'on recule, enfin, si l'on est dans une situation progressive, sta-

---

(1) Autre application de la *loi de la division et de la réunion,* déjà citée.

(2) Voyez les développemens de la *méthode de* FRANKLIN, dans la *Décade philosophique,* an 9.

tionnaire ou rétrograde. L'état rétrograde est plein d'inconvéniens et de calamités; la santé s'altère, le cœur se déprave, le génie s'éteint. L'état stationnaire offre l'image d'une eau dormante, qui finit par croupir et se corrompre. L'état progressif, en développant et perfectionnant toutes les facultés, est le seul qui puisse améliorer les individus et faire prospérer les nations.

Quand on voyage dans l'intention de s'instruire, on ne se borne pas à traverser rapidement des provinces et des villes, à jeter un coup-d'œil sur les campagnes, à visiter en courant les monumens des arts, les prodiges de l'industrie, les établissemens utiles, les objets de curiosité. Mais on fait à dessein des pauses fréquentes; on se rend compte de ce qu'on a vu et remarqué sur sa route; on questionne, on écoute, on observe, on recueille; on s'enrichit de ses observations et des collections qu'on a pu faire. De même, dans le voyage de la vie, on doit s'arrêter à certaines distances, jeter un regard en arrière sur l'espace parcouru, se demander d'où l'on vient et ce qu'on a fait, où l'on est; si la contemplation de soi-même paraît devoir inspirer à l'ame des sentimens de mécontentement ou de satisfaction, de tristesse ou de joie; enfin, où l'on va, vers quel but on se dirige, quel chemin est le plus sûr et le plus agréable pour y conduire.

Mais, je le répète, l'inconstance et la paresse, naturelles à l'esprit humain, ne donneraient pas lieu d'espérer qu'un pareil projet, quoique soutenu par une ferme volonté, pût être suivi avec une invariable persévérance. D'ailleurs, on ferait négligemment un résumé de l'emploi de sa vie, qui ne serait destiné que pour soi, et l'on ne pourrait pas se juger avec la même impartialité que le ferait un ami.

> . . . . Car, tous tant que nous sommes,
> Lynx envers nos pareils, et Taupes envers nous,
> On se voit d'un autre œil qu'on ne voit son prochain.
>   Le fabricateur souverain
> Nous créa besaciers tous de même manière,
> Tant ceux du tems passé que du tems d'aujourd'hui ;
> Il fit pour nos défauts la poche de derrière,
> Et celle de devant pour les défauts d'autrui.
> LA FONTAINE.

Choisissez donc un ami probe, éclairé, sincère, qui soit un autre vous-même, assez rapproché de votre âge pour n'être pas étranger à vos goûts, à vos penchans, à vos passions ; assez avancé dans la vie, pour avoir déjà une certaine expérience des hommes et des choses ; d'une raison assez mûre, d'un esprit assez orné de connaissances, d'un cœur assez noble et généreux, pour vous inspirer cette entière confiance fondée sur l'estime, base nécessaire de la véritable amitié, dans le sein duquel enfin vous puissiez répandre votre ame, auquel vous soyez disposé à la montrer à nu, à découvrir ses replis les plus cachés.

Voici les principaux traits auxquels vous reconnaîtrez cet ami, qui doit vous servir de modèle, de conseiller et de guide. Vous aimerez et chercherez en lui l'homme qui joint à un excellent caractère, à une moralité éprouvée, une tête forte, un jugement sain et exquis, une conversation nutritive et substantielle, des aperçus neufs et lumineux, une dialectique entraînante, une grande noblesse d'ame. Avec lui vous aurez toujours à gagner; vous sentirez toujours que votre esprit et votre cœur se perfectionnent. On ne le quitte jamais sans être plus content de soi, plus disposé à l'amour des hommes et de la vertu, plus éclairé sur sa vraie destination et sur les devoirs qu'on est appelé à remplir dans la société.

Vous apprécierez aussi, dans cet homme rare, le mérite et le talent de savoir douter; d'employer, s'il le faut, plusieurs années de suite à la recherche d'une vérité importante, à la solution d'une question difficile. Vous distinguerez en lui le désir et le besoin de chercher et de trouver pour lui-même des hommes forts et instruits qui puissent l'aider de leurs lumières; vous imiterez cette obligeante complaisance qui descend volontiers à la portée des hommes peu ou mal éclairés, surtout des jeunes gens avides de s'instruire, et cette patience constante et infatigable qui consacre une vie entière à composer un bon ouvrage, c'est-à-dire, un ouvrage utile aux hommes, et propre à faire avancer une science profondément méditée.

C'est à l'homme dont on vient d'esquisser le portrait, ou à celui qui, par l'assemblage plus ou moins complet des qualités qu'on a retracées, vous paraîtra réunir le plus de titres à votre estime, que vous adresserez, tous les trois ou tous les six mois, ou seulement une fois chaque année, le résumé fidèle de votre situation physique, morale et intellectuelle, comme on adresse régulièrement et périodiquement à certains fonctionnaires publics, et, par leur intermédiaire, aux ministres chargés de la direction générale, les tableaux de situation, soit de la population et de l'armée, soit des finances, et des autres parties de l'administration.

Tous les trois ou tous les six mois, vous relisez les observations que vous avez faites ; vous examinez et vous jugez vos actions, vos progrès en tout genre, votre position présente, comparée avec celle dont le tableau qui a précédé, trois ou six mois auparavant, vous retrace l'image. Vous soumettez à votre ami ces résumés de l'emploi de votre vie, qui deviennent le texte des avis salutaires par lesquels il remplit envers vous le devoir que la confiance et l'amitié lui imposent ; vous avez reconnu dans lui une certaine supériorité de lumières et de qualités morales : vous l'établissez confident, témoin et juge de vos actions et de vos pensées, pour recevoir en échange ses instructions et ses conseils.

XIX. OBSERVATION GÉNÉRALE sur le *mode de rédaction* du *Mémorial journalier*, des *trois cahiers* particuliers, et des *tableaux analytiques* à former, tous les six mois, ou tous les ans, de sa situation physique, morale et intellectuelle.

Pour avoir plus de liberté dans la rédaction journalière du Mémorial, des trois cahiers ou comptes ouverts particuliers, et des tableaux analytiques de sa situation physique, morale et intellectuelle, on parle toujours de soi à la troisième personne, comme d'un individu étranger, et sous des noms convenus avec soi-même, qu'il est facile de changer et de varier à volonté. On n'est ainsi retenu par aucune considération d'amour-propre, de respect humain, de fausse modestie, de vanité ou d'orgueil; et l'on écrit une histoire fidèle de sa vie, sans craindre des confidens indiscrets ou des censeurs odieux. On parle également des autres, soit en bien, soit en mal, sous des noms supposés; on recueille ainsi, sans gêne ni scrupule, des actions, des portraits, des observations, des anecdotes caractéristiques et instructives, qui ne peuvent blesser personne; car, on a l'intention, non pas de désigner ou de peindre tels ou tels individus, mais d'étudier, de connaître et de représenter, sous toutes les formes, l'homme en général, véritable protée, incompréhensible mystère, composé bizarre, dont les nuances infiniment délicates et variées ne peuvent être saisies et fixées qu'insensiblement et à la longue, par suite d'une grande habitude d'observer et d'un grand nombre d'observations appliquées à beaucoup de personnages divers, pris dans toutes les classes de la société, dans toutes les positions de la vie.

XX. De la *répartition des divers emplois du tems*, dans chaque intervalle de vingt-quatre heures.

Indiquons maintenant une base générale, susceptible d'une infinité de modifications, pour établir une répartition exacte et proportionnelle des divers emplois du tems dans chaque journée.

La distribution la plus convenable des divers emplois du tems paraît devoir être ainsi réglée : SEPT heures suffiront pour le sommeil; NEUF heures seront données aux études, aux lectures, aux travaux de l'esprit ; les HUIT autres heures de chaque jour seront employées, tant aux repas qu'aux différens exercices du corps, aux promenades, aux visites, aux devoirs de société, aux conversations agréables ou instructives, aux plaisirs et aux délassemens de tout genre. Ce partage de la vie peut et doit quelquefois être modifié, suivant les circonstances et la position où l'on se trouve; mais il faut s'en éloigner le moins possible. Sous le rapport des repas et du sommeil, un vieil adage prescrivait ainsi à nos pères le régime le plus convenable pour prolonger leur existence : *Levez à six, dînez à dix, soupez à six, et vivrez dix fois dix.*

C'est, en effet, un avantage immense pour la santé de se coucher de bonne heure et de se lever de grand matin. Ceux qui passent des matinées entières au lit, s'amolissent et s'abrutissent; ils perdent l'activité, qui est la qualité fondamentale, propre à faire valoir toutes les autres.

Les plus grands hommes ont toujours donné peu d'heures au sommeil. Sully n'était pas moins économe de son tems que des deniers de l'État. Dans le compte qu'il rend de l'emploi de ses journées, on voit qu'il était toujours debout et au travail de grand matin, qu'il se couchait de bonne heure, qu'un ordre constant et une règle invariable présidaient à ses occupations.

Le grand Frédéric sentait le prix du tems et savait l'employer. Voulant vaincre l'habitude qu'il avait contractée de dormir trop long-tems, il ordonna qu'on lui jetât, pour le réveiller, un linge trempé d'eau froide sur le visage. Jusqu'à sa dernière vieillesse, levé tous les matins à quatre heures, il réglait d'avance la distribution et l'usage de ses instans; il s'arrangeait de manière à ne jamais remettre les affaires d'un jour à un autre jour. Il s'habillait en se levant, pour ne point perdre des momens précieux, par la nécessité de faire deux toilettes dans une journée.

« Peu de sommeil, avons-nous dit avec Locke. » Des exercices fréquens et journaliers. « Je ne sais, dit Hippocrate, si le mouvement n'est pas aussi nécessaire à l'homme que la nourriture. » Point d'excès de table; l'ivresse et l'intempérance dégradent l'ame, ruinent le tempérament, obscurcissent l'intelligence.

Point d'excès d'études et de méditations. Les travailleurs immodérés, ceux qui prolongent trop leurs veilles, épuisent leurs forces, et arrivent promptement à une vieillesse prématurée. Le travail d'esprit et le repos du corps, portés l'un et l'autre à l'excès, ruinent les santés les plus robustes.

Adoptez un sage tempérament dans la distribution des heures données au repos, à l'étude et aux exercices du corps. La nature conseille et prescrit d'éviter en tout les excès. *Ni trop, ni trop peu;* c'est la devise du sage (1).

---

(2) *Loi de l'équilibre*, déjà citée. — Juste milieu à garder en tout. Voyez, ci-dessus, page 190, note.

Ne vous épuisez ni par de longues veilles, ni par une tension d'esprit trop assidue et trop prolongée, ni par de faux et dangereux plaisirs, ni par des fatigues disproportionnées à vos forces. Un mélange alternatif de promenades, d'exercices modérés et journaliers, d'études et de lectures, permet de tenir en haleine et de laisser reposer tour à tour le corps et l'esprit. On tient toutes les facultés dans un état de croissance, de développement et dans un juste équilibre. Ainsi la vie entière se trouve utilement employée; et l'homme, exempt du plus grand nombre des maladies, des vices, des passions, des préjugés, des erreurs, qui tourmentent ses semblables, à la fois sain, sage, instruit, bienfaisant et heureux, remplit sa destination sur la terre.

XXI. Destination de l'homme.

Puisque nous devons tous mourir, un peu plus tôt, un peu plus tard, efforçons-nous du moins de fournir notre tâche, de jouir du bonheur, et de nous rendre utiles dans ce court passage de la vie; de laisser quelque trace, et de mériter des regrets. Voilà ce qu'on ne saurait se répéter trop souvent. Cette réflexion, qui doit présider à l'emploi d'une grande partie de l'existence, et qui accoutume à voir la mort d'un œil plus tranquille, avertit aussi de circonscrire le cercle de ses travaux, de manière qu'on ait pu le parcourir en entier, et laisser ici-bas quelques actions dignes de mémoire, et quelques résultats avantageux à l'humanité. Si chacun envisageait, sous le même point de vue, sa position et ses devoirs, beaucoup de choses iraient mieux ; chacun contribuerait au bien général, et chaque nation avancerait en richesses, en connaissances et en bonheur, par le concours des efforts individuels, dirigés vers un même but, quoique dans des sphères différentes. On oublie ce devoir de l'humanité, cette destination de l'homme, ce grand but de la société, ce vrai moyen de faire son bien-être, en concourant à celui des autres (1). On s'isole, on cherche son avantage particulier aux dépens d'autrui (2). L'égoïsme, la mollesse, l'insouciance, la fausse philosophie, les préjugés, l'ignorance, l'orgueil, la médiocrité pusillanime, ou la présomption vaine et inconsidérée, l'ambition, qui rétrécit le cœur, quand elle se borne à de petites vues d'élévation personnelle, et quand elle est circonscrite dans les limites des intérêts d'un seul individu ; tandis qu'elle agrandit l'ame, si elle est noble et pure, si elle se propose pour objet l'intérêt général, l'avancement de la patrie, en science, en puissance, en lumières, et par conséquent en félicité : tous ces vices, ou plutôt ces mal-entendus, qui ont leur source, les uns dans le cœur, les autres dans l'esprit, retardent les progrès de l'espèce humaine, et prolongent le règne de l'ignorance, de la faiblesse, de la corruption, de toutes les maladies invétérées et contagieuses, qui empê-

---

(1) *Loi des échanges,* déjà citée. Voyez, ci-dessus, page 192.
(2) *Loi des mal-entendus,* également citée. Voyez page 188.

chent les sociétés de grandir et de croître. Des hommes, qui n'ont pas assez réfléchi, qui ont des vues étroites, ou qui ne veulent pas se donner la peine de réfléchir, qui sont paresseux et insoucians, ou égoïstes, ou profondément ignorans, ou imbus d'opinions systématiques e fausses, de préjugés grossiers, de préventions opiniâtres, croient ces maladies incurables, et regardent comme absolument impossible ce qui est seulement difficile, par l'effet des obstacles qui viennent de nous-mêmes. Ils méconnaissent les pas immenses qu'on a déja faits, quoique lentement et dans la suite des siècles ; les pas plus grands, plus rapides, plus sûrs, qu'il serait facile de faire, en donnant une impulsion forte et simultanée, une direction sage, uniforme, bien entendue, commune et toujours active, aux travaux et aux passions, aux affections et aux sentimens, aux esprits et aux cœurs, aux arts et aux sciences, aux conceptions du génie, aux talens de tout genre, aux hommes de toutes les professions et de toutes les classes. Je suis toujours ramené là : plus on étudie dans l'histoire la marche de l'esprit humain, celle des développemens et des périodes successifs des sociétés ; plus on consulte les penseurs, les philosophes, les écrivains profonds et judicieux, oracles des différens siècles ; plus l'évidence de la possibilité, de la facilité même du succès paraît démontrée.

Les révolutions successives de la nature et de la politique ont bouleversé le globe. Les sciences, longtems renfermées dans la Grèce, mais alors plus fertiles en vains raisonnemens et en systèmes orgueilleux, que fécondes en inventions et en découvertes fructueuses, étouffées pendant plusieurs siècles de barbarie, sorties enfin triomphantes du sein des ténèbres, ont accéléré, dans la plus grande partie de l'Europe, les progrès de la civilisation, qui, à son tour, secondée par la navigation, par le commerce, par l'imprimerie, a favorisé la propagation et l'emploi mieux dirigé des lumières. Aujourd'hui, la vraie philosophie pratique, généralement connue et bien appréciée, fait consister la gloire à vouloir agrandir son être, en perfectionnant, dans la science particulière qu'on a embrassée, les moyens qu'elle offre de faire du bien à ses semblables. « Le règne des idées philanthropiques et généreuses, a dit Napoléon, doit être le caractère du siècle ([1]). »

Cette belle destination de l'homme qui se sent appelé à concourir au grand œuvre de l'avancement de son espèce, et d'abord de la société ou de la nation dont il est citoyen, doit surtout exciter vivement un jeune homme fier, sensible, éclairé, généreux, animé d'une ambition noble et louable, du besoin de créer sa fortune et sa gloire par des moyens honorables et légitimes, qui apprécie les jouissances et les avantages résultant pour lui des travaux, des efforts, des observations, des inventions, de l'industrie et du génie des siècles précédens, et qui veut, pour sa part, payer une semblable dette, et transmettre un pareil héritage aux siècles qui le suivront.

([1]) Réponse de l'Empereur NAPOLÉON à une députation du Corps-Législatif. (*Moniteur*, 22 *pluviose an* 13.)

XXII. Des progrès de l'esprit humain.

Cet esprit de perfectionnement des sciences, généralement inspiré à la jeunesse, produirait de grands et salutaires effets. Considérons les tems passés : quelle distance infinie entre le premier ouvrier, qui déchirait avec ses mains des dépouilles d'animaux, pour en faire de grossiers vêtemens, et le manufacturier habile, qui fabrique, avec le secours de ses métiers, et d'un grand nombre d'instrumens et de machines, des étoffes, des draps, des tissus en tout genre, également fins et solides, auxquels les ciseaux et l'aiguille donnent ensuite des formes élégantes et commodes! Quelle distance encore entre ces hommes qui les premiers ont côtoyé timidement les rivages de la mer dans un frêle canot, creusé par le feu, et ces hardis navigateurs, qui, possesseurs de la boussole, ont franchi sur des vaisseaux, chefs-d'œuvre de l'industrie humaine, les vastes plaines de l'Océan!

Car, suivant l'observation ingénieuse de Pascal, « par une prérogative particulière, non seulement chacun des hommes s'avance de jour en jour dans les sciences, mais tous les hommes ensemble font un continuel progrès, à mesure que l'univers vieillit ; parce que la même chose arrive dans la succession des hommes, que dans les âges différens d'un particulier, en sorte que toute la suite des hommes, pendant le cours de tant de siècles, peut être considérée comme un homme qui subsiste toujours et qui apprend continuellement. »

Eh bien! que chacun, excité par l'exemple des efforts et des succès de nos ancêtres, par la contemplation des espaces immenses qu'ils ont traversés, pour nous conduire à l'époque de civilisation où nous sommes parvenus; que chacun, dis-je, appliquant ces réflexions à la position où il se trouve, soit jaloux, dans sa position et dans sa sphère, non seulement de ne pas rester en arrière de ceux qui s'y sont distingués avant lui, mais encore de les dépasser, comme ils ont eux-mêmes dépassé leurs devanciers, et d'imprimer ainsi à son art particulier une marche progressive.

XXIII. Des Hommes supérieurs.

Les hommes d'un mérite supérieur, dans quelque classe qu'ils soient, qui laissent des traces de leur existence, sont ceux qui ont évité l'état rétrograde, dédaigné l'état stationnaire, et qui ont voulu avancer dans la carrière où ils étaient jetés, et faire faire quelques pas de plus à la science, à l'art, ou au métier qu'ils avaient embrassé. Ceux-là aussi ont été les bienfaiteurs du genre humain, en ajoutant à ses jouissances, à ses lumières, à ses richesses, à ses vertus, à son bonheur [1]. Toutes ces choses, je le

---

[1] Nous aimons à signaler ici un *Ouvrage* et une *Institution* d'un grand intérêt : l'Histoire et les Portraits des Hommes utiles, *bienfaiteurs de l'humanité,* publiés par la Société Montyon et Franklin, qui s'est formée à Paris en 1833 (pour 24 *portraits gravés sur acier,* 24 *notices biographiques,* grand in-8°, et un *Annuaire,* sept francs par an).—Une entreprise analogue,

répète, sont essentiellement unies entre elles, et comme synonymes et identiques.

XXIV. Noble émulation que doit avoir un jeune homme.

Qu'un jeune homme soit pénétré de ces principes, quelle que puisse être sa carrière ; qu'il soit commerçant, fabricant ou manufacturier, avocat, médecin, physicien, chimiste, architecte, littérateur, peintre, poëte, instituteur public, militaire, général, administrateur, diplomate, gouvernant, et même simple agriculteur, mécanicien, ouvrier, ou artisan : « Je ne veux point, se dira-t-il à lui-même, languir dans une stérile et honteuse médiocrité ; je veux trouver assez de ressources dans mon propre génie, aidé par l'observation et par l'étude, ou dans une industrie persévérante et active, dans une volonté forte, dans une méditation soutenue, secondée par les lumières et par les exemples qui m'ont précédé, ou qui m'environnent, pour mériter d'être cité comme modèle, pour sortir d'une foule insignifiante et obscure, pour jouer un rôle honorable, pour être heureux, en me rendant utile. » Alors, on arrive nécessairement à la fortune et à la célébrité, par le pouvoir immense de la continuité d'action, et par la volonté de parvenir. On ne végète point sur la terre ; on vit et l'on est digne de vivre.

_{fondée par deux dames d'un rare mérite, dignes modèles de leur sexe, a pour objet une publication périodique, par livraisons, des Vies et des Portraits des femmes utiles, qu'on est trop souvent porté à oublier, parce qu'elles ont fait plus de bien que de bruit.}

XXV. Devoirs d'un père de famille.

Heureux le jeune homme dont les parens sont assez prévoyans, assez observateurs, assez éclairés, pour pressentir et juger ce que leur fils doit devenir un jour, pour lui ménager les moyens de remplir sa destination, de donner un entier développement à ses dispositions naturelles et primitives, pour cultiver avec soin ses premières années, pour l'approvisionner d'avance des connaissances les plus nécessaires, qui le mettront en état de marcher seul et sans guide, et qui lui applaniront la route qu'il doit suivre ; pour éveiller enfin dans son ame, pour inspirer et diriger en lui la passion noble et généreuse de se distinguer par des services rendus à son pays, par des travaux utiles à l'humanité ! Un bon père ne doit pas être seulement le confident, l'ami, le conseiller de son fils. Il doit voir en lui comme un autre lui-même ; il doit avoir pour lui de la prudence, de l'expérience, de l'esprit d'avenir, de l'ambition, de la richesse ; il doit fortifier ses enfans de toutes les ressources résultant d'une bonne éducation physique et morale, et d'une instruction soignée, leur imprimer une direction déterminée, en raison de leurs talens ou de leurs penchans naturels, de leurs connaissances acquises, et des circonstances où ils sont placés, voir enfin dans leur existence, rendue honorable et utile, sa propre existence prolongée au delà de son trépas. Voilà comment chaque génération, préparant avec un zèle attentif et religieux celle qui doit la suivre, donnerait une impulsion progressive et salutaire à l'espèce humaine ; alors l'esprit de famille, bien dirigé, tournerait au profit de la prospérité publique et du perfectionnement social. Chaque individu, en choisissant une profession, en cultivant une science, s'appliquerait ces belles paroles, par lesquelles Jean-Jacques Rousseau, fort de l'autorité de Bâcon, l'un des plus beaux génies qui aient paru sur la terre pour éclairer les hommes, rend hommage à la perfectibilité presque indéfinie de l'espèce humaine : « On connaît ou l'on peut connaître le premier point d'où part chacun de nous pour arriver au degré commun de l'entendement ; mais, qui est-ce qui connaît l'autre extrémité? Je ne sache pas qu'aucun philosophe ait encore été assez hardi pour dire : Voilà le terme où l'homme peut parvenir, et qu'il ne saurait passer. Nous ignorons ce que notre nature nous permet d'être ; nul de nous n'a mesuré la distance qui peut se trouver entre un homme et un autre homme. Quelle est l'âme basse que cette idée n'échauffa jamais, et qui ne se dit pas quelquefois dans son orgueil : Combien j'en ai déjà passés! combien j'en puis encore atteindre! Pourquoi mon égal irait-il plus loin que moi (1)? »

---

(1) Émile, tome Ier.

« Quel est celui, dit encore Young, qui a sondé l'abîme de l'esprit humain? Ses bornes ne sont pas moins inconnues que celles de l'univers. Depuis la naissance du monde, il ne s'est peut-être pas trouvé un seul homme qui ne se soit arrêté en deçà du terme où il pouvait arriver, et qui n'ait laissé ce qu'il a fait bien au-

Les mots *science, ambition, richesse,* souvent répétés dans cet Essai, pourraient effaroucher quelques oreilles, et paraître des germes dangereux, des obstacles au bonheur et à la vertu.

Quant à la SCIENCE, nous ne l'avons jamais présentée à nos élèves, qu'accompagnée de la morale la plus pure : nous la rendons constamment utile et agréable à celui qui la cultive, et aux hommes en général, au profit desquels les travaux et les résultats scientifiques doivent toujours être rapportés.

L'AMBITION est un point délicat sur lequel il importe de s'expliquer nettement. Car, cette passion a, comme toutes les autres, ses écueils, ses excès, son exagération, ses dangers, et conduit même souvent aux crimes. Mais, de ce que les hommes ont presque toujours altéré et corrompu les penchans, même naturels et louables, il ne faut pas condamner et proscrire indistinctement ces penchans; il convient plutôt de remonter à leur source, d'en bien étudier le caractère, de les ramener, s'il est possible, à leur direction primitive. L'ambition, telle que nous l'avons définie et dirigée, ne plaçant jamais les moyens d'avancement personnel que dans les services rendus à ses semblables, n'est qu'un développement, une application de ce besoin général d'amélioration, et d'un bien-être toujours croissant, qui excite tous les

---

dessous de ce qu'il a pu. En prenant toujours les exemples du passé pour la règle du possible, il n'est pas étonnant que ce préjugé, qui n'est appuyé sur aucun principe démontré, ni même sur aucunes recherches, rapetisse à nos yeux l'idée de nos facultés et de nos forces. »

hommes, et qui les rend utiles les uns aux autres. Cette ambition, bien entendue, noble et légitime, la seule que nous développons dans l'ame de nos élèves, et que nous désirons trouver chez leurs parens, est un mobile puissant, salutaire, nécessaire, sans lequel il n'y a plus qu'inertie, absence de toute faculté, détérioration de l'homme, et véritable mort. Elle est l'ame du monde moral et de la société. C'est elle qui, soutenue par un beau génie et par une grande ame, tourmentée du besoin d'une gloire solide, fondée sur le bien public, produit les grands hommes dans tous les genres, et les grandes actions.

La RICHESSE n'a jamais été indiquée par nous, comme *but*, mais comme *moyen*. Elle ne serait qu'un *but* faux et trompeur, méprisable et plein de vanité; elle est un *moyen* bon et utile pour celui qui sait et qui veut en faire un noble et digne emploi. C'est avec la richesse, bien appréciée et bien employée, qu'on réunit plus de moyens de puissance, pour faire du bien aux hommes, pour servir la patrie, pour favoriser l'avancement des sciences et des arts, pour créer ainsi sa propre félicité.

L'homme qui acquiert des richesses par son travail ne peut avoir pour lui-même un bénéfice égal à cent, qu'il ne rende quatre-vingt-dix à la société. La loi des échanges ne permet aucun avantage personnel, qui ne se fonde, par un mélange heureux et nécessaire, dans la grande masse des intérêts publics.

L'esprit de famille bien dirigé tourne essentiellement au profit de la prospérité générale. Il faut donc qu'un père bon et sage soit jaloux d'avoir d'avance pour ses enfans de la *science*, de l'*ambition*, de la *richesse*, et de l'*esprit d'avenir*.

XXVI. Résultats généraux de l'usage non interrompu de la méthode proposée pour régler le bon emploi de son tems.

C'est à celui dont le cœur et l'imagination s'enflamment à cette idée, qui ne reste point froid et insensible en calculant ce qu'il peut devenir par l'emploi bien dirigé de ses facultés ; c'est à lui qu'il appartient surtout d'appliquer notre plan.

Apprendre à s'observer soi-même et à connaître les autres, à parler peu, à se taire à propos, à vouloir fortement, à dompter la colère, à éviter les piéges de l'amour-propre, à vaincre la volupté, à soumettre ses passions à sa raison, à régler son imagination, à suivre pour son instruction cet ordre et cette méthode qui sont l'ame des études, à user de tous les momens de sa vie avec économie et discernement, d'après des lois fixes et invariables, à maintenir ses forces et sa vigueur, à prolonger ainsi son existence ; enfin, à se surveiller, à se corriger, à s'améliorer sans cesse : voilà ce qui peut créer un homme supérieur, dont le cœur sera le foyer des plus nobles passions, dont la tête sera froide et calme, dont le caractère sera flegmatique ; car les flegmatiques ont l'empire sur les autres hommes ; toujours maîtres d'eux-mêmes, ils deviennent plus facilement maîtres des autres; patiens et observateurs, ils savent attendre l'occasion, ou la créer en silence, et la faire plier à leurs vues. *Le génie, dit Buffon, n'est qu'une plus grande aptitude à la patience.*

Les résultats nécessaires de notre méthode, pratiquée avec persévérance et dans tous les points, sont de procurer la santé, la paix de l'ame, la science; de pareils avantages ne méritent-ils pas qu'on suive exactement la marche indiquée pour les obtenir?

Tous les individus courent après le bonheur : on a montré la route la plus facile et la plus sûre pour arriver à ce but, que si peu d'hommes savent atteindre. On a offert au jeune homme, jaloux de se fortifier, de se perfectionner, de s'instruire, de rendre son existence douce et honorable, des principes généraux de conduite, pour conserver à la fois la santé et la dignité de son ame, pour cultiver son intelligence et orner son esprit. On lui a présenté l'application pratique de ces principes, une méthode simple pour régler l'emploi de son tems, un guide fidèle, une sorte de mécanique portative et toujours disponible, dont il peut à volonté monter et maintenir en action les ressorts. Il ne connaîtra ni le vide de l'ame, ni la maladie trop commune de l'ennui, que l'homme qui pense n'éprouve jamais sans rougir. Sa vie entière, toujours utilement employée, loin de lui causer des repentirs, des dégoûts, ou des regrets, sera pour lui comme une terre productive et féconde, qui prodigue à son possesseur des récoltes abondantes. En un mot, on a donné le moyen de former des génies supérieurs dans tous les genres, des hommes heureux, des citoyens utiles.

Toutes les vérités, dit Pascal, existent dans le monde ; mais on manque le plus souvent à les appliquer ; et c'est ici (pour l'*éducation* et pour l'*emploi du tems*) que l'application est assurément le point essentiel. D'ailleurs, quoique les principes fondamentaux d'un art ou d'une science aient déjà été trouvés par un ou plusieurs hommes de génie, tant qu'ils n'en ont pas fait une application directe et méthodique, on peut dire que l'art n'existe pas ; et celui qui le premier se trouve conduit par une suite d'expériences, ou même, si l'on veut, de tâtonnemens, à réunir les principes épars dans leur ordre naturel de déduction, et à en faire une application vraiment utile et sûre, a encore une assez belle part de gloire, puisqu'on peut, jusqu'à un certain point, le regarder comme le créateur de l'art.

TROISIÈME PARTIE,

ou

RÉCAPITULATION GÉNÉRALE ET MÉTHODIQUE DU PLAN D'ÉDUCATION.

PREMIÈRE SECTION.

IDÉES GÉNÉRALES ET FONDAMENTALES, *relatives à l'application pratique et à l'utilité du plan proposé.*

I. IMPORTANCE DE L'ÉDUCATION. Utilité de combiner ensemble les élémens de l'ÉDUCATION PUBLIQUE et de l'ÉDUCATION DOMESTIQUE, pour former une ÉDUCATION MIXTE.

La haute importance de l'éducation pour la civilisation et la prospérité d'un État, la nécessité de diriger avec un soin religieux l'éducation et l'instruction des hommes que leur position sociale appelle à exercer une grande influence sur les destinées des peuples, sont deux vérités incontestables.

L'*éducation publique* est le partage ordinaire de la généralité des enfans ; l'*éducation particulière* est souvent adoptée dans les familles qui sont favorisées de la fortune. La première a de grands avantages, balancés par de grands dangers ; la réunion trop nombreuse des enfans devient un principe de corruption, et ne permet pas de les surveiller et de les instruire tous avec le même soin. La seconde, préférable à certains égards, entraîne aussi néanmoins de graves inconvéniens.

Un heureux mélange de l'éducation publique et de l'éducation privée peut surtout convenir aux enfans des classes riches, qui, par le fait, sont les classes supérieures dans tous les pays, et paraît propre à concilier les avantages de l'une et de l'autre éducation, savoir :

Sous le rapport de l'*instruction publique :*

1º Émulation et instruction mutuelle;

2º Perfectionnement plus rapide des facultés physiques, morales et intellectuelles des enfans, par une lutte continuelle avec de jeunes rivaux;

3º Développement des sentimens d'amitié, de bienveillance, d'humanité, l'un des ressorts les plus salutaires de l'éducation, et qui demandent, pour être connus et pratiqués, l'habitude contractée dès l'enfance de vivre en société avec ses semblables;

4º Répression de l'égoïsme et de l'orgueil, qui trouvent souvent accès dans l'ame d'un enfant, toujours seul, sans objets de comparaison parmi des enfans de son âge, habitué, par ce genre de vie, à tout rapporter à son individu, à se croire un être exclusif et privilégié.

Sous le rapport de l'*éducation domestique :*

1º Instruction mieux dirigée, plus soignée, rendue plus profitable;

2º Choix mieux ménagé des personnes, des choses,

des exemples qui doivent être placés sous les yeux des enfans ;

3º Conservation précieuse des bonnes habitudes, des bons principes, des bonnes mœurs.

Cette combinaison des élémens des deux genres d'éducation généralement connus, sert de base au plan proposé.

II. D'un INSTITUTEUR chargé de diriger à la fois l'éducation de dix ou quinze élèves.

La première condition nécessaire à l'exécution de ce plan est la réunion de dix, de douze, et même de quinze enfans du même âge, pris à leur cinquième ou sixième année, et confiés aux soins d'un même instituteur. Un plus grand nombre d'enfans nuirait au but qu'on veut atteindre ; un plus petit n'offrirait pas tous les avantages qui viennent d'être indiqués.

On demande que l'instituteur soit un homme jeune encore, ayant au plus vingt-cinq ou trente ans, qu'il ait la connaissance et l'usage du monde, des formes aimables et polies, des mœurs pures, des principes solides, un caractère à la fois doux et ferme, de la patience, de la prudence et de l'habileté, un esprit orné par une teinture générale des sciences ; mais surtout une ame noble, élevée, supérieure à l'amour de l'or ; qu'il soit dévoué tout entier au succès de sa louable entreprise, et animé par le désir de l'estime, par le sentiment de sa dignité, par le respect de lui-même, par une affection tendre et paternelle pour ses élèves, par un dévoûment sincère pour sa patrie.

On doit avoir soin de le soutenir, de l'encourager, de le récompenser, en lui témoignant toujours, surtout devant ses élèves, la considération et les égards que son caractère personnel et ses nobles fonctions doivent lui mériter.

On peut admettre un et même deux sous-précepteurs, adjoints à l'instituteur en chef, ou gouverneur, mais subordonnés. L'un pourra servir en même tems à enseigner, non comme un maître, mais comme un ami, et à la demande des élèves, le dessin et les mathématiques ; l'autre pourra leur donner, d'après leur demande, sous la forme d'une instruction récréative et amusante, des leçons de géographie, d'histoire naturelle, d'histoire générale.

Les deux sous-précepteurs et les autres individus qui devront approcher et entourer les enfans, pour leur instruction ou leur service personnel, seront choisis par l'instituteur, qui devient responsable de ses choix et de l'influence qu'ils doivent avoir. Il s'impose la loi de ne jamais quitter ses élèves, de ne point les laisser à eux-mêmes, de ne les jamais abandonner à des subalternes, à des domestiques, à des étrangers, de quelque classe qu'ils soient.

On recommande à l'instituteur de lire, de consulter, de méditer, entre autres ouvrages utiles sur l'éducation, Montaigne, Locke et Condillac; Émile et Télémaque [1]. Ces ouvrages lui offriront plu-

---

[1] En indiquant ici les ouvrages à lire et à consulter sur l'éducation, et spécialement l'*Émile* de Rousseau, roman ingénieux, inspiré par un beau génie et par une belle ame, écrit d'un style magique, rempli de détails précieux, utile à beaucoup d'égards,

sieurs règles fondamentales, qu'il devra savoir appliquer à propos, et diversifier, suivant le tems, les lieux et les personnes. *Tout est relatif* (1) ; une méthode n'a point de bonté absolue ; elle doit toujours être modifiée, sous une infinité de rapports, dans la pratique.

Il serait peut-être convenable, surtout dans les pays où des préjugés odieux et invétérés ont presque flétri l'état d'instituteur de la jeunesse, par le peu de considération qu'ils lui laissent dans l'opinion, et par l'ingratitude réservée à ses travaux, même à ses succès, que cet emploi d'instituteur fût occupé quelquefois par un homme revêtu d'un titre honorable, civil ou militaire, qui réunît l'éclat d'un nom généralement estimé, d'un emploi supérieur ou d'un rang

mais qui n'offre pas un plan complet, praticable et convenable dans toutes ses parties, et dont l'exécution entière, littérale, est réellement impossible, on a seulement l'intention de rappeler aux précepteurs et aux instituteurs les sources où ils peuvent puiser des sujets de méditation et d'instruction, mais nullement de défendre et d'adopter telle ou telle idée ou méthode que ces ouvrages peuvent contenir, et qui serait plus ou moins analogue ou contraire au plan proposé dans notre Essai.

(1) *Tout est relatif*. Ce principe général, qu'on peut appeler la *loi des proportions ou des convenances,* s'applique spécialement à une méthode d'éducation dont toutes les parties doivent être appropriées aux tempéramens particuliers des élèves, à leurs différens âges, aux humeurs, aux caractères, aux inclinations, aux différentes nuances de talent et de génie, aux conditions, aux fortunes, aux circonstances, à l'état général des mœurs et de la société. — Le même principe se reproduit aussi dans toutes les sciences, dans la morale, dans la politique, dans toutes les parties du monde physique, moral, intellectuel et social ; ses applications et ses conséquences sont infinies.

élevé, aux qualités personnelles qu'on a demandées. Ainsi, d'autres hommes de mérite seraient attirés dans la même carrière, et les esprits s'habitueraient à honorer un emploi qu'une prévention déplorable, injuste et nuisible a fait souvent reléguer dans la classe des professions salariées et presque avilies (1).

Une fonction honorable pourrait être offerte en perspective à l'instituteur qui aurait le mieux rempli sa tâche ; elle serait pour lui le prix et la récompense du service important rendu à ses élèves, à leurs familles, à l'État et au monarque, et du sacrifice des plus belles années de sa vie, consacrées à créer des hommes, des citoyens distingués et des sujets utiles.

III. Par quelle voie indirecte le Monarque peut faire donner une éducation complète et soignée aux enfans de ceux qui l'entourent et des familles les plus considérables de l'État.

Le prince qui veut employer une semblable méthode pour former, dans les premières classes de la société, des hommes capables de servir le pays par des vertus, des talens et un mérite supérieurs, ne paraît pas devoir employer, pour cet objet, des moyens positifs et impératifs, mais indirects, dépouillés de toute apparence de commandement et de contrainte. Il lui suffit de témoigner à ceux qui sont

(1) Voyez, dans les *Appendices* placés à la fin du volume, une *Notice* sur le traitement qu'il convient d'assigner aux personnes chargées de l'éducation, et appelées à concourir aux progrès de l'instruction publique.

près de lui, et aux personnages les plus éminens de l'État, le désir que l'éducation de leurs enfans reçoive une direction déterminée, et d'indiquer et d'approuver le système ou le plan convenable à ses vues. « L'autorité seule ne fait jamais bien, dit l'auteur de Télémaque ; il faut gagner les cœurs et faire trouver aux hommes leur avantage dans les choses où l'on veut se servir de leur industrie. »

Les familles qui auront concouru aux vues du gouvernement, en lui préparant des citoyens dignes d'être les coopérateurs et les exécuteurs de ses desseins pour la félicité de l'État, trouveront le prix de leur condescendance dans les faveurs qui seront assurées à leurs enfans, moins encore en considération de leur rang et de leurs pères, qu'en raison de leur mérite personnel, de leurs connaissances acquises et de leurs qualités morales, produit de leur éducation.

IV. Comment on peut combiner et faire concourir ensemble plusieurs éducations particulières, fondues dans une institution commune et publique, pour jeter dans un même moule et former à la fois un grand nombre d'hommes habiles et distingués.

Si plusieurs éducations, du genre de celle qu'on propose, étaient dirigées de la même manière, et à la fois, dans des maisons différentes, par des instituteurs choisis avec un soin scrupuleux, il existerait entre eux une émulation salutaire pour justifier la confiance qu'ils auraient obtenue. On pourrait même établir une sorte de concours entre ces maisons, pour comparer les élèves, en leur faisant subir des examens et des exercices publics, pour éveiller ainsi dans leur ame le premier sentiment de l'amour de la gloire, pour apprécier leurs progrès respectifs, pour modifier et perfectionner les différentes manières de leur enseigner les sciences. Ces institutions particulières seraient comme les membres d'un même corps, placé sous la surveillance et la direction spéciale de quelques-uns des personnages les plus distingués dans l'État par leur rang et leurs lumières. Ce serait peut-être une chose neuve, autant qu'elle serait utile, que cette association et cette combinaison des élémens de l'éducation domestique et de l'éducation publique.

Dix éducations semblables seulement, organisées d'abord pour essayer le plan proposé, suffiraient pour former environ cent ou cent-cinquante citoyens également recommandables par un cœur droit et généreux, par un esprit vaste et actif, orné de toutes les connaissances utiles, par tous les avantages que peuvent ajouter à ces premiers dons de l'éducation, la force du corps et la santé. Ces hommes influeraient puissamment, dans moins de vingt années, sur la prospérité générale de l'empire, par leur conduite, leurs talens et leurs vertus, dans les emplois où ils pourraient être appelés. Comme ils apprécieraient à leur juste valeur les bienfaits d'une excellente éducation, la méthode employée d'abord pour les former eux-mêmes, serait adoptée et perfectionnée par eux pour élever leurs enfans, qui perpétueraient ainsi une race précieuse d'hommes robustes, vertueux, éclairés. Le plan d'éducation dont on indique les bases, serait ainsi généralement pratiqué dans la plupart des familles destinées à jouir d'une haute considération et d'une grande influence, et s'étendrait peu à peu à toutes les classes de la société. Les anciens préjugés et les méthodes vicieuses disparaîtraient, les bons instituteurs ne tarderaient pas à se multiplier; la nation entière, avant qu'un quart de siècle fût écoulé, ressentirait, dans toutes les parties de son territoire, les salutaires effets de cette amélioration importante.

V. Aperçu des RÉSULTATS de l'application du plan proposé.

Voici quels seraient, pour notre patrie, les résultats et les avantages de l'exécution de ce plan:

1°. Une prompte amélioration des mœurs, effet nécessaire de l'influence exercée sur la masse de la nation par le caractère, la conduite et l'exemple des hommes publics, des premiers fonctionnaires de l'État, des conseillers et des agens du gouvernement, dont les facultés morales et intellectuelles n'auraient pas moins été développées et perfectionnées que les facultés physiques;

2°. Un rapide accroissement de la civilisation et des lumières;

3° Un esprit public communiqué à toutes les classes de l'État, fondé sur l'orgueil national, et sur des sentimens d'amour, de dévoûment et de fidélité aux lois et à la patrie;

4° Une plus grande stabilité de l'ordre de choses existant, effet nécessaire d'une supériorité réelle de talens et de vertus, qui deviendrait le partage des hommes supérieurs aux autres, dans la hiérarchie sociale, par leur rang et leurs emplois.

La perspective d'un résultat trop éloigné pourrait détourner de l'exécution de notre plan un monarque d'un âge avancé, quoiqu'il dût être encore soutenu par le désir de laisser après lui des traces prolongées de son existence, et par la noble ambition d'embrasser à la fois dans sa pensée le bonheur de ses contemporains et celui des générations futures. Mais l'espoir plus flatteur de jouir de son propre ouvrage est permis au prince devant lequel s'ouvre encore une immense carrière, et qui s'applique à faire le bien, lorsqu'il est dans la force de l'âge. Il peut alors étendre, avec une douce complaisance, ses pensées et ses entreprises dans un avenir qui naturellement doit exister pour lui (1).

(1) Cette phrase s'appliquait à l'Empereur NAPOLÉON, que l'auteur voulait rendre favorable à l'adoption du plan développé dans son ouvrage. Mais il avait déjà encouru sa disgrâce (en 1800), alors à peine âgé de 25 ans, pour lui avoir exprimé avec trop de franchise et d'abandon les vœux des bons Français et des vrais patriotes sur la direction à donner au gouvernement; et le général *Alexandre* BERTHIER le lui ayant proposé pour être directeur de l'École militaire nouvellement établie à Fontainebleau, Napoléon avait rayé son nom avec humeur, en disant : « J'ai besoin de soldats, et non de philosophes. » Le ministre courtisan n'eut garde de reproduire, sur aucune autre liste de promotion et d'avancement, le nom d'un homme qu'il savait n'être pas agréable à son maître; et la destinée entière de cet homme fut étouffée dans son germe : tout son avenir fut détruit.

Mais un projet, quelque beau qu'il soit en théorie, et quoique facilement praticable, n'a d'utilité réelle qu'autant qu'il est mis à exécution.

SECTION II.

Principes généraux *servant de base au Plan d'Éducation.*

I. But de l'Éducation.

L'Éducation, dans le sens le plus ordinaire de ce mot, est l'apprentissage de la vie, ou la conduite d'un individu pendant la première portion de son existence. Le but de l'éducation, comme celui de la vie, est le perfectionnement moral et le bien-être.

Le principe de l'éducation, comme celui de la civilisation, est tout entier dans cette loi de la nature, qui est aussi le premier fondement de la morale. « C'est dans le bien réciproque de chacun des individus composant la société, que chacun séparément, et tous ensemble, peuvent trouver leur bien-être et les moyens d'améliorer leur sort. »

II. *Trois branches* distinctes de l'éducation.

Nous avons divisé l'Édudation en trois branches, *physique, morale, intellectuelle.* Les tableaux, pour ainsi dire, mécaniques de l'exécution de notre plan, contiendront les préceptes et les règles qui concernent plus spécialement chacune d'elles, et qui doivent présider à la conduite des instituteurs. Nous tâcherons de classer ces préceptes dans un ordre à peu près correspondant à celui des années où ils seront successivement applicables, et d'après la marche progressive de l'éducation, pour les adapter à l'âge et à la capacité présumée des élèves.

Ces trois branches de l'éducation sont comme des portions de territoire qui forment à la vérité trois régions distinctes, mais enclavées les unes dans les autres, et dont les limites se touchent sur tous les points, dont les usages et les lois se mêlent et se confondent. Plusieurs principes généraux appartiennent également à toutes les trois, et il importe qu'elles soient dirigées par le même homme, dans le même esprit, d'après un même plan.

III. Quelques principes généraux applicables aux trois branches de l'éducation.

Rendre aimables et agréables pour les enfans les *exercices* nécessaires au développement du corps, les *qualités morales* et les *vertus* dont on veut orner le cœur, les *travaux* et les *études* convenables pour la culture de l'esprit; voilà le principe commun aux trois sections de l'éducation, et qu'un sage instituteur ne doit jamais perdre de vue. Qu'il se fasse aimer lui-même, pour que ses inspirations et ses conseils soient toujours bien accueillis.

On doit, pour réussir dans l'*éducation physique*, diriger les jeux et les récréations des enfans vers des exercices propres à les fortifier, à les endurcir, à leur donner de l'adresse et de l'agilité; pour l'*éducation morale*, leur préparer des leçons de vertu par des exemples, par des faits, par des récits, par des tableaux placés comme naturellement et sans dessein sur leurs pas et sous leurs yeux ; pour l'*éducation intellectuelle* enfin, revêtir les études et les occupations d'une forme tellement agréable et séduisante, que les enfans, par une espèce de prestige, puissent apprendre et s'instruire en croyant s'amuser. Il faut plier de bonne heure leur corps à la fatigue et aux exercices pénibles; leur caractère à l'obéissance et à cette aimable docilité qui, sans être l'effet d'une crainte servile, les rend facilement accessibles aux conseils de la raison; leur esprit à l'application, par l'habitude, le désir, l'amour et le besoin du travail. Dans les choses qu'on leur montre, dans les emplois qu'on leur fait faire de leur tems, dans leurs exercices, dans leurs études, dans leurs moindres actions, dans leurs délassemens, dans leurs jeux, il faut leur apprendre à consulter leur bien-être présent et à venir, leur utilité personnelle et celle des autres, les habituer enfin à se diriger sans cesse par cette question naturelle et précise : *Cui bono ?* A quoi cela est-il bon ? qui deviendra le mobile de leurs actions et la boussole de leur vie.

IV. Marche graduelle et Objet de l'instruction.

La nécessité de commencer avec les enfans par les idées sensibles les plus simples et les plus à leur portée pour les conduire, par une marche lente, mais sûre, à des idées intellectuelles très-composées; le soin extrême de ne franchir aucune idée intermédiaire sans s'être assuré que l'enfant peut la suppléer par lui-même et la supplée en effet; l'habitude qu'on ne saurait lui faire contracter trop tôt d'analyser tous les objets qui frappent ses sens, c'est-à-dire, d'en considérer les diverses parties chacune à part, dans un ordre régulier et déterminé, pour se faire une idée nette et complète de l'ensemble et de ses détails; l'importance des notions premières et fondamentales sur lesquelles on ne saurait trop insister, puisque c'est sur elles que repose tout l'édifice de nos connaissances, et que chaque degré de perfection qu'elles acquièrent n'est qu'une transformation de ces notions fondamentales, chaque pas que nous faisons dans la science n'est guère qu'un nouvel aspect sous lequel nous les envisageons; l'utilité d'attacher à chaque objet, ou à chaque partie d'un objet, un signe clair et précis qui les distingue encore mieux, et qui les mette en quelque sorte à notre disposition, ce qui consiste à déterminer avec une justesse rigoureuse l'emploi et les acceptions des mots : telles sont les bases de l'*éducation logique et rationnelle* que nous voulons donner à nos élèves (1). « Le but de l'éducation, quant au savoir, dit Locke, n'est pas de conduire un élève à la perfection dans toutes les sciences, ou dans une science quelconque; mais de donner à son esprit la disposition et les habitudes

---

(1) Voy. ci-dessus, pag. 159, Note relative au *Plan d'éducation rationnelle* suivi dans l'institution de M. Gasc. —Voy. aussi l'*Esprit de la méthode d'éducation de Pestalozzi*, par M. A. Jullien. 2 vol. in-8. Milan, 1812. Imprimerie royale.

qui peuvent le mettre à même d'atteindre à n'importe quelle partie des sciences dont il peut avoir besoin dans le cours de sa vie. »

Un jeune homme formé pour de grandes choses, et qui doit un jour diriger les actions d'un grand nombre d'hommes, a besoin d'avoir visité et observé toutes les parties du monde intellectuel, d'avoir jeté un coup-d'œil attentif sur l'ensemble de nos connaissances, d'en avoir fait, pour ainsi dire, le recensement et l'inventaire, pour voir, par lui-même, jusqu'où s'étend la puissance de l'homme sur la nature, et comment cette puissance peut être encore augmentée pour servir à l'adoucissement et à l'amélioration de la condition humaine, seul but raisonnable des efforts et des travaux, tant des individus que des sociétés. Car, l'homme, selon l'observation judicieuse de Bâcon, ne peut qu'autant qu'il sait. Les malheurs de sa condition sont le résultat de sa faiblesse, qui est elle-même le produit de son ignorance. La véritable fin de la science est d'être appliquée aux différens usages de la vie; son objet est l'utilité, l'application pratique. L'étude et l'instruction, ainsi rapportées au bien des hommes, ennoblissent la science et la dirigent vers un but louable.

V. Nécessité de bien diriger un enfant, dès ses premières années.

La direction donnée à l'éducation, dès les premiers momens de l'existence, influe sur la formation du tempérament, sur la constitution physique des individus, même sur leur caractère et sur leur intelligence ; les effets de cette première influence s'étendent sur toute la vie. Les facultés, comme les organes des enfans, souples et flexibles, se prêtent facilement à tout ce qu'on veut en obtenir. Exercez-les souvent, mais sans fatigue, par des moyens indirects, par l'aiguillon de l'intérêt et de l'amusement, puisés dans la nature même des choses qu'on réunit autour d'eux, et en écartant toute idée d'obligation, de commandement et de contrainte ; vous verrez ces facultés et ces organes se développer, se fortifier, se perfectionner, en raison d'un exercice plus ou moins fréquent et bien dirigé.

On doit apprécier la rapidité de la vie, l'importance de la bien employer, surtout dans le premier âge. Il faut, pour tirer tout le parti possible de ses instans, en bien sentir toute la valeur. Ce n'est pas votre élève qui peut faire cette appréciation, c'est vous qui devez la faire pour lui ; ce n'est pas lui qui peut juger ce qu'il lui est essentiel de savoir ; c'est vous qui devez placer, pour ainsi dire, devant lui, de manière à exciter ses désirs, à piquer sa curiosité, chacun des exercices que vous voulez lui rendre familiers, chacune des connaissances que vous croyez devoir faire entrer dans son plan d'instruction. L'élève ainsi préparé devient propre à bien savoir tout ce qu'il veut apprendre ; il est ensuite très-capable de réussir dans telle connaissance ou dans telle branche d'industrie que ce soit.

VI. Mélange, combinaison, alliance et alternation des exercices du corps et de ceux de l'esprit.

Chaque permission donnée à vos élèves de se livrer à un nouveau genre d'instruction doit être pour eux l'accomplissement d'un vœu exprimé, réitéré depuis long-tems, la récompense d'une bonne conduite soutenue, c'est-à-dire, des développemens d'une humeur douce et égale, d'un bon caractère, et des progrès successifs qu'ils font nécessairement, chaque année, dans les diverses connaissances présentées à leur esprit.

On pourrait aussi proposer, comme moyen d'émulation et d'avancement dans les études, un nouvel exercice du corps, celui de la natation ou de l'équitation, par exemple, qui serait ajouté aux précédens, et commencé, lorsque tous les élèves auraient acquis telle ou telle connaissance. Il en résulterait, peut-être, que ceux d'entre eux qui sont d'un naturel indolent, seraient plus vivement excités par le désir de se livrer à un nouvel exercice gymnastique, et par la honte d'en retarder la jouissance pour leurs camarades. Ceux-ci, qui se trouveraient intéressés aux progrès des moins avancés, leur expliqueraient ce qu'ils n'auraient pas bien compris; cette instruction mutuelle recevrait une plus grande activité par le mobile de l'intérêt personnel. Chacun des élèves verrait son avantage particulier dans les succès de tous : de même qu'une organisation sociale bien ordonnée ne permet à aucun des individus qui en font partie de rester absolument étrangers, soit au bien, soit au mal général.

VII. Rapports entre les différentes parties de l'éducation.

C'est ainsi que, l'éducation intellectuelle et l'éducation morale se prêtant un mutuel secours, vous stimulez et vous entretenez à la fois, dans vos élèves, leurs dispositions à la vertu, leur amour-propre bien dirigé, leur émulation réciproque, leur curiosité ou leur désir de s'instruire.

« La science (1) dispose et modifie l'ame de manière qu'on ne la voit jamais s'endormir, en quelque sorte, dans la jouissance paisible de ce qu'elle possède; mais qu'au contraire elle s'excite elle-même, et n'aspire qu'à faire de nouveaux progrès. L'ignorant ne sait ce que c'est que de descendre en soi-même et de se rendre compte de toutes ses actions. » Il ne sait pas combien l'état progressif a de charmes, combien il est doux de sentir qu'on devient meilleur de jour en jour, au lieu que la vie d'un homme sans but est livrée à la langueur et à l'inertie; son ame est pareille à l'eau dormante qui croupit et se corrompt. L'homme éclairé, au contraire, ne se contente pas d'user des facultés de son esprit et de son cœur, d'exercer sa raison et sa vertu; il se corrige et s'améliore continuellement.

La science agrandit l'ame, la pénètre à la fois de sa faiblesse et de sa fragilité, de la dignité de son

(1) BACON, tome I.

essence et des devoirs qu'imposent à l'homme ses hautes destinées.

L'effet moral de l'étude et de l'instruction est de polir les manières, de rendre les caractères plus doux, plus humains, plus généreux, les esprits plus sociables, les cœurs plus portés au bien.

L'éducation intellectuelle, ou l'instruction, concourt aussi à l'éducation morale, en ce qu'elle retarde l'époque et les orages des passions, neutralise, amortit ou éloigne leur influence : l'ame et l'esprit sont remplis de trop de choses belles et utiles, pour que les passions malfaisantes puissent y pénétrer et y porter leurs ravages.

Le corps toujours exercé, l'esprit habituellement occupé, les facultés physiques et intellectuelles constamment et alternativement mises en action, ne laissent aucune prise à des influences étrangères, ni aucun accès aux affections violentes et corrosives, qui, souvent prématurées chez les autres jeunes gens, détruisent les fruits prêts à mûrir, et les plus douces espérances. Le calme et la paix de l'aimable innocence, l'ignorance des désirs, l'absence des passions, peuvent être prolongés, par une bonne éducation, jusqu'à l'expiration de la première jeunesse, jusqu'à l'époque où la virilité commence. Les avantages qui en résultent pour la santé du corps, pour la vigueur de l'esprit, pour la rectitude du jugement, pour la douceur et la bonté du caractère, pour le développement simultané des forces physiques et des qualités morales, et pour les progrès de l'instruction, sont précieux et incalculables.

Sous un autre rapport, l'instruction et la morale se perfectionnent encore mutuellement. Le savoir et la modestie vont presque toujours ensemble : l'amour-propre et la présomption sont trop souvent le partage de l'ignorance et de la médiocrité. La véritable et solide instruction place l'homme à cette hauteur où la perspective d'un horizon sans bornes lui permet de calculer et d'apprécier sa propre faiblesse, comparée à l'immensité des choses qu'il ne peut voir et qu'il ignore. Le vrai savant est nécessairement modeste ; plus il réunit de connaissances, plus il est capable de juger combien il en est qu'il ne possédera jamais qu'imparfaitement. La modestie et l'art de douter sont d'ailleurs, suivant Bâcon, le meilleur secret pour apprendre. Rien ne retarde et n'égare, comme une présomption orgueilleuse, qui donne à tout un air de certitude.

La science des mœurs et celle de la santé ne sont pas moins étroitement unies entre elles. Leur dépendance réciproque, les rapports intimes entre les divers degrés de sagesse, de folie, et ceux de tempérance ou d'intempérance, ont été développés et démontrés par l'oracle de la médecine. Fort de l'autorité d'Hippocrate, Galien, son émule et son successeur, a traité, avec un égal succès, de l'influence des différentes situations du corps sur les facultés de l'ame. La force de l'un et la vigueur de l'autre croissent et mûrissent en même tems ; celle de l'esprit suit les mêmes progrès.

L'immortel Bâcon observe aussi une parfaite analogie entre les biens de l'ame et ceux du corps. De même que les avantages physiques consistent dans la *santé*, la *beauté*, la *vigueur* et la *volupté;* le bien de l'ame, d'après les principes de la morale, se compose de semblables élémens. On doit, pour la perfectionner, la rendre à la fois *saine* et exempte de troubles et de maladies; *belle* et parée de véritables grâces; *forte* et agile pour exécuter les diverses fonctions de la vie; enfin, *sensible* et non stupide, conservant un vif sentiment de la vraie volupté, susceptible de goûter ces pures et délicieuses jouissances qui accompagnent la bienfaisance, la vertu et l'acquisition de connaissances nouvelles.

Une éducation physique, mâle et sévère, formera des hommes supérieurs, capables de faire de grandes choses, parce qu'ils auront été long-tems exercés à supporter les fatigues, à mépriser les périls, à vaincre la paresse, la mollesse et le repos. Des hommes sains et vigoureux auront à la fois la force d'ame et de caractère nécessaire pour dompter leurs passions, pour diriger leur conduite, d'après des principes fixes, et la force et la présence d'esprit qui savent concevoir les projets utiles, renverser les obstacles, saisir le moment favorable pour l'exécution.

Ainsi, les trois branches de l'éducation tendent toutes à s'aider mutuellement; aucune ne saurait être négligée, sans que les autres en souffrent.

Un instituteur habile doit distinguer et étudier, pour bien remplir sa tâche, ces trois parties de l'éducation, toutes également essentielles, qui ont des préceptes particuliers, relatifs à chacune d'elles, et des rapports communs qui les unissent; dont chacune exige la même attention, les mêmes soins, et qui doivent être conduites d'une manière uniforme, d'après des principes bien combinés et coordonnés entre eux, pour que l'éducation soit UNE et remplisse son objet : de former des hommes robustes, vertueux, éclairés, personnellement heureux, utiles à leurs semblables, et à la société, dont ils sont membres.

VIII. IDÉE GÉNÉRALE de la *Méthode d'Éducation de* PESTALOZZI, ou Aperçu de l'*Éducation Pestalozzienne*.

L'ÉDUCATION donnée par la *méthode de Pestalozzi*, souvent citée, mais encore trop peu connue, diffère essentiellement des éducations ordinaires, par ses *principes fondamentaux;* par les *caractères distinctifs* qui lui sont propres; par les *moyens spéciaux* qu'elle emploie; par les *résultats positifs* qu'elle doit produire. Ces *quatre points de vue généraux*, sous lesquels elle est considérée, forment les *quatre* grandes *divisions* d'un ouvrage qui en contient l'exposé fidèle.

Cette ÉDUCATION PESTALOZZIENNE est à la fois, dans ses *vues théoriques* et dans ses *applications* :

1. Éminemment *providentielle* et *religieuse :* elle reproduit, dans tous ses actes, la pensée, et, pour ainsi dire, la présence de la divinité; en respectant elle-même l'enfant, elle l'habitue à se respecter, lui et les autres hommes; elle le pénètre de la dignité, de la sainteté de sa nature et de sa destination.

2. *Morale* et *logique :* elle parle toujours au cœur et à la raison; elle rapporte toutes ses instruc-

tions, tous ses exercices à la culture de l'ame et à celle de l'esprit.

3. *Organique* et *complète*, au lieu d'être superficielle, partielle, et purement mécanique : elle pénètre et forme l'homme tout entier.

4. *Libre* et *naturelle*, au lieu d'être gênée, contrainte, servile, et, pour ainsi dire, artificielle et factice : elle laisse l'enfant se développer en liberté tout entier, et prononcer fortement sa véritable nature.

5. *Harmonique* dans toutes ses parties : elle s'attache à mettre en accord et en harmonie le *développement des facultés* et l'*acquisition des connaissances*.

6. *Positive* : elle reconnaît, dans la nature intérieure de l'homme, un *germe fécond par lui-même à développer*, au lieu de n'y voir, comme l'éducation vulgaire, qu'un *vase vide à remplir*.

7. *Intuitive*, ou toujours appliquée à faire servir au *développement* et à l'*instruction* des enfans l'*action primitive de leur intelligence* qui doit éclairer les objets de sa propre lumière : elle emploie partout une *méthode intuitive*, et donne ainsi l'*intuition* ou la vue intérieure, claire et distincte, de tout ce qu'elle apprend.

8. *Graduelle* et *progressive* : elle s'avance toujours du simple au composé, du connu à l'inconnu.

9. *Liée* et *continue :* elle enchaîne toutes ses opérations, pour en former une série sans lacunes.

10. *Mixte* et *combinée* : elle participe à la fois de l'*éducation domestique et de famille*, de l'*éducation publique et sociale*.
11. *Analytique* : elle isole et sépare chacun des élémens, chacune des sphères dont elle se compose, chacun des objets de l'enseignement, chacune des habitudes qu'elle veut donner, chacun des exercices par lesquels elle développe les facultés ; elle s'attache à distinguer, à bien apprécier les principes particuliers, susceptibles de modifications infinies, qui concourent, soit à des époques différentes, soit simultanément, à la formation et au développement de l'homme, savoir : 1° la *mère* de l'enfant, son *père*, sa *famille* ; 2° l'*école* ou l'*instituteur*, qui leur succède, ou qui se combine avec eux ; 3° la *nature extérieure*, qui s'unit à la double action de la mère et des parens, de l'instituteur ou de l'école ; 4° la *société*, ou les rapports de l'enfant avec d'autres individus, hors de sa famille ; 5° le *noviciat* ou l'*apprentissage de chaque état* ou *profession*, qui devient, pour l'enfant ou pour le jeune homme, une sphère nouvelle dont il reçoit l'impression et subit l'influence.
12. Habituellement *pratique*, ou fondée sur l'existence même : elle puise les moyens et les ressorts qu'elle emploie dans toutes les circonstances de la vie ; tout ce qui environne l'enfant devient un motif et un mobile pour le faire agir, et contribue à développer ses facultés et son caractère.

L'éducation, dont nous venons de signaler les douze *élémens primitifs*, ou *principes fondamentaux*, est également, dans les relations de l'instituteur avec ses élèves :

1º *Douce* et *tendre*, *affectueuse* et *maternelle*. La mère de famille est le *type* et le *modèle naturel de l'éducation*, comprise dans son véritable sens.

2º *Rationnelle*, ou *raisonnée*.

3º *Simple* et *claire* dans toutes ses opérations.

4º Inspirée et dirigée par un *esprit de détail* et par un *esprit d'ensemble*.

5º *Solide* et *substantielle* : elle donne *tout au fonds des choses*.

6º *Proportionnelle* dans ses divers degrés, toujours attentive à fondre ensemble la forme de l'enseignement et les objets mêmes des connaissances.

7º *Régulière* dans ses procédés et dans ses actes.

8º *Primaire*, *secondaire*, et, à quelques égards, *spéciale* et *professionnelle*.

9º *Modifiée*, suivant les sexes, et faisant servir, d'après le vœu de la nature et le but de la société, le rapprochement même des enfans des deux sexes à leur culture et à leur perfectionnement mutuels. L'éducation des jeunes garçons et des jeunes filles, soigneusement tenus dans un état d'isolement et de séparation, tandis qu'ils sont destinés à vivre ensemble, est évidemment incomplète, défectueuse, et un véritable contre-sens.

10º *Exemplaire* et *normale*, ou dirigée dans la vue de former à la fois des instituteurs et des méthodes pratiques d'éducation et d'enseignement.

11° *Expérimentale :* elle recueille, pour le perfectionnement de l'éducation, des expériences journalières sur la marche et le développement progressif de la nature humaine.

12° *Industrielle* et *artistique,* ou préparatoire pour l'industrie, pour les arts et métiers, et pour les beaux-arts. Elle développe l'*esprit d'industrie,* en exerçant les enfans à trouver les élémens de ce qu'ils apprennent, en les rendant soigneux et industrieux dans tout ce qu'ils font (¹).

Enfin cette éducation est essentiellement, et toujours, *vivante* et *active* (toutes les instructions sont des exercices ; *tout est fondé sur l'action*); *réciproque* et *mutuelle,* sans altérer les relations entre les enfans par le ressort dangereux et souvent corrupteur de l'*émulation* (chaque élève trouve en lui-même, dans le sentiment de son amélioration morale, de son instruction, de ses progrès, la récompense d'avoir bien travaillé, de s'être bien conduit, la disposition à s'améliorer et à s'instruire de plus en plus) ; *physique* et *gymnastique; morale* et *sociale; politique* et *nationale; littéraire* et *intellectuelle; scientifique* et *philosophique; générale* et *universelle;* propre à développer et à perfectionner l'homme dans tous les sens et sous tous les rapports. Par le fait seul de cette éducation bien comprise, exactement appliquée, chaque génération serait, au bout de peu d'années, ce qu'elle devrait être en effet, une continuation perfectionnée de la génération précédente.

(¹) Voy. l'*Esprit de la méthode d'éducation de Pestalozzi,* T. I, p. 98—105, 107 et suiv., 199 et suiv., et T. II, p. 475.

SECTION III.

Tableaux synoptiques et analytiques, *destinés à offrir, sur cinq colonnes parallèles, dans des cases correspondantes et coordonnées, la marche progressive et l'exécution pratique du plan proposé, d'après la division des trois branches de l'éducation, et la distribution méthodique des divers objets d'enseignement, et des emplois de tous les instans, déterminés d'année en année pour chaque jour ou intervalle de vingt-quatre heures.*

OBSERVATIONS GÉNÉRALES.

Nos tableaux synoptiques et analytiques, composés de colonnes parallèles, de cases correspondantes et coordonnées, qui permettent de suivre pas à pas, année par annnée, jour par jour, la marche progressive et l'exécution pratique du plan d'éducation, rendent ce plan presque semblable à une mécanique mise en action, et en font une espèce de pendule dont on voit jouer les rouages et les ressorts, qu'on peut observer l'un après l'autre, et tour à tour, ensemble ou séparément, pour les corriger, les modifier, les perfectionner, pour les changer même en tout ou en partie par d'autres rouages mieux combinés et plus exactement adaptés au but qu'on se propose. Chacune des années du cours d'éducation est caractérisée par la désignation des EXERCICES, des HABITUDES MORALES ou des VERTUS, des ÉTUDES et des TRAVAUX particuliers, auxquels on doit la consacrer.

Sous un autre point de vue, on peut considérer

notre plan comme une véritable boussole, qui, d'abord ébauchée par nous, mais améliorée par d'autres (ainsi que toutes les inventions et les méthodes, qui ont leurs commencemens et leurs progrès), pourra servir à diriger l'instituteur, et à conduire ses jeunes élèves dans l'océan orageux de la vie. Ce plan, mûri et perfectionné dans le choix et l'application des moyens qu'il indique, et surtout la méthode contenue dans la seconde partie, feront l'office d'un thermomètre propre à marquer les divers degrés de température physique, morale et intellectuelle, et leurs variations chez les enfans confiés à leurs soins, et chez les individus, objets de leurs observations. Ils fourniront une espèce d'instrument destiné à procurer à l'ame, à l'esprit et au corps les mêmes services que la règle et le compas rendent à la main; car, les méthodes sont, dans les sciences et pour les esprits, ce que sont les instrumens mécaniques pour le corps et dans les arts, des soutiens, des leviers, des points d'appui. Munie d'un bon instrument, la main la plus faible ou la moins habile exécute avec succès un ouvrage que ne pourrait entreprendre, ou du moins achever, la main la plus forte ou la plus adroite, dépourvue d'un pareil secours. Ainsi, muni d'une bonne méthode, surtout dans la première et la plus utile des sciences (qui est celle de former l'homme, de le rendre heureux, c'est-à-dire, bien portant, vertueux et instruit), l'esprit, même médiocre, ira peut-être plus loin qu'un génie supérieur et une ame sublime, lancés dans cette carrière de la vie humaine et de l'éducation, ou de la science d'employer la vie, sans avoir ce point d'appui, cette boussole, cette règle, ce compas, cette méthode enfin, qui donne un moyen salutaire et facile pour suivre une direction constante vers un but déterminé.

Quoique nous ayons consenti à ne remettre nos élèves entre les mains de leur instituteur qu'à leur cinquième ou sixième année, nous avons cru devoir aussi comprendre les cinq premières années dans nos tableaux analytiques, afin de montrer comment on peut, dès le berceau, préparer les enfans à l'éducation que nous voulons leur donner, et comment la première éducation morale et intellectuelle, quoique négative et passive, a déjà beaucoup d'influence, si elle peut empêcher les défauts et les vices de naître, si elle garantit l'esprit des erreurs et des préjugés dont on berce trop souvent l'enfance, et qui étendent ensuite leur empire sur toute la vie. Nous embrasserons donc, année par année, le cours entier de l'éducation, depuis le moment de la naissance jusqu'à l'âge de vingt-un ans.

notre plan comme une véritable boussole, qui, d'abord ébauchée par nous, mais améliorée par d'autres (ainsi que toutes les inventions et les méthodes, qui ont leurs commencemens et leurs progrès), pourra servir à diriger l'instituteur, et à conduire ses jeunes élèves dans l'océan orageux de la vie. Ce plan, mûri et perfectionné dans le choix et l'application des moyens qu'il indique, et surtout la méthode contenue dans la seconde partie, feront l'office d'un thermomètre propre à marquer les divers degrés de température physique, morale et intellectuelle, et leurs variations chez les enfans confiés à leurs soins, et chez les individus, objets de leurs observations. Ils fourniront une espèce d'instrument destiné à procurer à l'ame, à l'esprit et au corps les mêmes services que la règle et le compas rendent à la main; car, les méthodes sont, dans les sciences et pour les esprits, ce que sont les instrumens mécaniques pour le corps et dans les arts, des soutiens, des leviers, des points d'appui. Munie d'un bon instrument, la main la plus faible ou la moins habile exécute avec succès un ouvrage que ne pourrait entreprendre, ou du moins achever, la main la plus forte ou la plus adroite, dépourvue d'un pareil secours. Ainsi, muni d'une bonne méthode, surtout dans la première et la plus utile des sciences (qui est celle de former l'homme, de le rendre heureux, c'est-à-dire, bien portant, vertueux et instruit), l'esprit, même médiocre, ira peut-être plus loin qu'un génie supérieur et une ame sublime, lancés dans cette carrière de la vie humaine et de l'éducation, ou de la science d'employer la vie, sans avoir ce point d'appui, cette boussole, cette règle, ce compas, cette méthode enfin, qui donne un moyen salutaire et facile pour suivre une direction constante vers un but déterminé.

Quoique nous ayons consenti à ne remettre nos élèves entre les mains de leur instituteur qu'à leur cinquième ou sixième année, nous avons cru devoir aussi comprendre les cinq premières années dans nos tableaux analytiques, afin de montrer comment on peut, dès le berceau, préparer les enfans à l'éducation que nous voulons leur donner, et comment la première éducation morale et intellectuelle, quoique négative et passive, a déjà beaucoup d'influence, si elle peut empêcher les défauts et les vices de naître, si elle garantit l'esprit des erreurs et des préjugés dont on berce trop souvent l'enfance, et qui étendent ensuite leur empire sur toute la vie. Nous embrasserons donc, année par année, le cours entier de l'éducation, depuis le moment de la naissance jusqu'à l'âge de vingt-un ans.

TABLEAUX

ANALYTIQUES ET SYNOPTIQUES

DU

PLAN D'ÉDUCATION.

Les différentes colonnes dont se composent ces tableaux doivent être lues, article par article, simultanément et concurremment, de manière qu'on embrasse à la fois, dans chacune d'elles et dans toutes ensemble, suivant l'ordre des numéros et des années, les paragraphes qui se correspondent, pour suivre la marche progressive des élèves dans les différentes branches de l'Éducation et de l'instruction, et sous tous les rapports indiqués dans ces cinq colonnes parallèles.

PREMIER TABLEAU DU PLAN D'ÉDUCATION-PRATIQUE.

I. ANNÉES du Cours d'Éducation.	II. ÉDUCATION PHYSIQUE.	III. ÉDUCATION MORALE.	IV. ÉDUCATION INTELLECTUELLE.	V. EMPLOI DU TEMS, déterminé pour chaque jour.
1re ANNÉE. — LE SEIN. L'enfant passe sa première année au sein de sa nourrice, ou plutôt de sa mère.	1. Dès son entrée à la vie, l'enfant, appliqué au sein de sa nourrice ou de sa mère, se modifie au physique et au moral, soit en mal, soit en bien, et participe nécessairement du tempérament et du caractère de la femme dont il prend le lait. Ce lait doit être sa principale nourriture, pendant sa première année; on doit le sevrer après ce terme. On peut néanmoins lui donner, dès le 5e ou 6e mois, une légère bouillie de farine de maïs ou de pain séchée qu'on mêle avec une égale quantité de fécule de pommes de terre. Le sirop de chicorée, comme léger purgatif, l'eau miellée, qui paraît préférable à l'eau sucrée, sont employés avec succès dans ses premières indispositions. On doit habituellement tenir les enfans peu couverts et peu serrés, pour les endurcir au froid, pour favoriser le jeu de leurs poumons, pour faciliter la croissance et le développement de leurs membres et de leurs muscles, de leurs organes et de leurs facultés. On proscrit les épingles dans leur habillement; on y substitue des cordons ou des rubans. On leur applique un bandage autour du ventre pour le soutenir; mais on évite avec soin de serrer la poitrine. On les lave tous les matins, et même plusieurs fois par jour; d'abord avec précaution, dans une eau légèrement tiédie, puis dans une eau exposée seulement la veille au soleil, enfin dans une eau toujours froide, pour leur former un tempérament robuste. On ne saurait trop tôt garantir un enfant du danger de la petite vérole, maladie si funeste et souvent mortelle. Il convient de le faire vacciner dès son troisième ou quatrième mois, avant que le travail de sa dentition soit commencé. Il est à désirer que les enfans puissent passer les trois ou quatre premières années de leur vie à la campagne, ou du moins que la maison où ils sont élevés soit très-aérée et entourée de jardins. L'air est le véhicule de la vie, et le premier besoin de l'enfance.	1. Pour que l'éducation morale bien dirigée, dès les premières années, les enfans ne doivent pas être allaités, loin de la maison paternelle, à mains mercenaires. La mère doit nourrir de son lait l'enfant qu'elle a porté dans son sein. Cette nourriture, que la société elle-même lui a destinée, et dont les privations pas moins sur son développement moral que sur sa constitution physique. La mère, qui remplit ce devoir sacré, conserve pas seulement la santé de la jeune créature qui lui doit la vie, elle évite encore la plupart des accidens auxquels sont exposées les femmes qui négligent; une santé plus forte, une satisfaction intérieure, douce et inexprimable, une tendresse plus vive de la part de l'époux, une estime respectueuse de la part de tous ceux qui la connaissent; surtout le premier sourire, les innocentes caresses, l'amour de son enfant, qui soit au sein maternel les premières impressions, profondes et durables, de la piété filiale, sont pour elle une juste récompense. « Que les mères, dit l'auteur d'Émile, daignent nourrir leurs enfans : les mœurs vont se réformer d'elles-mêmes; les sentimens de la nature se réveilleront dans tous les cœurs; l'État va se repeupler : premier point, ce point seul va tout réunir. » On habitue les enfans, dans leur première année, à crier peu, ou du moins jamais sans motif, et par fantaisie ou changé, à n'avoir point de volonté de caprices, à rester quelquefois dans leur berceau, sans qu'on soit toujours occupé d'eux, à ne rien exiger, savoir de bonne heure supporter les contradictions, et plier sous le joug de la nécessité.	1. L'enfant s'instruit déjà, même avant de parler et d'entendre; son instruction commence par l'usage de ses sens. Le seul choix des objets qu'on lui présente, la manière dont on éveille et dont on dirige ses premières sensations, sont propres à le rendre bon ou méchant, franc ou dissimulé, timide ou courageux, gai ou mélancolique, prudent ou inconsidéré. On doit l'habituer peu à peu, dès sa première année, et successivement, à mesure qu'il avance en âge, à voir et à toucher, sans crainte, sans répugnance, des objets nouveaux et inconnus, des animaux hideux et bizarres, et le familiariser avec les masques, avec les figures les plus effroyables, avec le bruit du tonnerre et des armes à feu, avec la pluie, la neige, les éclairs, avec l'horreur des ténèbres, avec les périls de toute espèce. Il faut qu'il puisse un jour les mépriser et les vaincre. Mais la curiosité naturelle de l'enfant doit être habilement excitée et satisfaite, de manière que la joie et le plaisir président toujours à ces premiers essais, qui seront faits d'une manière progressive, avec une sage circonspection. On exercera tour à tour ses différens organes et les sens, qui, bien dirigés, deviendront les meilleurs maîtres et les guides les plus sûrs. Les organes de la vue et de l'ouïe se manifestent très-bien, dès les premiers jours, dans un enfant, ainsi que ceux du toucher et du goût. Ses yeux, sans distinguer encore les objets, se tournent toujours vers la lumière; il faut avoir soin de mettre son berceau en face d'une fenêtre, pendant le jour, et le soir en face d'une bougie ou d'une lampe, pour qu'il ne s'accoutume pas à regarder de travers. Si l'on déplace le flambeau, ses petits yeux le suivent sur les points où on le porte. Il retourne de suite la tête, si un son un peu fort vient frapper son oreille; il ne peut entendre un grand bruit sans faire un mouvement presque convulsif. Il touche avec ses petites mains les choses qu'on lui présente, et les objets qu'on met dans les siens. Mais il ne peut encore aider un peu par l'autre; il ne connaît point le rapport qui est entre le tact et la vue, et ne peut juger de la distance où sont les objets. Chez lui, l'odorat paraît presque nul; le sens du goût est plus précoce. Il rejette ce qui est acide; il boit avec avidité l'eau miellée et les liquides sucrés ou d'une saveur agréable. Il témoigne déjà par des cris, quand il s'ennuie dans son berceau, qu'il désire qu'on le prenne sur les genoux ou dans les bras.	1re ANNÉE. — 15 heures de sommeil dans son berceau; 6 au sein; 3 en plein air, dans les bras de sa nourrice ou de sa bonne, ou plutôt sur un matelas, étendu souvent au soleil, ou placé dans une chambre, sur lequel un enfant joue, et se remue sans se faire aucun mal, et donne une libre action à ses muscles et à tous ses membres.

DEUXIÈME TABLEAU DU PLAN D'ÉDUCATION-PRATIQUE.

I. ANNÉES du Cours d'Education.	II. ÉDUCATION PHYSIQUE.	III. ÉDUCATION MORALE.	IV. ÉDUCATION INTELLECTUELLE.	V. EMPLOI DU TEMS, déterminé pour chaque jour.
2e ANNÉE. — Bains froids. — Marcher. Éducation des sens.	2. On laisse les enfans, dans leur seconde année, s'essayer à former leurs premiers pas en plein air, sans lisières ni bourrelets, mais sur un tapis ou sur un gazon touffu, de manière qu'ils puissent prendre librement leurs ébats et tomber sans danger. Ils s'exercent à marcher, à courir, à tomber, à se relever. Le mouvement leur est nécessaire, l'agitation est leur élément. Ils remuent, sautent, se donnent des coups, trépignent des pieds quand ils sont assis, veulent toujours être en action. Leur vêtement doit être large et laisser au corps toute sa liberté. La plupart des enfans très-vêtus et couverts sont toujours enrhumés, tandis que les nôtres, qui n'ont jamais qu'une simple camisole ou une jaquette de toile, n'ont point de rhume, et vont sans danger au grand air ou au froid. Ils doivent avoir, jour et nuit, la tête nue : on prévient ainsi la sueur de la tête, qui, presque toujours, est la cause des rhumes et des catharres, si dangereux dans l'enfance. L'usage des lisières est nuisible, en ce qu'il gênne les mouvemens des enfans et leur conformation, et les rend de bonne heure timides, craintifs, maladroits. On doit tenir les pieds des enfans toujours froids, comme leur tête, les faire souvent baigner dans l'eau froide, afin de les tremper, pour ainsi dire, dans le Styx, et de les rendre presque invulnérables aux infirmités et aux maladies qui désolent l'espèce humaine. Les bains froids fortifient les constitutions faibles et maintiennent la vigueur des constitutions robustes. Des bains fréquens, des exercices journaliers, des promenades en plein air, procurent l'appétit, le sommeil, la joie, la santé. L'usage des bains froids devra être continué tous les jours, s'il est possible, pendant tout le cours de l'éducation, et pratiqué toute la vie. «Ils redonnent, dit Tissot, de la force à l'estomac, aux muscles, aux nerfs, à l'esprit même et à l'ame, qu'ils mettent en état de se livrer à de nouveaux travaux et de supporter de nouvelles fatigues.» Le choix des lieux où l'on passe les premières années de la vie est d'une haute importance pour l'éducation. Il faut que ces lieux frappent agréablement les yeux et l'imagination d'un enfant, afin de lui faire goûter, par une sorte de jouissance instinctive, les charmes de la belle nature, sentiment qui est une préparation à l'amour du bon et du beau et à l'étude des arts.	2. On continue l'application des principes qui ont présidé à l'éducation, dans l'année précédente. Une nourrice, une gouvernante, une mère, un précepteur, ne doivent ni caresser, ni jamais frapper un enfant, lui montrer aucun signe d'impatience, de colère, ni blesser son petit amour propre, naturellement irascible, ni jamais faire usage avec lui d'aucune espèce de mensonge. Il est très-important de ne mais lui donner une idée fausse, et de servir à la fois, dans leur pureté primitive, la droiture de son jugement et la pureté de son ame. Vous étudiez le caractère de votre enfant, qui se montre à découvert dans tous ses mouvemens. Quand il tombe ou se fait mal, évitez de lui témoigner aucune crainte, de pousser des cris de surprise ou d'effroi; rassurez-les, en leur montrant que l'entrée et la confiance; faites-leur sentir qu'il serait également inutile et honteux de crier ou de pleurer; ils apprennent ainsi à souffrir patiemment la douleur. Habituez-les qu'ils pourront vous comprendre et ne jamais vous laisser ignorer les blessures ou les contusions qu'ils pourront avoir éprouvées par une chute ou d'autres accidens. L'enfant qui tombe sans être vu de personne se relève et ne fait entendre aucune plainte. Mais, s'il n'est pas seul, il voit aussitôt ceux qui sont près de lui se démêler sur leur visage quelque impression d'effroi, il pousse alors des cris. Voilà les traits l'image du calme et de la bonté, s'il vit lui-même de sa chute, et il revient, par habitude, patient, courageux, inaccessible à la douleur. On doit placer souvent un enfant dans un endroit où il soit à l'abri de tout danger, et ne puisse ni tomber ni se faire mal, lui donner quelques objets dont il s'amuse, l'abandonner à un peu à lui-même sans s'occuper de lui, ni paraître le regarder, afin qu'il souffre de bonne heure à être, et qu'il ne soit ni incommode aux autres, ni gâté, comme certains enfans qui veulent qu'on soit sans cesse avec eux et auxquels on prodigue des attentions des complaisances excessives, bien plus nuisibles qu'utiles.	2. En même tems qu'on prépare les enfans, dès le berceau, à voir de près et à contempler de sang-froid tous les dangers, il faut interdire sévèrement aux personnes qui les approchent d'allumer leur imagination encore tendre et mobile par des relations, effrayantes et fantastiques, de voleurs ou de revenans, dont les impressions agissent trop vivement les fibres du cerveau, se gravent dans la mémoire, se prolongent souvent dans l'âge mûr, et résistent même à la raison éclairée. Les fables et les contes superstitieux, dont la plupart des nourrices bercent les enfans, et qu'elles regardent comme de simples badinages, ne laissent pas de dépraver leur esprit; il importe d'extirper dans sa racine cette cause de préjugés et d'erreurs: c'est elle dont la funeste influence rend quelquefois les hommes les plus distingués par leurs lumières, craintifs et pusillanimes pour le reste de leurs jours, et les asservit à de honteuses faiblesses, que leur esprit condamne et dont leur raison rougit, sans pouvoir les en affranchir. L'intelligence de notre enfant se développe d'une manière graduelle et insensible, par le seul concours des personnes et des choses qu'il a sous les yeux. Il reconnaît très-bien sa mère, sa nourrice, son père, sa bonne, son précepteur, les personnes qu'il voit tous les jours : il leur sourit et les caresse. Il est froid, timide, fermé, silencieux, immobile avec les étrangers. Dans son état naturel, ses regards, son sourire, ses gestes, sont mobiles et expressifs; il a un petit jargon continuel, très-intelligible pour sa nourrice, et qui exprime tout ce qu'il désire. Certaines modifications et intonations différentes, dans le langage même d'un enfant au berceau, donnent aisément à comprendre les divers sentiments dont il est agité : il pousse des articulations qui peignent, distinctement à tour, à tour la joie, la douleur, le désir, la plainte, la prière, quelquefois la colère et l'indignation, qui décèlent alors les inclinations vicieuses, ou plutôt susceptibles de dégénérer en vices, qu'il faut réprimer et détruire dans leur naissance. Nous devons épier, démêler dans notre élève, observer et suivre à la fois ces premiers germes et ces premiers symptômes des facultés intellectuelles, des affections et des qualités morales, ou plutôt, des dispositions secrètes, des simples tendances non encore déterminées de l'esprit et de l'ame, qu'il nous importe d'étudier et de connaître à fond, dès qu'elles se laissent apercevoir, pour les appliquer et les diriger avec succès, ou pour les modifier et les rectifier au besoin. La mère et le père de famille ou l'instituteur peuvent ici consulter utilement la *phrénologie*, science des dispositions naturelles et instinctives de l'homme révélées par la conformation extérieure de sa tête. Cette science nouvelle, due aux premières découvertes du célèbre docteur Gall sur l'organisation cérébrale, fournira de précieuses indications pour bien étudier et pour bien élever les enfans.	2e ANNÉE. 14 heures de sommeil; 3 pour les repas, pris à divers intervalles; 7 en plein air, à courir ou à jouer.

TROISIÈME TABLEAU DU PLAN D'ÉDUCATION-PRATIQUE.

I. ANNÉES du Cours d'Éducation.	II. ÉDUCATION PHYSIQUE.	III. ÉDUCATION MORALE.	IV. ÉDUCATION INTELLECTUELLE.	V. EMPLOI DU TEMS, déterminé pour chaque jour.
3ᵉ ANNÉE. Parler à la fois deux langues (en français, ou dans la langue maternelle et nationale, et dans une autre langue, ancienne ou moderne).	8. La nourriture des enfans doit être simple. Du pain, du laitage, de la soupe, des légumes, des fruits sont préférables à la viande. Ils doivent contracter l'usage de bien mâcher, surtout les alimens solides. Peu de viande dans le premier âge, on seulement une fois par jour, une petite quantité de bœuf, veau ou mouton, bouilli ou rôti : jamais de ragoûts ni d'épiceries ; beaucoup de pain. Pour le déjeuner et le souper, du lait simple ou en soupe ; de la bouillie faite de farine d'orge ; du potage avec du gruau d'avoine ; du fromage ; des fruits bien mûrs ; peu de confitures et de sucreries..... Entre les repas, du pain sec. Quatre ou cinq repas par jour, à heures différentes, pour que l'estomac des enfans ne soit pas esclave. Ils doivent s'habituer à manger toujours avant de boire ; ils ne doivent boire que de l'eau, jusqu'à l'âge de 12 à 15 ans. Le choix de cette boisson est, selon Tissot, un des moyens les plus propres à conserver la santé. La nature a donné à l'eau la vertu de dissoudre les alimens, de faciliter les digestions, de fortifier, d'entretenir les évacuations, de prévenir les engorgemens, de rendre le sommeil plus tranquille, la tête plus nette, la mémoire plus ferme, les sens plus exquis, la gaîté plus constante, les mœurs plus douces. En comparant ces effets à ceux du vin, la comparaison est toute en faveur de l'eau. Le vin agit comme un stimulant ; il irrite les fibres et en augmente le mouvement, effet qui, souvent répété, abrège nécessairement la vie. Il trouble la digestion, agace les nerfs, porte puissamment les humeurs à la tête, augmente par là les maladies de cette partie, auxquelles les études disposent déjà si fortement. Vous écarterez donc, loin de vos élèves, les occasions et les tentations de boire du vin et des liqueurs fermentées, pour que l'usage leur en soit interdit, sans qu'ils éprouvent de privations. Vous les formerez à la tempérance et à la sobriété, qui, dans tous les climats, sont les vraies gardiennes de la santé, de la force, de la vigueur du jugement et des bonnes mœurs. L'éducation physique et l'éducation morale se trouvent avoir ici, comme dans beaucoup d'autres points, des rapports intimes et nécessaires l'une avec l'autre.	3. Notre enfant crie peu, n'est pa capricieux ni volontaire, se laisse ôter objet des mains sans pleurer ni se plaindre. On évite également de le flatter le gâter, ce qui le rendroit exigeant et périeux, ou de le gêner arbitrairement de le contrarier mal à propos, ce qui donneroit une humeur chagrine ou riâtre. Son caractère est doux, sa physionomie aimante et riante ; il est habituellement gai, docile, obéissant. La bonne humeur, la douceur de caractère, la joie et la santé vont presque toujours ensemble chez les enfans. L'éducation ne peut réussir qu'autant qu'elle est parée et secondée par le concours de l'éducation physique. Les enfans dont on satisfait toutes les fantaisies dans leurs premières années, deviennent des hommes impérieux, colères et opiniâtres, presque toujours enclins de leurs passions, également incapables d'obéir et indignes de commander. Ils savoir se maîtriser et se gouverner eux-mêmes, pour être en état de gouverner les autres. Peu de lois ; mais qu'elles soient très jours bien observées. Sachons surtout habituer nos élèves à plier sous le joug de la nécessité, pour les préparer de bonne heure à subir avec résignation les vicissitudes et les revers de la fortune.	3. Il convient de placer auprès des enfans, dès leur troisième ou quatrième année, une personne sûre et bien élevée, à laquelle devront être forcés de recourir souvent pour se procurer les choses nécessaires ou agréables qu'ils désirent, et dont la mission spéciale sera de ne jamais faire aucune conversation avec eux, ni de prononcer devant eux un seul mot, que dans une langue étrangère, ancienne ou moderne : celle dont on croira la connaissance plus utile, suivant la destination présumable des enfans, ou suivant les localités. Le latin, et l'anglais ou l'allemand, paraissent les deux langues les plus essentielles pour les jeunes Français dont nous avons à diriger l'instruction. Les autres personnes en relation avec eux devront se servir de la langue nationale ou maternelle. La nécessité où se trouvent les enfans de comprendre tout ce qu'on leur dit, et de se rendre eux-mêmes intelligibles pour satisfaire à leurs besoins, leur fera bien vite et simultanément, sans peine et sans fatigue, entendre et parler les deux langues qu'un usage journalier, pendant les années de leur enfance, leur rendra également familières pour tout le reste de la vie. Ils ne seront point exposés à confondre les mots de ces deux différents idiomes, vu qu'ils sont toujours à se servir de l'un avec une même personne, et de leur langue maternelle avec les autres. L'enfance est l'âge d'apprendre, et surtout d'apprendre les langues. Mais, éloignez d'abord les grammaires, les dictionnaires et les livres : la conversation, l'habitude et l'usage doivent suffire. L'enfant, qui aura facilement appris deux ou même trois langues à la fois par la fréquentation habituelle des personnes avec lesquelles il a des entretiens et des rapports nécessaires, pourra passer ensuite, au bout de quelques années, à l'étude de la grammaire et du mécanisme du langage. On a fait les langues et on s'en est servi, long-tems avant d'instruire les syntaxes et les règles grammaticales. Suivons, pour l'instruction des enfans, la marche qui a été celle de la nature pour les hommes et pour les peuples.	3ᵉ ANNÉE. Même emploi du tems, ou à peu près, que l'année précédente.

I. ANNÉES du Cours d'Éducation.	II. ÉDUCATION PHYSIQUE.	III. ÉDUCATION MORALE.	IV. ÉDUCATION INTELLECTUELLE.	V. EMPLOI DU TEMS, déterminé pour chaque jour.
4ᵉ ANNÉE. Courir et sauter; Lire en jouant.	4. Habituez vos enfans, dès leur quatrième année, à se servir également tour à tour de leurs deux mains pour manger et pour tous les exercices du corps. La main gauche n'est généralement maladroite ou inhabile à tous les ouvrages auxquels on voudrait l'employer, que par l'effet de la coutume vicieuse d'exercer uniquement et exclusivement la main droite, dont la privation par un coup de feu, par un accident, par une maladie, devient alors irréparable, et réduit un homme à un état pénible d'inaction et d'inaptitude absolue à toute espèce de travail. Une loi de Platon, sur les exercices militaires, veut que les guerriers s'habituent à être ambidextres, afin de ne pas avoir une bonne et une mauvaise main. Que votre élève sache tirer tout le parti possible de ses mains, de son corps, des moyens et des facultés qu'il tient de la nature: qu'il sache se passer de machines factices et auxiliaires, et se suffire à lui-même. « Assurez-lui l'avantage d'avoir sans cesse toutes ses forces à sa disposition, d'être toujours prêt à tout événement, et de se porter, pour ainsi dire, tout entier avec soi. » (1) En s'essayant à sauter et à courir, ses muscles et ses membres acquièrent de l'élasticité, de la souplesse et de la vigueur. Il exerce son coup d'œil, devient agile et adroit, apprend à se préserver des chutes souvent dangereuses: bientôt il saura franchir une barrière, un fossé, un ruisseau, même sans prendre son élan. Il s'exercera tour à tour à sauter sur un pied, puis sur l'autre, à faire des sauts dans toutes les directions et les emplacemens possibles, en hauteur, en largeur, en profondeur: ce dernier saut, fait d'abord à l'aide d'un bâton et ensuite sans aucun secours, est surtout un exercice et un apprentissage utiles pour beaucoup de circonstances où l'on peut se trouver dans la vie. Des chevaux fougueux, qui s'emportent auprès d'un précipice ou dans une pente rapide, peuvent obliger de s'élancer hors d'une voiture, au risque même d'être blessé. On est forcé quelquefois, dans un incendie, de se jeter du haut d'une fenêtre pour échapper aux flammes. Les habitudes contractées dans les jeux de l'enfance doivent donner de bonne heure l'adresse et l'intrépidité nécessaires dans de pareils accidens. (1) Émile, de J.-J. Rousseau.	4. En disciplinant l'esprit des enfans, faites toujours sentir la nécessité, la raison, la justice; jamais l'homme, ni le caprice, ni la passion, ni l'humeur. Faites-vous aimer, en prouvant à votre élève que vous êtes constamment occupé de son bien-être. Accordez-lui promptement et avec joie ce qui lui fait plaisir quand vous pouvez l'accorder. Soyez flexible dans vos refus, toujours dictés par un motif légitime. Ne donnez aucun commandement inutile; mais qu'une fois prononcé soit irrévocable. Par peu; l'ÉDUCATION DOIT ÊTRE EN FAIT EN EXEMPLES, PLUS QU'EN DISCOURS EN PRÉCEPTES. Ne déployez que rarement l'autorité d'un maître ou d'un père, ou ne la tempérez et modifiez cette autorité par des gradations insensibles. Soyez tour le meilleur ami de votre enfant, de votre élève. C'est le moyen le plus sûr le diriger à votre gré, habituement et succès, sans embarras et sans peine titre d'ami, et l'entière confiance qui compagne la véritable amitié, applanit bien des obstacles. Rendez vos enfans aimans: développez leur sensibilité, pour les disposer à vertu. Sachez obtenir d'eux un amour mêlé de respect, non de ce respect qui doit par une crainte basse et pusillanime mais de celui qu'un enfant doit naturellement à un être plus fort, plus raisonnable plus intelligent que lui. Dès sa quatrième année, notre élève est déjà sensible caressant, tendre et reconnaissant des ses parens et son instituteur: la piété filiale et la reconnaissance seront de lui des sentimens naturels, et des besoins pour son cœur, plus encore que des devoirs et des vertus.	4. C'est votre élève lui-même qui doit désirer et demander sous lui montriez à lire sur des cartes où sont gravées des ges d'objets matériels et à sa portée, dont les noms, écrits au piquent sa curiosité, fixent son attention et s'impriment dans mémoire. Pour qu'il apprenne à lire en jouant, vous devez avoir ces cartes, des pièces de bois mobiles ou des jetons sur lesquels soient écrits des mots qu'il puisse comprendre, leurs syllabes séparément, et enfin chacun des caractères de l'alphabet. enfant s'amuse à palper, à comparer, à combiner ensemble ces instrumens de ses jeux. Il apprend à lire, sans s'en douter, faisant des châteaux de cartes ou de morceaux de bois. Afin qu'un enfant sache lire, comme il sait déjà parler, dans langues différentes, et ne soit pas dans le cas de les confondre, vous pourrez faire écrire les mots de sa langue maternelle du bois blanc, et ceux de l'autre langue sur du bois rose ou une couleur différente. Il faut frapper les sens des enfans et parler à leurs yeux, pour obtenir leur attention. La lecture doit être admise comme un simple amusement; car, il faut jamais s'écarter du principe: que toute instruction, pour être bonne et profitable, doit être libre et volontaire. Les jeux rendus instructifs, les exercices utiles, les objets d'enseignement agréables. Mais les amusemens doivent être variés; quelque loisir qu'un enfant trouve à lire, on le fera quitter ce genre de création pour le faire passer à un autre, avant qu'il puisse éprouver aucune sensation de dégoût et de l'ennui. Quoique je montre ici la possibilité de faire lire un enfant dès quatrième année, sans qu'il regarde la lecture comme une étude un travail, mais comme un amusement et un jeu; je suis loin attacher une grande importance à ce que nos élèves sachent lire cette époque. Je veux même qu'on ne se prête à cet égard à ce qu'ils pourront désirer et demander, que par complaisance pour et seulement pour céder à leurs prières: autrement, il faut garder encore une ou deux années; car, notre projet n'est point faire des enfans précoces, ni de retarder le développement du ps en voulant trop hâter les progrès de l'intelligence. Les cinq six premières années appartiennent spécialement et entièrement à l'éducation physique. Pendant ce tems, l'éducation morale et intellectuelle doit être négative et passive; elle doit seulement empêcher les défauts et les vices de naître, et de gâter le cœur et caractère; elle doit écarter les préjugés et les erreurs, qui pourraient, dès la première enfance, égarer et troubler l'imagination, obscurcir l'esprit, corrompre le jugement.	4ᵉ ANNÉE. 12 heures de sommeil; 3 pour les nombreux repas que font ordinairement les enfans. 9 employées à s'amuser, soit à lire, soit à courir et à sauter.

I. ANNÉES du Cours d'Éducation.	II. ÉDUCATION PHYSIQUE.	III. ÉDUCATION MORALE.	IV. ÉDUCATION INTELLECTUELLE.	V. EMPLOI DU TEMS, déterminé pour chaque jour.
5ᵉ ANNÉE. 1° Jeux et Exercices : courir et sauter ; 2° Bonnes Habitudes et bons Exemples ; douceur et docilité ; bienfaisance ; humanité. 3° Lire, Écrire et Compter, en jouant.	5. Nos enfans, déjà forts et robustes, passent une partie de leurs journées à courir et à sauter en plein air, au soleil, à la pluie, sur la neige. Ils sont endurcis, dès l'enfance, aux variations des saisons, aux intempéries des climats. Leurs mouvemens, leurs jeux sont dirigés vers un but d'utilité : leurs exercices sont propres à leur donner de la légèreté, de l'adresse et de la force. « Il y a beaucoup de sagesse (1) à préparer, dès le premier âge, les enfans à une vie dure. Quelle que soit leur naissance, ils sont destinés peut-être à supporter bien des maux. Que de fatigues les attendent, auxquelles ils auront bientôt succombé, s'ils ne peuvent leur opposer que des corps faibles et énervés, qui auront pris au sein de la mollesse un accroissement sans vigueur ! Je veux même éloigner les tristes présages de l'infortune. Mais, s'ils sont appelés un jour à porter les armes pour la patrie, comment leur faiblesse résistera-t-elle à des alimens grossiers, aux intempéries de l'air, à l'humidité de la terre, qui souvent leur tiendra lieu de lit !...... Imitons donc, dans quelque état de fortune que soient nos élèves, ces Spartiates, ces Germains, qui n'ont été tant de fois vainqueurs, que pour avoir opposé à la fatigue des corps plus robustes que ceux de leurs ennemis. « Provoquez vous-même votre enfant à faire usage de toutes ses forces ; c'est le moyen de les augmenter...... D'ailleurs cet exercice doit contribuer à sa santé. Gardez-vous d'imiter ces parens qui semblent vouloir interdire tout mouvement à l'enfance, et n'aimer vrai que des machines inactives et stupides. Que vos enfans sautent, qu'ils courent, qu'ils portent les fardeaux dont ils pourront se charger : laissez-leur la liberté ; vous n'aurez pas besoin de les former à ces rudes exercices ; leur âge craint le repos et ne redoute pas la fatigue. » (1) L'Homme moral, par L'Évêque, auteur de l'Histoire de Russie.	5. Les bonnes habitudes et les exemples, voilà le fond de l'éducation morale. Le double empire de l'exemple et de l'habitude fait surtout sentir sa force, dès la cinquième année. Un esprit d'imitation, naturel à l'homme, principalement dans le premier âge, le soumet et l'asservit à l'influence de l'exemple. Celui qui, dès les heures continuellement autour de lui des hommes raisonnables et vertueux, s'habitue à pratiquer ce qui est bon et honnête, cette habitude, contractée de bonne heure et fortifiée avec les années, devient seconde nature. Le choix, la conduite, les discours de ceux qui entourent de plus prochain un enfant, méritent la plus inquiète surveillance et l'attention la plus scrupuleuse de la part de l'instituteur. Le moment est venu de pénétrer dans notre élève de cette disposition à la bienfaisance, de cette tendre compassion pour le malheur, de cette noble et belle humanité, qui doit être la base de son caractère. S'il est aimant et caressant, et docile avec son père ou son instituteur, s'il est bon et obligeant avec ses jeunes amis, toujours empressé à partager avec eux les choses qu'on lui donne, oui, il sera bienfaisant, généreux dans ses relations avec ses semblables : son action actuelle est l'image fidèle de sa vie future. L'humanité, ou cette affection universelle qu'un homme doit à ses semblables, mérite de faire un article à part dans l'éducation des enfans. « Trop souvent, Locke, on ne dispose à des sentimens de haine contre les peuples voisins de leur pays, ou contre les étrangers, plus encore qu'à l'amour de leur famille et de la patrie. »	5. C'est encore l'enfant qui doit venir vous prier de le faire écrire au bureau typographique, qu'on a eu soin de placer sous ses yeux, dont il n'a pas manqué de vouloir connaître l'usage. Il s'applique à compter les cartes de son bureau, les personnes qu'il connaît, les fruits qu'on lui donne à condition qu'il en dira le nombre. Que doit être jeu pour cet âge. Dans tout ce que vous apprenez à votre élève, mettez-vous à sa portée, sans qu'il voie que vous descendez pour lui. Sachez vous arrêter et vous proportionner à sa faiblesse, sans affectation. N'allez jamais plus vite qu'il ne peut aller lui-même. Vous devez le laisser s'avancer et ne faire que l'accompagner pas à pas, pour le soutenir et le diriger au besoin, pour le garantir des écarts et des chutes. En lui montrant les premiers élémens du calcul, vous pouvez travailler avec fruit le petit traité d'arithmétique simplifiée, composé de Condorcet, et qui a pour titre : Moyens d'apprendre à compter sûrement et avec facilité. La première chose qui distingue ces élémens d'arithmétique, comme l'observe l'auteur d'un avertissement placé en tête de l'ouvrage, c'est qu'ils sont en même tems des élémens de logique. On peut, en suivant la marche indiquée par l'auteur, enseigner les arts à la fois : celui du calcul et celui du raisonnement, qui doivent se prêter un mutuel appui, et fournir l'un et l'autre de nouvelles forces à l'esprit. On admire comment l'un des plus grands géomètres et des premiers philosophes du siècle, se plaisant à descendre à la portée de l'intelligence des enfans, leur développe la génération des nombres dans les limites mêmes de un à dix. Ces premiers nombres, élémens de tous les autres, qu'on n'apprenait ci-devant à retenir que par la mémoire, il enseigne à les faire et à les retenir par l'intelligence et par le raisonnement. Rien n'est abandonné à la routine : l'esprit commence à s'exercer d'abord, pour s'exercer toujours davantage. La formule de la progression arithmétique, de laquelle sont nées toutes les formules de l'arithmétique, est si bien analysée dans ce petit traité, que les idées d'une dizaine, d'une centaine, d'un mille, etc., sont rendues aussi claires que l'idée de l'unité elle-même. Enfin, il n'est question des quatre règles sur laquelle on ne trouve des vues nouvelles, pour en faire mieux saisir l'esprit, et des procédés nouveaux pour en rendre la pratique plus sûre et plus facile. Mais, cet ouvrage, qui convient surtout à l'instituteur, et qui lui sera d'une grande utilité, ne doit pas être mis dans les mains des enfans. Ceux-ci ne doivent point apprendre les sciences dans les livres ; ils doivent les créer, pour ainsi dire, et en appliquer successivement tout ce qu'ils ont acquis ou découvert à leurs diverses pratiques, afin d'éclairer sans cesse la théorie par la pratique. Il faut leur frayer la voie, les diriger, leur préparer les appuis, les soutenir quelquefois, mais les laisser habituellement marcher seuls, sans lisières, pour leur jugement se forme et se fortifie par la nécessité de réfléchir, et pour qu'ils n'adoptent point légèrement et de confiance les opinions des autres, mais pour qu'ils se fassent leurs opinions à eux-mêmes, par l'observation, la méditation et l'expérience. On ne saurait trop insister sur ce principe qui devra présider à tous les genres d'enseignement.	5ᵉ ANNÉE. 12 heures de sommeil ; 2 pour les repas ; 10 pour les jeux et les exercices, dans lesquels sont compris l'Écriture et les élémens du Calcul de tête ; puis, du Calcul écrit, que les enfans doivent apprendre en jouant, quand ils ont appris à lire.

SIXIÈME TABLEAU DU PLAN D'ÉDUCATION-PRATIQUE.

I. ANNÉES du Cours d'Éducation.	II. ÉDUCATION PHYSIQUE.	III. ÉDUCATION MORALE.	IV. ÉDUCATION INTELLECTUELLE.	V. EMPLOI DU TEMS, déterminé pour chaque jour.
6e ANNÉE. 1° Exercices et Jeux en plein air; on fait monter les enfans dans des lieux escarpés. 2° On réprime les caprices, l'humeur, la colère, l'impatience. On étudie et on dirige les premiers penchans et les premières affections. 3° On continue de faire Lire, Écrire et Compter. On commence le Dessin.	6. Dans leurs promenades journalières et dans leurs jeux, nos élèves s'amuseront quelquefois, sous les yeux de leur instituteur, et avec lui, à monter à des échelles élevées, dans des lieux escarpés, et même à grimper sur des arbres. Ils s'essaieront entre eux à gravir une colline à la course : dans certaines occasions, un prix attend le vainqueur. Le but principal de la course, pratiquée avec tant de succès chez les anciens, et si honorée dans les solemnités olympiques, est de fortifier les membres et surtout les poumons. Nous admirons la vitesse des sauvages : il ne tient qu'à nous d'avoir la même agilité. L'art de grimper est, avec la course, un des exercices gymnastiques qui contribuent le plus à l'adresse et à la santé. Les mains, les bras, les cuisses, les jambes, sont des instrumens dont nous sommes pourvus pour cet usage, mais qui ne peuvent y être employés utilement qu'autant qu'ils y sont formés dès l'enfance. « La nature, dit un médecin célèbre (1), pavait avoir assigné à l'homme cet exercice, en lui faisant chercher sa nourriture sur des arbres fruitiers très-élevés. » Un voyageur égaré dans les déserts brûlans de l'Afrique, échappé à la voracité des animaux féroces, quand il rencontre un arbre isolé sur lequel il grimpe aussitôt. L'art de grimper n'est pas seulement utile sous ce rapport; il nous familiarise encore avec le danger, nous apprend à connaître l'équilibre de notre corps, à mesurer de l'œil la profondeur d'un abîme, sans être sujet à des étourdissemens et à des vertiges; à descendre au besoin par un sentier étroit qui borde un précipice; à franchir sans crainte des rochers inaccessibles. L'homme des champs, l'habitant des villes, l'agriculteur, l'ouvrier, le marin, le soldat, le voyageur ont également besoin de cet exercice. Nous devons diriger tous les exercices et les jeux vers les habitudes qui peuvent devenir d'une utilité pratique dans les différentes professions et situations de la vie. (1) Le docteur Franck.	6. C'est à la fin de leur cinquième année que nos élèves sont remis aux mains de ces personnes qui ont présidé jusqu'à leur enfance, ont été fidèles à observer les principes dont nous avons offert le résultat des cinq premières années : Nos enfans, dès le berceau, n'ont été ni capricieux, ni impérieux, ni mutins et volontaires, mais doux, polis, obéissans. En s'essayant à faire leurs premiers pas, ils ont appris à n'être ni mous ni efféminés, ni peureux et pusillanimes; mais hardis, quoique prudens; patiens et courageux. Leurs premières affections nous développées et dirigées avec soin, les disposent à la générosité, à la bienfaisance à l'humanité. Ils ne sont point maussades, tracassiers ni méchans; mais gais, parce qu'ils sont heureux; bons et obligeans. Ils aiment à partager tout ce qu'ils ont avec leurs jeunes camarades; ils ne connaissent ni la colère, ni l'envie, ni la haine. Nous devons conserver et entretenir d'heureuses dispositions, produit de l'exemple, de l'habitude et d'une éducation morale, presque entièrement négative qui, en empêchant les défauts de naître, a favorisé la croissance et le développement des bonnes qualités que vos soins dont le premier âge est susceptible. Dans leur sixième ou septième année nous commençons à former nos élèves à un certain esprit d'ordre qui doit les régir toute leur vie. Nous les habituons à être exacts, soigneux dans tout ce qu'ils font ; à soumettre leurs actions à la raison et à la sagesse; à se rendre compte des motifs qui les font agir, et de l'emploi de leurs instans. On indiquera, dans le tableau suivant, une méthode simple et facile pour remplir ce but.	Faites naître dans vos élèves le désir d'imiter les figures gravées et les cartes sur lesquelles ils ont appris à lire. Qu'ils essaient de dessiner les objets qu'ils ont sous leurs yeux ; qu'ils prient un de leurs amis plus âgé de leur montrer les élémens du dessin. Car, les noms de maître pour un air de pédant, de précepteur, et le sens qu'on attache à ces mots, ont leur rester inconnus. Tout doit venir d'eux : vous ne devez rien leur donner qu'ils ne vous en aient marqué l'envie; vous devez même attendre qu'ils insistent, paraître ne céder qu'à leurs vives prières, fixer d'avance le tems où l'on pourra leur accorder ce qu'ils demandent. Il ne dans quels termes un écrivain philosophe exprime son opinion sur l'importance et l'utilité du dessin, comme branche essentielle de l'instruction de la jeunesse, et montre son application à toutes les sciences et à tous les arts (1). « Le dessin, la première et la plus simple expression des objets, puisqu'il les représente tels qu'ils sont, ou tels que nous les imaginons; qui, objet de tous les peuples, a dû être la première langue universelle (avec l'algèbre), de toutes les langues ou méthodes analytiques, la plus sûre et l'une des plus puissans leviers de l'esprit humain. Le dessin d'un objet, d'une machine, nous en montre d'un seul trait toutes les parties avec les dimensions relatives de chacune, et la manière dont elle occupe dans le système; tandis que le discours le plus précis ne les fait apercevoir que faiblement, lentement, l'une après l'autre. On apprend la géographie en dessinant, à plusieurs reprises, un globe et des cartes géographiques. On apprend l'astronomie sensible, ou la disposition et la nomenclature des astres, en dessinant un globe céleste, un atlas : on a l'idée notre développée d'une ville, d'un port, d'une forteresse, en en dessinant le plan. On acquiert les idées fondamentales relatives à l'architecture navale ou à la navigation, en dessinant séparément et ensemble les parties qui composent un vaisseau, en en formant les projections ou les dessins principaux qui les représentent sous les points de vue les plus essentiels. En un mot, on acquiert la connaissance complète des corps naturels et des productions des arts, en plaçant sous les yeux une collection de dessins qu'on a faits ou copiés soi-même (ou qu'on a fait en copier), et qui représentent au naturel chacun des objets précités. Le dessin peut tracer, non seulement l'image de tout ce qui existe, mais encore de tout ce qui peut exister ; c'est à la fois la langue de la nature, de l'intelligence et de l'imagination. En offrant à l'esprit, sans confusion, tout dans un corps ou sous une idée renfermée, il montre les choses (celles qu'elles sont), avec une perfection et une supériorité d'avantages à laquelle une description orale et l'usage des signes de convention seraient loin d'atteindre, surtout lorsqu'il sera question de la partie descriptive des sciences et des arts..... Un philosophe est, dans les arts, un excellent analyste. Il n'est pas de plus grand moyen que le dessin pour accroître rapidement le système de ses idées, en éclairer la liaison, se faire sur tout des notions exactes et détaillées, ranger dans l'esprit les objets dans l'ordre simultané dans lequel ils existent, entretenir long-tems la vivacité des idées, en un mot, pour acquérir la facilité de les exprimer, pour les conférer, et donner par là à ses facultés intellectuelles la force, la justesse, la promptitude et l'étendue dont elles sont susceptibles... L'importance du dessin est telle, à mes yeux, qu'il me semble qu'on pourrait borner l'éducation de la première jeunesse à l'acquisition de ce talent, qui, je regarde comme une introduction nécessaire à tous les états et à tous les âges, autre qu'il est, pour tous les âges, une source fort étendue d'agrément et de plaisir, un objet de délassement, une occupation charmante, un des articles fondamentaux de toute bonne éducation publique ou particulière. Les gouvernemens, jaloux de multiplier et d'étendre les forces de l'esprit humain, ainsi que les élémens du bon goût, ne sauraient donc trop multiplier les écoles publiques de dessin, afin de procurer, à tous les citoyens d'un État, les moyens de s'instruire d'un art qui est évidemment un des plus beaux et des plus sûrs instrumens de nos connaissances. » (1) Introduction à l'Analyse des Sciences, par Lacroix, T. I, p. 354, 356, 286.	**6e ANNÉE.** — 12 heures de sommeil; 2 pour les repas; 10 pour les jeux et les exercices, dans lesquels la Lecture, le Calcul et le Dessin, qui sont enseignés par forme d'amusement.

SEPTIÈME TABLEAU DU PLAN D'ÉDUCATION-PRATIQUE.

I. ANNÉES du Cours d'Éducation.	II. ÉDUCATION PHYSIQUE.	III. ÉDUCATION MORALE.	IV. ÉDUCATION INTELLECTUELLE.	V. EMPLOI DU TEMS, déterminé pour chaque jour.
7ᵉ ANNÉE. 1° Jeux, Courses et Promenades. 2° Douceur, docilité, obéissance. 3° Cosmographie et Géographie. — Exercer la mémoire. — Notions d'Astronomie, données en pleine campagne. (1) Dissertation sur l'Éducation physique des enfans, par Ballexserd, citoyen de Genève. (Paris, 1762.)	7. Dans leur septième année, nos élèves s'exerceront à naviguer dans une barque, pour se préparer à la natation. On continue régulièrement l'usage des bains froids, dont on a montré l'utilité. On les fait prendre, autant qu'on le peut, dans une eau courante. La promenade doit suivre le bain. Nos enfans s'accoutumeront à soutenir des marches et des courses un peu longues : ce qui leur donne plus de force dans les cuisses et dans les jarrets. Les longues promenades en hiver sont surtout convenables et salutaires; on apprend à mépriser l'intempérie des saisons, à ne s'approcher que rarement du feu, même dans les temps les plus froids. « Rien ne rend en effet plus délicat, plus pesant, plus paresseux que de se chauffer beaucoup. Nos élèves seront peu sensibles au froid; ils en supporteront patiemment les rigueurs; ils seront plus agissans et plus dispos; leur fibre sera moins relâchée; ils se tiendront plus droits à s'eurhumer, en allant au grand air. » (1) Les habits seront larges et laisseront une entière liberté au développement et à tous les mouvemens du corps. Point de cravates ni de mouchoirs, qui servent et gênent le cou; point de culottes étroites et boutonnées par devant, qui compriment les hanches; mais des pantalons bien amples et suspendus par des bretelles. Point de jarretières qui nuisent à l'action des jambes et empêchent la circulation du sang. Les chaussures seront larges et sans talons, pour prévenir les corps aux pieds et pour que les muscles, plus assurés et mieux exercés, se fortifient davantage. Les alimens doivent être simples, mais assez variés pour habituer l'estomac à tous les genres de mets. On aura soin de la soupe, qui est la principale nourriture, et qui est faite tour à tour avec de la viande, du riz, du lait, des légumes, ne soit ni trop chaude, ni très-grasse, ni très-mitonnée: ce qui ferait une colle difficile à digérer, et produirait beaucoup de glaires. On fera servir la viande bouillie ou rôtie, souvent froide. On bannira les ragoûts épicés, qui commencent par aiguiser et irriter l'appétit, qui finissent par affaiblir le goût et gâter l'estomac. On a donné les motifs qui doivent faire éloigner l'usage du vin, du café, des liqueurs échauffantes et fermentées. Enfin, la sobriété, un appétit naturel et non factice présideront aux repas; la simplicité et la liberté au choix et à la forme des vêtemens; la joie, la force, l'adresse, l'indifférence pour les saisons et le mépris des dangers, à tous les exercices.	7. Nos élèves sont exercés de bonne heure à faire céder leurs volontés, raison des autres, pour être en état d'écouter et de suivre un jour les conseils de leur propre raison. Leur instituteur se fermer, dès leur septième ou huitième année, un Mémorial journalier de leurs actions, de leurs études, de leurs progrès, de leurs amusemens, de leurs exercices: qu'on leur fera lire tous les deux jours et dont l'effet sera de les intéresser, les rendre capables d'apprécier ce qui est bon et utile, de former leur esprit et leur cœur, d'exciter leur amour-propre, leur faire attacher un grand prix à l'estime d'eux-mêmes et à celle des autres justifiée par le témoignage intérieur de leur conscience, et enfin de leur donner l'habitude salutaire de veiller exactement sur leur conduite. Parvenus à l'âge de quatorze ou quinze ans, nos élèves seront chargés de consigner tous les jours, et de rédiger eux-mêmes ce Mémorial, pour se rendre compte sévère et détaillé de l'emploi de leurs instans, et pour s'exercer à écrire avec facilité. Chacun d'eux alternativement tiendra la plume, pendant un mois et rédigera, jour par jour, l'historique de la vie et de celle des jeunes camarades réunis dans la même institution et soumis aux soins du même gouverneur. Outre les avantages résultant de cette méthode, et développés dans la seconde partie du plan, l'instituteur y trouve un moyen puissant d'émulation, une occasion, chaque jour renaissante, d'instruire ses élèves à connaître et à remplir les devoirs envers leurs camarades, envers ceux avec lesquels ils ont des relations, à s'acquitter de leurs promesses avec scrupule religieux; à être nobles et sincères, fidèles et fermes à garder un secret, et surtout à ne jamais s'écarter de la vérité, à faire toujours profession de générosité loyauté, d'une entière franchise, à fuir avec horreur et avec mépris comme une honteuse bassesse, jusqu'à l'ombre du mensonge.	La cosmographie ou la description générale de l'univers, et la géographie ou connaissance particulière des différentes contrées du globe, doivent le peut offrir aux enfans des pièces de bois mobiles, enluminées, susceptibles d'être adaptées les unes aux autres, pour former des cartes de divers genres. La peinture frappe les yeux des enfans, qui s'exercent d'abord à rassembler et à classer avec ordre les pièces de bois isolées, et qui s'amusent ensuite à dessiner de mémoire les cartes qu'ils ont fidèlement retenues dans leur imagination. On fait l'application des premières leçons de géographie dans les promenades et en pleine campagne. On donne aux enfans une idée des quatre points cardinaux, des différentes parties du globe et de leurs principales divisions et subdivisions, des distances entre les villes et les contrées, des îles, des isthmes, des promontoires. On les prépare aux notions astronomiques qu'ils doivent bientôt recevoir, en leur expliquant la forme, la position et le mouvement de la terre dans le système du monde. Il est essentiel de se borner, dans l'instruction primitive, à ce qu'il y a de plus simple, de plus clair, de plus intelligible dans chaque partie des sciences, et de ne pas trop approfondir chaque sujet. Si l'on voulait, par exemple, montrer une carte géographique de telle ou telle portion de la terre, qui en eût une description complète, on sent qu'elle paraîtrait d'abord très-embrouillée, même à un œil fort exercé. Ainsi, que doit-on faire? on dresse, à même échelle et sur les mêmes degrés de longitude et de latitude, plusieurs cartes, dont l'une représente les positions des villes et des faubourgs; une, le cours des fleuves; une troisième, les montagnes; une quatrième, les forêts; une cinquième, les terres cultivées; une sixième, les productions usuelles et agricoles, etc. En examinant séparément toutes ces cartes topographiques, on a une idée exacte et détaillée d'un objet considéré sous tous ses rapports, et qu'une seule n'aurait pu présenter qu'avec beaucoup de confusion... (1). Il en doit être de même pour l'enseignement de l'astronomie et des autres sciences : il faut décomposer leurs élémens en une série de tableaux plus ou moins compliqués ou faciles à saisir, suivant la force de tête des élèves. Les tableaux qu'on leur met sous les yeux ne doivent renfermer que des idées isolées; les suivans, les idées composées les plus simples, les autres, des idées plus relevées, et ainsi de suite, jusqu'à ce qu'on puisse arriver aux idées chargées de vérités les plus abstraites ou des notions les plus complexes et les plus générales. En descendant ainsi, pour chaque jour, chaque mois, chaque année, la liste des idées nettes que l'on place dans la tête de nos élèves à mesure que les faits évanescens de leur esprit lui permettront de les recevoir, en les lui offrant dans l'ordre analytique, qui va du simple au composé, du connu à l'inconnu, et qui lui toutes les vérités; le développement de l'intelligence devient si naturel et aussi simple que celui d'un peloton de fil bien dévidé. Les élémens qui doivent composer l'instruction de l'homme social étant de ce fait bien déterminés, rédigés et présentés dans l'ordre convenable, il convient de les approprier le moins de tems possible, puisqu'on aura eu soin de leur donner toute la simplicité, le laconisme, et la clarté possibles; il s'agit donc de bonne heure en état de combiner ces premiers élémens pour parvenir à de nouvelles connaissances, faire des découvertes, ou rendre d'importans services à la chose publique (2). » Telle est la marche progressive de l'enseignement que nous appliquerons à toutes les sciences, et qui nous permettra d'en commencer l'étude de bonne heure, de la continuer, sans fatigue et avec succès, de développer enfin peu à peu l'intelligence de nos élèves, en imitant la sage lenteur, la gradation invisible, l'action douce et continue de la nature dans le développement de leur corps (3). (1) Application de la loi de la Division et de la Réunion, déjà citée. (2) Introduction à l'Analyse des Sciences, par Lakanal, T. II, p. 17 et 18. (3) Loi de la Gradation. Voy. ci-dessus, p. 176.	**7ᵉ ANNÉE.** 11 heures de sommeil; 2 pour les repas; 1 pour le bain; 6 pour les exercices, les courses, et pour les promenades, dans lesquelles on donne, de vive voix, les premières leçons d'astronomie; 2, dont une le matin et l'autre l'après-midi, données alternativement, deux jours l'un, à l'Écriture et au Calcul, on à la Lecture et au Dessin; 2, dont une aussi le matin et une l'après-midi, pour les exercices relatifs à la géographie, dans lesquels on forme en même tems, la mémoire.

HUITIÈME TABLEAU DU PLAN D'ÉDUCATION-PRATIQUE.

I. ANNÉES du Cours d'Éducation.	II. ÉDUCATION PHYSIQUE.	III. ÉDUCATION MORALE.	IV. ÉDUCATION INTELLECTUELLE.	V. EMPLOI DU TEMS, déterminé pour chaque jour.
8ᵉ ANNÉE. 1. Continuation des mêmes exercices et des mêmes jeux. 2. Habitudes de simplicité, de sobriété, de franchise, de discrétion, de respect pour la vérité. 3. On continue les études précédentes, auxquelles on ajoute des notions d'histoire naturelle et les élémens de la langue latine, ou de la langue anglaise.	8. On continuera les bains, les promenades, les exercices des années précédentes. Le battoir et la paume, le mail, les boules, le palet dans un jardin, quelquefois le billard dans les appartemens, plus souvent les barres en pleine campagne, la lutte, sorte de jeu athlétique et de combat, où deux individus se prennent corps à corps pour se terrasser l'un l'autre, l'arquebuse, la fronde, seront successivement les jeux propres à former un tempérament robuste, à augmenter et à développer la vigueur, l'adresse, la légèreté. L'art de lancer fortifie les muscles des bras, et donne la justesse au coup d'œil. Notre élève s'amuse à couper lui-même les branches dont il fournit son arc, et celles qui doivent lui servir de flèches. Il s'habitue à faire seul, sans aucun secours, la plupart des instrumens de ses jeux. La course, le saut, l'habitude de grimper exercent ses jambes et lui donnent de l'audace et de l'agilité. Le jeu des barres, image de la guerre, fournit aux enfans mille occasions de déployer leur vitesse en poursuivant l'ennemi, leur adresse pour échapper à ses poursuites, leur émulation pour faire triompher la bande dont ils font partie, leur éloquence et leur énergie pour exciter leurs jeunes compagnons, leur courage et leur générosité pour les défendre, s'ils sont prisonniers; enfin, leur justice et leur amour de la vérité pour prononcer dans les cas douteux. Ainsi, le perfectionnement physique est en rapport avec les autres branches de l'éducation. Le corps se développe, comme l'esprit et le caractère. La vivacité, la liberté, la joie qui animent tous les jeux, favorisent la circulation du sang et des humeurs, l'appétit, la digestion, le sommeil, l'accroissement des forces, la santé : elles préviennent l'altération du tempérament et les maladies trop communes chez les enfans sédentaires et craintifs, esclaves et immobiles, tristes et malheureux, qui sont habituellement maussades, languissans, valétudinaires, pusillanimes. La vigueur du corps et la santé se trouvent liés à la satisfaction de l'âme, à l'égalité du caractère, au contentement, à la bonne humeur et à la gaité.	8. Vous donnez vous-même l'exemple de la simplicité dans les vêtemens, de sobriété dans les repas, d'une exacte justice, d'une impartialité scrupuleuse dans vos relations avec vos élèves et dans différends qui peuvent survenir entre eux, d'une fidélité inviolable à remplir vos engagemens, d'un ainsi respect pour la foi donnée, d'une sorte de culte pour la vérité, pour la vieillesse, pour le malheur. La tempérance, la justice, la franchise, la reconnaissance, la modestie, la probité ne s'apprennent point par les leçons ni même par les discours : elles se communiquent et s'inspirent. Vos élèves ont été préservés avec soin du mensonge; mais ils doivent être capables de garder un secret avec fidélité à ne pas dire toujours tout ce qu'ils sentent; mais, comme ils sont étrangers à la fausseté, à la dissimulation, ils n'ont jamais des sentimens qu'ils n'avouent point ou qu'ils ne paraissent point exister. Ils ont acquis, de bonne heure et successivement, de la connaissance exacte de leurs devoirs, plus intéressante et plus nombreux à mesure qu'ils avancent en âge; un empire absolu sur les passions naissantes; une grande force de caractère et de volonté qui préside à leurs actions. La discrétion, on l'a vu dès le jeune âge qui n'appartient qu'à l'homme mûr lui-même, doit leur être familière; c'est une partie essentielle de l'éducation morale. « Quiconque, dit Fénelon, ne se peut se taire est indigne de gouverner. » Vous avez observé, dans les jeux des enfans, les premiers élans de leur caractère; vous épiez et vous recueillez avec soin leurs premières sensations morales; le spectacle de la nature et des objets s'offrent à leurs yeux. Vous ne prévenez point leurs réflexions ni leurs questions, mais vous les préparez, vous les soutenez, vous les dirigez, comme par un fil invisible, pour développer de concert en eux la rectitude et la justesse de l'esprit, la droiture et la pureté du cœur, pour former à la fois leur jugement, leur raison, pour pénétrer leur âme, sentimens et des principes de vérité doivent s'y graver en traits ineffaçables. La modération, la douceur et la politesse suffisent avec les enfans, presque toujours aussi avec les hommes.	des gravures, où sont retracés les plans des villes et des monumens curieux, les costumes des nations, les productions des genres, et les animaux qui se trouvent dans les différens climats, permettent d'associer à l'étude de la *géographie*, rendue agréable, plus amusante, celle de l'*histoire naturelle*, dont prend aussi des notions dans les promenades journalières, en essant, dans les trois règnes, les animaux, les substances végétales et les minéraux qu'on a successivement sous les yeux. Ce moyen d'instruction et d'amusement peut être appliqué, dans l'enfance, à la plupart des études. avait des enfans qui possédaient, dans leur *huitième année*, notions fort étendues sur la tactique et sur l'art de l'attaque et de la défense des places, et qui commandaient fort bien les diverses évolutions militaires, et rangeaient, avec intelligence, une petite armée factice en bataille, parce qu'un des principaux de leur premier âge avait été de placer et de remuer différent des pièces d'artillerie, des cavaliers et des fantassins de bois. — D'autres enfans avaient acquis de très-bonne heure une connaissance générale de l'histoire, dont on avait eu la précaution de leur dessiner tous les traits intéressans sur des cartons numérotés, pour fixer leur attention et mêler à l'instruction le charme de l'amusement. — C'est ainsi qu'on doit simplifier pour l'enfance éclairements des connaissances, et les lui présenter accompagnés tant de variétés et d'attraits, qu'elle n'éprouve aucune répugnance à s'instruire (¹). ous montrez, cette année, à vos élèves les premiers principes la *langue latine*, ou ceux de la *langue anglaise*, en les exerçant à lire et à traduire avec vous des ouvrages faciles à comprendre et propres à les intéresser. Vous leur faites remarquer, à peu, puis rapprocher et comparer les règles grammaticales contraires, le génie particulier et le mécanisme différent leur langue maternelle et des autres langues qu'ils étudient. Les ductions interlinéaires, dont l'usage est déjà très-répandu, auront vous servir utilement pour cet objet. La première saison de l'existence est la plus propre à l'instruction. Le vide de l'esprit, qui ne demande qu'à connaître; le besoin de voir, d'observer et d'agir; la surabondance de vie, qui se manifeste dans les enfans, la curiosité, l'absence des passions sont tant de circonstances qui favorisent l'enseignement. (¹) Il convient de former, comme le conseille Lancelin, et d'offrir successivement enfans et aux jeunes gens, une suite de tableaux analytiques, contenant : le premier, les faits géographiques; le second, les faits historiques, divisés par siècles et nations; le troisième, les principes comparés des différentes langues; le quatrième, les faits astronomiques; le cinquième, les faits chimiques, etc. On présente ainsi des cadres faits avec soin, l'état de chaque science, l'histoire complète de la nature et de l'homme.	**8ᵉ ANNÉE.** 10 heures de sommeil; 2 pour les repas; 5 pour les courses et les exercices; 1 pour le bain; 2 pour les promenades et les conversations familières, consacrées tour à tour à continuer les leçons d'Astronomie, et à montrer les premiers élémens de l'Histoire naturelle; de la Géographie; 4, de deux jours l'un, pour le Calcul et l'Écriture, ou pour la Lecture et le Dessin; 2 pour la Langue latine, ou pour la Langue anglaise, dont on commence l'étude par la traduction de la lecture de quelque livre facile à comprendre et propre à intéresser les enfans.

NEUVIÈME TABLEAU DU PLAN D'ÉDUCATION-PRATIQUE.

I. ANNÉES du Cours d'Éducation.	II. ÉDUCATION PHYSIQUE.	III. ÉDUCATION MORALE.	IV. ÉDUCATION INTELLECTUELLE.	V. EMPLOI DU TEMS, déterminé pour chaque jour.
9ᵉ ANNÉE. 1. Continuation de ce qui précède; Natation. 2. Emploi du ressort puissant de l'émulation, et du sentiment de l'honneur, pour élever et ennoblir. 3. Suite des études précédentes. Notions sur la Physique. Élémens de Logique.	9. L'exercice de la natation, quoiqu'il paraisse naturel à l'homme, est un art véritable qui a besoin d'être enseigné. On doit développer, dès l'enfance, la faculté de nager, si importante pour l'homme. Chez les Égyptiens, chez les Grecs, chez les Romains, l'art de nager et celui de plonger faisait une partie nécessaire de l'éducation. On ne peut être bon nageur, sans être aussi plongeur. On doit prendre les plus grandes précautions pour familiariser de bonne heure les enfans avec l'eau. Mais, le meilleur nageur, s'il n'est pas exercé à plonger, ne sera pas à l'abri des accidens. Il existe une méthode sûre et facile, au moyen de laquelle des enfans, bien dirigés, peuvent apprendre à nager, en quelques semaines. Leur instituteur, ou l'un des sous-précepteurs, chargé de le seconder, devra leur servir lui-même de maître et de guide. Le moment est venu où nous pouvons faire sentir à nos élèves tout le prix d'une extrême propreté, non moins essentielle pour la santé, que nécessaire dans la vie sociale, et commandée par les bienséances; elle est, d'ailleurs, l'un des premiers élémens d'une bonne éducation physique et morale. Les soins journaliers qu'ils doivent prendre, à cet égard, et continuer toute leur vie, seront le résultat des premières habitudes contractées de l'enfance. Se laver, tous les jours, avec de l'eau froide, la tête, le visage, les oreilles, les yeux, la bouche, les dents, les mains, souvent aussi les pieds; prendre fréquemment des bains entiers dans une eau courante; se lever avec le soleil, se coucher de bonne heure; faire une longue promenade tous les matins, avant le premier repas, une autre tous les après-midi, tour à tour à pied et à cheval : tous ces détails doivent entrer dans le plan de l'éducation d'un jeune homme qu'on veut rendre et conserver sain et robuste.	9. Le plaisir et la douleur, l'honne et la honte, l'amour de la louange et la crainte du blâme, voilà les plus puissans mobiles du cœur humain. Appliquez-vous à dispenser, avec discernement et réserve, les éloges et les reproches. L'art de gouverner les hommes n'est autre chose que l'art de récompenser et de punir, ou plutôt de prévenir les fautes, et de rendre ainsi les punitions inutiles. Nous pouvons quelquefois prendre des leçons utiles chez les peuples sauvages. Ceux de l'Amérique septentrionale s'efforcent d'inspirer à leurs enfans certains principes d'honneur, qui se trouvent établis dans chaque nation; c'est l'une éducation morale qu'ils leur donnent, encore est-elle indirecte; c'est-à-dire l'instruction est puisée dans les belles actions de leurs ancêtres. Les jeunes gens sont échauffés par ces images, et ne craignent que l'occasion d'imiter ce qui excite leur admiration. Quelquefois, pour corriger de tems défauts, on emploie des exhortations et les prières; jamais châtimens ni les menaces. « Au lieu d'offrir à mes élèves d'insignifiantes bagatelles (dit l'auteur, déjà cité, de l'Introduction à l'Analyse des Sciences), j'aimerais mieux les allécter les encourager par l'espoir des récompenses et des marques d'attachement, par l'attente d'un certificat de bonne conduite, d'une carte d'honneur que je leur distribuerais chaque mois, quand ils en raient dignes, et que je leur retirerais, j'avais sujet d'en être mécontent. Cl pour leur faire une âme noble et en raisonnable, il faut surtout s'occuper de les rendre sensibles à la bonne réputation, à la vertu, au véritable honneur, à l'opinion des gens de mérite, et surtout à la vérité la raison, à la justice. Qu'ils apprennent à redouter l'indifférence ou le mépris des hommes instruits et probes, des vieillards respectables, et à regarder la honte de voir mal fait, comme la punition la plus terrible. Peut-être un jour cette grande sensibilité pour l'opinion d'autrui pourrait les faire souffrir et fournir aux autres des armes contre eux; mais (outre que l'éducation et l'expérience l'auront bientôt réduite à ce qu'elle doit être), si elle n'est pas sans inconvénient, elle est de beaucoup préférable à l'indifférence sur le même objet qui annonce presque toujours l'apathie la bassesse du caractère, ou le vice de l'éducation. »	9. Les études précédentes, qui sont toujours en entretiens et en exercices, l'écriture, le calcul, le dessin, la géographie, l'astronomie, l'histoire naturelle, le latin et les deux langues vivantes, nationales et étrangères, sont continuées. On ajoute à ces occupations, devenues d'année en année plus familières et plus faciles, et qui prennent moins de tems, quelques notions sur la physique. La physique expérimentale paraît préférable à la physique purement systématique, qui est plus ou moins conjecturale : d'ailleurs, la première intéresse plus et instruit mieux les enfans. La logique, ou l'art de communiquer ses idées avec ordre, netteté, formera le jugement de vos élèves. Une excellente manière d'enseigner aux autres et d'apprendre soi-même, consiste à faire des questions, mais peu multipliées et bien réfléchies. Cette épreuve décide de la pénétration de celui qui interroge, et de la portée de celui qui répond. Chaque étude bien dirigée est pour nos élèves un véritable cours de logique-pratique, puisque nous avons toujours soin de conduire leurs esprits, par une gradation bien ménagée, du connu à l'inconnu, du simple au composé, et de leur faire parcourir, échelon par échelon, sans jamais négliger ou franchir aucun degré intermédiaire, la série d'observations et de faits dont chaque science est formée. Nous leur faisons concevoir, cette année, quelles sont les principales opérations de l'entendement, quelle est la marche naturelle qu'il doit suivre dans l'application de ses facultés. Ils apprennent à distinguer les idées, produit de nos sensations ou des perceptions reçues par nos sens, et principe de nos connaissances; le jugement, ou la faculté de comparer différens objets pour juger des rapports qui existent entre eux; le raisonnement, qui se compose de plusieurs jugemens déduits les uns des autres, et liés ensemble par une chaîne continue; la méthode qui coordonne d'une manière analytique nos jugemens, nos raisonnemens, pour leur imprimer le caractère de l'évidence et de la vérité. Les principaux ouvrages que l'instituteur peut consulter, mais qu'il faut écarter des mains de son élève, qui devra les lire plus tard, sont la Logique de Condillac, et les quatre premiers volumes de son Cours d'Études; l'Essai sur les connaissances humaines, du même auteur; le Novum Organum de Bacon, l'Entendement humain de Locke, et le Cours de philosophie de La Romiguière. Ces ouvrages, bien médités, mettront le précepteur en état de former avec succès la raison et l'esprit de ses élèves, sans accabler leur mémoire de ces divisions et de ces formules qui ont plutôt favorisé les vaines disputes et les subtilités des discussions scholastiques, que les progrès réels et le perfectionnement des sciences. La logique fait connaître les opérations de l'entendement humain, et la physique celles de la nature et les différentes propriétés de la matière et des objets qui tombent sous nos sens. Le cours physique de nos élèves se continue dans tous les instans de leur vie. Ils apprennent à juger des rapports des êtres sensibles entre eux et avec l'homme : ils étudient les lois générales de la nature, et leurs différentes modifications.	9ᵉ ANNÉE. Même emploi du tems que pour l'année précédente, en ajoutant aux deux heures de promenade de une heure qui sera employée à des conversations morales et scientifiques, attachantes et instructives, à la physique, et à des observations sur la physique, et qui sera retranchée du nombre des instans donnés aux exercices gymnastiques. L'heure du bain sera conservée en même tems à la natation.

DIXIÈME TABLEAU DU PLAN D'ÉDUCATION-PRATIQUE.

I. ANNÉES du Cours d'Éducation.	II. ÉDUCATION PHYSIQUE.	III. ÉDUCATION MORALE.	IV. ÉDUCATION INTELLECTUELLE.	V. EMPLOI DU TEMS, déterminé pour chaque jour.
10ᵉ ANNÉE. 1. Continuation des Jeux et des Exercices physiques, propres à donner au corps de la force et de l'adresse. — Usage des armes à feu. 2. Éducation morale, en actions plutôt qu'en discours. — Humanité; bienfaisance; courage. 3. Continuation des études déjà commencées. — Notions sur la Chimie. Élémens de la langue grecque.	10. On continue d'exercer les organes et les sens. Vos élèves ont vu tirer des armes à feu sans être effrayés de leur bruit. Ils doivent savoir les tirer eux-mêmes, charger un fusil et un pistolet, viser juste, faire partir leur arme d'un œil fixe et d'une main assurée. Vous devez admettre de bonne heure dans l'éducation cette partie de la gymnastique relative aux exercices militaires, qui est souvent recommandée par les auteurs de la *Gymnastique de la Jeunesse* (1). L'usage des armes à feu, le maniement des armes, les évolutions, l'escrime, serviront à varier les jeux, à les diriger vers un but d'utilité, et ajouteront, d'année en année, à la grâce extérieure, à la force, au développement des muscles, à l'aplomb de la démarche et à l'aisance des mouvemens. Rien n'amuse les enfans comme les jeux qui offrent l'image ou rappellent l'idée des combats. Après les leçons préliminaires données en particulier, vous conduirez quelquefois en pleine campagne les élèves de plusieurs institutions formées d'après mon plan. Ils sont organisés en sections et en compagnies, qui, d'abord exercées séparément, doivent ensuite manœuvrer ensemble sur un même terrein, et ne paraître former qu'un seul corps et un seul individu; de l'uniformité, la précision, la justesse et la promptitude des évolutions. Vous les séparez en deux petits corps d'armée: un bouquet de bois, une butte sablonneuse sont-ils occupés par l'un des deux partis, l'autre s'avance pour s'en emparer: on emploie tour à tour (1) Nous avons consulté plusieurs fois avec fruit cet ouvrage pour compléter notre travail; et nous le désignons avec reconnaissance aux instituteurs éclairés qui veulent donner une attention spéciale et de plus grands développemens à l'éducation physique des enfans.	10. En rendant nos enfans forts, adroits et robustes, sensibles à la voix de l'honneur, à l'opinion d[es] hommes de bien, nous avons be[aucoup] coup fait pour les rendre cour[a-]geux. Le vrai courage repose sur[la] conscience de ses forces, com[me] sur sa base la plus solide. Un ho[m-]me d'un naturel brave, mais do[nt] le physique est faible, languissa[nt,] énervé, devient souvent timid[e,] pusillanime, ou prudent et circu[n-]spect jusqu'à la lâcheté, par u[ne] sorte de nécessité qui naît du se[n-]timent de son impuissance. L'homme courageux est humai[n] fort de sa supériorité, rassuré [par] le soin de sa propre défense, il s[a-]bandonne sans réserve à sa géné[ro-]sité naturelle. Il s'honore de prot[é-]ger la faiblesse, l'innocence, [le] malheur, de défendre les opprim[és,] de pardonner à des ennemis qu[i] n'est point réduit à craindre. même noblesse d'ame qui insp[ire] le courage et le mépris des péri[ls] produit la bienfaisance et l'ha[u-]nité. Nos élèves sont formés, dès les premières années, à cette dou[ce] sympathie qui fait compatir [aux] peines d'autrui, à ce penchant h[a-]bituel qu'on nomme bienveillan[ce,] qui nous fait désirer constamme[nt] le bonheur des hommes. « La bi[en-]faisance (1) est la bienveillance m[ise] en pratique; c'est à la fois la v[o-]lonté et l'heureux pouvoir de fai[re] (1) LANCELIN, tome II, pages 28 et 19.	10. Vous perfectionnez vos élèves dans ce qu'ils savent déjà; ... offrez à leur avidité d'apprendre des branches plus étendues ... *l'histoire naturelle*, dont ils possèdent les élémens. Vous leur ... dans la *physique* et dans la *chimie*, par un exposé d'ob-...ations simples et claires, par des faits, par des expériences ...santes et instructives, tout ce qui est à leur portée, de nature ...citer leur attention et propre à leur être utile. Évitez de les conduire dans des laboratoires, où l'appareil scien-...que et la multitude de machines et d'objets qui produiraient ... impressions confuses, des idées vagues et compliquées dans ... cerveau, ne pourraient que troubler l'ordre méthodique qui ...vient à leur enseignement, et entraver leur marche et leurs ...grès. L'instruction doit être simple, proportionnée à l'intelli-...gence du premier âge. Vous ne devez montrer à vos élèves les différentes machines, les instrumens des sciences et des arts, que successivement, à mesure qu'ils pourront apprendre l'usage auquel ces instrumens sont propres, et la manière de s'en servir. « Il paraît convenable (1) de proposer aux jeunes gens, pour prix de leur travail et de leur bonne conduite, des objets qui aient un rapport direct avec leurs études et leurs occupations. Tels sont (à mesure qu'ils étendent la sphère de leurs connaissan-...es) une boîte à couleurs, un étui de mathématiques, une lunette d'approche, un télescope, un microscope, etc. Ces prix ont une ...ilité, une application immédiates, et peuvent devenir un nouveau ...germe d'émulation, de connaissances et de talens. De même, les jouets qu'on place entre leurs mains (et dont le choix n'est rien moins qu'indifférent), peuvent réunir l'utile et l'agréable. Ce sera, si l'on veut, des instrumens du labourage et du jardinage, une (1) LANCELIN, Introduction à l'Analyse des Sciences, tome II, page 100.	10ᵉ ANNÉE. 9 heures de sommeil; 2 pour les repas; 5 pour les Exercices gymnastiques et pour le Tir des armes à feu; 1 pour le Bain et la Natation; 2 alternativement, de deux jours l'un, pour la Géographie et le Dessin, pour la Lecture et le Calcul; 3 aussi alternativement, de deux jours l'un, pour l'Astronomie et la Physique, pour continuer l'Histoire naturelle et recevoir des notions élémentaires sur la Chimie; 2 alternativement pour la Langue latine ou la Langue anglaise, et pour la Langue grecque.

I. ANNÉES du Cours d'Éducation.	II. ÉDUCATION PHYSIQUE.	III. ÉDUCATION MORALE.	IV. ÉDUCATION INTELLECTUELLE.	V. EMPLOI DU TEMS, déterminé pour chaque jour.
10ᵉ ANNÉE.	l'adresse ou la force, suivant les localités et les mouvements de l'ennemi. Si le champ de bataille s'étend dans une plaine, on s'efforce de gagner, par des marches et des contremarches, l'avantage du terrain, du vent et de la lumière. Tantôt on pousse la troupe ennemie dans une position où elle est éblouie par les rayons du soleil, et mise dans l'impuissance d'agir; tantôt on la presse dans un vallon pour l'attaquer avec succès, en occupant les hauteurs. La sagesse d'un instituteur éclairé doit présider à ces jeux, diriger les opérations, conseiller tour à tour les chefs des deux partis, prévenir les accidens, empêcher les querelles, encourager les vaincus, honorer le triomphe des vainqueurs. Vous concourez ainsi, par la direction de l'éducation, à l'exécution de la loi, qui garantit à la patrie autant de défenseurs que de citoyens. Vous faites tourner au profit de l'instruction et de la santé cette impatience du repos et ce besoin de l'action qui caractérisent l'enfance. Vous préparez vos élèves à servir avec gloire dans les armées, ou du moins à conserver dans la vie sociale cette vigueur et cette agilité qui rendent l'homme supérieur aux dangers et aux fatigues, qui lui inspirent une fierté généreuse et une noblesse d'âme, compagnes ordinaires du courage et principes des vertus, qui sont pour lui des moyens précieux et nécessaires d'indépendance et de bonheur.	le bien: celui qui le possède à un degré éminent est maître de la perfection et de l'estime de ses semblables; il tient dans ses mains plus beau, le plus noble instrument du bonheur; c'est à la raison à l montrer l'art de s'en servir.» La générosité et une libéralité bien entendue sont des qualités vos exemples et une longue habitude pratique ont dû rendre familières à vos élèves. Mais les dons peuvent avoir de mérite, qu'autant qu'ils sont le fruit de quelque sacrifice ou d'une privation personnelle; il importe qu'ils soient faits avec discernement, sans ostentation qu'ils soient réellement inspirés par le cœur, par une tendre pitié pour l'infortune, par l'instinct de la vraie bienfaisance, et par l'amour de la vertu. Vous devez éviter de faire connaître aux enfans qu'ils sont nés parens très riches, ou du moins l pénétrer de cette vérité salutaire que les richesses sont un bien fragile qui dépend des caprices de fortune; mais que la santé, les vertus, les talens sont des biens plus solides, plus précieux, qui n'appartiennent qu'à l'homme qui a les acquérir et les conserver, et dont la possession fait goûter des plaisirs purs et durables, et constitue l vraie félicité.	…, une charrue, un chariot, etc., des outils pour la charpente et la menuiserie, pour les constructions en pierre et en bois, on peut mettre à leur disposition des modèles composés de pièces numérotées, qui s'assemblent et se désassemblent à volonté.» De cette manière, rien n'est plus aisé que de leur donner des idées claires sur les principaux arts mécaniques, et de les rendre inventifs et mécaniciens, en leur procurant un exercice utile et en leur donnant un aliment naturel pour cette curiosité et cette activité qui sont l'apanage du premier âge. Vous faites commencer, cette année, la *langue grecque*, comparée avec la langue latine, en sorte que celle-ci devient plus familière, et l'étude de l'autre plus aisée (¹). — Les langues, ainsi que la lecture et l'écriture, sont la clef des connaissances humaines: dès un homme en possède, plus il a de moyens de s'instruire. D'ailleurs, la connaissance des langues anciennes et l'étude des langues comparées familiariseront vos élèves avec le grand art de l'éloquence, formeront à la fois leur jugement, leur langage, leur style, et leur ouvriront les riches trésors que nous ont légués les meilleurs écrivains, anciens et modernes. Les jeunes gens, nourris de bonne heure des hautes leçons et des exemples de vertu répandus dans leurs ouvrages, auront toujours devant les yeux des modèles de conduite propres à les diriger. Ils ne verront point non plus sans utilité les actions lâches ou infâmes recueillies par l'histoire, et vouées par elle au mépris et à l'exécration. L'étude des langues et celle de l'histoire, comme toutes les autres parties de leur instruction, sont aussi des *cours de morale*, et contribuent à la culture de toutes les facultés de l'homme qu'une éducation complète et harmonique doit embrasser et développer simultanément. (1) L'instituteur peut consulter avec fruit un ouvrage de M. Watts: l'Art d'apprendre les langues, ramené à ses principes naturels.	10ᵉ ANNÉE.

ONZIÈME TABLEAU DU PLAN D'ÉDUCATION-PRATIQUE.

I. ANNÉES du Cours d'Éducation.	II. ÉDUCATION PHYSIQUE.	III. ÉDUCATION MORALE.	IV. ÉDUCATION INTELLECTUELLE.	V. EMPLOI DU TEMS, déterminé pour chaque jour.
11ᵉ ANNÉE. 1. Mêmes exercices que les années précédentes, auxquels on joint la danse. 2. Appréciation de la vie. — Savoir suffire et borner ses besoins. — Amour de ses semblables. — Humanité; bienfaisance; politesse du cœur et des manières. 3. Géométrie et arpentage. — Botanique. — Étude de la rhétorique, associée à celle des langues grecque et latine.	11. On peut employer, cette année, quelques momens à la danse, accoutumer l'oreille à la justesse des sons, et les pieds à mettre leurs mouvemens en harmonie avec les instrumens et la voix. La danse est favorable au dégagement de la taille, au développement du corps, à l'habitude d'une contenance aisée, libre et naturelle, qui exclut l'embarras et l'affectation. Loin de proposer ici des danses molles et efféminées, qui, sans fortifier le corps, ne tarderaient pas à corrompre l'ame, nous ne voulons chercher dans la danse que les moyens de donner à nos autres exercices l'ensemble et l'harmonie, d'où résulte la grâce, sans laquelle la force ne serait que rudesse, et l'adresse elle-même perdrait ce qui en fait le premier charme, l'aisance et la légéreté. La véritable grâce n'est point la mollesse, et peut se concilier avec la force. Nous avons, d'ailleurs, l'avantage de former ainsi le caractère et l'humeur de nos élèves, qui, parvenus à la jeunesse, et conduits dans les réunions des deux sexes, établies par nos mœurs, y porteront des manières plus aimables, et cette joie innocente et vive qu'ils ne pourraient partager, s'ils étaient privés des talens nécessaires pour figurer dans ces fêtes. Alors, ils y seraient mornes, mélancoliques, maussades et taciturnes : étrangers aux plaisirs dont ils seraient témoins, ils éprou-	11. La partie la plus essentielle de l'éducation d'un enfant, Rousseau, celle dont il n'est jamais question dans les éducations les plus soignées, c'est de lui bien faire sentir sa misère, sa faiblesse, sa dépendance, et le pesant joug de la nécessité, que la nature impose à l'homme; et cela, non seulement pour lui alléger ce joug, mais surtout, afin qu'il connaisse de bonne heure en quel rang l'a placé la Providence, qu'il ne s'élève point au dessus de sa portée, et que rien d'humain ne lui semble étranger. Appropriez l'éducation de l'homme à l'homme, et non pas à ce qu'il n'est point lui. Ne voyez-vous pas qu'en travaillant à le former exclusivement pour un état, vous le rendez inutile pour tout autre, et que s'il plaît à la fortune, vous n'aurez travaillé qu'à le rendre malheureux? « Mettez les leçons des jeunes gens en actions, plutôt qu'en discours. Qu'ils n'apprennent rien dans les livres de ce que l'expérience peut leur enseigner. Le pédant et l'instituteur disent à peu près les mêmes choses; mais le premier les dit à propos; le second ne les dit que lorsqu'il est sûr de leur effet. » Nos enfans savent déjà borner leurs besoins à leurs désirs : leur indépendance a pour garans leur modération et la simplicité. L'exercice journalier et bien dirigé de leurs sens a nécessairement influé sur le développement de leur intelligence; la maturité de leur esprit rend leur éducation morale plus facile. Habitués à voir les choses telles qu'elles sont, à les examiner mûrement, n'attendre de chacune que le degré de plaisir ou de peine qu'elle peut donner, à ne se fier jamais à un premier aperçu, à ne point abandonner aux premières impressions, souvent trompeuses et par-	11. Vos élèves savent bien calculer; l'*Arithmétique* les a initiés à la *géométrie*, aux *Mathématiques*, à l'*algèbre*, qu'ils doivent prendre successivement dans trois années. Vous les conduirez sur le terrain, pour voir arpenter et pour arpenter eux-mêmes, se former un coup d'œil prompt et sûr, pour juger facilement les distances, pour lever et dessiner des plans; car le *dessin* n'a pas cessé d'être leur récréation favorite, et ils font beaucoup d'usages différens de cette sorte de langue universelle. Ils se perfectionnent alternativement dans le latin, le grec, et dans leur langue nationale, par la lecture, la traduction, la composition, en apprenant par cœur des morceaux choisis des meilleurs auteurs. À l'étude de la *rhétorique*, qui doit se joindre à celle des langues anciennes, et qui est comme le complément de la *grammaire* et de la *logique*. Car la grammaire est la science qui enseigne les principes et les règles de la méthode à suivre dans l'analyse de la pensée, ou l'art de parler et d'écrire avec ordre et clarté. La *logique* est l'art de bien observer et de bien juger, de raisonner et de penser avec méthode et justesse. La *rhétorique* apprend à rendre ses pensées par ses paroles avec netteté, grâce et noblesse; à bien y joindre l'élégance, la précision, la délicatesse du style et du langage, à la succession régulière et méthodique, à la symétrie et à la justesse des pensées. Vous admettez, cette année, la *botanique* dans le domaine de vos connaissances. Vous apprenez à vos élèves les divisions générales des différentes familles de végétaux, les différentes propriétés des plantes utiles, salutaires, nuisibles. Vous parcourez avec eux les différentes branches de l'histoire naturelle, qui depuis long-tems ne leur sont point étrangères; vous en montrez l'application usuelle, les rapports directs ou éloignés, soit aux arts et à la médecine, soit à l'économie rurale et domestique, et aux besoins journaliers de la vie. » Dans les excursions champêtres, destinées au plaisir, on s'attache à suivre le cours des fleuves, des rivières, des ruisseaux,	**11ᵉ ANNÉE.** 11 heures pour le sommeil et les repas; 5 pour les exercices gymnastiques et la danse; 1 pour le bain et la natation; 3 pour les promenades, consacrées tour à tour à des entretiens et à des observations sur la botanique; à des conversations et à des expériences sur les autres branches de l'histoire naturelle, sur l'astronomie, la physique et la chimie; 2 alternativement, de deux jours l'un, pour la géographie, le dessin et le calcul. 1 pour la géométrie théorique et pratique, et pour l'arpentage; 1 alternativement pour les langues grecque et latine.

I. ANNÉES du Cours d'Éducation.	II. ÉDUCATION PHYSIQUE.	III. ÉDUCATION MORALE.	IV. ÉDUCATION INTELLECTUELLE.	V. EMPLOI DU TEMS, déterminé pour chaque jour.
11ᵉ ANNÉE.	veraient un sentiment involontaire de tristesse, mêlé d'une secrète envie. Obligés de concentrer et de cacher cette impression pénible, ils chercheraient une sorte de dédommagement, qui ne serait point sans danger, dans les écarts et dans les vagues désirs d'une imagination ardente et fougueuse. Leurs passions, éveillées avant l'âge, troubleraient la candeur et la pureté de leur ame, et cette heureuse tranquillité qui doit leur conserver un jugement sain, un corps vigoureux. Ici encore, les trois branches de l'éducation sont nécessaires l'une à l'autre, et doivent s'aider mutuellement. L'éducation, image et modèle-type de la vie sociale, rapportée à la destination naturelle et sociale de l'homme, rend nécessaires la réunion et le rapprochement des deux sexes, dès la première jeunesse. Les exercices gymnastiques des années précédentes ne sont jamais interrompus. On les cultive alternativement, et on en varie l'usage, suivant les saisons, les climats, les localités : on doit en faire, pour les élèves, des délassemens libres et volontaires, qui leur soient toujours agréables.	gères, ils sont préservés des ... et des erreurs de l'imagination, des ravages des passions violentes qui sont des affections mal dirig... Une raison perfectionnée est la source de la sagesse et l'un des plus ... instrumens du bonheur. Nos élèves uniront la tranquillité flegmatique d'une tête froide, d'un esprit cal... et réfléchi, à la douce chaleur d'une ame sensible et généreuse. Ils sauront concilier le respect qu'ils doivent à eux-mêmes, et les égards qu'ils doivent aux autres. Ils seront ainsi formés à la véritable *politesse* composé délicat d'une foule ... nuances et de qualités différentes qui doivent être assorties entre elles et comme fondues ensemble : résultat heureux d'une grande bonté caractère, puisée dans la sensibilité du cœur, d'une complaisance toujours prévenante et affectueuse, inspirée par l'humanité, d'une nob... franchise dans les discours et ... les manières, d'une modestie simple, naturelle, bien entendue, qui n'exclut point une certaine fierté mais qui repousse et réprime l'amour-propre et la présomption partage ordinaire des ames sèches des esprits médiocres, et enfin d'une observation exacte des convenances et des bienséances sociales, r... nécessaire de la connaissance et de l'usage du monde, ou des relations successives avec un grand nombre d'individus des deux sexes et des différentes classes de la société.	...lerrons ; on fixe l'attention de ses élèves sur les arbres, les ...stes, les fleurs et les fruits, sur les oiseaux, les poissons, les ...tes, les coquillages, les grottes, les chaînes de rochers, dont ...soin de leur faire observer la position par couches successives, etc. ; enfin, on les fait jouir des sites pittoresques propres ...velopper l'imagination, et qui d'ailleurs ont un si doux attrait pour tous les individus et pour tous les âges. Dans les mêmes courses, on visite alternativement les usines ...mme moulins à blé, moulins à huile, forges, verreries, etc.); ...cherche, on en explique le mécanisme ; on les mesure ; on ...dessine. Tout peut devenir un sujet de leçon pour un instituteur habile : ...vêtement, le mouchoir, la chaussure, etc., de ses élèves lui ...naissent l'occasion de leur expliquer une foule de choses relatives aux arts usuels, à l'agriculture, à l'industrie, au commerce, ... économie domestique, etc. En leur faisant voir par combien de ...ias la laine des troupeaux, le poil et la peau des animaux, ...ères des végétaux, le lin, le chanvre, le bois, la pierre, ...fer ont dû passer, avant d'être transformés en habits, en meubles, en maisons, etc. ; en leur montrant cette foule de bras employés par tout le globe à les nourrir, à les vêtir, à les loger, ...mot, à satisfaire à tous leurs besoins (1), il leur développe ce ...u sacré qui, rendant toutes les conditions et les professions nécessaires les unes aux autres, unit les citoyens d'un même État, ...s peuples entre eux ; il leur inspire le noble désir d'être utile ...x hommes ; il allume dans leur cœur l'amour de la patrie et de ...humanité, en même tems qu'il enrichit leur esprit des plus solides connaissances (2). Ici encore, la morale et l'instruction, ...roitement liées l'une à l'autre, se favorisent mutuellement (3).	11ᵉ ANNÉE.

(1) Voyez la Loi des échanges, ci-dessus, pag. 192.
(2) Introduction à l'Analyse des Sciences, tome I, pages 112 et 113.
(3) Loi de la chaîne. Tour en avant. Voyez, ci-dessus, page 144.

DOUZIÈME TABLEAU DU PLAN D'ÉDUCATION-PRATIQUE.

I. ANNÉES du Cours d'Éducation.	II. ÉDUCATION PHYSIQUE.	III. ÉDUCATION MORALE.	IV. ÉDUCATION INTELLECTUELLE.	V. EMPLOI DU TEMS, déterminé pour chaque jour.
12ᵉ ANNÉE. Continuation de ce qui a précédé. 1. Apprentissage chez un menuisier. 2. Connaissance de la religion, de ses deux bases: d'un Être-Suprême; d'une ame immortelle. — Habitude de la pensée de la mort; intrépidité. 3. Mathématiques; entretiens instructifs; enseignement donné de vive voix. Ordre et méthode dans les études. — Usage de prendre des notes, de faire des extraits et des analyses. Instruction mutuelle; manière de l'appliquer; ses avantages.	12. Un jeune homme bien élevé doit, suivant Locke, apprendre un ou plusieurs métiers ou arts mécaniques, et surtout s'attacher à la pratique d'un métier de son choix. — D'abord, il faut diriger l'humeur agissante des enfans vers des objets qui leur soient utiles. Les langues et les sciences ne sont pas les seules choses dignes de l'application des hommes : l'art de peindre, de tourner, l'art de tremper et de travailler le fer, la menuiserie, le jardinage, l'agriculture, en un mot, tous les arts qui servent aux besoins de la société, méritent qu'on les fasse entrer dans notre plan d'éducation, qu'on rende nos élèves capables d'en posséder et d'en comparer les procédés, et d'en cultiver un particulièrement. En second lieu, l'exercice, qui résulte d'un travail manuel ou de l'apprentissage et de la pratique d'un métier, est favorable et presque nécessaire à la santé, surtout pour un homme qui vivra dans une classe de la société amollie, efféminée, corrompue par les jouissances du luxe. Nos élèves, devant d'ailleurs s'appliquer un jour aux sciences ou aux affaires, et mener une vie sédentaire et studieuse, auront besoin de donner le change à leur esprit par quelque délassement utile et agréable, ou par quelque exercice corporel, propre à maintenir les forces et la santé. La connaissance d'un métier est essentiellement liée à l'*éducation intellectuelle*, en ce qu'elle développe l'intelligence et permet d'apprécier les chefs-d'œuvre sortis de la main de l'homme et les prodiges de la mécanique; à l'*éducation morale*, en ce qu'elle rend un homme	12. En même tems que nos élèves puisent dans l'apprentissage d'un mécanique ou d'un métier un accroissement de forces physiques et d'adresse, ces dogmes communs à toutes les croyances religieuses, doivent être les résultats presque inévitables de vos propres discours et des réflexions libres et spontanées des sentimens involontaires produits dans l'ame de vos élèves par le spectacle touchant des beautés et des merveilles de la nature. Vous développez et vous fortifiez en eux principes, qui sont le plus ferme appui de la morale. Vous les initiez ainsi, lentement et progressivement à la connaissance et à la pratique de la religion qu'ils doivent professer dans la société. Vous les avez familiarisés, dès leur enfance, avec toute espèce de danger; vous les familiarisez, dans leur jeunesse, avec l'idée de la mort. Cette pensée, reproduite quelquefois sans affectation dans vos entretiens et dans vos promenades, quand les objets qui vous environnent paraissent la rappeler, n'a rien de triste ni d'effrayant : associée à ces nobles pressentimens qui semblent garantir l'existence d'une ame immortelle et à la consolante espérance d'une vie à venir, elle fait	13. L'enseignement donné de vive voix, dans des entretiens familiers et dans des promenades, est souvent préférable à l'instruction qui ne s'acquiert que par la lecture, et réunit le double avantage d'exercer la mémoire et l'esprit des enfans. Les leçons données et reçues par écrit sont toujours éloquentes et fructueuses. Il est utile aussi, pour rendre cet enseignement plus profitable, d'habituer vos élèves à suivre un ordre constant dans leurs travaux, à prendre des notes et des extraits pour fixer leurs connaissances, à faire des analyses pour former leur style et mûrir leur jugement; à soutenir enfin des examens, entre eux et devant vous, sur les sciences qu'ils étudient. Une salutaire émulation et l'habitude de bien concevoir, d'énoncer clairement leurs pensées, sans embarras et sans affectation, seront les résultats de ces luttes littéraires. Vous pouvez encore adopter et appliquer avec succès le principe de l'*instruction mutuelle*, recommandée par l'illustre publiciste et philantrope Jérémie Bentham, c'est-à-dire, la méthode d'employer les enfans, peu de tems après qu'ils viennent de recevoir une instruction en qualité d'élèves, à en faire part aux autres enfans, en qualité d'instituteurs. Ceux de vos élèves les plus avancés dans une connaissance serviront de guides à ceux qui le sont moins. Il en résulte un enseignement moins sévère, une plus grande analogie d'idées entre l'instituteur et l'élève, des progrès plus rapides pour l'un et pour l'autre : car on s'instruit beaucoup mieux, quand on enseigne que lorsqu'on apprend. Dans ce dernier cas, l'esprit est passif à bien des égards; dans le premier, il exerce toute son activité. C'est une tâche fatigante et ennuyeuse pour l'esprit cultivé d'un maître de descendre et de revenir continuellement à des idées proportionnées à l'intelligence des enfans. Pour un élève-instituteur, ce qu'il vient d'apprendre en qualité d'élève conserve, pendant un certain tems, à ses yeux, son importance relative, lorsqu'il est chargé de l'enseignement; et, quand cette importance n'existe plus pour lui, il passe à un nouveau genre de connaissances. L'élève qui est instruit de cette manière par un de ses jeunes camarades, se livre à l'étude avec plus de facilité, de plaisir et d'application. Ce mode d'enseignement semble d'ailleurs concourir,	12ᵉ ANNÉE. 10 heures de sommeil et repas; 4 pour les exercices et les travaux manuels, dont une sera employée chaque jour à travailler chez un menuisier ou un tourneur, chez un imprimeur, un horloger, etc. 4 pour le Bain et la Natation; 4 pour les entretiens religieux et moraux avec les élèves, sur la vie et sa destination, sur la mort, sur l'existence de Dieu, sur l'immortalité de l'ame. Ces entretiens doivent être amenés indirectement et avec art, de manière à ce qu'ils attachent et intéressent fortement et donnent à penser; 4 de trois jours l'un, pour la Géographie, le Dessin ou le Calcul; 2 de deux jours l'un, tour à tour, Physique et Chimie, ou Histoire naturelle et Botanique; 4 de deux jours l'un, Astronomie, ou Géométrie et Arpentage; 2 pour les Mathématiques; 2 alternativement pour le Latin et le Grec.

SUITE DU DOUZIÈME TABLEAU DU PLAN D'ÉDUCATION-PRATIQUE.

I. ANNÉES du Cours d'Éducation.	II. ÉDUCATION PHYSIQUE.	III. ÉDUCATION MORALE.	IV. ÉDUCATION INTELLECTUELLE.	V. EMPLOI DU TEMS, determine pour chaque jour.
12ᵉ ANNÉE.	libre et indépendant, sûr de pouvoir exister, par lui-même et sans autre secours que celui de ses bras, dans l'adversité, et parce qu'elle lui apprend, non seulement à ne pas dédaigner et mépriser, mais à estimer, à distinguer, malgré d'injustes et odieux préjugés, l'artisan honnête et industrieux, l'ouvrier habile et intelligent, le journalier laborieux et pauvre qui vivent du travail de leurs mains. Vous fortifierez donc vos élèves et vous exercerez leur adresse par l'usage de quelques travaux manuels, par la connaissance-pratique d'un art mécanique et utile ou d'un métier, tel que celui du tourneur, du menuisier, de l'imprimeur, de l'horloger, etc. Ils apprendront à honorer les professions qui servent à fournir aux divers besoins des hommes. Leurs bras, exercés à manier la scie, la hache et le compas, leur offriront une ressource assurée pour pouvoir, en tous lieux et dans toutes les positions, se suffire à eux-mêmes, et subsister par leur propre industrie. L'instituteur, ou l'un des deux sous-précepteurs placés près de nos élèves, pourront facilement passer une heure, chaque jour, dans l'atelier où ils travaillent, et les animer par leur exemple, ou leur offrir celui d'un ouvrier intelligent, chargé de les diriger. Nous avons dû supposer que nous avions à notre disposition tous les moyens convenables pour réunir autour de nos élèves tout ce qui est nécessaire pour l'application de notre plan d'éducation (¹).	tifie la raison, moralise l'homme réprime les passions, inspire philosophie douce et pratique, tranquille et patiente résignation une constante tolérance au milieu des erreurs, des folies, des faiblesses et des vices. Elle apprend à supporter sans indignation les triomphes éphémères du crime, le spectacle trompeur de l'apparente prospérité des méchans. Elle donne enfin courage calme et impassible, n'est plus sujet à se démentir dans les maladies et sur le lit de mort, que sur un champ de taille. Pour être digne de vivre, il faut de bonne heure apprendre à mourir. Cette science appartient surtout à l'homme dont le corps est vigoureux, la tête forte, l'âme semble élevée. Dépouillez la mort, aux yeux des enfans et des jeunes gens de ces formes hideuses, de cet appareil effrayant, dont les préjugés et les terreurs pusillanimes du vulgaire se plaisent à l'entourer. Alors elle n'est plus qu'une des lois posées par la nature à tout être qui jouit de la vie, qu'un terme commun, un point de réunion pour tous les hommes, qu'une époque inconnue où l'âme, affranchie de ses liens, doit aspirer à une nouvelle existence. § (¹) Cette partie de l'éducation, à la fois physique ou gymnastique et industrielle, admirablement développée et appliquée à l'excellent ouvrage intitulé : Les Jeunes industriels, traduit de l'anglais du miss M. Edgeworth, et approprié aux besoins de la jeunesse française, par madame Hector.	sur l'éducation morale, pour pénétrer les enfans de cette vérité : qu'il n'est aucun bien dont la possession ne soit plus douce et la jouissance plus vive, à proportion qu'on partage avec les autres. (*Loi des échanges*.) Je ne parle point de châtimens ni de punitions, pour forcer les enfans à s'instruire ; car je suis convaincu qu'il faut leur rendre l'étude aimable, si l'on veut qu'ils étudient avec fruit, et fassent des progrès rapides. L'*éducation intellectuelle* et l'*éducation morale* sont toujours en rapport l'une avec l'autre. Diriger les actions et la conduite d'un enfant par la crainte des châtimens, et le porter à étudier, seulement pour éviter une peine ou une réprimande, c'est entretenir en lui, comme l'observe Locke, un principe de corruption. La honte d'avoir mal fait, la privation des avantages que l'instruction procure, et qu'on doit faire de bonne heure apprécier aux enfans, devront produire plus d'impression sur leur esprit que les punitions elles-mêmes. Si les punitions et les reproches sont les moyens qu'on emploie pour les forcer à l'étude, on leur rendra odieuses les choses qu'on doit s'efforcer de leur faire aimer. Il est néanmoins quelques circonstances très-rares où les punitions peuvent être nécessaires. Mais, pour peu qu'on s'y prenne avec adresse, le tems que les enfans emploieront aux choses qu'on voudra leur enseigner, servira autant à les délasser de leurs jeux, que leurs jeux servent à les délasser de l'étude. Faites donc en sorte que vos élèves vous demandent de leur donner une leçon, comme ils prient leurs camarades de leur enseigner certains jeux. Faites-leur voir avec art les objets auxquels vous désirez les appliquer, comme destinés, par une sorte de privilège, à un âge plus avancé que le leur, ou à une condition plus élevée. Faites-leur solliciter et attendre la permission de s'en occuper. L'idée, le sentiment de leur liberté, l'envie d'obtenir l'estime et de se distinguer un jour, seront des aiguillons puissans qui leur rendront leurs études infiniment plus profitables.	12ᵉ ANNÉE.

TREIZIÈME TABLEAU DU PLAN D'ÉDUCATION-PRATIQUE.

I. ANNÉES du Cours d'Éducation.	II. ÉDUCATION PHYSIQUE.	III. ÉDUCATION MORALE.	IV. ÉDUCATION INTELLECTUELLE.	V. EMPLOI DU TEMS, déterminé pour chaque jour.
13ᵉ ANNÉE. 1. Continuation des exercices et des travaux manuels des années précédentes. — Agriculture et jardinage. 2. Religion, morale, tolérance. 3. Continuation des études précédentes; Algèbre.	13. L'éducation physique doit avoir surtout pour objet de prévenir ou de corriger l'excès des études. Tous les travaux sédentaires qui ne tendent qu'à perfectionner l'esprit, et qui font nécessairement partie d'une bonne éducation, peuvent altérer le tempérament par la diminution de la transpiration insensible, qui est l'évacuation la plus considérable et la plus importante, dont la régularité est un des principes de la santé. Les médecins éclairés regardent la tension trop habituelle de l'esprit et l'inaction du corps, comme deux grandes causes de maladies, qu'il faut combattre et détruire dès la première jeunesse. « L'esprit trop occupé nuit au corps ; le corps trop affaibli nuit à l'esprit ; l'un et l'autre détruisent, à frais communs, le système des nerfs (1). On est trop savant, quand on l'est aux dépens de sa santé : à quoi sert la science sans le bonheur ? — Pour l'ame humaine, dit Bacon, un corps sain est un hôte ; un corps malade est un geôlier. » Les métiers qu'on exerce en plein air, en faisant usage des forces du corps, rendent celui qui les pratique non seulement plus adroit, mais aussi plus vigoureux, et compensent pour lui l'inconvénient des études qui occupent trop l'esprit et l'imagination. Nous avons conseillé de lui choisir quelques-uns de ces métiers pour les faire servir de délassement. (1) Tissot, Santé des gens de lettres	13. « Faire du bien aux autres, mais de mal : voilà, dit une femme célèbre (Mᵐᵉ de Staël), la religion des vertueux. » C'est aussi celle de nos élèves ; C'est l'abrégé de toutes les vertus, dont la première est l'humanité. On ne gagne rien à nuire à ses semblables ; on gagne tout à leur être utile. conviction de cette vérité pratique doit résulter, pour vos élèves, de leur expérience personnelle dans leurs relations journalières. Vous la rendez plus sensible par exemples, par des récits, placés, non sans dessein et par hasard, sur le temps sous leurs yeux. Leur éducation morale conduite de manière que chaque année développer en eux une nouvelle vertu jointée à celles dont l'exercice leur est déjà familier ; comme, dans les autres branches de l'éducation, vous ajoutez, cette année, un nouvel exercice du corps, et un nouveau genre d'instruction à ceux qui précède. En attendant que vos élèves puissent commencer à étudier l'histoire, vous pouvez y puiser, et leur présenter les faits qui ont rapport aux vertus et aux qualités morales, que vous voulez successivement leur donner. Ils ont toujours devant des exemples louables, sur lesquels ils ment leurs habitudes ; la somme totale habitudes détermine le moral ou le caractère de chaque individu (1). Vous offrez à vos élèves, à mesure leur raison se développe avec leurs années des notions plus exactes et plus élevées sur la religion, sur la tolérance, sur le but de la vie, sur l'organisation sociale, les rapports des hommes entre eux, et morale, la propriété, la justice. Vous leur montrez comment le principe de toutes obligations de l'homme se trouve dans (1) Voyez l'Exposé de la Méthode de l'Édu, dans les Appendices à la suite de l'Emploi du Tems, 4ᵉ édition, p. et suiv.	15. La grammaire, la logique et la rhétorique sont familières à nos élèves. Tous les jours ils doivent consacrer six heures à la littérature et à l'étude des langues anciennes. Tour à tour, ils traduisent du grec en latin, du latin en français, du français dans l'une ou l'autre de ces deux langues. On leur donne à traduire les plus belles harangues de Démosthène, de Lysias, de Cicéron ; des discours choisis, tirés de Quinte-Curce, de Tite-Live et de Salluste ; quelques traits de courage, de désintéressement, de bienfaisance, d'héroïsme. On cultive à la fois le cœur et l'esprit, on exerce et on fortifie le jugement et la mémoire ; on forme le style : on prépare ainsi les enfans à l'étude de l'histoire, qui ne doit être commencée et suivie méthodiquement qu'à la quinzième ou seizième année. Plus tard, on mettra dans la main de nos élèves l'Orateur de Cicéron, son Traité des devoirs, les Vies de Plutarque, la Morale et la Politique d'Aristote, sa Poétique, comparée à celles d'Horace et de Boileau ; puis, l'Histoire naturelle de Pline, la Vie d'Alexandre, les Commentaires de César. On adaptera successivement, d'année en année, les ouvrages dont la lecture ou la traduction devra les occuper, à leurs autres études, pour que, chaque année donner, à leurs autres études, pour que, chaque année aident à suivre les progrès du développement moral et de l'intelligence, en même tems que les différentes connaissances, étudiées avec soin et avec méthode, permettront de lire avec plus d'intérêt, avec plus de fruit. On saisira l'occasion de rechercher et d'examiner, dans les langues grecque et latine, la plupart des racines et des étymologies des mots usités dans les sciences et dont nos élèves sont dans le cas de se servir. On leur fera comparer les chefs-d'œuvre d'Homère, de Virgile et de Milton ; ceux de Sophocle, d'Euripide, de Shakespeare, de Corneille, de Racine et de Voltaire. Les poésies de notre Béranger, de Lamartine, les fables de La Fontaine, ne seront point oubliées. Ils puiseront dans ces	13ᵉ ANNÉE. 11 heures, sommeil et repas ; 4 alternativement, pour travailler chez un menuisier ou chez un tourneur, etc., ou pour s'amuser à cultiver et semer un carré de terre, affecté à chaque élève ; 3 pour les autres jeux et exercices du corps, y compris le Bain et la Natation ; 4 pour les entretiens sur la religion, la morale, la tolérance, qui ont lieu dans les promenades, à la vue du spectacle de la nature (on doit surtout éviter dans ces entretiens la sécheresse, l'aridité, le pédantisme, la contrainte, l'ennui ; tout doit venir des élèves, si l'instituteur est prudent, sage et habile) ; 2, de trois jours l'un, Géographie, Dessin, ou Calcul ; 2, de trois jours l'un, alternativement, aux différentes branches de l'Histoire naturelle, pour l'Astronomie ou pour la Géométrie ; 2 pour les Mathématiques, l'Algèbre ; 3 pour la Littérature, la Composition et les Langues anciennes, ou les Langues modernes, autres que celle de la patrie.

SUITE DU TREIZIÈME TABLEAU DU PLAN D'ÉDUCATION-PRATIQUE.

I. ANNÉES du Cours d'Éducation.	II. ÉDUCATION PHYSIQUE.	III. ÉDUCATION MORALE.	IV. ÉDUCATION INTELLECTUELLE.	V. EMPLOI DU TEMS, determine pour chaque jour.
13ᵉ ANNÉE.	semens aux enfans; d'avoir égard, dans ce choix, à leur âge et à leur inclination, et surtout d'éviter avec soin de les appliquer à aucune chose contre leur gré. La contrainte et l'autorité peuvent produire l'aversion, mais ne la détruisent jamais. Vos élèves, qui habiteront souvent la campagne, ou du moins un local très-aéré, voisin d'un enclos ou d'un jardin qui en dépende, doivent comprendre au nombre de leurs travaux manuels, propres à les fortifier et à les endurcir, la pratique de la culture. Vous abandonnez à chacun d'eux une portion de terrain à laquelle il peut consacrer, tous les jours, une des heures destinées aux exercices du corps. Ils s'amusent à cultiver et à embellir le carré de terre dont on leur laisse la disposition, à manier la bêche et l'arrosoir, à brouetter, à planter: un jardinier habile et complaisant dirige leurs travaux, dont ils observent avec intérêt les résultats. Les fleurs et les fruits que chaque élève a fait naître lui donnent une première idée morale de la propriété, qui, dans l'origine, est le droit qu'a tout homme sur le produit de son travail. Il apprend à la fois à pratiquer et à honorer l'agriculture, l'un des plus nobles délassemens de l'homme riche qui consacre ses loisirs à surveiller lui-même ses propriétés, pour en perfectionner l'exploitation (1). (1) M. de Fellenberg en use ainsi avec ses élèves dans son institut d'Hofwyll.	rapports qu'il a contractés avec ses semblables, en s'unissant à eux par les liens de la société. Vous leur faites connaître la nécessité de la soumission aux lois, la fidélité au gouvernement, de l'attachement à la patrie. Instruits et pénétrés des devoirs qu'ils ont à remplir en qualité d'hommes et de citoyens, habitués à chercher leur bien-être personnel quand l'accomplissement de ces devoirs, et la satisfaction intérieure de leur conscience et dans l'estime des gens de bien; exercés à dompter leurs premiers mouvemens, à vaincre leurs passions, à consulter toujours la raison et la sagesse, ils sauvent pour eux-mêmes, parce qu'ils un intérêt direct et personnel à surveiller leur conduite et à se corriger: ils sont tolérans et indulgens pour les autres, parce qu'ils savent que leurs faiblesses et les fautes sont trop souvent l'effet nécessaire des préjugés et des mauvais exemples qui ont entouré leur enfance. Les affections se portent toujours vers le bien apporté; toute affection vicieuse vient d'ignorance. Ils ne s'enorgueillissent point d'être meilleurs que les autres hommes; ils s'en félicitent, parce qu'ils trouvent dans cet avantage la première cause de leur bonheur: ils paient un juste tribut de reconnaissance à l'ami généreux et éclairé qui a créé ou dirigé leurs premières affections, et qui n'a point cessé de guider leurs pas dans la carrière de la vie. Le mal que se font les hommes, est toujours un mal entendu (1). (1) Voy. Essai sur l'Emploi du Tems, p. 384-387.	rils sublimes les vrais principes d'un goût pur et exercer le sentiment exquis et délicat qui fait apprécier et aimer ce qui est beau dans la littérature et dans les arts. Les deux années précédentes ont été spécialement consacrées à la *géométrie* et aux *mathématiques*. L'application pratique de ces sciences les a rendues plus familières, et corrigé la sécheresse ordinaire de ce genre d'étude. Vous initiez maintenant vos élèves à l'*algèbre*, sorte d'arithmétique universelle, par laquelle on peut calculer aisément tout ce qui est susceptible d'être soumis au calcul, et rendre simple et facile la solution des problèmes les plus compliqués: « véritable langue analytique, la plus claire et la plus précise de toutes, la plus propre à diriger et faciliter les opérations de l'esprit humain, la seule qui se prête merveilleusement à la netteté et à la vivacité des combinaisons de la force pensante, et qui peut fournir des secours à toutes les autres sciences. » (1) L'art de l'instituteur doit être de donner un tel charme à cette partie de l'enseignement, qu'un jeune homme s'y livre avec ardeur et avec fruit, qu'il cherche lui-même les difficultés à résoudre, qu'il étende à une foule de cas particuliers l'usage des procédés et des formules algébriques, lorsqu'il en aura bien saisi l'esprit et le but, et qu'il saura s'en approprier tous les avantages. Les autres études déjà commencées ne sont point interrompues; mais on y emploie moins de tems, chaque jour et chaque mois, à mesure qu'on y fait plus de progrès; elles servent d'ailleurs d'auxiliaires les unes aux autres, et l'on apprend aux jeunes gens à observer par eux-mêmes les points de contact et les rapports qui les unissent, pour donner plus d'étendue et de justesse à leur esprit. (1) Lacroix. Introduction à l'Analyse des Sciences.	13ᵉ ANNÉE.

QUATORZIÈME TABLEAU DU PLAN D'ÉDUCATION-PRATIQUE.

I. ANNÉES du Cours d'Éducation.	II. ÉDUCATION PHYSIQUE.	III. ÉDUCATION MORALE.	IV. ÉDUCATION INTELLECTUELLE.	V. EMPLOI DU TEMS, déterminé pour chaque jour.
14ᵉ ANNÉE. 1. Exercices des années précédentes, à Équitation. 2. Tableaux de morale en action.—Respect de la vieillesse et du malheur.—Usage d'un Mémorial journalier.—Ordre dans ses actions et dans ses dépenses, comme dans ses études. Économie, qui tient le juste milieu entre l'avarice et la prodigalité. 3. Connaissance générale de la Mécanique, de l'Hydraulique et des arts et métiers.—Promenades instructives.—Langue italienne et Musique.	14. L'équitation est un des exercices les plus convenables à la santé; vos élèves en étudieront à la fois la pratique et la théorie. Ils devront monter à cheval, au moins tous les deux jours, pendant la première année, et ne jamais négliger ni interrompre cet exercice, pendant tout le cours de leur éducation. Qu'ils s'habituent à conserver à cheval une position libre et naturelle, facile et dégagée, pleine d'aisance et de grâce; qu'ils soient fermes et bien assis sur les hanches; toujours habiles à garder un juste équilibre dans toutes les parties de leur corps, à combiner leurs mouvemens avec ceux de l'animal qu'ils doivent maîtriser. Le talent de dompter et de dresser un coursier fougueux, les diverses branches de l'art vétérinaire, qui apprennent à bien connaître le cheval, à juger de son âge, de ses qualités et de ses défauts, sans être trompé par les apparences, une connaissance au moins générale des signes distinctifs des maladies du cheval et des moyens à employer pour le guérir, des soins qu'il exige, du régime qui lui convient dans l'état de repos et de santé, dans les marches forcées, dans les différentes saisons : tous ces détails ne seront point étrangers à vos élèves, surtout s'ils doivent embrasser la carrière des armes et servir dans la cavalerie. Du reste, dans toutes les parties de l'éducation, il faut apprécier chaque exercice, chaque habitude morale ou chaque vertu, chaque étude ou chacune de ces connaissances humaines à sa juste valeur, et donner plus de tems et d'application aux choses qui semblent devoir être d'une plus grande importance, d'un plus fréquent usage, dans le cours ordinaire de la vie, suivant la profession à laquelle un jeune homme paraît destiné.	14. Vous visitez avec vos élèves, vés à leur quatorzième ou quinzième année, les hôpitaux, les prisons, les blissemens publics consacrés à l'enfance délaissée, à la vieillesse, aux infirmes, à l'indigence, au malheur et au crime. Ces tableaux, bien ménagés, feront des effets plus durables que les leçons les plus éloquentes. L'usage du Mémorial journalier, l'instituteur a dû rédiger pour ses élèves depuis leur septième année, et qu'ils vent commencer maintenant à écrire eux-mêmes, les oblige à se rendre compte de toutes les choses qu'ils voient, de toutes les impressions qu'ils éprouvent. Chaque journée leur puise un tribut, ajoute à leur expérience et à leurs notions morales : ils apprennent à connaître le prix du tems et à n'en perdre aucune partie. Car on ne doit jamais oublier « l'espace de la vie est fixé pour nous la nature, et que la hauteur à laquelle l'homme peut s'élever pendant ne lui donné par elle, et le degré de perfection dont toutes ses facultés sont susceptibles dépendent surtout de l'emploi économique et raisonné qu'il aura pu faire de cette donnée commune, de cet élément si tant et fondamental (le TEMS) qui par à tous les travaux de la nature, comme ceux de l'homme, dont il détermine mesure l'importance et la durée (1). » Le même esprit d'ordre qui dirige élèves dans la distribution des emplois leur tems, s'applique à tous les détails leur conduite et à leurs moindres actions. Ils tiennent un compte exact de tous usages qu'ils font de leurs instants de l'emploi des sommes d'argent que laisse à leur disposition. Ils sont ainsi formés à une sage économie, qui tient cité avec une bienfaisance délicate, tient le milieu entre l'avarice et la prodigalité, deux excès également méprisables et condamnables. Ils s'habituent de la sorte à ne jamais contracter de dettes payer comptant toutes leurs dépenses, les régler sur la quantité d'argent qu'ils reçoivent, à ne point prêter légèrement mais à donner avec joie à ceux qui méritent leurs secours, et qui en ont besoin (2). (1) Lanteri, Tome 2, page 88. (2) Voyez, ci-dessus, page 92, Note	14. On avait promis à vos élèves que, dans le cours de leur douzième ou quinzième année, on les conduirait dans des ateliers, dans des manufactures, qu'on leur ferait successivement observer et observer les procédés des différens arts et métiers, mécaniques inventées pour aider ou pour suppléer l'industrie humaine. Avec quelle impatience cette époque était attendue! Comme sûrement, régulièrement répétées, environ tous les deux ou trois fois, d'après un ordre méthodique d'observations élémentaires progressives, sont instructives et intéressantes! Les questions élèves ne sont pas multipliées ni précipitées, mais faites avec agrément, réflexion et réserve. Vos jeunes gens apprennent, dans promenades successives, par l'impression de leurs sens et par expérience, beaucoup mieux que dans les livres, comment sont recueillies et préparées par les mains de l'homme toutes les productions usuelles de la nature et des arts, toutes les choses qu'ils saisissent, dont ils se servent, ou qu'ils sont destinés à voir dans monde. Ils acquièrent une connaissance générale de la mécanique, qui explique les lois du mouvement, procure les moyens faire mouvoir des corps pesans à l'aide des machines, et de l'hydraulique, qui enseigne la manière de conduire les eaux et de élever à de grandes hauteurs. La musique et la langue italienne, qui prennent alternativement une heure par jour, peuvent offrir à nos élèves un nouveau mode de récréation pour les délasser de leurs occupations habituelles. La littérature et les langues anciennes, la lecture et la composition occupent les heures consacrées, chaque jour, aux études écolières. Les promenades instructives fournissent les occasions d'appliquer le dessin et de perfectionner les connaissances précédemment acquises. On saisit leurs rapports communs, les moyens auxiliaires qu'elles se procurent mutuellement; on parle, l'une après l'autre, les diverses contrées du monde intellectuel, dont on observe les nombreuses productions. L'examen approfondi du passé permet de sonder l'avenir; d'indiquer, par les conjectures hardies, mais appuyées sur de fortes probabilités, découvertes qui restent à faire. En déroulant la carte immense de la nature, en faisant l'inventaire et le dénombrement des richesses humaines, on apprend à soupçonner l'existence des trésors secrets, plus vastes encore, qu'il est réservé à l'industrie de l'homme de découvrir et de s'approprier. On s'enflamme à cette idée : qu'un grand nombre d'inventions utiles, encore inconnues, doivent être tôt ou tard le résultat nécessaire de la marche lente, progressive, naturelle des choses et des esprits, mais que les efforts réunis et simultanés de plusieurs hommes d'un génie observateur et méditatif, patient, actif et créateur, secondés par un gouvernement ami des lumières, peuvent en accélérer l'époque et en faire jouir prématurément leur siècle et leur patrie (1). (1) Cette vérité importante et féconde, et les moyens d'obtenir les grands résultats qu'elle permet d'entrevoir, ont été indiqués par l'auteur dans une Esquisse d'un Essai sur la Philosophie des Sciences, et sur une méthode qui a pour but d'accélérer leurs progrès.	**14ᵉ ANNÉE.** 8 heures de sommeil; 2 pour les repas; 3 pour les exercices du corps, parmi lesquels on admet l'équitation, en consacrant une heure, chaque jour, tantôt à monter à cheval, tantôt à se baigner et à nager; 2 pour l'examen moral journalier et pour la société; 3 pour les courses instructives, soit dans les hôpitaux et les prisons, soit dans les ateliers, les manufactures, les musées; 2 alternativement, de trois jours l'un, Dessin, Mathématiques, Algèbre; 4 alternativement, de trois jours l'un, pour la Géométrie ou l'Astronomie, ou pour augmenter et conserver les notions acquises dans les différentes branches de l'Histoire naturelle; 4 pour la Langue italienne et les élémens de la Musique, étudiés alternativement de deux jours l'un; 2 pour la Littérature et les Langues anciennes.

QUINZIÈME TABLEAU DU PLAN D'ÉDUCATION-PRATIQUE.

I. ANNÉES du Cours d'Éducation.	II. ÉDUCATION PHYSIQUE.	III. ÉDUCATION MORALE.	IV. ÉDUCATION INTELLECTUELLE.	V. EMPLOI DU TEMS, déterminé pour chaque jour.
15ᵉ ANNÉE. 1. Résumé des principes de l'éducation physique. 2. Résumé des élémens de l'éducation morale. 3. Continuation des promenades instructives. — Histoire ancienne et Mythologie.	15. Les principes et les habitudes de l'éducation physique, depuis la première enfance jusqu'à la quinzième ou seizième année, et même pendant la vie entière, se bornent à peu près à ce petit nombre de règles faciles à pratiquer. 1. NOURRITURE. — Faire usage de mets simples; avoir soin de bien mâcher les alimens, pour en préparer et en accélérer la digestion; se nourrir habituellement de pain rassis et bien cuit, qui, pour la santé, est préférable au pain frais, de soupe, de lait, d'œufs, de fruits, de légumes, de viande bouillie ou rôtie; n'avoir d'autre boisson ordinaire que l'eau, afin de délayer plus aisément les alimens solides et de conserver le ventre libre, en favorisant l'action de l'estomac. S'abstenir de sauces piquantes, de ragoûts, échauffans, de vin, de boissons fermentées, de liqueurs fortes, dont le seul effet serait d'affaiblir et d'user les organes. 2. HYGIÈNE. — Peu ou point de médecines, pour être exempt de maladies graves; employer la diète, le repos et l'eau dans les indispositions passagères. 3. EXERCICES. — Des exercices fréquens et variés, en plein air, au soleil, à la pluie, sur la neige, pour se familiariser avec la chaleur, le froid et toutes les intempéries des saisons; des promenades journalières; des marches longues et quelquefois forcées; des jeux propres à fortifier; l'art de courir, de sauter, de lutter, pour acquérir de la vigueur; la natation, l'art de lancer, de grimper, de conserver l'équilibre pour les exercices militaires, la danse, l'escrime, pour associer la souplesse et la grâce à la force et à l'adresse. 4. BAINS. — Une extrême propreté; des bains journaliers, ou du moins très-fréquens, dans une eau courante; se laver,	15. Voici l'abrégé des principes qui paraissent devoir présider à l'éducation morale, dans les quinze premières années. 1° Choix scrupuleux des personnes qui doivent approcher et entourer les enfans, d'écarter de leurs yeux le tableau des passions et des faiblesses, dont on doit garantir; art de présenter ce tableau d'une manière à les pénétrer d'une horreur salutaire pour le vice; 2° Précaution de ne point leur reprocher des fautes qu'ils n'ont pas encore commises, et dont on ne doit pas jusque-là soupçonner capables; 3° Juste milieu entre l'extrême indulgence et l'extrême sévérité; douce et plaisance, dès que l'on peut se prêter sans inconvénient aux désirs des enfans, pour leur témoigner une disposition constante à les obliger et à les rendre heureux; sévérité inflexible dans les refus une fois prononcés, qui sont toujours dictés par un motif légitime ou par la nécessité. 4° Art de se faire à la fois aimer, estimer et respecter par la bonté, la justice et la raison, seuls moyens de réussir dans l'éducation; 4° Distribution, faite avec justice, réserve et discernement, des éloges et des reproches; art de manier les deux puissans mobiles du cœur humain, l'honneur et la honte, pour enflammer les cours de l'amour de l'estime et de la crainte du blâme. 6° Pitié compatissante, humanité, de bienfaisance, inspirées par l'image de l'infortune; respect religieux pour la vérité, pour la vieillesse, pour le malheur, trois objets de culte pour les âmes nobles et généreuses; union de la prudence, qui sait calculer et prévoir les dangers, pour les prévenir, de l'audace et de la fermeté qui les bravent et en triomphent; patience	15. Vous cultivez toujours chez vos élèves les connaissances qu'ils ont acquises, et dont l'acquisition a été pour eux d'autant plus prompte et facile qu'elle était libre et volontaire : ils les conservent, les perfectionnent, parce qu'on leur ménage adroitement les occasions d'en faire usage et d'apprécier leur utilité par l'application-pratique. En même tems qu'ils savent lire, écrire, calculer et dessiner, ils parlent et entendent également bien leur langue maternelle et une langue étrangère moderne; ils lisent couramment le latin et le grec. La lecture et la traduction des meilleurs ouvrages originaux, écrits dans ces quatre langues, ne sont pour eux qu'un délassement : ils y ont consacré deux et même trois heures par jour, pendant leurs douzième et treizième années; ils n'y emploient plus d'une ou deux heures. On met successivement entre leurs mains des livres peu nombreux, bien choisis, intéressans, instructifs, proportionnés à leur intelligence, à leurs dispositions, à leurs goûts, et relatifs aux différentes connaissances qu'ils étudient. Deux heures sont données alternativement, de cinq jours l'un, au dessin ou à la géographie, à la géométrie ou à l'algèbre, aux observations astronomiques, enfin à l'examen des phénomènes de la physique, au cours expérimental de chimie, ou à la botanique et à l'histoire naturelle : ces connaissances ont été assez approfondies pour qu'il suffise de les pratiquer de loin en loin, ainsi que la littérature et les langues. L'étude de *l'histoire*, que nous commençons cette année, demande au moins trois heures par jour. Cette étude, bien dirigée d'après les excellens principes développés par Condillac, et d'après les vues générales de Herder et des autres historiens philosophes contemporains, doit ouvrir l'âme à l'amour de la véritable gloire, et tenir en garde contre les vices communs à tous les hommes, et contre les préjugés particuliers à ceux qui gouvernent. L'histoire est une école où ceux qui savent y puiser des leçons s'instruisent de leurs devoirs : ils voient que les hommes ne sont grands, vertueux, réellement estimés et	15ᵉ ANNÉE. 9 heures, Sommeil et repas; 3. Exercices et travaux manuels, y compris le Bain et la Natation, ou l'Équitation; 2 heures pour la continuation des promenades instructives et du cours expérimental et pratique des arts et métiers; 2 heures, examen moral, rédaction du Mémorial, et société; 2 heures alternativement, de cinq jours l'un, Dessin ou Géographie, Géométrie ou Algèbre, Astronomie, Physique et Chimie, Botanique et Histoire naturelle; 2 heures, Littérature et composition; 1 pour la Musique ou l'Italien; 3 pour l'Histoire ancienne et la Mythologie, dont nos élèves ont déjà reçu nécessairement quelques notions par leurs lectures.

I. ANNÉES du Cours d'Éducation.	II. ÉDUCATION PHYSIQUE.	III. ÉDUCATION MORALE.	IV. ÉDUCATION INTELLECTUELLE.	V. EMPLOI DU TEMS, déterminé pour chaque jour.
15ᵉ ANNÉE.	tous les matins, avec de l'eau froide, la tête, le visage, les yeux, le derrière des oreilles, les dents et les mains; essuyer avec soin, et jusqu'à ce qu'elles soient parfaitement sèches, toutes les parties qu'on a mouillées. 5. VÊTEMENS. — Faire usage de vêtemens qui ne soient ni trop chauds, ni trop étroits, ni d'une étoffe trop recherchée : les uns amollissent le corps; les autres nuisent au jeu des poumons, en rétrécissant la poitrine, et gênent la circulation ; les troisièmes éveillent les idées de vanité, de luxe et d'estime pour les choses les plus frivoles. 6. SOMMEIL. — Dormir toujours la tête nue, ou en rattachant ses cheveux avec un simple réseau, et dans un lit dur qui fortifie les membres; se coucher de bonne heure, se lever de grand matin; retrancher, d'année en année, quelques instans sur son sommeil, en sorte qu'il ne prenne plus que huit, et même que sept heures sur vingt-quatre, dès l'âge de quinze ans, et pour toute la vie. Ces règles, strictement observées, sont les meilleurs moyens de procurer aux enfans, aux jeunes gens, et de conserver aux hommes faits, la tempérance et la sobriété, causes premières de la vigueur de l'esprit et des bonnes mœurs, et l'adresse, l'agilité, la force et la santé.	courageuse pour souffrir la douleur; d'âme puisée dans une volonté toujours réfléchie, qui persévère, malgré les obstacles, dans ce qu'elle a jugé bon et juste après un mûr examen ; applications et dans l'esprit; résolution et tenue dans caractère; ordre, méthode, et continuité d'action, soutenue par une inlassable constance, dans les entreprises, comme dans les études, et dans les différens emplois qu'on fait de ses facultés ; capacité de vouloir et d'agir, qui caractérise et constitue l'homme; noble franchise, résultat du parfait accord, d'une heureuse et durable harmonie entre les dispositions intérieures de l'âme et les actions extérieures : toutes ces qualités et ces vertus, rendues aisées et faciles par l'habitude et par l'exemple. 7° Enfin, peu de préceptes, morale pratique, liberté bien réglée, plutôt qu'odieuse contrainte ; entière confiance inspirée par la tendresse, plutôt que servile obéissance. Ces règles générales doivent être appliquées et modifiées par un habile instituteur, suivant l'âge, le caractère, les inclinations et la capacité de ses élèves.	morés, qu'autant qu'ils sont les instrumens du bonheur des autres, dans la sphère où les ont placés la nature et la société. La *politique*, ou l'art de rendre une nation heureuse et florissante, et la connaissance des principes fixes et immuables d'où dépendent le sort des États, la stabilité, la force et la gloire des gouvernemens, est une science qui se lie nécessairement à la lecture et à l'étude des annales des différens peuples : notre *cours d'histoire* est aussi un *cours de politique*, d'économie politique et de morale. Deux autres heures seront employées, soit à la *musique* et à l'*italien*, soit à travailler chez un menuisier, chez un tourneur, ou à cultiver le carré de terre affecté à chaque élève. Cinq heures sont destinées tant aux repas qu'aux exercices gymnastiques, dans lesquels doivent entrer tour à tour, de deux jours l'un, la natation et l'équitation. Le sommeil doit exiger sept ou huit heures au plus, depuis la *quatorzième* ou *quinzième année*. Enfin, on consacre deux ou trois heures à la continuation du cours expérimental des arts et métiers; en même tems qu'on visite les fabriques et les manufactures, on ne dédaigne point d'aller dans les fermes et dans les campagnes, pour observer la théorie et la pratique de l'agriculture, les différens procédés qu'elle emploie, et le sort du cultivateur. Ces promenades, favorables à la santé, peuvent être tournées par un maître habile au profit de la morale, et former le cœur autant qu'elles développent l'intelligence et fortifient le tempérament. Les vingt-quatre heures de la journée sont rendues utiles et productives, sans que la santé du corps et le développement physique, ces objets si importans pour concourir à l'éducation morale et intellectuelle, soient oubliés et négligés : car une partie des études se continue en pleine campagne et dans les promenades.	15ᵉ ANNÉE.

SEIZIÈME TABLEAU DU PLAN D'ÉDUCATION-PRATIQUE.

I. ANNÉES du Cours d'Éducation.	II. ÉDUCATION PHYSIQUE.	III. ÉDUCATION MORALE.	IV. ÉDUCATION INTELLECTUELLE.	V. EMPLOI DU TEMS, déterminé pour chaque jour.
16ᵉ ANNÉE. 1. Continuation des mêmes exercices, auxquels on ajoute l'Escrime. 2. Rapports entre l'homme et la société; devoirs à remplir envers sa patrie, son gouvernement et ses semblables. — Sentiment de la perfectibilité de l'homme, principe d'un noble orgueil et source de vertus. 3. Continuation des études précédentes. — Histoire du moyen-âge. — Économie politique et science sociale. — Nos élèves doivent s'essayer à la composition en prose et à la poésie.	16. Vous ajoutez, cette année, l'escrime, ou l'art de faire des armes, aux exercices qui ont précédé, et que vous devez continuer alternativement. L'escrime, ainsi que l'usage des armes à feu, la natation, l'équitation, l'apprentissage et la pratique d'un art mécanique ou d'un métier, doit entrer dans un plan complet d'éducation. Un jeune homme parfaitement élevé, pour acquérir plus de grâce et de souplesse dans ses mouvemens, plus d'aisance, de noblesse dans ses manières, plus d'assurance et de fierté dans le maintien et dans le caractère, sans rien perdre de sa bonté, de sa douceur, et de modestie et de ses autres qualités morales, doit savoir au moins médiocrement escrimer, et bien tirer un fusil et un pistolet. Son coup-d'œil doit être juste et sa main sûre. Il n'emploiera jamais ces armes que pour servir sa patrie, ou pour opposer une légitime défense à une injuste agression. « Ce n'est pas faute de tems, dit un philosophe anglais (1), mais faute d'un bon emploi du tems et d'une application bien dirigée de nos facultés, que nous ne sommes pas habiles en plus d'un art. Il est certain qu'un homme, qui emploierait régulièrement une heure par jour, pendant une année, à la pratique de l'art ou du métier qu'il aurait choisi pour lui tenir lieu de divertissement, irait en peu de tems beaucoup plus loin qu'il n'aurait pu se l'imaginer d'abord. » Si l'on empêche les jeunes gens, dès leur premier âge, de s'abandonner à cette molle indolence, à cette amoureuse paresse dans laquelles plusieurs hommes, inutiles à eux-mêmes, à leur famille et à la société, consument la meilleure partie de leur vie sans s'attacher à rien de sérieux, ni même à rien d'amusant, ils trouveront assez de tems pour apprendre beaucoup de choses qui, étrangères en apparence à leurs professions particulières, auront, sous d'autres rapports, un objet réel d'utilité... On ne doit donc pas tolérer, dans les jeunes gens, cette humeur apathique et paresseuse à laquelle plusieurs sont portés à se livrer en laissant écouler des heures et des jours (1) Locke.	16. En même tems que vous suivrez vos élèves, dans l'étude de l'histoire marche et les progrès de l'esprit humain et de la civilisation, vous devez leur faire juger et apprécier les bienfaits de l'ordre social, les moyens de le faire aimer, les obligations qu'il impose, les moyens de la faire aimer l'amélioration et au bonheur de l'espèce humaine. Vous placez sous leurs yeux tous le contraste de l'état d'ignorance, de barbarie, de dégradation des peuples sauvages, comparé avec les ressources infinies, les jouissances multipliées que peuvent puiser les peuples policés des lumières, qui doivent être à l'éducation, dans la législation, dans le progrès des lumières, qui doivent éclairer l'élève à la fois les arts et l'industrie, la morale, les vertus et les relations réciproques entre les hommes. L'instruction et les différentes branches connaissances. Appuyons ici sur nion sur celle du plus éloquent des philosophes modernes (1), qui, n'a rien fait sans confondre une institution bonne précieuse en elle-même avec les incommodités et les vices que les hommes y ont introduits, à pu peindre avec énergie déplorer avec une généreuse indignation les désordres et les abus qui troublent l'harmonie sociale, mais qui, de l'autre a répondu ainsi victorieusement au reproche d'avoir méconnu les heureux effets de l'influence des sciences, de l'avancement des sociétés et de la civilisation: « passage de l'état de nature à l'état civil produit dans l'homme un changement très-remarquable, en substituant dans sa conduite la justice à l'instinct et donnant à ses actions la moralité qui leur manquait auparavant. C'est alors seulement que la voix du devoir succédant à l'impulsion physique, et le droit à l'appétit, l'homme, qui jusque-là n'avait regardé que lui-même, se voit forcé d'agir sur d'autres principes et de consulter sa raison, avant d'écouter ses penchans. Quoiqu'il se prive dans cet état de plusieurs avantages qu'il tient de la nature, il en regagne de si grands, ses facultés s'exercent et se développent, ses idées s'étendent, ses sentimens s'ennoblissent, son âme toute entière s'élève à tel point, que, si les abus de cette nouvelle condition ne le dégradaient souvent au-dessous de celle dont il est sorti, il devrait bénir sans cesse l'instant heureux qui l'en arracha pour jamais, qui, d'un animal stupide et borné, fit un être intelligent et un homme. » (1) J.-J. Rousseau.	16. Vous devez suivre, pendant trois ans, l'étude de l'*his-toire*, que vous avez commencée l'année précédente. Vous êtes bornés à parcourir d'abord l'*histoire ancienne*, près une série chronologique et méthodique; vous exercez vos élèves à former eux-mêmes, avec choix et discernement, des tables analytiques et raisonnées des siècles, des lois, des hommes, des événemens et des faits. Vous avez à consulter et lire avec fruit les meilleurs historiens anciens et modernes qui ont traité cette partie des annales des peuples. Vos élèves font sous vos yeux des extraits et des analyses de leurs lectures (1). Ils n'ont étudié jusqu'ici que la géographie astronomique et physique; ils doivent associer l'étude de la *géographie politique* à celle de l'histoire. Ils reçoivent des notions détaillées sur la constitution, les lois, les usages, les mœurs, les productions, le commerce, les ressources, les arts, et sur la statistique des différentes parties du globe. Vous passez, cette année, à l'*histoire du moyen-âge*, et vous faites toujours choix des écrivains les plus estimés. L'*économie politique*, ou l'observation des lois relatives à l'organisation, à l'accroissement, à l'amélioration, à la décadence des sociétés humaines, est une étude correspondante à celle de l'histoire, que vous ferez marcher simultanément. Vous ne bornerez point à la science des dates et des noms l'élève qui veut aller plus loin, et qui demande des choses. Les premières années ont été consacrées à des études plutôt physiques que morales, qui exerçaient plus encore les sens que l'intelligence. Vous avez différé long-tems, à dessein, l'enseignement de ces deux sciences importantes (l'*histoire* et l'*économie politique*), qui exigent de la méditation, de la réflexion, une certaine connaissance des relations établies entre les hommes et entre les peuples, des usages et du mécanisme intérieur des sociétés, un examen raisonnable des avantages respectifs et des progrès des diverses gences d'industrie, et auxquelles d'ailleurs viennent se rattacher tous les principes de la morale et de la politique. Les enfans et les jeunes gens doivent employer leurs premières années à bien apprendre tout ce qui pourra leur être utile quand ils seront hommes. Il est bon que vos élèves s'essaient à la *versification* et à la *poésie*, pour donner l'essor à leur esprit, pour achever (1) Voyez, dans l'Essai sur l'Emploi du Tems, 4ᵉ édition: Paris, 1829, 1 vol. in-8; Dondey-Dupré, les Appendices placés à la fin du volume.	16ᵉ ANNÉE. Même emploi du tems et même distribution des occupations que pour l'année précédente. Seulement, comme les promenades instructives et les autres études exigent moins de tems chaque jour, on peut donner, cette année, jusqu'à cinq et six heures à l'étude de l'histoire, qui se lie parfaitement à celle des langues anciennes et modernes, de la littérature, des arts, des sciences et de leurs progrès successifs. Vous comparez les peuples du moyen-âge à ceux de l'antiquité; vous puiserez dans vos lectures des occasions de développer à vos élèves quelques notions sur l'économie politique. On peut consacrer une heure, dans la journée, à lire des poètes, ou à s'essayer à la poésie. Dans les deux heures consacrées aux travaux manuels et aux exercices gymnastiques, indépendamment de celles qui sont employées aux promenades instructives, on peut en donner une à peu près, chaque jour, à l'escrime ou à l'art de faire des armes, et à l'équitation ou à la natation.

SUITE DU SEIZIÈME TABLEAU DU PLAN D'ÉDUCATION-PRATIQUE.

I. ANNÉES du Cours d'Éducation.	II. ÉDUCATION PHYSIQUE.	III. ÉDUCATION MORALE.	IV. ÉDUCATION INTELLECTUELLE.	V. EMPLOI DU TEMS, déterminé pour chaque jour.
16ᵉ ANNÉE.	entiers sans rien faire. Cet état d'inaction peut convenir à un homme malade, valétudinaire, languissant; mais il n'est supportable ni pardonnable chez aucune autre personne, de quelque âge ou de quelque condition qu'elle soit. Les divertissemens des enfans ne consistent pas à rester oisifs et immobiles, mais à délasser leur esprit, ou à reposer leur corps, par des changemens fréquens d'occupation. Aussi, nous avons souvent répété que les exercices du corps et ceux de l'esprit, introduits d'année en année dans notre plan, doivent servir mutuellement de récréation les uns aux autres. (1) Si notre éducation physique, en fortifiant le tempérament, en perfectionnant les organes et les sens, favorise le succès de l'éducation intellectuelle, celle-ci à la seconde puissamment à son tour, par une méthode d'enseignement où les trois branches de l'éducation sont toujours dirigées concurremment et se prêtent un mutuel appui. Ce n'est pas, en effet, dans un cabinet d'études, tristement fermé de toutes parts, que nous avons pris et que nous continuons de donner et de recevoir des leçons. Les champs, les montagnes, les bois, les prairies, les bords des rivières, les fermes où nous sommes témoins des utiles travaux des laboureurs, les jardins, les ateliers, les fabriques, les manufactures, les musées, les hôpitaux, les établissemens publics de tous genres deviennent successivement les théâtres de nos observations. Nous nous instruisons dans nos promenades et dans nos courses journalières; nous exerçons à la fois le corps et les forces physiques, les yeux et tous les sens, l'âme, l'esprit, le jugement, la mémoire et l'imagination. (1) Application de la loi de l'action et de la réaction. Voyez, à la fin de ce volume, l'Appendice, contenant l'indication de douze lois générales.	— Où est l'homme de bien qui ne rien à son pays? Quel qu'il soit, il lui ce qu'il y a de plus précieux pour l'homme, la moralité de ses actions et l'a de la vertu. Né dans le fond d'un bois eût vécu, peut-être, plus heureux et libre; mais n'ayant rien à combattre suivre ses penchans, il eût été honnête, il n'eût point été vertueux maintenant il sait l'être malgré ses sions. La seule apparence de l'ordre porte à le connaître, à l'aimer. Le public, qui ne sort que de présente autres, est pour lui seul un motif apprend à se combattre, à se vaincre sacrifier son intérêt à l'intérêt commun il n'est pas vrai qu'il ne tire aucun profit des lois; elles lui donnent le courage d'être juste, même parmi les méchans n'est pas vrai qu'elles ne l'ont pas si libre; elles lui ont appris à régner sur » Une qualité très-spécifique, et laquelle il ne peut y avoir de contestation distingue l'homme, c'est la faculté de perfectionner; faculté, qui, à l'aide circonstances, développe successivement toutes les autres, et réside parmi et tant dans l'espèce que dans l'individu lieu qu'un animal est, au bout de quelques mois, ce qu'il sera toute sa vie, et espèce, au bout de mille ans, ce qu'était, la première année de ces mille Quoi! je puis observer, connaître tel et leurs rapports, je puis sentir ce c'est qu'ordre, beauté, vertu; je puis tempter l'univers, m'élever à la main le gouverne; je puis aimer le bien faire, et je me comparerais aux bêtes Ame abjecte, tu veux en vain chercher ton génie dépose contre tes principes. cœur bienfaisant dément ta doctrine l'abus même de tes facultés prouve excellence, en dépit de toi. » La perfectibilité de l'espèce humaine quoique renfermée dans certaines limites qui lui sont prescrites par son organisation, mais qu'il n'appartient à aucun homme de déterminer avec une précision rigoureuse, est l'une des idées les plus consolantes, les plus fécondes, les plus évidemment démontrées par l'expérience et l'un des mobiles les plus puissans exciter l'homme à étendre son empire la nature, par une application mieux tendue de toutes ses facultés.	arracer leur style, et pour être en état d'écrire en prose lement, correctement et avec élégance. Ils commencent à lire les chefs-d'œuvre des grands poètes. L'étude ente de la mythologie, et ses brillantes fictions, reproduites dans Homère, Virgile, Ovide; les faits historiques plus importans, mis sur la scène par Shakespeare, cueille, Racine, Crébillon, Voltaire, Schiller, etc.; la hlosophie, embellie des charmes de la poésie par Horace; les richesses de l'invention et du génie, prodiguées r Milton, Shakespeare, l'Arioste, le Tasse, etc., dont importe de lire les productions dans leur propre langue, pour en bien étudier et sentir les beautés originales, sentent à la jeune imagination de vos élèves beaucoup modèles et de sujets différens, et des ornemens accessoires, également riches et variés. Mais ils ont dû faire pendant long-tems une abondante provision d'idées, avant de xercer à la composition: car ils ont besoin d'apprendre, u dans l'histoire, soit dans les sciences, des *choses* et des its plutôt que des *mots*; ils ne doivent parler et écrire sur cun sujet, qu'après y avoir réfléchi, comme on ne construit un édifice qu'après en avoir disposé les matériaux. On doit aussi, d'après le sage conseil de Locke, former s jeunes gens à écrire des lettres dans leur propre langue, simplement, sans confusion, sans affectation d'esprit, ns complimens apprêtés, d'une manière aisée et naturelle. Les Epîtres familières de Cicéron, les Lettres de adame de Sévigné, celles de Voltaire, sont des modèles: s premières, de lettres sérieuses et graves sur des sujets hilosophiques; les secondes, de lettres enjouées et badines; les autres, de chefs-d'œuvre de style, de goût, de ison et de philosophie, qu'il convient de mettre sous s yeux et entre les mains de nos élèves. On se trouve ous les jours, et dans tous les états, dans la nécessité écrire des lettres: on donne ainsi la mesure de son esprit; on est plus sévèrement jugé par sa correspondance ue par ses discours. Les affaires personnelles les plus importantes ont souvent plus ou moins de succès, selon le degré d'habitude et de talent qu'on a pour écrire des lettres. Cet usage de posséder à fond et de bien manier sa propre ngue pour toutes ses relations journalières, est infiniment préférable au talent de faire des vers ou des discours latins, oique celui-ci ne doive pas être entièrement négligé.	16ᵉ ANNÉE.

DIX-SEPTIÈME TABLEAU DU PLAN D'ÉDUCATION-PRATIQUE.

I. ANNÉES du Cours d'Éducation.	II. ÉDUCATION PHYSIQUE.	III. ÉDUCATION MORALE.	IV. ÉDUCATION INTELLECTUELLE.	V. EMPLOI DU TEMS, déterminé pour chaque jour.
17ᵉ ANNÉE. 1. Continuation des exercices journaliers, pour maintenir le corps dans un état de santé. Chasse et Pêche; courses à cheval; promenades. 2. Connaissance du monde et des hommes. — Art de se conduire; prudence; amour de la gloire. 3. Histoire moderne et économie politique. — Étude approfondie de l'influence du commerce, des sciences, des arts, de la civilisation, de la législation, de l'administration. Influence morale et politique des religions.	17. Vos élèves continuent de faire habituellement de longues promenades, surtout le matin, avant leur premier repas, de courir, de grimper dans les lieux difficiles et escarpés, de se baigner, de nager, de monter à cheval, de danser, quoique rarement, de tirer des armes à feu, de manier tour à tour le fusil, le sabre et l'épée. Ces exercices gymnastiques emploient six ou sept heures par jour, y compris les repas qui ne doivent jamais être prolongés, et les promenades. On ne fait pas tous les jours les mêmes choses, mais l'une ou l'autre, plus ou moins fréquemment : ce qui permet d'en embrasser et d'en suivre un plus grand nombre à la fois. On varie et on alterne ces différens exercices, comme les divers genres d'études, suivant les circonstances, les tempéramens, les dispositions particulières des élèves, les saisons et les localités. Ainsi, les exercices et les études servent successivement, les uns aux autres, d'amusemens et de récréations. La chasse et la pêche sont admises, cette année, au nombre des exercices et des délassemens. L'exercice de la chasse est surtout nécessaire pour habituer l'œil à mesurer promptement un terrain et à juger des distances, à reconnaître les situations où l'on pourrait établir un camp, les ruisseaux et les petites rivières propres à le couvrir, les champs de bataille et les postes les	17. La connaissance du monde si nécessaire à un jeune homme, le mettre en garde contre les pièges qui lui seront tendus de toutes parts, pour le préparer à son conduite dans la société d'après des principes fixes, à savoir ce qu'il doit aux autres et à lui-même : cette connaissance délicate, difficile, fruit de l'expérience et de l'observation, ne saurait être bien enseignée que par un instituteur qui ait pu se la rendre familière dans un long usage du commerce des hommes. Que votre élève ne soit ni soupçonneux et trop défiant, ni facile et trop crédule. Vous allez le mettre en état de juger et d'apprécier les hommes et leurs divers caractères, ne point les lui montrer, l'initier par degrés, et avec sagesse dans les mystères de la société, ouvrir enfin la scène peu à peu, qu'il soit spectateur et observateur avant d'être acteur et de jouer lui-même son rôle. Offrez-lui quelquefois des exemples de jeunes gens précipités par les excès de la table, par les passions déréglées, dans l'infortune, la misère et la mendicité, dans l'opprobre et dans toute sorte d'excès, dans des maladies hideuses ou dans l'état de langueur et d'épuisement d'une vieillesse prématurée. Pénétrez son âme d'une horreur salutaire pour les choses qu'il doit éviter; épargnez-lui la nécessité cruelle de recevoir une instruction tardive aux dépens de son bonheur. Cette connaissance progressive des hommes, ces tableaux bien ménagés des résultats que les vices	17. Vous arrivez, cette année, à l'*histoire moderne*, et continuez de suivre avec vos élèves un cours théorique et pratique d'*économie sociale*, en leur faisant observer, dans les annales des nations, les causes de leur élévation ou de leur décadence, leur état progressif, rétrograde ou stationnaire, les principes de l'administration publique, les vrais fondemens de la richesse, de la puissance et du bonheur des empires. Une étude approfondie de l'histoire fournira des preuves multipliées de cette vérité générale, qu'une société, pour arriver au degré de prospérité dont elle est susceptible, a surtout besoin de deux choses : 1° d'une bonne organisation et d'une sage distribution du pouvoir; 2° d'une balance et d'une distribution des richesses ou des choses nécessaires et commodes propres à la consommation, qui permettent de faire subsister avec aisance la plus nombreuse population possible, proportionnellement à la nature et à l'étendue du territoire. Les lois relatives à la formation et à la distribution du pouvoir, celles qui se rapportent à la formation et à la distribution des richesses, divisent l'économie domestique en deux branches : la première appelée *politique*, ou *science sociale*; la seconde, *économie politique* proprement dite, ou *science économique*. L'étude de la première, dont quelques publicistes et plusieurs écrivains distingués ont exposé les élémens, se bornera, pour vos élèves, à bien connaître la forme du gouvernement établi dans leur pays, les puissans motifs de reconnaissance, d'amour et de fidélité, de respect pour les lois et pour l'ordre social, qui doivent les attacher, par les liens les plus sacrés, à la patrie. La seconde, développée avec profondeur et sagacité par Smith et Condillac, considère trois choses qu'on examinera successivement dans la lecture de l'histoire, en rapprochant et comparant, chez les anciens et les modernes, les peuples des différens âges de la société, ou parvenus à des degrés de civilisation plus ou moins avancés : 1° La formation et la distribution des richesses (sujet	17ᵉ ANNÉE. 10 heures pour le sommeil et les repas; 2 pour les travaux manuels et les exercices du corps, la Chasse, la Natation ou l'Équitation; 2 pour écrire le Mémorial journalier, ou pour la société; 2 pour les promenades instructives; 3 alternativement, de quatre jours l'un, pour le Dessin, la Géométrie ou l'Algèbre; pour la Physique et la Chimie; pour l'Histoire naturelle ou la Botanique, dont l'étude pratique occupe une partie du tems consacré aux promenades; 3 pour la Géographie, l'Histoire moderne et l'Économie politique; 4 pour l'Italien et pour la Musique, continués tour à tour de deux jours l'un; 1 pour la littérature et la poésie.

I. ANNÉES du Cours d'Éducation.	II. ÉDUCATION PHYSIQUE.	III. ÉDUCATION MORALE.	IV. ÉDUCATION INTELLECTUELLE.	V. EMPLOI DU TEMS, déterminé pour chaque jour.
17e ANNÉE.	plus avantageux qu'une armée pourrait occuper. La topographie ou la connaissance des terrains, l'histoire naturelle et la constitution politique d'un pays sont les trois objets qui paraissent au général Lloyd les plus dignes de toute l'attention d'un homme de guerre. L'éducation de vos élèves leur aura donné les moyens préliminaires d'acquérir promptement, dans l'occasion, ces trois genres de connaissances. Il s'agit, d'abord, de fortifier vos élèves par de continuels exercices, et de les familiariser avec tous les genres de fatigues, ce qui doit influer utilement sur toute leur vie; puis, de les arracher, par cette existence toujours active et occupée, qui ne leur laisse aucun moment de relâche ni d'oisiveté absolue, aux imminens dangers que multiplient autour d'eux, dans cette période critique de l'adolescence, les désirs vagues et inquiets, les passions orageuses, les élancemens fougueux et impétueux des sens qui ne tarderaient pas à entraîner, à dominer, à corrompre et à perdre des jeunes gens peu occupés, mal surveillés, abandonnés à eux-mêmes et aux écarts de leur imagination.	traînent, donnent de bonne he[ure] à votre élève l'un des talens les rares dans le monde, l'art de ch[oi]sir ses amis avec discernement la vertu la plus nécessaire au b[on]heur, la *prudence*, qu'un ph[ilo]sophe moderne définit ainsi : *raison humaine habilement a[dap]tée à tous les cas particuliers de la vie par la nécessité de v[eiller] à notre conservation et à n[otre] bien-être, sans blesser l'intérêt [des] autres.* Tels sont les moyens de cond[uire] par une gradation insensible et [sans] aucun danger, chacun de nos él[èves] de l'état d'enfant à celui d'hom[me,] ce qui est le pas le plus péril[leux] qu'il ait à faire dans tout le c[ours] de son existence. C'est dans c[ette] conjoncture qu'un jeune hom[me a] besoin d'un véritable ami, d'un [con]seil et d'un guide, au lieu d'[être] précisément alors retiré des m[ains] de son instituteur. Il convient de donner à nos j[eu]nes gens, dès leur seizième [ou] dix-septième année, une idée j[uste] et et précise de la véritable g[loi]re, qui devient leur passion fa[vo]rite et le mobile de leurs actio[ns.] — La GLOIRE n'est autre chose[, à] leurs yeux, que de bien servi[r la] patrie, d'être utile à ses sembl[a]bles et de remplir avec distinct[ion] les devoirs de son état. Dans [un] sens plus étendu, la *gloire*, d[ont] l'histoire et la postérité distribu[ent] les palmes, est l'estime des hom[mes] prolongée dans les siècles à ven[ir.] Elle n'appartient qu'aux belles [ac]tions et aux hommes qui ont réa[lisé] des projets durables, utiles à l'h[u]manité.	[...]té d'une manière précise et élémentaire par l'ex-[min]istre Turgot); 2° Les signes auxquels on peut reconn[aît]re l'étendue et les progrès ou le déclin de la richesse [nat]ionale; 3° L'influence de la conduite et des actes des [gou]vernemens sur la richesse des peuples. L'histoire du moyen-âge et l'histoire moderne vous [fer]ont aussi, sur différens points du globe, l'établisse[m]ent les progrès de plusieurs religions ou sectes dif-[fér]entes, leurs effets sur la civilisation, sur les lumières, [su]r les mœurs; puis, les événemens politiques, les dis[sen]sions, les troubles, les malheurs qu'elles ont produits. [Part]out le bien et le mal sont mêlés dans les choses hu[ma]ines (1). Les institutions les plus pures sont dénaturées [par] les passions : l'esprit de secte et l'esprit de faction, [qui] conduisent toujours à l'intolérance, sont également [haï]ssables. Vous vous attachez surtout à l'histoire de la patrie de[s je]unes élèves. Vous y joignez des observations et des ins[tru]ctions sur l'origine, le but, les bases, les dogmes, les [cér]émonies et les pratiques de la religion de leur pays. [En] leur donnant les premières idées religieuses, vous [sau]rez préserver avec soin leurs esprits des erreurs gros[siè]res, des superstitions pusillanimes, des préjugés dan[ger]eux qui corrompent souvent les meilleurs principes. [Vo]us leur montrez, dans l'histoire, les funestes effets du [fan]atisme, d'autant plus impie et barbare, qu'il croit, par [ses] fureurs, honorer la divinité. Vous pénétrez leurs ames [de] cette douce tolérance, compagne de la justice et de la [vér]itable humanité, qui ne juge point les opinions, mais [les] actions; qui respecte toujours l'indépendance absolue [de] la pensée, qui laisse à l'homme sa conscience et la fa[cul]té d'offrir à l'Éternel un culte libre et volontaire. [L'h]ommage le plus digne de l'Auteur des choses est dans [l'u]sage bien dirigé d'une raison saine et éclairée. (1) Loi du Mélange universel du bien et du mal. Voyez, ci-après, le premier appen[dice].	17e ANNÉE.

DIX-HUITIÈME TABLEAU DU PLAN D'ÉDUCATION-PRATIQUE.

I. ANNÉES du Cours d'Éducation.	II. ÉDUCATION PHYSIQUE.	III. ÉDUCATION MORALE.	IV. ÉDUCATION INTELLECTUELLE.	V. EMPLOI DU TEMS, déterminé pour chaque jour.
18e ANNÉE. 1. Service militaire : de six mois dans un corps d'infanterie ou de cavalerie faisant partie d'une armée active ou d'un camp d'instruction, et de six autres mois dans un régiment embarqué pour faire une campagne de mer. — Se perfectionner dans l'Équitation, dans l'Escrime, dans la Natation, et dans tous les exercices gymnastiques. — Apprendre les exercices militaires et les manœuvres. 2. Se former, par l'habitude de l'obéissance, à la science du commandement. 3. Se perfectionner dans l'Algèbre et les Mathématiques. — Étudier, dans la théorie et la pratique, l'attaque et la défense des places; prendre une notion exacte des différentes branches de l'art de la guerre.	18. L'apprentissage du métier des armes, qui paraît toujours dur et pénible aux jeunes gens nourris dans la maison paternelle, au sein de la mollesse et des plaisirs, loin des fatigues et des dangers, n'est pour nos élèves qu'une continuation et une application des exercices de leurs premières années. Formés, dès l'enfance, à une vie sobre, active, laborieuse, ils ont déjà les habitudes essentielles qui doivent constituer le soldat. Ils sauront dormir paisiblement dans les camps et sous la tente, ou, s'il le faut, en plein air, sur un affût de canon et sur la terre. Ils ont conservé l'usage d'être toujours levés avec le soleil. Des alimens simples et même grossiers, que la faim assaisonne, suffisent à leurs besoins, et ne leur font jamais regretter les délices des tables les plus délicates et les plus somptueuses. Leurs promenades et leurs courses journalières les ont mis à l'épreuve des marches forcées et des plus grandes fatigues: on peut les leur proposer pour modèles à tous les soldats des corps où ils servent. Leur dix-huitième année est employée par eux à la pratique des exercices militaires, des manœuvres, des évolutions. Ils se perfectionnent dans l'équitation, la natation et l'escrime, ainsi que dans les mathématiques et dans la géographie. On ne choisit point, pour leur noviciat militaire, un régiment stationné dans une garnison qui ne leur offrirait que les dangereux exemples d'une molle oisiveté, mais un corps employé, soit dans une armée active, soit dans un camp d'instruction et d'évolutions, ou embarqué pour faire une campagne de mer. Un séjour de quelques mois dans un camp et sur un vaisseau, en qualité de soldat ou de cadet, convient à nos élèves, qui doivent faire l'essai des différentes professions sociales, et se familiariser avec toutes les positions de la vie.	18 En désirant que nos élèves [...] croient une années de leur éducation service militaire, nous n'avons p[...] dessein de les dévouer spécialement cette mesure de précaution, à la v[...] des armes. Ils seront libres d'emb[...] la profession qui aura le plus d'a[...] avec leurs penchans, leurs talens et [...] goûts. Mais une ou deux années p[...] sous les drapeaux, non dans les l[...] d'une garnison, qui n'est trop so[...] qu'une école de débauche et de fai[...] tise, mais dans un régiment camp[...] chargé d'un service de mer, [...] pour faire un service de mer, [...] utiles et même nécessaires à un [...] homme, pour compléter son éduca[...] Il apprend à connaître le joug [...] discipline, à étudier les qualités qui [...] tituent le général et le soldat. Le[...] tés morales du militaire, suivant l'[...] doivent être la probité, le courage [...] l'obéissance. « Le général doit savoir persua[...] diriger; c'est en quoi l'autorité, [...] la puissance morale, diffère de la [...] qui est la puissance physique... Il [...] garantir à la fois de l'orgueil imp[...] morose et dédaigneux, de la vanit[...] quace et indiscrète, de l'envie et d[...] jalousie, qui forment le caractère [...] âmes basses et sans mérite. Il ne doit [...] livré ni aux femmes, ni au jeu, ni [...] table; ni exposé, dans un momen[...] passion ou de plaisir, à trahir le se[...] ses opérations ou à violer ses eng[...] mens; ni dévoré d'avarice et de co[...] et infecté de ces vices qui lui fas[...] perdre sans retour sa réputation, [...] dit, son influence sur les troupes, l'[...] l'estime est, pour un chef, le fon[...] le plus sûr des heureux succès et [...] gloire (1). » La passion de l'honneur, ou le s[...] ment du besoin de l'estime, et la cr[...] de la honte, rendue plus forte et [...] puissante que celle de la mort, se p[...] dans les cœurs de nos élèves: elles y [...] duisent l'héroïsme et un noble ent[...] siasme, toujours dirigé par le devoir, [...] la raison, par l'amour de la vertu [...] la patrie, germe et principe des gr[...] (1) Mémoires polit. et milit. du géné[...]	Nos élèves profitent de l'année qu'ils passent dans un régi[ment] et dans un camp ou sur un vaisseau, pour étendre et appli[quer] leurs connaissances en mathématiques et en algèbre, pour [approfon]dir la *tactique* et la *science militaire*, l'art d'attaquer, [de dé]fendre et de fortifier les places, qui occupe un rang parti[cu]lier entre les différentes branches des mathématiques, et pour [con]naître, s'ils font une campagne en mer, des élémens qui con[cer]nent une flotte, des rapports qui existent entre la marine mar[chan]de et la marine militaire, des principales connaissances qui [tien]nent à la tactique navale et à la navigation. Ils reçoivent des [no]tions sur l'instruction, la police et la discipline intérieure des [trou]pes, sur leur subsistance et leurs approvisionnemens en tout [gen]re, leur habillement et leur équipement, leur administration [et] leur comptabilité; ils ne doivent rester étrangers à aucun des [objets] qui concernent une armée. On leur fera concevoir par eux-[mê]mes des idées justes et claires sur la destination particulière des [dif]férentes armes de l'infanterie de ligne, des troupes légères, de [la] cavalerie, de l'artillerie, sur les usages les plus convenables [qu']on peut en faire, suivant les occasions et les localités. *Les Commentaires de César*, *les Guerres des Romains*, par [Po]lybe, les relations des *Campagnes d'Alexandre*, la *Retraite* [de] *Dix mille*, par Xénophon, les *Écrits de Guibert*, du maré[ch]al de Saxe, les *Mémoires de Feuquières*, les *Mémoires poli*[ti]*ques et militaires de Lloyd*; les *Mémoires de Foy*, de Gouvion[-Saint-]Cyr, de Suchet, de Napoléon, les ouvrages historiques, [consi]dérés sous le rapport des opérations militaires, deviennent, [pen]dant cette année, leurs lectures favorites. On peut aussi leur [of]frir, par forme de délassement, comme ouvrages élémentai[re]s, *l'Instruction du général Wimpfen à ses fils et aux jeunes* [ge]ns destinés au métier des armes; le *Guide d'un jeune militaire*, [les] instructions d'un père à son fils sur l'art militaire, ses de[vo]irs, les vertus et les talens qu'il exige; les *Instructions du grand* [Fré]*déric*, adressées à ses officiers; enfin, les *Conseils à un* [jeu]*ne homme qui se destine à la marine militaire*. On indique ici un plus grand nombre d'ouvrages que nos élèves [ne] pourront et ne devront en lire, afin que l'instituteur choisisse [le]s besoin ceux qui paraîtront le mieux convenir à leur position, [et] à leur genre d'études. Qu'ils lisent peu, mais bien; qu'ils mé[di]tent sur leurs lectures, qu'ils en fassent des analyses et des ex[tra]its, pour bien s'approprier ce qu'ils ont médité, pour fixer les [ré]sultats de leurs études et de leurs méditations, dans l'intelli[ge]nce plus que dans la mémoire, pour acquérir enfin une idée [ju]ste et précise de toutes les parties du grand art de la guerre, [qui] décide le plus souvent du destin des empires, et de ses rap[po]rts avec la morale, la politique, les finances, et avec les diffé[ren]tes branches des sciences et des arts.	**18e ANNÉE.** Nos élèves, même en faisant leur service comme soldats ou sous-officiers, ou comme cadets et volontaires, dans un corps de troupes, soit sur une flotte, soit dans une armée, doivent conserver et pratiquer l'usage salutaire de régler, d'après un plan constamment suivi, et de diriger vers un but d'utilité réelle l'emploi de chacun des instans de la journée qui resteront à leur libre disposition, hors du service militaire. Continuation de l'usage du Mémorial.

I. ANNÉES du Cours d'Éducation.	II. ÉDUCATION PHYSIQUE.	III. ÉDUCATION MORALE.	IV. ÉDUCATION INTELLECTUELLE.	V. EMPLOI DU TEMS, déterminé pour chaque jour.
19ᵉ ANNÉE. 1. Continuation du même régime physique, des promenades et des exercices propres à maintenir le corps sain et vigoureux. — Sages et nécessaires précautions contre les effets et les ravages de l'ONANISME. Eviter l'abus et les dangers d'un sommeil trop pesant, ou agité, ou trop prolongé. 2. Politesse, sociabilité. — Confiance et amitié mutuelles entre un père et ses fils, un instituteur et ses élèves. 3. Noviciat de six mois chez un notaire ou chez un homme de loi, et de six autres mois chez un banquier. — Étude des Lois et du Commerce.	19. Un des objets les plus importans dans l'éducation physique, et non moins essentiel pour l'éducation morale, et qui appartient surtout à l'époque où finit l'adolescence et où commence la jeunesse, ne doit pas échapper aux observations inquiètes, aux tendres sollicitudes d'un père et d'un précepteur. On néglige souvent, par une sorte de pudeur mal entendue, de prémunir les jeunes gens contre les dangers les plus redoutables pour leur bonheur et leur santé, contre ceux dont ils se défient le moins et qui les menacent le plus : je veux parler de ces habitudes secrètes, trop communes chez les adolescens, depuis l'âge de 12 ou 15 ans jusqu'à 20, qui tendent à détruire de bonne heure le tempérament, à dessécher, à épuiser dans leur source les principes de la vie, et dont l'illustre Tissot développe les effets désastreux, et peint éloquemment les ravages, dans son traité sur l'Onanisme. On paraît craindre souvent, on évite à dessein d'avoir des entretiens de ce genre avec les jeunes gens; on les abandonne imprudemment à des discours indiscrets, à des exemples contagieux, à des confidences pernicieuses, aux écarts fougueux d'une imagination vive et ardente, qui aurait eu besoin d'être réprimée. Père tendre et prévoyant, instituteur sage et attentif, redoublez de soins et de vigilance; prévenez des symptômes fâcheux d'épuisement et de faiblesse, dont les suites seraient irréparables et mortelles; n'attendez pas que la constitution physique soit cruellement altérée. Craignez les funestes effets d'un sommeil lourd et pesant, qui n'a rien de réparateur et qui engourdit l'homme et plonge ses facultés dans une sorte d'assoupissement et de mollesse léthargique, ou qui, troublé par des songes fatigans et laborieux, plus nuisibles à la santé que les plus longues insomnies, tient	19. A mesure que la raison de vos élèves se développe et se mûrit avec l'âge, dès que leur âge permet de le leur faire spécialement observer les vertus de la pratique leur devient plus nécessaire; Mais, comme toutes les vertus sont enchaînées les unes aux autres, celles qui leur sont déjà familières les disposent à être plus facilement formés à celles qui leur manquent. La politesse, qui fait partie de la naissance du monde, doit être inspirée plutôt qu'enseignée, par un instituteur attentif à en donner l'exemple, et qui va former ses élèves insensiblement et longue. Elle consiste dans une certaine facilité à régler, avec bienséance et à loisir, ses discours, ses manières, ses regards, ses actions, ses mouvemens, ses gestes, suivant les personnes et les lieux, ses conditions; le respect et la déférence des inférieurs pour leurs supérieurs, sans démonstration de soumission servile, basse et avilissante; témoignages de condescendance, de bienveillance et d'humanité des supérieurs envers les inférieurs, mais sans ce mélange d'arrogance propre à les blesser; les règles de bienséance et d'honnêteté qui se pratiquent entre les époux, voilà ce qui constitue le code de la politesse. Elle ne doit dégénérer ni en commerce honteux de protestations hypocrites et mensongères entre les hommes, ni en une galanterie fade et insipide à l'égard des femmes. Un juste tempérament entre l'extrême franchise et la fausseté et une exacte observation des convenances la caractérisent. Puisque vous connaissez vos élèves et la société, vous devez en même tems initier à ses mystères et à ses lois, prémunir contre ses dangers, éclairer leur inexpérience, signaler les écueils qu'il leur importe d'éviter, allumer devant eux un phare et un flambeau qui puissent les diriger dans cette navigation périlleuse qu'ils vont faire à leur tour sur l'océan de la vie.	19. Après son année de noviciat dans un régiment, un de vos élèves passe les six premiers mois de sa neuvième année (ou sa vingtième, s'il est resté deux ans au service militaire) chez un notaire, un avocat ou homme de loi, pour acquérir une connaissance au moins générale de la *législation*, des affaires de la vie civile, du droit et de l'action des tribunaux; pour étudier les formes rendent un acte authentique dans la société, les lois relatives à la fidélité dans les engagemens, à la garantie des propriétés, à la sainteté des contrats, aux obligations hypothécaires, aux conventions qui se diversifient à l'infini entre les hommes; pour être en état d'éviter les pièges trop souvent tendus à l'ignorance, où à la candeur et à la bonne foi. Vous pourrez mettre avec fruit dans les mains de vos élèves les *Lettres sur la profession d'avocat, par M. Camus*, vues et publiées par M. Dupin aîné, avocat, suivies de l'indication des meilleurs livres de droit à étudier. L'auteur y développe l'importance et la dignité de cette profession; il le définit *un homme de bien, capable de conseiller et de défendre ses concitoyens*. Il veut que l'avocat puisse à la fois parler et écrire comme un orateur, penser et raisonner comme un jurisconsulte. « L'importance des affaires dont on dépose le secret entre les mains de l'avocat, la confiance qu'il lui est nécessaire de mériter, la certitude qu'en s'adressant à lui on sera toujours fidèlement conseillé, jamais trompé, encore moins trahi, exigent qu'il joigne les qualités du cœur à celles de l'esprit. » M. Camus considère l'avocat dans toutes ses fonctions: il lui indique les préceptes de conduite à suivre et les écarts à éviter. Il veut surtout que le zèle accompagne la défense des causes dont il est chargé. Une entière liberté de parler, nécessaire pour développer tous les moyens de défense avec chaleur et courage, est un droit qu'aucune législation ne disputa jamais à l'avocat, et que plusieurs lui ont assuré d'une manière positive. L'avocat ne doit pas être seulement versé dans la connaissance des lois, mais aussi dans celle de la littérature et de l'histoire. L'auteur présente un plan détaillé d'étude du droit, suivant les diverses espèces dans lesquelles il peut être divisé. Il montre l'importance de chaque branche particulière, et ses rapports avec les autres. Il fait connaître les	**19ᵉ ANNÉE.** Même observation que pour l'année précédente, pendant les six mois passés chez un notaire ou chez un homme de loi, et les six mois employés chez un banquier. 2 heures, chaque jour, sont consacrées à l'étude de la langue allemande, ou de la langue anglaise, qu'on a pu commencer, l'année précédente.

I. ANNÉES du Cours d'Éducation.	II. ÉDUCATION PHYSIQUE.	III. ÉDUCATION MORALE.	IV. ÉDUCATION INTELLECTUELLE.	V. EMPLOI DU TEMS, déterminé pour chaque jour.
19ᵉ ANNÉE.	dans un état de tension continuelle ou d'agitation violente toutes les fibres du cerveau. Le sommeil, trop prolongé le matin et au-delà du besoin, a les mêmes inconvéniens que l'excès de nourriture. Habituez votre fils ou votre élève à se lever toujours de bonne heure, à commencer la journée par des exercices agréables et propres à le fortifier. Qu'il gravisse un rocher, traverse un fleuve à la nage, franchisse de larges fossés, joue à la course ou à la lutte, s'exerce sur un coursier rapide et impétueux. Ne dédaignez pas de veiller vous-même à ce qu'il dorme toujours sur le côté droit, et faites-lui contracter cette habitude salutaire. Une mauvaise position pendant le sommeil, sur le dos et sur le côté gauche, donne à la circulation du sang une direction insolite, et produit souvent un relâchement, une sorte de langueur dans l'économie physique, des douleurs cruelles dans l'épine du dos et dans la poitrine. Amortissez la fougue et l'ardeur de l'imagination et des sens, en conduisant souvent un jeune homme dans ces hospices publics, véritables tombeaux de créatures vivantes, où le tableau hideux des horribles tourmens soufferts par les victimes de la débauche et de la volupté, le pénètre tout entier d'une sainte horreur pour ces précoces et dangereux plaisirs, auxquels il aurait peut-être sacrifié sa force naissante et les jouissances pures, légitimes, précieuses qui lui sont destinées. Écartez avec soin de vos élèves les jeunes gens et même les enfans déjà corrompus et efféminés, qui pourraient inspirer des inclinations et des coutumes pernicieuses. Enfin, maintenez, conservez, fortifiez la santé; endurcissez le tempérament par un régime de vie dur et austère, sain et constamment observé, par la sobriété, par l'usage des mets simples et jamais échauffans, propres à tempérer et à calmer l'acrimonie et la chaleur du sang, par l'habitude de coucher sur la dure et de dormir peu; par des bains froids, pris dans une eau courante, et, si l'on peut, dans la mer; par des travaux manuels, par des exercices de tout genre, capables d'augmenter les forces, de développer les principes de la vie.	Un bon père se met à la place de son fils, rappelle à sa mémoire les dangers qu'il a courus, les sensations et les émotions qu'il a éprouvées dans sa jeunesse, il leur dit : « Les plaisirs de tout genre vinrent étaler à mes yeux tous leurs charmes; je fus ravi, séduit, enivré; je mesurai bientôt la profondeur de l'abîme; je payai chèrement mes illusions et mes erreurs. » Des exemples propres, frappans viendront à l'appui de ce discours. Ne craignez point d'entrer dans les détails, de parcourir avec votre fils tous les détours du labyrinthe; pourrait s'engager seul et se perdre. Montrez la route semée de fleurs; faites-lui voir la dent venimeuse de la vipère cachée sous la riante verdure. Soyez pour lui le confident de votre fils, ou de votre élève; qu'il n'ait rien de caché pour vous, partagez ses plaisirs, ses peines, ses affections, ses désirs, ses inquiétudes, ses espérances, ses craintes, ses combats : vous l'aiderez à triompher. De combien de chagrins, de malheurs vous aurez préservé sa vie! Combien vous bénira sa touchante reconnaissance qui sera le principe de sa joie. Si vous préférez le respect et la crainte, n'aspirez point à l'amour : on fuira votre présence; on aura toujours soin de se soustraire devant vous; jamais il ne vous sera permis de lire dans cette âme qui devait, comme un miroir fidèle, réfléchir tous les sentimens et les pensées de vos enfans. Une barrière fatale vous sépare. Vous perdez l'avantage de maître et de directeur de la destinée qui vient à vos fils ou à vos élèves, de leur ouvrir la carrière, de les préparer à parcourir, de chercher pour eux d'eux, avec une sollicitude paternelle, d'après la connaissance approfondie de leurs différens caractères, la jeune fille qui de bonne heure exerçant l'empire des vertus et de ses charmes sur le jeune adolescent dont elle doit être la compagne, vous sera la préserver des pièges où la coquetterie de quelques femmes pourrait l'entraîner, et devient dans ses mains un ressort salutaire, un moyen puissant d'émulation, pour le maintenir dans la route de la sagesse et de l'honneur, pour le conduire à la vertu et à la gloire	...eurs qui s'y sont distingués; il désigne et classe méthodiquement les livres élémentaires et les ouvrages bons à consulter, auxquels il joint un catalogue raisonné de quelques-uns des meilleurs écrits sur l'économie politique, sur la science de la législation, sur le commerce de terre et de mer. Car, dans une foule de causes, avocat a besoin, soit comme défenseur ou comme conseiller, d'avoir des idées justes, des principes fixes, des notions positives et claires sur les matières du gouvernement et de l'administration. Quoique la *science du droit* soit son étude capitale, et qu'il doive en posséder à fond les principales parties, *droit naturel et public*, le *droit romain*, le *droit français*, le *droit étranger*, le *droit ecclésiastique*, beaucoup de connaissances accessoires lui sont indispensables. L'histoire, considérée sous les rapports de la *législation* politique, civile, criminelle, commerciale, financière, etc., de l'économie politique; la *littérature* et la *rhétorique*, qui embrassent les préceptes et les modèles de la logique et de l'éloquence, doivent surtout lui être familières... Plusieurs jeunes gens peuvent se réunir pour avoir des conférences sur les différentes questions de droit : c'est un moyen d'abréger les études, et de les animer par une salutaire émulation. La lecture des lettres de M. Camus, écrites avec goût et simplicité, inspire de l'estime et de la considération pour la profession honorable qui en est l'objet, en même tems qu'on y développe les soins, les études et les qualités morales qu'elle exige. Les six autres mois de la dix-neuvième (ou de la vingtième) année sont employés à travailler chez un banquier sage et estimé, dont les relations soient très-étendues. Les élèves y prennent une idée du commerce, de ses procédés, des rapports qu'il établit entre les peuples, de son objet, de son influence, du genre de protection qu'il a droit d'attendre d'un gouvernement. Ils complètent ainsi leur cours d'économie politique, qui achève de développer leur raison et leur jugement, et leur permet de voir à la fois, en masse et dans tous leurs détails, le mécanisme et les rouages de l'administration publique et de la société. On continue d'apprendre et de parler l'allemand ou l'anglais; si l'on est parvenu à se rendre familière l'une de ces langues dans l'année précédente, on passe à l'étude de l'autre.	19ᵉ ANNÉE.

VINGTIÈME TABLEAU DU PLAN D'ÉDUCATION-PRATIQUE.

I. ANNÉES du Cours d'Éducation.	II. ÉDUCATION PHYSIQUE.	III. ÉDUCATION MORALE.	IV. ÉDUCATION INTELLECTUELLE.	V. EMPLOI DU TEMS, déterminé pour chaque jour.

20ᵉ ANNÉE.
 	
Continuation des mêmes exercices et des mêmes habitudes morales. — Se perfectionner dans la connaissance des lois et des relations et transactions commerciales. — Suivre des cours d'Anatomie comparée, de Médecine et de Chirurgie, et recevoir des notions générales sur les différentes branches de l'art de guérir.
	20. Les biens du corps sont de trois espèces : la SANTÉ, la FORCE et la GRACE. La Gymnastique les comprend tous, puisqu'elle est la science des habitudes du corps, ou l'art de l'exercer pour le fortifier, et de lui procurer, par différens exercices appropriés aux divers besoins de notre constitution physique, de la souplesse, de la vigueur et ce parfait équilibre de toutes ses facultés, qui constitue l'état qu'on appelle SANTÉ.
	   La gymnastique et tous les exercices qu'elle enseigne sont devenus familiers à nos élèves, qui leur consacrent au moins trois ou quatre heures chaque jour, et qui trouvent ainsi l'avantage, surtout pendant leurs dix-neuvième et vingtième années, de compenser et de corriger les inconvéniens du travail de cabinet et des occupations sédentaires. On ne saurait trop les prémunir contre les dangers que peut avoir l'excès des études, et les bien pénétrer de la nécessité de donner, pendant toute leur vie, plusieurs heures par jour aux exercices du corps.
	   Hippocrate, qui passe pour avoir introduit le premier la gymnastique dans la pratique de la médecine, avait observé que rien ne contribue plus au maintien et au rétablissement de la santé que des exercices proportionnés aux différences des complexions, des âges et des sexes. Il a développé, dans ses livres DU RÉGIME, les avantages des exercices en général, et en particulier de la promenade, ceux des différentes sortes de courses, des sauts, de la lutte, des onctions, des frictions, de l'action de se rouler dans le sable, et des bains.
	   Galien a traité des bons effets de la sphéristique, branche particulière de la gymnastique, ou des jeux de paume et de balle, qui, par les fréquentes inflexions et les grands mouvemens qu'ils exigent, sont propres à affermir les jambes et le dos, à rendre l'épine du dos plus souple, à déharnacher la tête, à éclaircir la vue, à donner de la justesse au coup-d'œil, de l'adresse et de la légèreté à la main, à fortifier enfin les bras, les épaules et tous les muscles du dos et de la poitrine.
	   D'autres auteurs, en traitant de la gymnastique médicale, n'ont point dédaigné de recommander la danse comme l'un des exercices qui met tous les muscles en mouvement de la manière la plus douce et la plus régulière, et donne des secousses réitérées à toutes les autres parties, tant intérieures qu'extérieures. Elle favorise ainsi l'accomplissement des fonctions les
		20. Vos élèves approchent de l'époque où ils seront propriétaires administrateurs des biens qui vent leur échoir en partage, ou seront le fruit et la récompense leurs travaux dans la société. Ils vent être formés aux vertus et devoirs d'un chef de maison, père de famille, d'un administra économe, prudent, éclairé. — Y leur donnez pour règles habitue de tout payer comptant, par ce quent de ne point faire de dett de n'jamais emprunter, même à amis, excepté dans des occasions res et pressantes, et de rendre le ponctuellement, sans retard, re leur a été prêté ; de tenir sur u gistre d'ordre un compte exact leurs dépenses journalières; de lier, à la fin de chaque mois, le tant des sommes qu'ils ont dé sées; d'avoir toujours quelques en réserve pour des circonstances traordinaires et des besoins imp vus ; de proportionner leur dé annuelle à leur revenu, ou à la q lité de fonds mis annuellement disposition; de préférer dans l' ploi de leur argent les dépenses sacrées à des choses utiles et d bles, à celles qui n'ont pour qu'une consommation immédia de donner très-peu au luxe d' tation et de vanité, aux frivolit aux plaisirs stériles, aux spectacl l'habillement, à l'élégance, aux des, à la table, mais de rapport plus possible toutes leurs dépe aux objets essentiels au bonheur conservation de leur santé, ci ave comme tels par la raison ; à leur truction, aux cotisations et aux criptions volontaires pour des blissemens de bienfaisance, pour encouragemens à donner à l'ind trie et aux arts par des expéri intéressantes et utiles, ou pour soulagement des malheureux.
		   Il faut tracer une ligne de dé cation bien prononcée entre la
			Comme il entre dans votre plan de donner à vos élèves une précise de toutes les professions sociales, pour leur faire les rapports qu'elles ont entre elles, et les secours mutuels elles doivent se prêter, vous ne leur laisserez pas ignorer les ... de la *médecine*, de la *chirurgie*, de *l'anatomie* et de la ... *comparées*, et des différentes parties de *l'art de* ...
			   Cet art, ou plutôt cette science, éminemment philosophique, embrasse l'homme tout entier, a été beaucoup trop négligé ici dans l'éducation, et abandonné presque exclusivement hommes qui le professent. La médecine et la physiologie ont relations nécessaires et immédiates avec toutes les branches de ...cation que nous avons parcourues. Elles se lient à l'*éduca-physique*, en indiquant le régime et les moyens convenables conserver la vigueur du corps et la santé ; — à l'*éducation* ..., puisqu'elles doivent étudier et diriger les facultés primi-...es et instinctives, les inclinations et les penchans qui consti-..., pour chaque homme, son individualité, et pour l'espèce général, le type de l'humanité; puisqu'elles inspirent un senti-...t profond de tolérance pour les faiblesses, les écarts, les dé-...ts et les vices qu'elles apprennent à combattre et à corriger ; ...qu'en permettant au médecin d'adoucir les maux qui affligent ... semblables, elles lui inspirent naturellement pour eux une ...ie d'affection sympathique, de pitié intelligente et bienveil-..., et puisqu'elles le portent à déployer aussi le plus héroïque ...ouement sur le théâtre des périls et des horreurs de la guerre, ... milieu des ravages d'une maladie contagieuse qui envahit et ...vore tout une population. Elles fortifient, d'ailleurs, le senti-...nt religieux, fondement et point-d'appui de la morale, en ré-...ant à la fois l'immensité de la puissance du Créateur, dans le ...canisme admirable de la structure physique de l'homme, et la ...igilité de cette faible créature, qui paraît appelée à ramper et ...réquer sur la terre. — Enfin, elles se rattachent à l'*éducation* ...tellectuelle, et à l'histoire naturelle dont elles forment une des ...plications les plus importantes, puisqu'elles recherchent les ...rties les plus cachées de notre organisation, les ressorts secrets
				20ᵉ ANNÉE.
				
				7 heures de sommeil.
				
				2 pour les repas;
				
				3, alternativement, pour les exercices gymnastiques, l'Équitation, les Armes, le Bain et la Natation, la Paume et la Danse;
				
				1 pour l'examen moral et pour les travaux d'ordre ;
				
				2 pour la société;
				
				2 pour les promenades instructives et pour les différentes branches de l'Histoire naturelle;
				
				2, alternativement, pour la Composition, le Dessin et les Mathématiques;
				
				2 pour continuer l'étude des lois;
				
				3 pour les cours de Médecine, d'Anatomie, et de Chirurgie, et pour s'instruire dans les différentes branches de l'art de guérir.

I. ANNÉES du Cours d'Éducation.	II. ÉDUCATION PHYSIQUE.	III. ÉDUCATION MORALE.	IV. ÉDUCATION INTELLECTUELLE.	V. EMPLOI DU TEMS, déterminé pour chaque jour.
20e ANNÉE.	plus essentielles du corps humain, en rendant les fibres plus flexibles, en aidant la digestion et la transpiration insensibles en facilitant la circulation du sang dans les nombreux détours des vaisseaux qu'il doit parcourir. Elle rend aussi, comme nous l'avons observé, la taille libre et dégagée, forme un corps bien proportionné, communique à tous les mouvemens un air aisé, noble et gracieux, un certain extérieur de politesse qui prévient en faveur du caractère. Elle habitue à régler et à modifier l'humeur et la conduite, comme la contenance et les manières ; elle donne, en un mot, les dispositions les plus convenables pour réussir dans presque tous les exercices de la guerre et de la paix. La danse, chez les anciens, faisait partie des cérémonies religieuses et des exercices militaires. Platon, Aristote et Plutarque regardaient surtout comme très-utiles les danses guerrières instituées pour imiter les postures des combattans, soit pour parer les coups, en esquivant, en reculant, en sautant, en se courbant contre terre, soit pour atteindre et blesser l'ennemi, en tirant l'arc, en lançant le javelot et en faisant usage de différentes armes. Enfin, l'équitation, qui convient également aux meilleurs tempéramens et aux personnes valétudinaires et languissantes, est à la fois du ressort de l'art militaire et de la médecine. Elle forme pour les armées des hommes robustes et intrépides, qui savent soumettre au frein les coursiers les plus fougueux, et qui combinent leurs mouvemens avec ceux de l'animal qu'ils ont dompté, doublent ainsi leurs moyens de vitesse et d'agilité pour atteindre l'ennemi, de force et d'adresse pour le combattre. Le même exercice, réduit à des mouvemens doux et modérés, qui semblent distribuer une agitation médiocre à toutes les parties du corps, qu'il revienne en quelque sorte en cadence et avec mesure, est employé avec succès par la médecine dans les maladies de poitrine, et pour rétablir les constitutions naturellement délicates et faibles, ou chancelantes et délabrées.	dide avarice, qui rapetisse l'esprit dessèche l'âme et la flétrit, corrompt et avilit le caractère, détruit tout sentiment d'honneur, d'humanité, de bienfaisance, de vertu, et cette sage et sévère économie, inspirée par l'amour extrême de l'ordre et de la justice, qui assure l'indépendance en modérant les besoins, qui permet d'être noble, bienfaisant, généreux en retranchant les prodigalités ruineuses et les dépenses frivoles, et asseoit enfin la vertu sur une base plus solide, en empêchant un homme d'être esclave des richesses et de le ser fléchir ses principes devant la crainte de la pauvreté. Les jeux de cartes sont bannis du nombre des délassemens et des créations de vos élèves. Ils regardent ce prétendu plaisir, malheureusement consacré par l'usage de la société, comme une ressource misérable pour tuer le tems, dont si peu de gens connaissent l'inestimable prix, et comme une voie honteuse de perdre son argent sans aucune utilité, ou pour gagner celui d'autres sans aucun titre légitime. L'opinion de vos élèves sur les coutumes et sur les mœurs, dont ils se rendent témoins, ne les rend point censeurs inraitables et moroses, ni même, listes rigides et intolérans. Ils ont assez de caractère pour ne point imiter les choses qu'ils croient blâmables ou inutiles, et assez de raison et d'indulgence et de modestie, pour ne point s'ériger en réformateurs des abus et des vices. Ils savent qu'ils sont responsables de leurs actions à eux-mêmes, et qu'ils n'ont aucun droit d'inspection sur celles des autres. Fermes et inflexibles dans les principes et dans la route qu'ils se sont tracée, ils conservent toujours, dans leurs rapports sociaux, cette aménité de caractère, ces formes douces et aimables, qui sont le produit d'une bonne éducation, qui annoncent un bon cœur, et qui nous concilient la bienveillance des autres.	nous font agir et penser ; elles se lient à l'*administration*, à la *politique*, à l'*économie sociale*, à la *jurisprudence*, puisqu'elles instruisent l'homme d'État sur les divers objets de salubrité publique, puisqu'elles poursuivent les fléaux qui nuisent à la population, puisqu'elles perfectionnent dans cette vue des méthodes conservatrices, et souvent éclairent les tribunaux et prêtent même aux lumières et leur appui à la législation. Vos élèves sentiront le besoin d'étudier les *sciences médicales*, d'abord dans leur patrie, ensuite dans leurs voyages. Ils rechercheront avec soin les hommes instruits et habiles qui pourront les élever à la connaissance physiologique de l'homme ; ils méditeront avec fruit les ouvrages où sont déposées les observations les plus utiles et les faits les plus curieux, relatifs à l'*art de guérir*, et à la *physiologie*, qui, bien comprise, est la base première et nécessaire de toute philosophie, comme la philosophie elle-même est la base, le lien, l'âme de toutes les sciences (1). L'*histoire naturelle de l'homme* est à la fois la science la plus nécessaire pour l'homme, la plus propre à donner une direction sûre à l'éducation ; une impulsion convenable à nos penchans et à nos passions, pour en faire les instruments du bonheur individuel et du bien général de la société ; un fondement solide à nos institutions, pour qu'elles ne soient pas plus ou moins en opposition avec les besoins naturels et la destination de l'homme. Une étude aussi intimement liée aux plus chers intérêts de l'humanité est comme le complément indispensable d'une éducation largement conçue, appropriée à l'état actuel des lumières et aux besoins de notre époque. Elle est une préparation à la philosophie générale, qui est elle-même le couronnement de toute instruction solide et complète.	20e ANNÉE.

(1) Voyez, dans les Mœurs politiques, par M. Alexis Dumesnil (Paris, 1834), la distinction ingénieuse des trois grandes espèces sociales, *créatrice*, ou animée par le sentiment religieux ; *conservatrice*, qui exerce l'intelligence en vue de la morale humaine ; *destructive*, qui n'obéit qu'à l'instinct de l'égoïsme, et liv. VII, page 163 (note), les signes extérieurs, physiologiques et physiognomoniques, auxquels on peut reconnaître ces espèces.

I. ANNÉES du Cours d'Éducation.	II. ÉDUCATION PHYSIQUE.	III. ÉDUCATION MORALE.	IV. ÉDUCATION INTELLECTUELLE.	V. EMPLOI DU TEMS, déterminé pour chaque jour
De 21 ou 22 ans à 24 ans. VOYAGES. Mûrir, par l'expérience et l'observation, par l'étude des hommes, par des entretiens avec les savans, les connaissances précédemment acquises.	21. Notre éducation physique, en appliquant tour à tour les différens exercices dont nous avons montré l'utilité, a dû nécessairement procurer et conserver à nos élèves un corps exempt de maladies, une complexion forte et vigoureuse, une santé ferme et presque inaltérable. La sobriété dans les repas, un exercice journalier et modéré, mais forcé quelquefois, suivant ce précepte d'hygiène, *que la machine humaine demande à être secouée de tems en tems, pour ne pas s'engorger*; de longues marches, l'équitation, la natation, les jeux du billard et de la paume, les courses, les barres, la danse, l'escrime, la chasse, la culture, la pratique d'un métier, une notion suffisante de la médecine usuelle et domestique, et de la physiologie ou de la science des facultés humaines, ont formé des hommes propres à tout, des marins, des militaires, des mécaniciens, des artistes, des chefs toujours capables de commander, endurcis aux fatigues, prêts à donner l'exemple dans toutes les entreprises et dans tous les dangers. Nous avons transporté dans notre plan une partie des méthodes dont les anciens peuples ont retiré de si grands avantages. — Les Perses, les Hébreux, les Grecs, les Romains donnaient des soins particuliers au corps, que nous négligeons trop dans nos institutions modernes. Leurs exercices gymnastiques contribuaient à la santé, augmentaient la vigueur et l'adresse, et préparaient d'excellens soldats. La course à pied, les courses de chevaux et de chars, la lutte, le pugilat, l'adresse à lancer au loin un disque pesant ou un javelot, les jeux de paume et de balle, ou la sphéristique, mais surtout un régime de vie austère, faisaient une partie essentielle de l'éducation. Tout était réglé selon les lois de la plus exacte	21. Vous avez fait contracter à vos élèves dès leur quatorzième année, l'usage de voir un Mémorial sur lequel ils recueillent journellement tout ce qu'ils ont vu d'utile, tout ce qu'ils ont vu d'intéressant, tout ce qu'ils ont pu ajouter à leurs observations et à leurs connaissances. Cette habitude salutaire de se rendre par écrit un compte journalier de ses actions, de ses remarques, de ses études, promet d'inestimables avantages pour le succès de l'éducation. Elle entretient dans leur mémoire dans leur vigueur, l'esprit, le jugement, les qualités morales, les facultés intellectuelles : elle forme, conserve et perfectionne le talent de bien écrire; elle habitue vos élèves à se diriger constamment avec ordre et méthode dans leurs travaux et dans tous les détails de leur vie, de manière qu'il n'y ait jamais pour eux aucune perte de tems, d'où résultera un discernement et l'ennui, et qu'ils puissent toujours se rendre un compte solide de l'emploi de leurs heures. Cette habitude doit surtout être pratiquée par les élèves, dans l'intervalle de quatre ou cinq ans qu'ils vont consacrer à étudier les connaissances par les voyages. Il sera même utile pour eux d'en continuer l'usage pendant toute leur vie, pour s'assurer les résultats que nous avons indiqués. La véritable éducation, si nous donnons à ce mot le sens le plus étendu, n'est pas circonscrite dans les bornes du premier âge. Elle est d'abord l'apprentissage de la vie, pendant les époques de l'enfance, de l'adolescence et de la jeunesse; elle devient ensuite une science pratique et usuelle dont l'homme peut s'appliquer à lui-même les préceptes et les avantages, pour s'éclairer et pour se rendre meilleur. Sous ce rapport, elle embrasse la vie entière, puisqu'il dépend de nous, jusqu'à la vieillesse la plus reculée, de travailler à notre éducation, c'est-à-dire, à notre perfectionnement, à notre bien-être : ces trois mots expriment la même idée. L'enfance de nos élèves a été spécialement consacrée à leur former un tempérament vigoureux, par les jeux et les exercices de tout genre; on a eu soin, dans le même intervalle, d'éloigner les idées et les notions vicieuses qui auraient pu gâter leur caractère, et les notions fausses qui auraient obscurci leur esprit. — On a continué, dans leur adolescence, de favoriser le développement physique et de cultiver les facultés intellectuelles; mais on a attaché plus particulièrement à prendre l'avance sur les passions et à s'emparer du moment où elles dorment encore dans le	21. Nos élèves vont terminer et compléter leur éducation par un cours de voyages, qui devra durer trois ou quatre ans. Leur instituteur, devenu par une longue habitude de confiance et d'intimité leur meilleur ami, continuera d'être leur compagnon et leur mentor, acquerra en voyageant une foule de connaissances qu'il n'a jamais trouvées dans le sein de sa famille et dans son pays. Il est évident, dit un écrivain déjà cité (1), que nos idées se multiplient à mesure que l'horizon des objets producteurs de nos sensations s'étend et s'agrandit lui-même. Or, ce n'est qu'en changeant de place et en parcourant successivement toutes, ou au moins les principales parties de la surface du globe (ce vaste Muséum où reposent, à des distances plus ou moins éloignées, toutes les productions de la nature, et des arts créés par l'homme), que l'on puisse procurer des notions, exactes et positives, de tous les corps et de leurs propriétés, et former ainsi ce magasin d'idées élémentaires où nous trouvons par la suite les matériaux de toutes les productions de l'esprit, lesquels, conservés par la mémoire, sont mis en œuvre par la force de combinaison, ou l'intelligence et par l'imagination, donnent naissance aux sciences, aux beaux-arts, aux arts mécaniques, et généralement à toutes les inventions humaines...... — Il est évident que l'enfant, qui n'a encore vu que la maison de campagne de son père, ne connaît qu'elle; il connaît ensuite le village dont il fait partie; ensuite, les campagnes, les villages, bourgs et villes du voisinage; puis, le département, la province entière; puis, l'État où il est né; puis, les États, républiques ou empires circonvoisins; puis, toute l'Europe; puis, l'ancien et le nouveau monde. » Il est peu d'hommes, sans doute, assez favorisés par la nature, par la fortune et les circonstances, pour arriver par eux-mêmes à une étendue, à cette généralité de connaissances locales, auxquelles on est forcé de suppléer par la lecture des voyages d'autrui et la connaissance exacte de la *géographie*. Mais encore est-il vrai de dire que c'est là le plus naturel, le plus sûr et le meilleur moyen d'y parvenir, et qu'en général l'homme qui a le plus voyagé et le mieux observé, qui a vu et comparé beaucoup de cités et de mœurs différentes : *Qui mores multorum vidit et urbes;* toutes choses égales d'ailleurs, le mieux et le plus réellement instruit. Les voyages, suivant Locke (2), sont, pour un jeune homme, une sorte de cours expérimental et pratique de la société. Il acquiert la connaissance des différentes nuances du cœur humain; il devient circonspect et retenu; il apprend à pénétrer au-delà des écorces et des simples apparences, à conserver, au moyen d'une aménité civile et obligeante, une honnête liberté avec les étrangers et avec toute sorte de personnes, sans perdre leur estime, (1) LAROMIGUIÈRE, Introduction à l'Analyse des Sciences, Tom. I, pag. 364. (2) LOCKE, Tome II, section 27.	De 21 à 22 ou 24 ans. Nos élèves doivent cultiver et perfectionner, par un bon emploi du tems, les connaissances qu'ils possèdent, et continuer l'habitude-pratique de se rendre compte, chaque jour, de ce qu'ils ont vu, fait, appris ou observé, en écrivant la relation journalière et détaillée de leurs voyages.

I. ANNÉES du Cours d'Éducation.	II. ÉDUCATION PHYSIQUE.	III. ÉDUCATION MORALE.	IV. ÉDUCATION INTELLECTUELLE.	V. EMPLOI DU TEMS, déterminé pour chaque jour.
De 21 ou 22 à 24 ans.	tempérance : le sommeil, les heures de repos, le choix des alimens simples, et même grossiers. On avait en vue de former des hommes utiles à leur patrie, propres à sa défense et au maniement des armes. « Une ville n'est jamais sans remparts, disaient ces peuples, quand elle a des citoyens vigoureux, adroits et intrépides, toujours prêts à s'armer pour repousser ses ennemis (1). » En renouvelant les mêmes exercices et les mêmes principes d'éducation, nous obtiendrons les mêmes résultats ; nous aurons des hommes aussi robustes que chez les anciens peuples ; nous ajouterons à cet avantage celui d'avoir des ames plus élevées, des esprits plus cultivés, par l'effet naturel et presque nécessaire des progrès des lumières et des arts. L'avancement de la civilisation, en éclairant les hommes et en multipliant leurs rapports avec leurs semblables, les a disposés à de nouvelles sciences et à de plus grandes vertus. Nos élèves, munis d'une forte santé, habitués à supporter la faim et la soif, la chaleur et le froid, les variations des climats, tous les genres de travaux, vont parcourir, pendant trois ou quatre années, les principales contrées de l'Europe et du globe, pour ajouter à leurs observations et à leurs connaissances ; pour donner le change aux passions malfaisantes et dangereuses, par des distractions utiles ; pour fortifier encore leur tempérament par une vie active et par des fatigues salutaires. (1) Plutarque, Vie de Lycurgue.	profond et paisible sommeil, pour le cœur à l'amour et à la pratique vertu. Les années de la jeunesse, qui prit doit avoir plus de consistance maturité, sont employées à des chantés, qui servent à garantir un jeune homme des écarts d'une imagination dente et fougueuse, à donner le c... aux penchans impétueux qui commen... à éclater, et à distraire l'ame aqui... les premiers orages des passions. L'é... où nous sommes arrivés est presque de la virilité pour nos élèves, e... nature de leur éducation graduelle gressive les a disposés, plus que d... jeunes gens, à être de bonne heure hommes. On a endurci leur tempéra... développé leurs qualités morales, é... leur intelligence, prolongé pour e... sommeil de l'innocence, et avancé l... veil de la raison. La coupe emp... des passions a été doucement écar... leurs lèvres, en même tems qu'on m... sait leur ame de tous les antidotes l... puissans pour empêcher et neutraliser action et leurs ravages. C'est principalement dans leur co... voyages que vos élèves pourront... profit les fruits de leur éducation... parlent et n'agissent qu'avec une in... déterminée, une volonté fixe, et... s'être fait cette question : à qu... est-il bon et utile ? Leurs discours... actions, qui caractérisent des êtres r... raisonnables et instruits, les font... chérir, et disposent ceux qui les appr... à entrer avec eux en partage de ce q... de bon à leur offrir. Leur louage... compte, chaque matin, de l'empl... journée qui a précédée, les oblige... veillance attentive sur eux-mêmes,... permet de ne perdre aucune de... pour leur vie active, leurs expériences... nalières, l'observation d'un grand no... de pays, de personnes et d'objets q... plient autour d'eux. Le résumé de... actions et de leurs observations, d... Mémorial analytique, devient une... thermomètre qu'ils peuvent co... chaque instant, pour connaître le d... température de leur constitution ph... morale et intellectuelle. Ils sont toujours à tems d'arrêter dans son princip... déviation qui leur serait défavorable d'empêcher leur santé de se détério... leur ame de s'avilir, leur esprit des'... dans l'inertie et la mollesse. Nous... avons donné les plus sûrs moyens de... tenir leurs facultés dans un état de... sance et d'action, de calme, d'é... et d'harmonie.	à se conduire avec prudence dans les circonstances difficiles... Le jeune homme qui commence à voyager dans un âge raisonnable, et dans le dessein de profiter, peut s'entretenir et lier connaissance avec les hommes instruits qu'il rencontre, ou auxquels il adressé dans les lieux où il va. C'est là l'une des choses les plus avantageuses à un jeune homme qui commence à voyager hors de sa patrie. Avec des hommes d'un vrai mérite, qu'il doit rechercher et lier, il apprendra plus, en un seul jour, que s'il courait çà et là d'autant mieux accueilli, qu'il témoignera un vif désir de s'instruire des coutumes, des lois, du gouvernement, des mœurs, de l'état et du progrès du commerce, des sciences et des arts, et il unira déjà un esprit observateur à un caractère doux, obligeant et modeste.... L'époque proposée pour les voyages (Locke indique celle de 23 ou 24 ans jusqu'à 27 ou 28) peut reculer celle où le jeune homme se marie ordinairement ; c'est un avantage de plus pour lui, pour sa santé, pour son instruction, pour son bonheur, pour les enfans qu'il doit avoir, qui seront plus robustes, que le père sera plus en état de bien élever. L'excellent ouvrage de Léopold de Berchtold, traduit par M. de Sevryc : Essai pour diriger et étendre les recherches des voyageurs qui se proposent l'utilité de leur patrie, sera mis entre les mains de nos jeunes gens, et leur indiquera la méthode la plus sûre pour observer avec fruit, pour s'informer de tout avec discernement, pour entrer dans tous les détails des procédés des arts, pour profiter des choses nouvelles qui s'offrent à leurs yeux, pour mûrir par l'expérience, par la fréquentation d'un grand nombre d'hommes, par des entretiens avec des personnes instruites en tous les genres, les connaissances auxquelles les a initiés leur éducation. Ils s'attacheront à bien connaître le degré de richesse et de civilisation de chaque État, considéré sous les divers rapports qui constituent sa prospérité ; à comparer entre eux les États, les individus, à étudier enfin les nations et les hommes, pour s'améliorer eux-mêmes et pour se rendre capables d'être des citoyens utiles. Les contrées qu'ils doivent parcourir leur sont déjà presque familières : ils en ont tracé la carte, ils vont les reconnaître sur le terrain. Ils y portent les souvenirs de l'histoire, qui a été leur longue et leur dernière étude ; les méditations d'hommes qui ont approfondi les différentes connaissances, qui ne sont étrangers ni aux arts, ni aux professions mécaniques ; la brillante imagination de jeunes poètes, et les regards scrutateurs et pénétrans d'amis éclairés de l'humanité.	De 21 à 22 ou 24 ans.

VINGT-DEUXIÈME ET DERNIER TABLEAU DU PLAN D'ÉDUCATION-PRATIQUE.

I. ANNÉES du Cours d'éducation.	II. ÉDUCATION PHYSIQUE.	III. ÉDUCATION MORALE.	IV. ÉDUCATION INTELLECTUELLE.	V. EMPLOI DU TEMS, déterminé pour chaque jour.
25ᵉ ou 26ᵉ ANNÉE. Revenir dans sa patrie et se marier. Embrasser une profession active dans la société, ou remplir une fonction publique. S'acquitter des devoirs d'homme, d'époux, de père, de citoyen.	25. Les effets d'une bonne éducation, bien combinée dans toutes ses branches, ne se bornent point à une seule génération, ni à une seule famille. Nos élèves, devenus des hommes, touchent à l'époque où ils vont devenir époux et pères. Ils doivent maintenant à leurs enfans la transmission des avantages physiques, des habitudes et des vertus, des connaissances et des talens qu'on a pris soin de leur donner. Ils ont horreur de la mollesse et de l'oisiveté, de l'intempérance et des excès de tout genre, qui corrompent l'âme, énervent l'esprit, détruisent le tempérament. Ils ne connaissent ni les plaisirs honteux et nuisibles, ni les plaisirs stériles et frivoles : tous leurs délassemens sont des exercices salutaires. Ils en donnent l'exemple à leurs enfans, et sont leurs premiers maîtres de gymnastique, de course, de natation, d'équitation et d'escrime. Habitués à blâmer la vie passive, inerte, inutile aux autres, par laquelle les facultés se détériorent, dans un état d'engourdissement et d'apathie, ils savent qu'il faut à l'homme, pour le perfectionner et lui conserver à la fois la force de l'esprit, la vertu, la santé, une vie toujours active dont l'action soit bien dirigée, féconde en résultats satisfaisans et honorables; une situation enfin progressive et non pas stationnaire, encore moins rétrograde et destructive de tous les élémens du bonheur. Ils se proposent un but noble, auquel ils tendent avec persévérance : de préparer leurs enfans à leur ressembler, à les imiter, à les surpasser un jour, et de payer ainsi le tribut que chacun doit, d'abord	25. Au retour de leurs voyages élèves sont âgés de 25 ou 26, p... même de 27 ou de 28 ans, si l'ép... on les a fait voyager a été retardée... longée. Le moment est venu de leur fa... brasser une profession sociale, p... quelle ils ont d'avance acquis tou... connaissances nécessaires et qu'il... parfaitement capables de bien choi... consultant leurs dispositions so... leurs aptitudes, leurs facultés. Ils... d'autant plus de valeur pour eu... et pour la société, que leur prof... les devoirs qu'elle leur impose ser... en harmonie avec leurs penchan... tems aussi d'unir leur destinée... d'une compagne de leur choix, p... leur amour, et qui, complétan... ainsi dire, leur être moral et intell... donnera une nouvelle direction et... positif à leur existence. « L'amour, inspiré par la ver... madame de Staël, ennoblit l'âme... loppe l'esprit, perfectionne le c... garantit des écarts et des excès q... raient compromettre et altérer la... la santé. Il exerce son pouvoir... une influence bienfaisante, et non... un feu destructeur. » Une douce union, parfaitement... tié, resserrée par un attachement... et durable, fondé sur une heureu... pathie de caractère, et sur une... mutuelle, rend à la fois un hom... leur et plus heureux : elle met u... ses passions, donne un but fixe à... vœux, ouvre un avenir plus vast... espérances, l'excite à faire usag... prévoyance inquiète, d'une indus... tive, d'une sage économie, pour si... le sort, le bonheur, l'indépendan... richesse de ceux dans lesquels il... flatter de renaître un jour, de... avec gloire, de se rendre encor...	2. Il était indispensable que vos élèves fissent une ...sion générale dans les nombreuses provinces du ... empire des sciences, et dans les principales con... ...du globe, pour agrandir et pour épurer les vues de ...esprit. Mais, quand une fois leur choix est fixé (sur ...profession ou sur une branche des connaissances), ...doivent se livrer entièrement à la carrière qu'ils ont ...brassée, afin d'en bien saisir tous les détails et de lui ...er un nouveau degré de perfection. Il est bon néan- ...is, pour conserver une certaine richesse d'idées, de ...as perdre absolument de vue les autres parties des ...nces; mais il ne faut les envisager que comme des ...ssoires, auxquels on ne doit pas sacrifier l'objet princi... ...l. L'homme n'est fort qu'en s'attachant à un genre. Il gâte ...esprit, en voulant l'appliquer à trop d'objets; il perd ...profondeur et en solidité ce qu'il paraît gagner en su...ficie. Autant il a été nécessaire de jeter un coup-d'œil ...éral sur l'ensemble des connaissances humaines, pour ...ir leurs rapports mutuels; autant il importe mainte- ...nt de se fixer sur un point et de consacrer à un seul ob- ... toutes les forces de l'esprit. Une sorte de manie, trop commune chez beaucoup de ...nes gens, leur fait effleurer un grand nombre de su- ...s, sans en approfondir aucun, les enivre d'une ardeur ...discrète et immodérée de briller et de paraître, leur ...sacrifier à cette passion insensée des biens plus réels ...plus solides, et les espérances d'un avenir qu'ils au- ...ient dû savoir attendre. Ils abusent ainsi de leur facilité. ...une activité inquiète, d'une avide curiosité, qui pou- ...ent recevoir une meilleure direction. Nos élèves ont été préservés avec soin de cette manie ...ngereuse : ils n'ont point un désir fougueux et impra- ...nt de s'élever. Ils savent que l'élévation prématurée ...pose toujours à des chutes honteuses; que, dans tous	25ᵉ ou 26ᵉ ANNÉE. Continuer, pour tout le reste de sa vie, l'usage du Mémorial de chaque jour, et d'un emploi sagement réglé de tous ses instans. 7 ou 8 heures, et au moins 6 pour le sommeil; 2 pour les repas; 4 pour les promenades, les travaux manuels, les exercices du corps, en y comprenant l'usage fréquent des bains froids, la natation, l'équitation; 8 pour les fonctions ou pour les travaux que sa profession exige; 3, alternativement, pour des études de choix, ou pour les relations et les obligations sociales.

I. ANNÉES du Cours d'éducation.	II. ÉDUCATION PHYSIQUE.	III. ÉDUCATION MORALE.	IV. ÉDUCATION INTELLECTUELLE.	V. EMPLOI DU TEMS, déterminé pour chaque jour.
25e ou 26e ANNÉE.	aux liens du sang et à sa postérité, ensuite à la société et à sa patrie, en récompense des bienfaits qu'il en reçoit. Tous les individus, au physique et au moral, se ressentent toujours plus ou moins de la complexion et du caractère de ceux qui leur ont donné la vie : des parens sains et robustes ont rarement des enfans infirmes et valétudinaires. Une génération nouvelle, promise par un nouveau mode d'éducation, doit être la continuation perfectionnée de celle qui a précédé. Dès que la mollesse, la volupté, les mauvaises mœurs, les habitudes efféminées, les maladies héréditaires ne domineront plus dans les premières classes de la société, la nation entière se verra changée, comme par une métamorphose insensible, et cependant presque soudaine : les hommes se porteront mieux et vivront plus long-tems ; la population sera plus saine, plus nombreuse, plus active ; le sang plus beau, les tailles plus hautes, les formes plus élégantes et mieux prononcées. Les améliorations de tout genre, dans la constitution physique des deux sexes, qui doivent nécessairement résulter d'un bon système d'éducation, dans les familles riches et considérables, ne tarderont pas à gagner dans les classes inférieures, et à s'étendre à tout l'État.	sa patrie et à ses semblables, même du cercle borné de son existence personnelle. Nos élèves sont d'avance pénétrés de la nature et de l'importance du nouveau genre de vie auquel ils sont appelés. L'association conjugale, l'homme doit les affaires du dehors ; la femme aux détails de l'intérieur. La destinée de l'un et de l'autre est marquée par la nature ; si elle n'est pas remplie, le ménage est troublé ; on a manqué but de l'union. L'homme sage ne doit point chercher dans sa compagne des moyens d'avancement ou de fortune, comme le font d'êtres avilis et dégradés, comme le rendent et l'autorisent nos usages et mœurs ; il doit chercher avant tout bonheur domestique, les affections tendres, qui dédommagent, au sein de la famille, de l'agitation et des peines de la vie du dehors. Heureux celui dont la femme se plaît dans son intérieur, chérit sa maison, son époux, ses enfans, craint et fuit le tourbillon du grand monde, les cercles nombreux, les plaisirs bruyans, les sociétés corrompues et corruptrices ! Heureux l'époux dont la femme, également bonne, jeune et belle, paraît ignorer ses vertus et ses attraits, dont le bon sens semble timide, extraordinaire, quelquefois bizarre dans les salons et dans les cercles, parce que ses habitudes et ses goûts la retiennent dans une vie plus modeste et retirée ! Les tranquilles plaisirs de l'amour et de l'union conjugale n'excitent point la vie ; mais leur jouissance est pure, innocente, délicieuse, sans mélange d'amertume. Nos élèves sont dignes d'un bonheur si rare et pourtant si facile. Ils savent les doux noms d'époux et de pères ; savent remplir les devoirs sacrés que ces titres imposent ; titres respectables qui moralisent l'homme, constituent le citoyen et l'attachant, par des liens plus étroits, à ses semblables, à son gouvernement et à sa patrie.	genres, une sage lenteur, une circonspection prudente, une tranquille patience sont nécessaires pour couronner aux succès et à la gloire ; qu'il faut mûrir dans le silence les talens qu'on veut déployer un jour ; que le talent d'attendre est le propre des grands hommes et le premier effort de l'empire sur ses passions. Chacun d'eux a reçu la destination la plus analogue à ses penchans et à sa capacité, ou s'est trouvé propre à celle que lui ont donnée les circonstances ; car ils sont également préparés aux faveurs et aux rigueurs de la fortune. Mais, quelle que soit cette destination, ils n'y connaissent et n'y pratiquent d'autre philosophie que celle qui les attache à leurs devoirs, qui les rend plus sociables et plus utiles. Ils aspirent à faire faire quelques pas de plus à la science, ou à l'art, ou à la profession qu'ils ont embrassée ; ne séparent jamais leur gloire de l'utilité générale, leur bien-être de celui des autres. Toutes leurs spéculations de fortune, ou de célébrité, sont associées à des vues de bienfaisance et de bonheur public. Dans quelque classe qu'ils soient jetés, ils ont le noble orgueil de vouloir être comptés parmi les bienfaiteurs du genre humain, en ajoutant à ses jouissances, à ses lumières, à ses richesses, à ses vertus, à son bonheur (toutes choses synonymes et identiques), en laissant après eux des traces honorables de leur passage dans la vie, et des héritiers de leurs vues généreuses, de leurs projets d'utilité publique, de leur amour de l'humanité. Que chacun soit jaloux, dans sa condition et dans sa sphère, d'imprimer à son art particulier une marche progressive : là réside tout entier le principe fécond de l'avancement social.	25e ou 26e ANNÉE.

RÉFLEXION FINALE.

Nous avons parcouru, année par année, tous les degrés et toutes les branches de notre ÉDUCATION PRATIQUE. Nous allons reproduire, sous un point de vue général, et dans un tableau synoptique, le résumé analytique des *exercices physiques*, des *habitudes morales*, des *connaissances* positives et variées, ou des *richesses intellectuelles* que nous avons rendu propres à nos élèves, et qui sont, pour ainsi dire, identifiées à tout leur être. Ils peuvent s'appliquer ces paroles d'un Sage de la Grèce (Bias) : *Je me porte tout entier avec moi*. — OMNIA MECUM PORTO ; — et le sentiment profond, la conscience intime de cette vérité le rendait supérieur à l'exil, à la pauvreté, à tous les genres de malheur. Car il trouvait en lui-même les ressources nécessaires pour corriger ou pour réparer les vicissitudes et les injustices de la fortune.

Quel est le père sage et prévoyant, quelle est la tendre mère de famille, quel est l'instituteur pénétré de ses devoirs, qui, en lisant ce tableau, n'éprouvent le désir d'assurer à leurs enfans, ou à leurs élèves, la possession de tous ces biens qui peuvent résulter pour eux de la direction donnée à leurs facultés, dans la première et la plus importante période de l'existence, celle qui détermine le bonheur ou le malheur de la vie entière ?

N.B. Ce tableau fait partie de l'*Essai général d'Éducation physique, morale et intellectuelle*, par M. JULLIEN, de Paris; — page 237, à la suite des tableaux du *Plan d'Éducation-pratique*.

TABLEAU ANALYTIQUE
DU
PLAN D'ÉDUCATION-PRATIQUE.

L'ÉDUCATION, science de la culture et du développement des facultés humaines, peut être considérée sous TROIS POINTS DE VUE : 1° son *Sujet*, l'HOMME ; — 2° son *But*, le PERFECTIONNEMENT PHYSIQUE, MORAL ET INTELLECTUEL, et le BONHEUR ; — 3° son *Instrument*, le TEMS.

I. L'HOMME, *Sujet* sur lequel agit l'Éducation, se compose de *trois élémens* ; 1° le corps ; 2° le cœur ; 3° l'esprit, — dont la culture et le développement constituent pour lui les vrais moyens de perfectionnement et de bien-être, ou le BONHEUR.

II. Le PERFECTIONNEMENT et le BONHEUR, *But* de l'Éducation, consiste dans ces *trois choses*, relatives aux trois élémens dont se compose l'homme : 1° la SANTÉ ; 2° la VERTU ; 3° l'INSTRUCTION. — A ces trois avantages principaux, résultats d'une bonne éducation, se rattachent tous les autres biens de la vie, secondaires et accessoires.

III. Le TEMS, *Instrument* de l'Éducation et matière de la vie (le Tems, dit FRANKLIN, est l'étoffe dont la vie est faite), doit être mis à profit de la manière la plus fructueuse, par l'application d'une *Méthode* qui comprend trois conditions essentielles : 1° ne rien faire sans se demander : *A quoi cela est-il bon et utile?* CUI BONO? — 2° Examen consciencieux de l'emploi de chacune de ses journées. — 3° Compte-rendu journalier de sa vie, dans un *Mémorial analytique*, ou dans un BIOMÈTRE (instrument-livret simplifié pour mesurer et apprécier la vie par les divers emplois de chaque intervalle de 24 heures.)

Les *trois grandes branches* de l'*Éducation*, *physique*, *morale* et *intellectuelle*, rapportées aux *trois élémens* qui constituent l'homme, embrassent, dans leur ensemble et dans l'ordre de progression ci-après déterminé, savoir :

I. ÉDUCATION PHYSIQUE.	II. ÉDUCATION MORALE.	III. ÉDUCATION INTELLECTUELLE.	OBSERVATIONS GÉNÉRALES.
Elle appartient surtout à l'ENFANCE ; Emploie, comme principaux moyens, les habitudes du corps, les exercices et les travaux manuels.	Elle s'applique surtout à l'ADOLESCENCE ; Comprend les exemples et les habitudes morales ou les vertus ; les affections et les actions.	Elle s'applique surtout à la JEUNESSE ; Embrasse un cours complet d'instruction : les connaissances, les études, les sciences.	Notre *Cours d'Éducation* est essentiellement pratique, tout en ENRICHIES et en ACTIONS.
I. ENFANCE. — DIX PREMIÈRES ANNÉES.			Après la sortie de l'enfance, il comprend une suite liée graduée de nouveautés, tour à tour, dans un corps de troupes, pour y être militaire ; — auprès d'un habile ingénieur, pour l'étude du génie civil et pour la construction des routes, des ponts, des chaussées, des chemins en fer, etc. ; — auprès d'un agriculteur ou d'un fermier expérimenté, pour bien entendre l'exploitation et la culture des terres ; — auprès d'un notaire, d'un avoué, d'un avocat, et en fréquentant les tribunaux, pour la connaissance et l'application des lois, — chez un banquier ou un négociant, pour la science du commerce ; — sur un vaisseau, pour celle de la marine et de la navigation ; — auprès d'un médecin, et en suivant la pratique dans les hôpitaux, pour l'acquisition des connaissances médicales ; — dans une école normale ou technique, pour l'art difficile d'enseigner et d'instruire ; — dans une école spéciale, pour les arts, la peinture, l'architecture, la gravure, la musique, etc. ; — dans des voyages, dirigés avec prévoyance et d'après un bon plan, pour achever l'étude des hommes et des choses et pour mûrir la raison, l'esprit et le goût.
1. Se remuer et toucher. — *Agilité*.	1. *Douceur*, *docilité*, *obéissance*.	1. Voir et toucher : première éducation des sens.	
2. Se laver, se baigner. — *Propreté*.	2. *Piété filiale*, *tendresse fraternelle*.	2. Parler.	
3. Courir, sauter. — *Souplesse*.	3. *Patience*, *résignation*, *courage*.	3. Lire, écrire ; compter, d'abord de tête, puis au moyen des chiffres.	
4. Monter, grimper. — *Adresse*.	4. *Bonté, réglée par la prudence. — Bienfaisance ; — humanité*.	4. Dessiner. — Juger des formes, des volumes, des distances, des couleurs. — Perfectionner les sens, les organes, les facultés.	
5. Lancer, jeter. — *Force musculaire*.	5. *Respect de la vérité ; franchise*.	5. Premières notions d'astronomie, de géographie.	
6. Nager. — *Vigueur et intrépidité*.	6. *Loyauté, fidélité à tenir ses engagemens*.	6. Id. d'histoire naturelle, de physique, de chimie.	
7. Lutter. — *Force et adresse*.	7. *Sobriété*.	7. Id. d'anatomie humaine et comparée.	
8. Danser. — *Aisance et grâce dans le maintien*.	8. *Simplicité (manières exemptes d'affectation) ; modestie*.	8. Élémens des langues française, anglaise, latine, grecque, etc.	
9. Monter à cheval. — *Audace et légèreté dans les mouvemens*.	9. *Esprit d'ordre. — Éducabilité*.	9. Grammaire générale ; — comparée.	
10. Viser ; tirer de l'arc et des armes à feu. — *Justesse et précision du coup-d'œil*.	10. *Application, activité*.		
II. ADOLESCENCE. — DE DIX A SEIZE ANS.			Si des maladies ou d'autres circonstances viennent à retarder la marche que nous avons proposé de suivre, et dont nous avons déterminé les degrés, pour l'éducation et l'instruction, ainsi, on leur a fait commencer deux années entières, soit à l'apprentissage du métier des armes, ou d'une profession quelconque, soit à l'étude des lois ou à la médecine, l'époque des voyages, au lieu de commencer à vingt-un ans, sera différée jusqu'à la 23e année. Nos élèves ne pourront devoir tirer tout le parti possible du voyage, qu'autant qu'ils sont munis de toutes les notions préalables qui peuvent les rendre capables de bien voir, d'observer avec fruit, et de s'instruire en voyageant.
11. Longues marches à pied, avec un fardeau, d'abord léger, puis plus ou moins lourd. — *Habitude de supporter la fatigue. — Force des épaules et des reins*.	11. *Connaissance de la Religion et de ses deux croyances fondamentales : d'un Être-Suprême, d'une vie à venir*.	10. Botanique, physiologie végétale.	
12. Travailler le carton, le bois ou le fer, et tourner. — *Adresse mécanique*.	12. *Probité ; amour de la justice*.	11. Géométrie théorique et pratique. — Arpentage.	
13. Cultiver la terre. — Agriculture et jardinage. — Travaux manuels. — *Force des reins et des bras*.	13. *Désintéressement, économie, générosité, appliqués avec discernement*.	12. Mathématiques et algèbre.	
14. Chasser et pêcher. — *Agilité, courage, patience*.	14. *Élévation d'âme, sentiment d'honneur, — Émulation, amour bien dirigé et bien compris de la véritable gloire*.	13. Mécanique et hydraulique.	
15. Escrime. Art de manier l'épée, — le sabre, — le fusil. — *Adresse, fermeté et sûreté de la main*.	15. *Discrétion ; art de se taire et de ne parler qu'à propos*.	14. Histoire ancienne, — du moyen-âge, — moderne.	
	16. *Esprit de conduite. — Raison, Sagesse*.	15. Étude et appréciation de la marche progressive de l'esprit humain et de la civilisation.	
III. JEUNESSE. — DE SEIZE A VINGT-SIX ANS.			
16. Jeux de paume, de billard, des barres ; jeux d'exercices, propres à donner au corps du mouvement, de l'élasticité, de la force, de l'adresse et de la grâce.	17. *Résolution ; sang-froid*.	16. Statistique ; — physique et géologique ; — agricole ; — industrielle ; — commerciale ; — sociale et morale. — Spéciale ; — locale ; — générale ; — comparée.	
17. Usage continué des bains, de la natation, de l'équitation, de l'escrime, des promenades, des principaux exercices qui ont précédé, pour maintenir le corps dans un état de vigueur et de santé.	18. *Fermeté ; capacité de vouloir et d'oser*.	17. Économie politique et sociale.	
	19. *Philosophie morale et religieuse ; tolérance*.	18. Science du commerce.	
	20. *Tempérance ; empire sur ses passions*.	19. Apprentissage du métier des armes. — Art militaire. — Stratégie et tactique.	
	21. *Connaissance des hommes. — Rapports avec ses supérieurs, ses égaux, ses inférieurs. — Sentiment de la dignité de l'homme, de ses devoirs, de ses droits, des égards dus aux femmes, aux enfans, aux hommes d'âge et d'expérience, à la vieillesse, au malheur ; des convenances résultant de la hiérarchie sociale*.	20. Étude des lois ; Jurisprudence.	
	22. *Prudence, art de se conduire*.	21. Administration publique et Politique.	
	23. *Politesse des manières, inspirée par le cœur*.	22. Droit des gens et Diplomatie.	
		23. Anatomie ; Hygiène, médecine, chirurgie.	
		24. Connaissance générale des arts et métiers ; Technologie.	
		25. Philosophie des sciences ; Philosophie générale.	

RÉSULTAT :
HOMME AUSSI ACCOMPLI, AUSSI HEUREUX QUE PEUVENT LE COMPORTER LA NATURE ET LA CONDITION HUMAINES.

IMPRIMERIE DE POUSSIN-DE-SAINT-GERMAIN, rue de Nazareth, 1.

SECTION IV.

RÉPONSE A QUELQUES OBJECTIONS.

1. Première objection. Le projet d'embrasser toutes les sciences dans un plan d'éducation est-il possible et facilement praticable ?

Les bornes du possible, surtout dans le monde moral et intellectuel, sont beaucoup plus étendues que ne croit le vulgaire; mais nos faiblesses, nos vices, nos préjugés, nos mal-entendus les rétrécissent. Les ames basses ne croient pas aux grands hommes; les esprits médiocres et vulgaires ne peuvent soupçonner ni comprendre les hommes supérieurs. Qui oserait calculer tous les résultats qu'on pourrait obtenir des enfans, par un mode d'éducation et d'enseignement complet, sagement et habilement appliqué, par un emploi bien ménagé de tous les instans, par une heureuse harmonie entre les exercices, les occupations et les études, par le grand art de varier et d'alterner les divers travaux et de les faire concourir à un même but?

L'esprit humain est limité, sans doute; mais je réponds avec Rousseau : Qui donc osera fixer ses limites, et lui dire : Voici le point où la nature t'a prescrit de t'arrêter? La paresse et la médiocrité sont encouragées, favorisées, satisfaites par cette idée pusillanime, qui suppose notre intelligence renfermée dans des bornes étroites qu'il lui est défendu de franchir. L'homme d'un génie élevé, d'un cœur généreux, la repousse avec une sainte indignation; il bénit l'auteur des choses, qui a couvert d'un voile sacré ce terme fatal, à jamais inconnu, où doit s'arrêter la faiblesse humaine.

Nous avons fait marcher de pair, dans notre plan, la *culture des lettres*, l'*étude des sciences*, la *pratique des arts*. En effet, les connaissances humaines, diversifiées à l'infini, comme les professions sociales, et souvent contraires en apparence, ne laissent pas de former un tout admirable et de se soutenir mutuellement. Mais les sciences et les lettres sont surtout unies entre elles par les plus intimes rapports.

« Dans les beaux siècles de la Grèce, si féconde en grands génies (1), les mêmes hommes cultivaient, d'une part, la grammaire, l'éloquence, la poésie, l'histoire, la critique, et perfectionnaient, de l'autre, les mathématiques, la philosophie, la politique, la science militaire.... Socrate, qui mérita le titre de père de la philosophie, cultivait aussi l'art de l'orateur et du poète. Xénophon, son disciple, sut allier dans sa personne l'orateur, l'historien et le savant avec l'homme d'État, l'homme de guerre et l'homme du monde. Au seul nom de Platon, toute l'élévation des sciences et toute l'aménité des lettres se présentent d'abord à l'esprit. Aristote, ce génie universel (dont Bâcon seul paraît avoir, de nos jours, repro-

(1) *Des Rapports que les belles-lettres et les sciences ont entre elles.* (Dissertation de M. DELANAUSE, insérée dans les Mémoires de l'Académie des sciences, tome XX, p. 38.)

duit le prodige), porta la lumière dans tous les genres de littérature et dans toutes les parties des sciences... On ne pensait pas alors que la science fût incompatible, dans une même personne, avec une érudition fleurie, ni même avec la science du monde, avec l'étude de la politique, avec le génie de la guerre et du barreau. On jugeait plutôt que *la multitude des talens est nécessaire pour la perfection de chaque talent particulier;* et cette opinion était vérifiée par le succès. »

Depuis ces tems reculés, les trois époques fameuses des règnes d'Auguste, de Léon X, de Louis XIV, ont vu fleurir à la fois les lettres, les sciences et les arts. Loin de nuire aux progrès de la littérature, les sciences les plus abstraites lui donnaient une direction plus utile et plus sage, et empruntaient ses ornemens et ses fleurs pour embellir l'instruction par un charme jusqu'alors inconnu. Ainsi, nous avons puisé dans les arts agréables et dans les lettres, dans l'éloquence, dans la poésie, dans l'histoire, des moyens de corriger la sécheresse et l'austérité des études les plus arides ou les plus sérieuses. Celles-ci nous servent, à leur tour, à communiquer aux lettres cet *esprit philosophique,* la plus pure production des sciences, sorte d'intelligence à laquelle rien n'échappe, talent acquis par le travail, par l'art et par l'habitude, goût exquis, sûr et réfléchi pour juger sainement de tout ce qu'il y a de bon ou de vicieux dans la nature; règle unique du vrai et du beau, qui anime et qui inspire tout ce que les hommes font de plus parfait, qui répand, pour ainsi dire, son influence sur tout le corps d'un État, sur tous les arts, sur toutes les professions, sur tous les ouvrages de l'esprit ou de la main, et principalement sur ceux de la littérature, qui, privés de son secours, n'offriraient dans la plus vaste érudition qu'un immense cahos, et dans le discours, qu'un vain étalage de mots stériles et frivoles. Telle est la dépendance mutuelle des lettres et des sciences ; elles ne peuvent se passer les unes des autres. Cet esprit philosophique, l'ame universelle du monde intellectuel et moral, et qui, bien dirigé, donne à l'homme, dans quelque carrière qu'il soit, une impulsion salutaire, et lui apprend à régler ses actions, ses travaux, ses affaires, par les conseils et les lois d'une raison éclairée, doit être, chez nos élèves, le produit de l'application de notre plan, dont toutes les parties sont en harmonie, animées par son influence, et forment des routes différentes qui aboutissent à un même but.

II. Seconde objection. Ne s'expose-t-on pas à former un homme superficiel, en même tems qu'on paraît avoir la prétention de faire un savant universel?

On nous reprochera peut-être, néanmoins, ou d'avoir voulu faire des savans universels, ou de n'avoir fait que des hommes superficiels et légers, qui auront seulement effleuré les élémens des sciences, et pourront parler de tout, sans avoir rien approfondi. Mais, loin de vouloir que nos élèves soient des hommes universels, ou même des savans, dans le sens qu'on a paru long-tems attacher à ce mot, c'est-à-dire, des hommes enfoncés dans les spéculations abstraites, dans les vues systématiques, hérissés de leur science, et presque inabordables, trop habitués d'ailleurs à s'élever et à planer dans les plus hautes régions de la contemplation et de la métaphysique, pour descendre jamais aux expériences viles et grossières et aux détails de la pratique ; nous convenons sans peine qu'ils paraîtront, surtout au premier abord, des hommes très-ordinaires, simples, modestes, sans orgueil, sans prétention, point tranchans ni décisifs, plus empressés à questionner et à prendre des informations, même sur les choses les plus communes, que prompts à donner des solutions, à prononcer des jugemens, et plus observateurs que questionneurs. Ils ne dédaignent point les observations en apparence minutieuses, qui fournissent souvent des traits de lumière pour conduire à des résultats fructueux.

Nous avouerons encore qu'il n'y aura pas une branche des connaissances humaines dans laquelle ils ne cherchent et ne trouvent quelqu'un qui leur soit supérieur, excepté peut-être celle qu'ils auront spécialement à cœur d'approfondir, en s'aidant du concours de toutes les autres. Ils chercheront les hommes supérieurs dans tous les arts et dans toutes les branches des sciences. L'homme instruit a besoin de profiter avec les hommes éclairés, et de s'instruire encore : leur conversation forte, nutritive et substantielle l'attire, l'entraîne, le retient et le charme.

En même tems que nos élèves ne sont pas universels, ils sont encore moins superficiels. Car, sans être des savans dans aucune partie, ils possèderont, dans chacune, ce qui est pratique et usuel. Tout ce qu'ils sauront, ils le sauront bien. Ils auront une idée positive de ce qu'il leur importe le plus de connaître, et une heureuse habitude de diriger leurs études, leurs pensées, leurs occupations vers un but d'utilité.

Les connaissances ne sont pour eux que des ramifications diverses, qui aboutissent à un point commun et à un même tronc. Chacun de nos élèves a pris une notion suffisante des différentes professions et conditions de la société. Il sait ce qu'il doit aux autres et à lui-même. Le premier objet de son éducation est de lui faire connaître ses devoirs dans toute leur étendue.

Sous le rapport de l'instruction, nous avons prévenu le double inconvénient de former un homme qui eût la prétention d'être *universel*, ou qui ne fût que *superficiel*. Nous avons garanti nos élèves du double écueil, également dangereux, ou de ne rien approfondir et de ne voir que la surface des choses, en voulant embrasser trop d'objets à la fois, ou de se renfermer dans des bornes trop étroites, et de ne rien voir en grand. « L'entendement, dit Bâcon, doit éviter à la fois ces deux extrêmes : l'un, de se perdre dans une multitude immense d'objets trop diversifiés; l'autre, de s'attacher trop obstinément et exclusivement à une seule espèce d'objets [1]. »

Pour bien entendre et pour bien appliquer toutes les divisions des connaissances humaines, il ne faut pas oublier que ces divisions ont pour but de caractériser et de distinguer les sciences, afin qu'elles

---

[1] *Loi de l'équilibre* ou *du juste milieu*. — Voyez, ci-après, le *premier Appendice*.

soient individuellement examinées, considérées, cultivées et enrichies, plutôt que de les détacher les unes des autres et de les séparer. En effet, l'esprit opposé à celui-là rend les sciences stériles, infructueuses, sujettes à mille espèces de préventions et d'erreurs, vu qu'une fois isolées elles cessent d'être nourries, vivifiées, rectifiées par leur source et leur aliment commun (1).

III. Troisième objection. N'est-il pas à craindre que la culture prématurée de l'esprit ne soit nuisible au développement du corps et à la santé ?

On pourra craindre encore, en voyant cette grande quantité de connaissances placée sous les yeux d'un jeune homme avant sa vingtième année, que le développement trop rapide des facultés intellectuelles ne soit un obstacle aux progrès des forces physiques. Mais nous n'avons eu ni la prétention de former des hommes précoces, ni le dessein de cultiver l'esprit aux dépens du corps. Nous avons, au contraire, montré partout la nécessité de proportionner chaque espèce d'étude à la capacité des élèves ; de suivre, dans toutes les parties de l'éducation, une marche lente, graduelle, progressive (2) ; de ne passer à un nouveau genre d'enseignement que d'année en année, après que notre élève est devenu familier avec ceux qui ont précédé ; d'associer toujours les exercices du

(1) *Loi de la chaîne*. Tout se tient.—Voyez le 1er *Appendice*.
(2) *Loi de la graduation* ou *de l'échelle*.—Voyez *ibid*.

corps à ceux de l'esprit, de les varier, de les faire servir les uns aux autres de moyens de délassement et de repos, et de mêler toujours le plaisir à l'instruction, l'agréable à l'utile. Nous n'avons placé les jeunes gens au milieu de toutes les sciences, qu'afin de les rendre capables de choisir un jour avec discernement celles qui pourront leur convenir.

Nous avons appliqué cette observation de Rousseau : qu'*il s'agit moins d'enseigner les sciences à un enfant, que de lui donner du goût pour les aimer et des méthodes pour les apprendre, quand ce goût sera mieux développé.*

Toutes les parties de notre plan repoussent le double reproche de vouloir hâter les progrès de l'intelligence et obtenir des succès prématurés, ou de retarder le développement physique de nos élèves, en négligeant les moyens de conserver leur santé. Nous avons constamment suivi le principe de Tissot, qui veut que l'enfance soit consacrée aux exercices du corps qui la fortifient, plutôt qu'à une application soutenue, qui l'affaiblit et l'empêche de prendre son accroissement (1). La nature ne peut pas mener de front avec succès deux développemens rapides. Le juste milieu de la sagesse trouve partout son appli-

---

(1) L'union de l'ame et du corps est telle, qu'ils partagent réciproquement le bien et le mal qui leur arrivent. L'esprit est incapable de s'occuper, quand le corps est fatigué par des exercices excessifs ; et une application trop soutenue à l'étude détruit le corps, en dissipant les esprits animaux, nécessaires à sa réparation.... Par un retour inévitable, le mal que l'esprit a fait au corps retombe sur l'esprit même. Car les travaux de l'esprit dépendent de la santé du corps. (*Loi de l'action et de la réaction.*)

cation: les études ne doivent être ni trop précoces, ni trop tardives (¹).

Achille, élevé au milieu des femmes à la cour de Lycomède, voit exposés devant lui les différens produits et les instrumens des arts : il sent sa destination, il trahit son penchant pour les armes, sa main saisit le glaive; l'industrieux Ulysse le conduit parmi les guerriers qui doivent renverser Troie. Ainsi, nos élèves, entourés de tous les élémens et de tous les produits des sciences et des arts, sont naturellement attirés vers l'étude ou vers la profession qui a le plus d'analogie avec leur destination secrète et leurs dispositions premières.

IV. Quatrième objection. La perfection morale, que l'auteur du plan paraît vouloir atteindre, n'est-elle pas idéale et chimérique, et jusqu'à quel point peut-on améliorer l'espèce humaine, dans un siècle et chez un peuple déjà corrompus?

Sous le rapport de l'éducation morale, vous demanderez, peut-être, si ces élèves dont nous traçons la séduisante image seront, en tous points, accomplis?... Non, sans doute; la nature de l'homme ne paraît comporter qu'une perfection relative, et point de perfection absolue. Mais, sans être parfaits, les élèves formés par notre méthode ne seront point méchans, ni corrompus. Parcourez tous les vices qui peuvent entrer dans le cœur, tous les défauts dont

(¹) *Loi de l'équilibre* ou *du juste milieu*, déjà citée.

le caractère est susceptible, vous reconnaîtrez qu'ils sont tous, plus ou moins, réprimés, modifiés, atténués, presque anéantis par cette éducation.

L'amour-propre, l'orgueil, la fatuité, la présomption, l'envie ne peuvent guère jeter des racines dans l'ame de celui dont la raison est cultivée, l'esprit étendu et agrandi dès l'enfance, par une application non interrompue à des objets utiles, par une pratique continuelle des actions par lesquelles il peut servir ses semblables. D'ailleurs, chacun de nos élèves se trouve avoir de jeunes condisciples, qui sont entrés en partage de toutes ses études, qui ont reçu la même éducation, la même instruction que lui. Cette association salutaire lui présente sans cesse des individus de son âge, auxquels il peut se comparer, qui lui ressemblent à beaucoup d'égards ; elle prévient et réprime ainsi les mouvemens de vanité qui pourraient se glisser dans son ame. Il ne sera ni enflé d'un vain orgueil, ni, par un vice contraire, dépourvu du respect de lui-même. La modestie est la compagne ordinaire et presque inséparable du vrai mérite, qui a la conscience de sa force relative et de sa faiblesse absolue.

Notre élève ne sera point agité par cette ambition inquiète qui tourmente l'esprit et corrompt le cœur. Les principes dont il a été nourri dès l'enfance, les habitudes qu'il a contractées, la modération dans les désirs, la sobriété, l'amour du travail lui procurent l'avantage de se trouver partout également à sa place et aussi heureux qu'on peut l'être. Il a la véritable sagesse, la philosophie pratique, puisée dans les lumières d'un esprit droit, dans les sentimens d'un cœur pur. Il apprécie froidement le néant des grandes dignités : il n'y attache de prix qu'autant qu'elles fournissent des moyens plus faciles de servir les hommes. Il ne désire jamais sortir de sa sphère ; il aspire d'autant moins aux emplois élevés, qu'il est plus digne de les occuper. Il ne fait pas consister l'augmentation de son bien-être dans un accroissement de richesses, ou dans l'accumulation des honneurs, mais dans le perfectionnement de ses qualités morales, dans la pratique toujours continuée des bonnes actions, dans une acquisition nouvelle de connaissances utiles.

La pusillanimité, la lâcheté avilissent un homme et le dégradent. Notre élève, familiarisé depuis longtems avec toute espèce de dangers et avec l'idée de la mort, possède le vrai courage, calme, tranquille, ferme et impassible, plutôt que bouillant et impétueux.

La franchise et la bonne foi n'excluent point chez lui la réserve et la discrétion. Il sait garder un secret, tenir fidèlement ses promesses, suivre avec constance, mais non avec une aveugle obstination, ce qu'il a entrepris. On peut le ramener facilement, si on lui prouve qu'il s'est trompé ; mais rien ne saurait l'arrêter ni le décourager, quand la chose qu'il exécute est bonne, raisonnable, utile, et lui est prescrite par son devoir. *L'empire sur soi-même et la persévérance sont les deux moyens de parvenir aux grandes choses.*

La dureté, l'inhumanité, la grossièreté sont incompatibles avec la culture journalière des lettres et des sciences. Une instruction soignée polit les mœurs; le commerce des muses produit naturellement l'amabilité, la douceur de caractère, la gaîté, l'indulgence et la bonté.

Enfin, la tristesse habituelle, la sombre mélancolie, nécessaires effets de l'ennui, de l'isolement, de l'oisiveté, du mécontentement de soi-même, et produits ordinaires de l'éducation domestique ou privée, ne flétrissent point l'imagination, n'altèrent point l'humeur et le caractère de nos jeunes élèves. Tous leurs instans sont utilement et agréablement employés; ils ont toujours des camarades associés à leurs travaux, à leurs jeux : ils jouissent d'une satisfaction intérieure, douce et inexprimable; leur physionomie est aimable et riante : elle peint l'état de leur ame. Ils ont passé leur vie entière à s'amuser en s'instruisant; ils sont constamment gais, satisfaits et heureux. Ils seront donc beaucoup moins éloignés, que la plupart des autres hommes, de ce point de perfection auquel il faut tendre pour arriver à la vertu. Aimer et servir leurs semblables, et pouvoir toujours se suffire : tel est, pour eux, le résultat de notre éducation. La conservation et l'amélioration de leur être, la précieuse jouissance de concourir au bien-être d'autrui, voilà le principe de leur morale et le mobile de leurs actions.

Nous avons formé, dans chacun d'eux, un homme estimable et instruit, un citoyen précieux, un sujet fidèle, dévoué tout entier à la patrie et au bien de l'humanité.

SECTION V.

Résultat *de l'exécution du* Plan *proposé, pour les Élèves et pour la Nation.*

I. Éducation du premier âge, Enfance. Résumé de l'emploi des dix premières années.

Le résumé de l'*emploi des dix premières années*, sans qu'on ait pressé ni tourmenté les enfans, mais par l'effet d'une division de travail bien établie, et d'une heureuse habitude, insensiblement contractée, de mettre à profit tous les instans, nous donne, pour *moyens* de la première éducation : des jeux, des exercices du corps, une entière liberté sagement réglée, une bonne et saine nourriture, le développement salutaire et progressif des facultés physiques, morales et intellectuelles, des amusemens continuels; en un mot, l'absence de tous les chagrins qui aigrissent l'humeur et le caractère, ou qui affaiblissent le tempérament des autres enfans. Nous avons pour *résultat* l'acquisition d'une foule de biens précieux et de connaissances utiles.

Les avantages nombreux et incontestables, assurés à nos élèves, sont la santé, la force, la grâce, l'adresse, l'agilité, la gaîté, le bonheur; un caractère franc, loyal, généreux; une mémoire exercée, un jugement sain, un esprit cultivé.

Les connaissances et les talens particuliers que

procure, dans le même intervalle, notre méthode d'enseignement, sont également utiles et variés : la lecture et l'écriture ; les élémens du calcul et du dessin ; la géographie ; des notions d'histoire naturelle, d'astronomie, de physique et de chimie ; les élémens des langues latine et grecque, la facilité de parler et d'entendre également bien la langue maternelle et nationale, et une autre langue vivante ; la natation, l'escrime, l'art de tirer des armes à feu.

La variété des occupations dédommage de leur multiplicité. Le corps et l'esprit, qui se prêtent un mutuel appui pour se former tour à tour et simultanément, se procurent l'un à l'autre des moyens de délassement et de repos (1).

Nos élèves sont parvenus à leur dixième année, sans avoir presque soupçonné qu'on leur ait fait rien apprendre. Ils ont à peine eu l'occasion de distinguer les mots *étude* et *récréation*. Ils ont appris tout ce qu'ils savent, librement, volontairement, en jouant entre eux, ou dans des entretiens familiers, dans des courses, dans des promenades non moins agréables qu'instructives. Ils ont tout appris, par ce moyen, avec promptitude et facilité.

II. Éducation du second âge, ADOLESCENCE. Résumé de l'emploi des années du cours d'éducation, depuis dix jusqu'à vingt ans.

De dix à vingt ans, nos élèves continuent les exercices, les jeux, les travaux, qui avaient à la fois

(1) *Loi de l'action et de la réaction.*—Voy. le 1er *Appendice.*

embelli, occupé, animé leurs premières années. Ils
se perfectionnent dans les divers genres de connaissances et de talens qui leur sont devenus plus familiers et plus faciles, par une habitude pratique,
journalière et non interrompue. Ils y consacrent
moins de tems, chaque jour, en raison de leurs
progrès; ils peuvent ainsi, d'année en année, choisir de nouveaux exercices et de nouvelles sciences,
qui agrandissent le domaine de leurs connaissances,
qui servent à augmenter et à varier leurs plaisirs.

La botanique, ajoutée aux autres branches de
l'histoire naturelle; la géométrie, dont on apprend
à faire différentes applications; les procédés de l'arpentage, pratiqués sur le terrain; les mathématiques, l'algèbre; une légère teinture de la musique;
des notions générales, mais claires, précises, bien
coordonnées, sur l'agriculture, la mécanique, l'hydraulique, l'architecture, les divers métiers et les
arts, un cours expérimental et méthodique suivi,
pour cet objet, dans les fermes, dans les ateliers,
dans les fabriques, dans les manufactures, dans les
musées; une étude approfondie de l'histoire ancienne
et moderne et de l'économie sociale, qui emploie
trois ou quatre années, qui comprend la recherche
et l'examen des fondemens de la morale et de la politique, des causes premières du bonheur et de la
richesse des empires, et des principes généraux de
l'administration publique; la science de la législation, et surtout la connaissance des lois et des coutumes de leur patrie; les langues italienne, allemande, anglaise, ajoutées à celles que possèdent

déjà nos élèves; des notions théoriques et pratiques d'anatomie, de chirurgie et des différentes parties de l'art de guérir : tel est le complément de l'*instruction*, dans cette seconde époque de la vie, depuis la dixième jusqu'à la vingtième année.

Sous le *rapport physique*, l'habitude continuée des travaux manuels et des exercices du corps, pratiqués depuis l'enfance, la connaissance pratique d'un art mécanique ou d'un métier, la danse, l'équitation, l'escrime, l'apprentissage de la vie militaire achèvent de fortifier et d'endurcir le tempérament.

Sous le *rapport des qualités de l'ame*, la justice, la sensibilité, l'humanité, les égards et le respect pour l'enfance, pour les femmes, pour la vieillesse, pour le malheur; la bienfaisance et la libéralité, la reconnaissance, la modestie, la franchise et la discrétion, la politesse et la bonté, communiquées et inspirées plutôt qu'enseignées et apprises; l'instinct et le sentiment de l'honneur, la crainte et la honte du blâme, l'appréciation et l'amour de la véritable gloire, fondée sur des actions utiles à ses semblables; un courage calme dans les maladies, comme dans les dangers, puisé dans une soumission réfléchie aux immuables décrets de la nécessité; le mépris des périls et de la mort, fortifié par les idées consolantes de l'existence d'un Dieu et d'une ame immortelle [1]; un attachement solide et sincère à cette morale religieuse qui a pour base, chez tous

---

[1] NUL EFFET SANS CAUSE. *Loi de génération* ou des *causes.*— Voyez, ci-après, le *premier Appendice*.

les peuples, ces deux principes et l'amour de la vertu ; la connaissance du monde, donnée peu à peu, comme un préservatif contre les piéges nécessairement tendus de toutes parts à la jeunesse crédule et inexpérimentée ; l'usage de se rendre compte journellement de ses pensées, de ses observations et de sa conduite, dans un *Mémorial*, qui devient comme un fidèle miroir où l'on peut se regarder sans cesse, étudier son esprit et son ame, juger de ses progrès dans l'observation de ses devoirs et dans les sciences, et de l'amélioration de son être ; enfin, les passions dangereuses, éloignées ou plutôt doucement écartées et neutralisées insensiblement, par la tension habituelle, mais alternative, du corps, de l'esprit et du cœur, vers des exercices, des études, des pensées, des actions salutaires, agréables et utiles : tels sont, jusqu'à vingt ou même vingt-cinq ans, les *moyens* et les *résultats* de l'*éducation morale*. Elle donne à un homme des règles invariables de conduite et des principes de vertu, dont aucune puissance humaine, ni l'influence et la force des mauvais exemples, ni aucune circonstance dans la vie, ne seront capables de le faire dévier.

III. Coup-d'oeil général sur l'ensemble de l'éducation.

Quels hommes nous promet une semblable méthode, heureusement appliquée et constamment suivie! Chaque année voit développer en eux une faculté nouvelle de l'ame : chaque année leur offre un nouveau genre d'instruction, enrichit leur esprit d'une nouvelle connaissance : la même progression annuelle leur procure, par la pratique successive des différens exercices gymnastiques, la force, l'adresse, la grâce et la santé. Comme une année entière est consacrée spécialement à chaque exercice, à chaque vertu, à chaque science, nos élèves peuvent parcourir, un à un, les différens degrés de chacune des branches de l'éducation (1). La gradation continue, qui est observée, empêche que le corps ou l'esprit soient fatigués ou accablés par trop de choses à la fois : la combinaison alternative ( ) des exercices, des études et des travaux, des exemples donnés ou des habitudes reçues, permet de maintenir dans un juste équilibre, d'occuper et de délasser tour à tour les facultés du corps, de l'esprit et de l'ame. Nos jeunes gens se forment, se développent, s'améliorent, sous tous les rapports possibles. Aucune partie n'est négligée : toutes sont dirigées de concert, et habilement coordonnées. Nous avons enfin tâché de réunir dans notre plan tous les élémens du bonheur, toutes les choses qui peuvent ajouter à la dignité et à la grandeur humaines, pour conduire nos élèves au degré de perfection dont l'homme paraît susceptible.

IV. Conclusion.

Nous avons offert, comme nous l'avions annoncé, le mélange et l'alliance des deux genres d'éducation

---

(1) *Loi de la gradation* déjà citée. Voyez, ci-après, le *premier Appendice*.

(2) *Loi de l'action et de la réaction*, ou *du mouvement alternatif universel*. Voyez *ibid.*

généralement connus et pratiqués, de l'*éducation domestique* et de l'*éducation publique* fondues, pour ainsi dire, ensemble, pour former un mode d'*éducation mixte*. Nous avons parcouru dans tous leurs détails les trois branches de l'éducation, considérée sous les rapports *physique, moral, intellectuel*, et les trois différens âges ou les trois époques dont le cours d'éducation se compose, l'*enfance*, l'*adolescence*, la *jeunesse*.

L'*enfance* paraît être l'époque naturelle de l'*éducation physique*. Les organes et les sens doivent être développés et perfectionnés, pour devenir des instrumens plus propres à l'acquisition des différentes connaissances.

L'*éducation morale* convient surtout à l'*adolescence*, qui doit être formée aux bonnes habitudes et aux vertus, avant que les passions orageuses et malfaisantes viennent s'emparer de l'ame et y porter leurs ravages.

La *jeunesse* réclame plus particulièrement les secours de l'*éducation intellectuelle*, qui donne le change aux mêmes passions, occupe l'esprit par des distractions salutaires et pleines d'intérêt, et approvisionne un jeune homme des diverses connaissances et des talens dont il aura besoin dans la vie.

A l'*éducation physique* appartiennent les jeux, les *exercices* gymnastiques et militaires, qui donnent la force, l'adresse, la souplesse, l'aisance dans le maintien et dans les manières, et qui forment un corps sain et vigoureux.

Les *vertus*, les bonnes *habitudes*, les bons *exemples*

sont du domaine de l'*éducation morale*, qui doit créer une ame noble et élevée.

L'*éducation intellectuelle* embrasse les *sciences* et les *connaissances* qui doivent orner la mémoire, mûrir le jugement, enrichir l'imagination, éclairer la raison, donner de l'étendue et de la précision à l'esprit.

L'ordre, la méthode, la continuité d'action ou la constance, une gradation insensible, une progression continue dans le choix et l'application des exercices, des exemples et des études, qui doivent cultiver et perfectionner toutes les facultés, sont des *règles générales*, qui appartiennent également aux trois branches de l'éducation, et qui en déterminent et en modifient la marche lente et régulière.

Le TEMS est le grand instrument dont les divers emplois bien ordonnés, distribués avec mesure, exactement déterminés, combinés avec intelligence et successivement variés, année par année, jour par jour, heure par heure, doivent conduire au but qu'on s'est proposé d'atteindre, ou procurer les trois résultats suivans, dont chacun se rapporte à une branche particulière de l'éducation, et qui sont les trois élémens qui constituent l'homme, et qui composent pour lui le bonheur : *la* SANTÉ, *la* VERTU, *l'*INSTRUCTION.

FIN DE L'ESSAI GÉNÉRAL D'ÉDUCATION.

APPENDICES

SERVANT DE COMPLÉMENT

A L'ESSAI GÉNÉRAL D'ÉDUCATION

PHYSIQUE, MORALE ET INTELLECTUELLE.

A la suite de notre ESSAI GÉNÉRAL D'ÉDUCATION, qui embrasse l'homme tout entier et les trois grandes époques de sa formation et de sa culture, *l'enfance*, *l'adolescence*, la *jeunesse*, nous croyons devoir placer quelques APPENDICES qui nous permettront de compléter les vues que nous avons exposées.

Le *premier appendice* contient l'INDICATION SOMMAIRE de DOUZE PRINCIPES GÉNÉRAUX, communs à toutes les sciences et à tous les arts, dont nous avons souvent eu l'occasion d'offrir des applications-pratiques dans le cours de cet ouvrage.

Le *second appendice* reproduit sous les yeux de nos lecteurs une dissertation fort remarquable de M. REY, de Grenoble, *sur le perfectionnement des modes actuels d'enseignement primaire*. Là est toute la base de l'édifice de l'éducation nationale.

Dans le *troisième appendice*, à l'appui de ce que nous avons dit sur l'importance de la GYMNASTIQUE, branche essentielle de *l'éducation physique*, nous avons réuni DEUX RAPPORTS, faits à des époques très-éloignées l'une de l'autre, en 1818 et en 1834, par deux médecins distingués (MM. de Montègre et Antomarchi), sur le *gymnase normal, civil et militaire* de M. le colonel Amorôs.

Le *quatrième appendice* est consacré à l'exposition très-succincte des rapports qui existent entre la *doctrine physiologique* du célèbre docteur Gall, admise aujourd'hui au rang des sciences positives sous le nom de phrénologie, et la science ou l'art de l'*éducation*.

Dans le *cinquième appendice* est une *Notice sur les instituts d'éducation et d'agriculture* fondés par M. de Fellenberg, à Hofwil, en Suisse; nous y ajoutons un coup-d'œil rapide sur quelques établissemens analogues, fondés depuis peu d'années en France et en Angleterre.

Le *sixième appendice* renferme une description abrégée des *trois Livrets pratiques d'emploi du tems*:

1. Agenda général;

2. Biomètre, ou montre morale, Livret composé de Tablettes au moyen desquelles on peut mesurer et apprécier la vie d'après les divers emplois de chaque intervalle de 24 heures;

3. Mémorial analytique, ou *Journal des faits et observations, et des souvenirs*.

Dans le *septième appendice*, on démontre qu'il est d'une justice rigoureuse et d'un véritable intérêt, pour les familles et pour l'État, d'accorder aux instituteurs un *traitement avantageux*, une *position honorable*, une considération proportionnée à l'importance des services qu'ils rendent à la société.

La *marche naturelle, progressive et continue, et les effets bienfaisans de la civilisation*, sont l'objet du *huitième appendice*.

Dans le *neuvième et dernier*, nous donnons une *Bibliothèque choisie à l'usage des instituteurs*, ou un catalogue

D'ÉDUCATION. 349

des principaux ouvrages publiés sur l'éducation qu'ils peuvent lire et consulter avec fruit.

APPENDICE I.

INDICATION SOMMAIRE de DOUZE PRINCIPES, OU LOIS GÉNÉRALES, établis comme pouvant servir de bases à toute espèce de méthodes, et comme susceptibles d'un nombre infini d'applications pratiques dans les sciences, dans la littérature et dans les arts, et surtout dans la philosophie morale et dans la conduite journalière de la vie (1).

J'ai cru devoir affecter *douze signes particuliers* à nos douze *lois générales*, pour les représenter d'une manière abrégée, par une sorte d'expression algébrique et simplifiée, mise en rapport, autant que cela est possible,

(1) Voyez les développemens de ces LOIS GÉNÉRALES ou *Vérités fondamentales*, dans l'*Appendice* 1er de l'*Essai sur l'Emploi du tems*, 4e édition. Paris, 1829, Dondey-Dupré, pag. 343-425.
Voyez, ci-dessus, quelques applications de ces mêmes lois générales, savoir :
1. Loi de la base ou du point-d'appui, p. 180.
2. Loi des causes, *passim*.
3. Loi de la chaîne, p. 154.
4. Loi de la gradation, p. 176 et 177.
5. Loi de la division et de la réunion, p. 195.
6. Loi des échanges, p. 192.
7. Loi du balancement universel, ou de l'équilibre, p. 190, note 1 et *passim*.
8. Loi du mouvement alternatif, p. 302, 340.
9. Loi du mélange universel du bien et du mal, p. 189 (et 188).
10. Loi des obstacles rendus utiles, p. 19.
11. Loi des proportions, p. 24, 233.
12. Loi du But, *passim*.

avec la vérité qu'elle doit rappeler, et propre à la retracer aux yeux comme à la pensée.

1. Dans ce système, destiné à former une sorte d'*alphabet philosophique*, au moyen de *signes de convention*, notre principe de la *Base*, ou du *Point-d'appui*, est figuré par une *petite* PYRAMIDE, ou par un corps dont l'extrémité supérieure est terminée en pointe, et qui s'appuie sur une *base* très-large. . . . . △

2. Le principe des *Causes, causalité*, ou de *génération*, a pour signe symbolique un OEUF, principe générateur O

3. Le principe de la *Chaîne*, ou de la continuité, est représenté par DEUX ANNEAUX ENTRELACÉS. . . . . . ⊙⊙

4. Le caractère employé pour exprimer le principe de la *Gradation* est une petite ÉCHELLE, ... ╫

5. DEUX LIGNES CROISÉES, qui se réunissent dans un point commun, figurent le principe de la *Division* et de la *Réunion* . . . . ✕

6. Le *double signe* affecté au principe des *Échanges*, une CROIX *au milieu d'une* PIÈCE DE MONNAIE. . . . . . ✠

représente à la fois la RELIGION et le COMMERCE, qui ont le plus contribué à polir les hommes par les *échanges*, soit de bienfaits et de services mutuels, soit de productions du travail, et qui sont les deux grands élémens de la civilisation. — La *religion* rapproche les hommes par un *échange* mutuel de sentimens de bienveillance, par la *charité*, ou l'amour du prochain, qui est le premier de ses préceptes. Le *commerce* les rapproche également par l'*échange* des choses matérielles, qui les invite au travail. — La RELIGION est l'un des *points-d'appui* essentiels de la *morale*, qui est l'ame des sociétés civilisées ; le COMMERCE est la source de l'*industrie*, qui est la vie du corps social.

7. Une LIGNE HORIZONTALE, APPUYÉE PAR SON POINT-MILIEU SUR UNE LIGNE VERTICALE, a paru donner l'idée de notre principe de l'*Équilibre*, ou du *Juste-milieu*. . . T

8. Le principe de l'*action* et de la *réaction*, ou du *mouvement alternatif universel*, peut se représenter par un V RENVERSÉ A, dont les deux jambages en sens opposé figurent, l'un, l'*Action*, l'autre, la *Réaction*. (Voyez l'*Essai psur l'Emploi du Tems*, 4ᵉ édition, p. 581.). . . . . A

9. Un DOUBLE V (W), dont les deux jambages s'entrecroisent, peut servir à exprimer, par le signe le plus simple possible, notre principe du *Mélange universel* W

10. Un PETIT CARACTÈRE d'une forme circulaire ou sphérique, figurant un corps qui faisait *obstacle*, et à travers lequel on se fraie un passage, paraît pouvoir exprimer notre principe des *Obstacles rendus utiles* . . . . . ⊖

11. Le principe des *Proportions* (*tout est relatif*) est représenté par un petit MÈTRE, ou par une *ligne divisée en un certain nombre de parties, dont chacune a un rapport avec la ligne entière.* . , ... ╫╫

12. Notre principe du *But* peut avoir, pour signe distinctif, un *cercle au milieu duquel est un point*, figurant une CIBLE, ou un BUT contre lequel on tire. . . . . ⊙

ESSAI GÉNÉRAL

TABLEAU ANALYTIQUE
DES PRINCIPES GÉNÉRAUX

Proposés comme pouvant servir de base à toute espèce de méthodes, et comme susceptibles d'un nombre infini d'applications-pratiques dans les sciences, dans les arts, et dans la conduite de la vie.

1. Loi de la BASE, ou du *Point-d'appui.* — *En tout il faut un* POINT D'APPUI................................. △

2. Loi des CAUSES. — *Nul effet sans* CAUSE........ ◯

3. Loi de la CHAINE.—*Tout se tient* (Tout se tient et s'enchaîne dans l'ordre moral et politique des sociétés humaines, comme dans l'ordre naturel.)............................ ◯◯

4. Loi de la GRADATION. — *Tout est série et* GRADATION. ⊞

5. Loi de la DIVISION et de la RÉUNION. — *La* DIVISION *et la* RÉUNION *sont deux principes générateurs qui doivent se combiner pour produire.*............................. ✕

6. Loi des ÉCHANGES. — *Les* ÉCHANGES *sont un principe nécessaire de création.* — *Tout est* ÉCHANGE *entre les hommes et entre tous les êtres.*........................... ✠

7. Loi de l'ÉQUILIBRE.—*En tout, il faut un* JUSTE MILIEU. T

8. Loi du MOUVEMENT ALTERNATIF, ou de l'ACTION et de la RÉACTION.—*Tout est* ACTION *et* RÉACTION *dans la nature et dans les choses humaines.*......................... ⋀

9. Loi du MÉLANGE UNIVERSEL DU BIEN ET DU MAL. — *Tout est mêlé de bien et de mal sur la terre.*............ W

10. Loi des OBSTACLES RENDUS UTILES. —*Tout* OBSTACLE *peut devenir un moyen de succès, ou du moins procurer certains avantages qu'il faut savoir en tirer.*................ ⊖

11. Loi des PROPORTIONS. — *Tout est relatif.*...... ####

12. Loi du BUT. — *En tout, il faut un* BUT. .... ⊙

APPENDICE II.

Du Perfectionnement des Modes actuels d'Enseignement primaire, par M. *Joseph* Rey, *de Grenoble,* conseiller à la Cour royale d'Angers.

N. B. L'enseignement primaire, largement conçu et organisé de la manière la plus complète, étant la base nécessaire de toute éducation vraiment nationale, les observations judicieuses que renferme le *Mémoire* de M. Rey nous ont déterminé à lui donner une place dans nos *Appendices,* où tous ceux qui s'occupent d'éducation aimeront à pouvoir le consulter. On y trouve, d'ailleurs, des directions précieuses pour l'application du mode d'*éducation mixte,* dont nous avons tâché de faire apprécier les avantages (1).

Un progrès incontestable, accompli depuis quelque tems parmi nous, se trouve dans l'intérêt qui s'attache de toutes parts aux questions d'instruction publique. Le tems n'est plus où, d'un côté, l'on devait lutter péniblement pour faire pénétrer chez les masses quelques rayons de lumière; où, de l'autre, on employait des moyens immenses pour paralyser les effforts qui tendaient à ce but. Il ne s'agit plus maintenant, entre les divers partis, que d'une rivalité de moyens pour l'enseignement, sans que personne conteste désormais la nécessité de donner au peuple le pain quotidien de l'instruction.

Sans doute, au fond de ces questions de forme se trouve encore la question politique elle-même, tel ou tel mode pouvant être jugé plus ou moins propre à donner aux

(1) Voyez ci-dessus, pag. 35 et suiv.

enfans telle ou telle direction ; mais il est des personnes qui, s'élevant au-dessus de ces considérations du moment, cherchent à établir la juste part des diverses méthodes, non dans l'intérêt fragile et dangereux des tendances exclusives, mais dans celui d'un perfectionnement général, fondé sur des sentimens de bienveillance réciproque ; et c'est à ces personnes que j'adresse principalement quelques réflexions.

Cette manière d'envisager mon sujet, déjà si grave par lui-même, doit faire pressentir que je ne pourrai le traiter sans d'assez longs développemens ; je dois donc prier le lecteur de vouloir bien m'accorder quelque patience et une indulgente attention. Et pourtant, je me hâte de dire que je n'embrasserai point toute la question des méthodes, qui, dans son entier, exigerait un fort volume ; car je ne veux ici m'attacher qu'à une partie qui attire aujourd'hui l'attention de ceux qui s'occupent d'instruction primaire, savoir, celle qui concerne *la répartition des élèves à l'égard du maître, quant à l'action qu'il exerce sur eux.* J'expliquerai bientôt d'une manière plus positive tout ce qui est compris sous cet énoncé sommaire.

Mais, avant même d'aborder cette pure question de forme, je crois indispensable de nous bien fixer sur ce qui doit faire l'objet de tout système de direction de la jeunesse ; car c'est en vain qu'on chercherait à juger la valeur d'un instrument quelconque, si l'on ne savait au juste l'usage auquel il est destiné. Sous ce rapport, je désire qu'on veuille bien me pardonner aussi un instant de retard dans l'examen direct de notre question.

Je ferai d'abord observer ce qu'ont d'incomplet les mots *enseignement* et *instruction*, les seuls cependant qu'emploie le vocabulaire de nos lois sur l'objet qui nous occupe, puisqu'ils s'appliquent seulement aux facultés *intellectuelles*, laissant absolument en dehors le développement des facultés *physiques* et *morales*, dont l'importance est cependant si évidente. Cette insuffisance dans la valeur des mots est ici plus grave qu'on ne pense, car elle peint exactement l'insuffisance des choses. En effet, dans nos sociétés modernes, a-t-on jamais songé sérieusement au développement *complet* de nos facultés? N'a-t-on pas cru tout accompli lorsqu'on était parvenu à imposer aux enfans quelques idées arbitraires, avec le souvenir de quelques faits mal digérés? C'était toujours à leur *esprit*, presque jamais à leur *cœur* qu'on s'adressait, et l'on ne songeait même pas qu'on dût soigner la base de tous nos moyens, *le maintien et le juste développement des forces physiques.* Mais, ce qui est le plus déplorable, c'est que ces affligeantes lacunes furent surtout le partage des établissemens officiels, qui devraient cependant précéder toujours les autres dans la voie des améliorations, puisqu'ils disposent de toutes les forces de la société.

Enfin, quelques hommes ont senti que *l'art de diriger la jeunesse doit avoir une bien plus haute portée, et* qu'il *doit embrasser toutes les faces de notre existence.* J.-J. Rousseau, pour la théorie, Pestalozzi, pour la pratique, ont surtout fait révolution à cet égard, et ce dernier a particulièrement insisté sur la direction *morale*, qu'il a comprise spécialement sous le mot *éducation*, réservant celui *d'instruction* ou *d'enseignement* à ce qui ne concerne que les facultés *intellectuelles*.

Quant à nous, adoptant entièrement le fond de ces idées, nous pensons que le mot ÉDUCATION doit avoir un sens plus général, et qu'il doit s'appliquer à toutes les branches de notre développement, sauf à ajouter une épithète particulière à chacune de ces branches. Ainsi, les mots éducation *physique* exprimeront les moyens de développer le *corps;* les mots éducation *intellectuelle* ceux de développer *l'esprit*, et les mots éducation *morale* ou *af-*

fective ceux de développer le *cœur*. Je ne prétends pas que ces expressions *corps*, *esprit* et *cœur* aient toujours une grande exactitude philosophique; mais j'espère qu'avec les explications qui précèdent, on entendra ma pensée dans ce qui va suivre. Je vais donc entrer maintenant en matière, avec l'espoir que nous tirerons quelque fruit des idées préliminaires auxquelles j'ai cru devoir un instant m'arrêter.

A ne considérer les méthodes de direction que sous le rapport *de la répartition des élèves à l'égard du maître*, seule partie que nous ayons à examiner dans ce moment d'une manière spéciale, on peut les ranger sous *trois classes principales*, dont je vais d'abord exposer simplement les caractères, sans en présenter encore la valeur respective.

La *première*, qu'on appelle méthode INDIVIDUELLE, prise dans son application la plus extrême, serait celle que nous représente l'*Émile* de Rousseau, où l'instituteur n'a QU'UN SEUL ÉLÈVE, auquel il se voue tout entier. Mais, dans les écoles ordinaires, ce n'est pas ainsi qu'on entend cette méthode; car on y reçoit toujours un certain nombre d'élèves, sur lesquels on n'exerce qu'une influence assez limitée. Cependant, ce qui lui a fait donner encore en ce cas le nom d'INDIVIDUELLE, c'est que chaque élève y reçoit SÉPARÉMENT les leçons de l'instituteur, qui va successivement de l'un à l'autre, pour donner à chacun sa tâche ou la corriger, mais sans imprimer à tous une direction commune.

Dans la *seconde* méthode, au contraire, celle dite SIMULTANÉE, l'instituteur dirige en MÊME TEMS un certain nombre d'élèves. Il s'adresse à tous à la fois; et tous, au besoin, agissent AVEC ENSEMBLE pour recueillir l'enseignement. Le type pur de ce genre d'enseignement n'est pas, comme on le pense communément, dans le mode des *écoles chré-*

tiennes, puisqu'on trouve là une partie du mode *individuel*, et même un peu du principe de *mutuellisme*. En effet, dans ces écoles, le maître intervient souvent à part auprès de tel ou tel de ses élèves; et dans quelques cas aussi, tel ou tel d'entre eux le seconde dans son action sur tout ou partie de sa classe. On ne trouve l'enseignement simultané sans mélange que dans ce qu'on nomme des *cours* sur les diverses sciences; car c'est là que le professeur s'adresse toujours A LA FOIS, et SANS INTERMÉDIAIRE, à tout son auditoire. On pourrait aussi, en prenant les mots dans toute leur extension, considérer les représentations théâtrales comme de véritables ÉCOLES SIMULTANÉES, puisque c'est bien dans ce mode que l'auteur du drame s'adresse à tous les spectateurs, pour parler à leur esprit, à leur cœur, à leurs sens. Je note d'autant plus volontiers cette observation, que plus tard nous aurons à parler de l'emploi de l'action dramatique en éducation par la méthode simultanée.

Enfin la *troisième* méthode d'enseignement, toujours sous le rapport de la distribution des élèves à l'égard du maître, est celle qu'on nomme MUTUELLE, parce que les enfans s'enseignent MUTUELLEMENT, passant tour à tour du rôle d'écolier aux fonctions de sous-maître, selon qu'ils ont fait plus ou moins de progrès dans la classe où chacun se trouve. Au moyen de ces aides, le maître peut se multiplier extraordinairement; car il n'a besoin que d'un coup-d'œil général et de quelques tournées particulières pour que les leçons se fassent à un très-grand nombre d'élèves. On pourrait donc aussi, sous ce rapport, appeler ce moyen la méthode DÉLÉGATIVE, les moniteurs étant de véritables *délégués* du maître principal. Je fais aussi remarquer à dessein cette particularité du mode appelé *mutuel*, parce qu'elle doit plus tard servir de bases à quelques réflexions. Il résulte, en outre, des divers traits de cette méthode qu'elle n'offre pas un genre *entièrement* à part, telle qu'on la pratique partout, puisque, d'un côté, le maître y agit souvent d'une manière *individuelle* sur ses élèves, et puisque d'autre part *l'ensemble* de l'action rentre absolument dans le mode *simultané*. Je fais encore cette remarque pour servir de base à quelques déductions que nous aurons à tirer des caractères spéciaux de chacune des méthodes dont il s'agit.

Après avoir bien précisé les caractères de chacun des modes d'enseignement usités, quant à l'objet seulement qui nous occupe, nous allons voir quels peuvent être les avantages et les inconvéniens de ces divers moyens, toujours sous le triple rapport du développement *physique, moral* et *intellectuel*, point de vue que je prie le lecteur de ne jamais oublier, s'il veut saisir toute l'importance des modifications que je désire proposer dans l'organisation intérieure des établissemens actuels.

Le mode INDIVIDUEL a plusieurs avantages précieux, même lorsqu'il s'applique à plusieurs enfans, pourvu que leur nombre ne soit pas considérable. C'est par lui seul que l'instituteur peut s'arrêter assez sur chaque élève, pour étudier ses penchans, ses dispositions, sa vocation, ainsi que les circonstances particulières qui peuvent influer sur lui; c'est aussi par ce mode seul qu'il peut adapter à chacun les moyens de direction convenables. C'est surtout pour la formation du *cœur* et celle du *jugement* que ces avantages sont inappréciables; car c'est ainsi seulement qu'on peut pénétrer dans chaque individualité, et exercer sur elle toute sa puissance. Cependant, d'un autre côté, son usage exclusif est sujet à une foule d'objections : d'abord à celle de l'impossibilité, si on devait l'appliquer dans toute son étendue, comme dans *l'Émile*, puisqu'il faudrait un instituteur pour chaque enfant, en sorte que la moitié du genre humain serait exclusivement employée à élever l'autre. En second lieu, l'isolement de chaque élève tendrait à le rendre insociable et bizarre, en même tems qu'il le priverait des moyens d'entraînement vers l'étude qui résultent du mouvement sympathique de plusieurs individus. Enfin, comme il faut, dans l'état actuel des sciences, un matériel considérable pour en produire utilement les objets aux yeux des élèves, il faudrait des dépenses immenses pour chaque famille, ce qui rendrait encore l'exécution impossible. Mais, en restreignant même la méthode individuelle comme on le fait dans certaines écoles, on y retrouve toujours au moins une partie des inconvéniens que je viens de signaler. D'abord, le nombre d'élèves qu'un seul maître peut ainsi diriger est nécessairement très-borné, puisqu'il doit sans cesse aller de l'un à l'autre, et que, lorsqu'il se trouve auprès d'un seul, les autres restent abandonnés à eux-mêmes ; il faudrait donc encore ainsi un bien grand nombre de maîtres pour satisfaire convenablement à tous les besoins de la population. Ensuite, quoique l'isolement des personnes ne soit pas ici complet, et qu'on puisse trouver dans ce système quelques-uns des avantages de l'agglomération, cependant il y existe encore un isolement d'efforts et de communications morales ou intellectuelles, qui paralysent grandement les effets sympathiques entre élèves.

Le mode SIMULTANÉ, sous tous ces derniers rapports, a un avantage marqué sur l'enseignement individuel. Il permet à un seul maître de diriger un nombre assez considérable d'enfans, puisqu'il s'adresse à tous en même tems. Cette simultanéité favorise d'ailleurs l'esprit d'entraînement entre les élèves, puisqu'ils éprouvent ainsi une partie des mêmes impressions. En outre, l'harmonie et la concurrence de leurs efforts, contribuant à entretenir parmi eux l'ordre et l'émulation tout à la fois, diminuent la nécessité d'intervenir constamment pour les surveiller et les stimuler. Toutefois, ces avantages sont aussi mêlés de quelques inconvéniens, même lorsque ce mode est, comme dans le système des écoles chrétiennes, un peu combiné avec les principes d'intervention individuelle et d'intervention mutuelle. Le nombre d'enfans qu'un seul instituteur peut ainsi conduire et faire travailler avec fruit, ne peut encore être très-considérable, et ce n'est pas encore là qu'est la solution facile de l'enseignement général. D'un autre côté, pour peu que la classe soit nombreuse, tous les élèves ne peuvent être au même degré d'avancement, et les plus faibles restent en arrière, tandis que les plus forts sont obligés de s'arrêter dans leurs progrès. Enfin, dans ce mode, lorsqu'il est seul employé, l'appréciation *individuelle* est extrêmement imparfaite sous le rapport des vocations, de la capacité, ainsi que des moyens de développement intellectuel et affectif.

Quant au mode MUTUEL, il a été tour à tour l'objet de bien des éloges et de bien des attaques, mais je doute qu'on ait généralement apprécié à leur juste valeur ni ses avantages ni ses défauts ; je serai donc obligé de m'étendre un peu plus et sur les uns et sur les autres.

Parmi les avantages, la plupart de ses partisans n'ont été frappés que de la facilité donnée par ce moyen à un seul maître de conduire un plus grand nombre encore d'élèves que dans le mode simultané ; ce qui permet de donner l'instruction à une portion toujours plus considérable d'individus. Certes, cet avantage a un très-grand prix ; mais il n'est pas le seul, et en voici d'autres qui ont été moins remarqués.

1° La participation des élèves aux fonctions de l'école pourrait, dans des mains habiles, devenir une excellente préparation aux fonctions de la vie publique, ainsi qu'aux habitudes hiérarchiques de l'ordre social ; sous ce dernier rapport, donc, l'échange continuel du rôle de supérieur et de subordonné serait très-propre à dépouiller le commandement de la tendance au despotisme, et l'obéissance de tout caractère de servilité, deux points très-importans, et jusqu'à présent très-difficiles à obtenir.

2° Sous le rapport de l'instruction même, on sait que rien ne s'apprend mieux que ce qu'on enseigne aux autres ; outre le besoin qu'on éprouve alors de bien savoir pour pouvoir bien démontrer, on se sent ainsi conduit à pénétrer au fond des choses, ce qui les grave bien mieux dans l'entendement. Je sais que, dans des écoles basées jusqu'à présent sur ce mode, on ne s'est encore guère aperçu d'un tel effet ; mais un maître intelligent et rationnel pourrait l'amener très-facilement.

3° Mais le plus grand avantage qu'on pourrait tirer de la méthode mutuelle consiste dans un résultat moral de la plus haute importance. Lorsqu'on aura introduit dans tous les degrés de l'éducation les principes de *bienveillance réciproque*, sans lesquels toute véritable morale est impossible, lorsqu'on sera parvenu à faire considérer tous les élèves comme de véritables frères, dont le plus instruit ne doit se regarder que comme un frère aîné, heureux d'être plus fort pour pouvoir tendre la main à son jeune frère, et non pour le mépriser ou le tourmenter, alors un tel mode d'enseignement sera l'un des plus puissans auxiliaires du grand principe fondamental, non-seulement de toute éducation, mais encore de tout système social qu'on voudra établir sur la base seule toute-puissante des sentimens harmoniques.

Tels sont à mes yeux les avantages incontestables de l'enseignement mutuel ; mais on ne peut se dissimuler, d'un autre côté, que ce mode n'entraîne avec lui le plus grave de tous les inconvéniens, surtout lorsqu'on veut le pousser à l'extrême, l'inconvénient de rendre nulle l'intervention *individuelle* du MAITRE PRINCIPAL auprès de chaque élève, et par conséquent nulle aussi de sa part l'appréciation des vocations, des dispositions, et même du degré d'avancement. Vainement dira-t-on qu'il exerce par ses *moniteurs* une individualité d'action sur ses élèves; cette action est trop indirecte et trop facile à être dénaturée par de tels intermédiaires. Un maître eût-il les moniteurs les plus instruits, les eût-il pénétrés des meilleurs sentimens, il est impossible qu'ils le remplacent exactement. Et puis, cette interposition de personnes brise nécessairement entre les maîtres et les élèves le lien de sympathie qui devrait toujours les unir; elle éloigne d'eux cette chaleur de sentiment qui ne peut résulter que du rapprochement immédiat des hommes. Aucun attachement véritable ne peut s'établir entre eux, puisqu'ils se connaissent à peine; aussi la plupart des écoles d'enseignement mutuel ressemblent-elles à de véritables *machines*, qui se meuvent avec assez d'ordre sous l'impulsion d'un premier moteur, mais qui sont privées de toute autre animation que celle du mouvement mécanique. C'est surtout pour la direction intellectuelle et morale que se fait sentir cette sécheresse d'action, cette froideur anti-vitale.

Je viens de montrer, avec le plus d'exactitude possible, ce que chacun des modes comparés présente d'avantages, mais aussi d'inconvéniens, si l'on veut l'appliquer d'une manière *absolue*: et l'on aura sans doute conclu déjà avec moi que le plus sage parti serait, non d'exclure tel ou tel d'entre eux, puisque chacun a un certain nombre d'avantages que rien ne remplace chez les autres, mais qu'on devrait faire tous ses efforts pour trouver une combinaison qui donnât valeur aux élémens favorables, en diminuant autant que possible les inconvéniens qui peuvent se rattacher à chaque système. Or, tel est le problème auquel nous allons tâcher de répondre.

Pour y parvenir d'une manière vraiment convenable, rappelons-nous d'abord ce que nous avons dit du triple objet de tout bon système d'éducation, savoir, le développement RATIONNEL des facultés *physiques*, *morales* ou *affectives*, et *intellectuelles*, et voyons jusqu'à quel point les établissemens actuels d'instruction primaire ont manqué de faire atteindre ce but; car ce n'est qu'en déterminant leur degré d'insuffisance qu'on poura parvenir à savoir comment il faut les modifier en mieux.

Si nous les considérons d'abord sous le rapport de LA SANTÉ et du développement PHYSIQUE, nous trouverons que leur disposition matérielle est généralement mauvaise, et surtout pour les écoles qui suivent le mode *individuel* et le mode *simultané*.

Le plus grand nombre d'entre elles, particulièrement celles des classes peu aisées, manquent d'air et d'espace. Les enfans y sont de plus soumis à un régime d'immobilité qui ne convient nullement à la vivacité de leur âge, et qui contrarie absolument le vœu de la nature, pour leur bien-être et le développement de leurs forces. Nulle part, d'ailleurs, dans les établissemens *gratuits* de ce genre, on n'a songé aux exercices gymnastiques réguliers, propres à seconder ce vœu. Tout est donc à peu près nul ou vicieux, sous le rapport physique, dans les établissemens de ces deux premiers modes. Quant à ceux du mode mutuel, leur régime, il est vrai, est moins défavorable à cet égard, puisque les enfans y sont dans un mouvement presque continuel; mais on verra par la suite qu'ils sont encore loin de satisfaire sur ce point à tous les besoins de l'enfance.

Si nous examinons maintenant ce qui concerne le développement de L'INTELLIGENCE, on ne peut porter un jugement plus favorable que pour le physique, même dans les écoles qui appliquent principalement le mode *individuel*, si propre cependant par lui-même à faire apprécier les circonstances particulières de chaque élève. Généralement on y voit des maîtres qui ne savent ni deviner les vocations, ni stimuler les aptitudes, ni régler et developper le jugement. Et quant aux écoles *simultanées*, qui se prêteraient si bien à tout ce qui est harmonique, ont-elles contribué à faire cesser l'anarchie intellectuelle qui pèse sur l'espèce humaine depuis si longtems, et qui laisse tout en doute sur les objets où il importerait le plus d'avoir une communauté d'idées? Il faut donc que les principes féconds de ces deux genres d'établissemens aient été bien mal développés jusqu'à présent, pour ne produire que de semblables résultats; et il est encore indispensable de rechercher dans d'autres combinaisons les moyens d'en féconder plus heureusement le germe. Je ne parle point ici des écoles *mutuelles*, puisque nous avons vu que leur principe même n'est pas favorable aux deux genres d'effets que je viens de signaler en particulier; il ne peut donc être question de parler, à cet égard, de leur mauvaise application.

Mais c'est principalement sous le rapport du développement MORAL ou AFFECTIF, que les vrais principes ont été dénaturés d'une manière déplorable dans les écoles d'un mode quelconque. Presque tous les maîtres, surtout dans les *établissemens publics*, sembleraient ne vouloir se manifester à leurs élèves que pour leur inspirer un sentiment de répulsion, et n'avoir à mettre les élèves en contact que pour exciter dans leurs ames les funestes passions de l'orgueil et de l'envie. Aussi, combien peu d'enfans se rappellent-ils avec bonheur les premiers guides de leur vie! et, d'un autre côté, quel spectacle cruel nous présentent les divisions incessantes de tous les membres de la société, formés à de semblables écoles !...

Mais, diront les apologistes du passé, telle est la nature ineffaçable de l'espèce humaine, et vos institutions n'y pourront rien changer... Non, non! tel n'est point l'arrêt éternel de notre espèce; non, l'homme n'est pas fait nécessairement pour tourmenter l'homme à jamais, et pour se rendre lui-même à jamais misérable. Mais ce qui n'est que trop vrai, c'est que, jusqu'à présent, on n'a pas su développer en lui suffisamment les germes du bien. Ce n'est point, comme le prétendent les apôtres d'une doctrine fatale, que le genre humain doive pour toujours rester enchaîné au char du mal; c'est uniquement parce que sa loi de perfectionnement n'est qu'une loi de progrès successif, au lieu d'un progrès instantané. Recherchons donc dans d'autres efforts que dans les précédens les moyens d'arriver chaque jour davantage au but de notre perfectionnement; c'est du moins ce que je m'efforcerai de faire, pour ma faible part, quant à l'objet qui nous occupe en ce moment.

J'ai tâché jusqu'ici, d'abord de bien préciser les principes des divers modes d'enseignement dont il s'agit, et ensuite de faire voir combien jusqu'à présent leur application respective avait été malheureuse; nous devons maintenant rechercher comment on pourrait combiner tous ces principes pour leur faire porter à un très-haut degré les fruits dont chacun d'eux contient le germe. Pour moi, je présenterai à cet égard ce qui me semble le plus convenable, en l'état actuel de la société, abstraction faite de quelques difficultés momentanées d'exécution, parce que je pense qu'on doit toujours établir ce qu'on croit le plus avancé en théorie, sauf à ne l'appliquer que graduellement, mais afin d'avoir toujours un point de vue progressif, qui empêche de dévier et même de rétrograder en chemin.

Voici donc comment je concevrais en ce moment une maison d'éducation primaire (1).

Avant tout, je voudrais un local plus vaste qu'aucun de ceux des établissemens actuels, afin de pouvoir satisfaire aux divers besoins que je vais indiquer, toujours sous les trois grands rapports du développement *physique, moral* et *intellectuel* des élèves.

Ce local serait ainsi composé :

1° De la *grande* salle d'étude, dont une partie serait à peu près disposée comme les salles d'enseignement mutuel, mais ayant en outre, à l'une de ses extrémités, plusieurs rangs de gradins, comme ceux *des salles d'asile*, afin de pouvoir donner certains enseignemens *simultanés* à la généralité des élèves. Les enseignemens seraient surtout ceux qui sont propres à frapper les sens, pour mieux développer l'intelligence, ainsi que les mouvemens affectifs.

2° D'une *petite* salle d'étude, disposée comme la grande, pour servir à l'enseignement, soit des moniteurs, soit des divisions de classes dont il sera parlé ci-après.

3° D'une grande cour, et même, s'il était possible, d'un jardin, pour les récréations, les exercices gymnastiques, et l'introduction à la connaissance des divers objets

(1) Depuis l'établissement des *salles d'asile*, où l'on prend des enfans de *deux à sept ans*, on ne devrait certainement donner que le nom de *secondaires* aux écoles destinées seulement à ceux de 7 à 12 ans environ; mais, cet usage n'ayant point encore prévalu, et les observations que je publie en ce moment pouvant être lues par des personnes qui ne connaissent pas même l'existence des salles d'asile, ou qui ne savent pas jusqu'à quel point elles méritent le nom de *maisons d'éducation* PRIMAIRE, j'ai cru devoir conserver ce dernier titre aux établissemens nommés encore généralement ainsi, tels que les écoles des *frères* et celles d'*enseignement mutuel*.

de la nature. Remarquez ici que les élèves resteraient à l'école, du matin au soir, et devraient y prendre leurs récréations et leurs repas, l'éducation morale et intellectuelle devant se faire autant dans ces momens que sur les bancs de la classe, comme le prouve parfaitement l'exemple des salles d'asile. D'ailleurs, rien n'est plus préjudiciable à la bonne tenue des élèves que leurs allées et venues hors de l'enceinte des écoles à l'heure des repas.

4° D'un vaste hangar, pouvant se clore en hiver, pour les récréations quand il fait mauvais, et pour les repas en tout tems.

Tout ceci posé, et supposant la création entièrement nouvelle d'un établissement, voici comment je combinerais l'ensemble de sa marche, afin de profiter autant que possible des avantages respectifs des *trois modes d'enseignement, individuel, simultané* et *mutuel*.

(A) Afin de pouvoir obtenir vraiment le développement RATIONNEL de notre être, il faudrait d'abord renoncer à toute exagération d'aucun des modes indiqués, et notamment de celui de l'enseignement mutuel, quant au *nombre* d'individus.

Sous ce rapport, si vous ne voulez faire que des machines à lire, écrire et compter, forcez ce nombre tant que vous voudrez. Faites à cet égard des tours de force; ayez des écoles de 500—600 élèves, de mille peut-être, comme on prétend qu'il en existe. Mais, si vous voulez des hommes convenablement instruits, dont l'intelligence et la moralité ne soient pas formées à l'aveugle, ne dépassez pas un certain nombre, afin que l'instituteur puisse vraiment embrasser sa classe d'un coup-d'œil dans sa direction *simultanée*, et qu'il puisse aussi intervenir le plus souvent possible d'une manière *individuelle* auprès de chaque enfant. Pour moi, si j'étais instituteur, et maître de toutes les circonstances, je n'irais pas au-delà d'une centaine d'élèves. Cependant, vu les difficultés actuelles pour la multiplication des écoles, je crois qu'on peut, à la rigueur, conduire passablement *deux cents* enfans, mais seulement encore dans le système perfectionné dont je présente quelques traits.

(B) Quelque tems avant l'installation de l'école, à la naissance de laquelle je suppose assister, je voudrais, non-seulement avoir les noms de tous ceux qui devraient en former le noyau, mais encore faire sur chacun d'eux une petite *enquête* physique et morale, soit auprès des parens et des domestiques, soit à l'aide d'interrogations faites à l'enfant lui-même. Tout cela se ferait de concert avec un médecin, qui procéderait, de plus, à l'inspection totale du corps, et l'on tiendrait note de tout sur un registre particulier. Ces premiers renseignemens, quoique souvent inexacts, seraient cependant un excellent point de départ pour l'étude individuelle des sujets. Ensuite, dans tout le cours de leur présence à l'école, on ajouterait sur le registre des enquêtes tout ce qu'ils offriraient de remarquable. Il est bien entendu qu'on ferait ensuite une série d'opérations semblables pour chaque nouveau venu dans l'école; mais j'insisterais pour qu'on s'y prît à l'avance dans le commencement, afin de ne pas être envahi par un certain nombre d'individus, sur lesquels on ne pourrait ensuite avoir aucune action raisonnée.

(C) Il serait essentiel, à la création de toute école, de n'admettre d'abord que *peu* d'enfans, et de les choisir, autant que possible, pour avoir un premier noyau facile à former, auquel s'aggrégeraient successivement de nouveaux individus, et seulement lorsque ceux que l'on aurait déjà admis seraient convenablement disciplinés, surtout sous le rapport moral. Cette précaution est de la plus haute importance, et c'est pour l'avoir négligée que beaucoup de bons instituteurs ont échoué dans l'établissement d'écoles perfectionnées.

(D) Pour toute classe au-dessus de cent élèves, il faudrait nécessairement un sous-maître, indépendamment de moniteurs *divisionnaires*, dont nous allons parler, afin de suppléer le chef dans la direction générale, lorsque celui-ci s'occuperait d'intervention individuelle, même sans quitter la grande salle, et surtout lorsqu'il ferait ailleurs des enseignemens particuliers, comme nous l'indiquerons bientôt plus spécialement. Le sous-maître dont il s'agit devrait être déjà lui-même un sujet distingué, bien au-dessus de ce que sont ordinairement les moniteurs généraux, qui ne connaissent que le mécanisme brut de la méthode, et sont étrangers à tout art de direction morale et intellectuelle.

(E) Un moniteur *divisionnaire* serait préposé pour chaque groupe de trente à quarante enfans, qu'il surveillerait et dirigerait jusqu'à un certain point, dans la grande salle, durant les exercices particuliers. Quant aux moniteurs du premier degré, on suivrait l'usage ordinaire; mais leur instruction particulière devrait être bien plus forte qu'actuellement, surtout, comme je viens de le dire pour les moniteurs divisionnaires, et spécialement pour l'art de conduire leurs compagnons d'études, art auquel on ne saurait trop tôt les initier.

(F) Le personnel ainsi réglé, le chef de l'école pourrait s'absenter momentanément de la grande salle, sans qu'il en résultât d'inconvénient grave. Alors il emploierait chaque jour un certain tems à des enseignemens particuliers pour chaque division de trente à quarante enfans, en présence d'un moniteur *divisionnaire*, qui ferait là les fonctions de *sous-maître*, et se formerait ainsi progressivement jusqu'au plus haut degré de l'art d'enseigner. Cette classe aurait lieu principalement dans le mode *simultané*, mélangé d'intervention *individuelle* autant que possible.

C'est dans cette classe surtout que le maître approfondirait le caractère et les dispositions de chaque élève; c'est là aussi qu'un homme habile et expressif pourrait tirer le plus grand parti de l'action dramatique, non de cette action factice et ampoulée de certains déclamateurs, mais de celle qui part du cœur et de l'intelligence, et se manifeste par la puissance du regard, du geste, de la pose et de la voix. On ne saurait croire combien d'occasions se présentent à cet égard dans le cours des études; et il ne s'agit que de savoir profiter des nombreux incidens qui s'élèvent sans cesse, tant entre le maître et ses élèves, qu'entre les élèves eux-mêmes. Combien de choses passent aujourd'hui inaperçues dans toutes ces relations, et qui seraient d'excellens moyens de moraliser les enfans, ou de développer leur intelligence!

Tels sont à peu près les moyens d'organisation (*quant à la distribution des élèves à l'égard du maître*) que je proposerais pour combiner dans toute école l'action des trois grands modes de direction, *individuelle, simultanée et mutuelle*.

Je ne donne en ce moment qu'une indication très-sommaire des modifications que je crois nécessaires aux systèmes actuels, tant pour ne pas fatiguer mon lecteur que parce que mon but maintenant n'est que d'éveiller l'attention du public sur un sujet aussi important.

Au reste, je pense qu'avec ces seules dispositions on recueillerait déjà, d'une manière très-satisfaisante, les avantages attachés à chacun des trois modes, aujourd'hui rivaux, et qui, loin de s'exclure alors, se prêteraient un appui réciproque (1).

---

(1) Application de la loi des *échanges,* ou du *concours*, et de celles du *mélange universel* et du *juste milieu.*

Ce qui me donne à cet égard pleine confiance, c'est qu'à l'exception de *l'enquête préliminaire* sur chaque enfant, dont l'idée m'appartient, je ne propose rien qui ne soit déjà sanctionné *par l'expérience*, puisque les *salles d'asile*, dont j'ai eu l'occasion de parler, sont à peu près organisées comme je viens de l'indiquer. Or, tous ceux qui ont visité ces établissemens sont frappés de leur grande supériorité sur les autres écoles sous tous les rapports. Dès lors, on ne peut plus me répondre par l'argument banal que l'amélioration proposée est impossible; et puisque, dans le premier degré d'éducation, le fait a déjà prouvé tous les avantages d'une heureuse alliance entre des élémens qui n'avaient fait que se combattre jusqu'à présent, comment pourrait-on hésiter à transporter cette combinaison nouvelle dans les autres degrés d'éducation ?

Remarquons, d'ailleurs, qu'il y a urgence extrême dans cette transformation, si l'on ne veut pas empoisonner les fruits que prépare la bienfaisante institution des salles d'asile. En effet, que deviendraient ces pauvres enfans, qui sont là traités avec tant de bonté et de raison, s'ils ne devaient trouver ensuite qu'un régime de rigueur et d'inintelligence, comme celui de presque toutes les autres écoles, quel que soit le mode particulier de leur formation? Ne serait-ce pas vouloir effacer les précieux germes de bienveillance et de moralité qu'on aurait cultivés en eux avec tant de soin? ne serait-ce pas aussi les rendre bien malheureux, puisqu'ils feraient sans cesse la comparaison du doux état de leur premier âge avec les supplices actuels de l'adolescence? Ne vaudrait-il pas mieux, en vérité, les avoir laissé croupir dans leur précédente ignorance du sentiment moral et du bonheur? Je le répète donc, et avec la plus vive instance, il y a urgence dans la transformation de tous nos établissemens actuels d'éducation, non seulement ceux d'éducation primaire, mais ceux de tous les degrés, parce que tous reposent également sur de fausses bases, sur des principes qui ne peuvent qu'empêcher les justes développemens de l'humanité, et perpétuer entre ses membres les dispositions irrationnelles et hostiles qui l'ont désolée jusqu'à présent.

Mais, si tel est le besoin imminent de notre époque, si tout ne doit être désormais que trouble et malheur sans cette régénération, combien n'est-il pas urgent de perfectionner aussi chez nous l'ART DE L'ÉDUCATION, sous le rapport surtout de la direction morale et intellectuelle, cet art que d'autres peuples ont traité si sérieusement sous le nom de *pédagogie*, tandis que nous ne savions qu'attacher une idée de ridicule à cette noble expression ! On devrait surtout se persuader qu'il ne peut être appris dans l'organisation actuelle du plus grand nombre de nos prétendues écoles *normales*, où il ne s'agit généralement que de l'acquisition de quelques connaissances superficielles, sans aucun système rationnel de transmission ultérieure à d'autres élèves; et l'on devrait se bien pénétrer aussi de l'idée que ce premier des arts doit surtout comprendre l'application de la science la plus importante, celle de diriger convenablement l'esprit, le cœur et les moyens physiques des enfans. Je ne puis qu'indiquer ici la nécessité de cette amélioration fondamentale, sans laquelle tous nos établissemens d'éducation resteront à jamais dans la vieille ornière qui renferme tant de lacunes et tant de vices.

Cette pensée, que je m'abstiens de développer, parce qu'elle n'est pas complètement dans la spécialité du sujet que je traite en ce moment, me conduit à une autre considération, que je ne ferai aussi qu'aborder sommairement, et que je ne puis cependant me refuser de présenter, en finissant, à la méditation de tous ceux qui s'occupent d'éducation avec quelque profondeur : c'est qu'il serait tems aussi de songer sérieusement aux moyens de former *entre les fonctionnaires* de l'éducation publique, dans tous ses degrés, un lien d'organisation plus complet, et surtout plus fécondant que celui qui les unit aujourd'hui ; un lien propre à faire développer, et non à étouffer, le germe de toutes les idées rationnelles en matière d'éducation ; un lien qui, fortement hiérarchique, mais dans l'intérêt seul de la grande société, donnerait un juste essor à toutes les capacités, et leur permettrait d'apporter journellement à la masse commune le tribut de leurs efforts ; un lien enfin qui, basé tout à la fois sur des idées de progrès et de sympathie mutuelle des membres du corps enseignant, ferait de ce corps l'association la plus éminemment utile et la plus respectable qui puisse exister. Je ne puis, il faut encore le répéter, qu'indiquer aussi de loin cette pensée qui sort de la spécialité de mon sujet, et qui seule, d'ailleurs, fournirait matière à des développemens étendus, qui ne pourraient, en aucun cas, trouver leur place dans cet écrit (1).

(1) Il est un autre motif qui ne me permet pas de traiter cette question, au moins jusqu'à nouvel ordre : c'est que l'idée primitive ne m'en appartient pas, et doit être produite plus tard par son auteur, M. CHAUVEAU, directeur actuel des *salles d'asile* d'Angers, homme d'un mérite aussi modeste que solide, et qui, presque ignoré jusqu'à présent dans son propre pays, est parvenu, seul, et à travers mille obstacles, à force d'essais et de méditations, à se créer un système pédagogique fondé sur les principes les plus avancés, tant en ce qui concerne les *rapports* divers *de l'instituteur avec ses élèves*, qu'en ce qui touche à *l'organisation générale* des divers fonctionnaires de l'éducation publique.

CE QUE DOIT ÊTRE *l'Éducation*, et surtout l'*Éducation élémentaire* (1).

L'ÉDUCATION ÉLÉMENTAIRE, telle que la conçoivent aujourd'hui les amis de l'enfance et les amis du progrès social, doit être essentiellement *pure*, *douce* et *tendre*, *affectueuse* et *attrayante*, dans ses relations avec les enfans, et en quelque sorte *paternelle*, ou plutôt *maternelle*. On exclut formellement les châtimens corporels, jugés autrefois indispensables.

Elle doit être éminemment *religieuse*, ou nourrie d'un sentiment profond de la dignité de l'homme et de sa confiance en Dieu. Elle doit donner le fonds intérieur de la croyance religieuse, plus encore que les formes extérieures qui néanmoins sont scrupuleusement observées (2).

Elle doit être à la fois *logique* et *rationnelle*, *intellectuelle* et *morale* : car elle ne forme pas seulement le jugement et l'esprit, mais le cœur et la conscience ; elle apprend aux enfans à connaître leurs devoirs et à les remplir.

Elle doit être *mutuelle* par les relations établies entre les *moniteurs* et les enfans de leurs classes respectives ;

---

(1) Cette conclusion de l'Appendice est extraite d'un *Rapport fait au Conseil d'administration de la Société pour l'instruction élémentaire*, le 14 novembre 1818, par M. M. A. JULLIEN, de Paris, au nom d'une *Commission spéciale pour les livres élémentaires* ; in-8° de 40 pages.—Voy. *Journal d'Éducation*, 1818. Chez Colas, libraire de la Société d'Éducation.

(2) Les bases de l'*éducation religieuse élémentaire* sont exposées, avec beaucoup de simplicité et de lucidité, dans un ouvrage de M. T. N. GALLAUDET, qui a pour titre : *Petit Livre sur un grand sujet*, ou *Dialogues sur l'âme, à l'usage des enfans*. Paris, 1834. Risler, libraire, rue de l'Oratoire Saint-Honoré, n° 6. Petit in-28 de 112 pages.

commune et *publique*, par la participation égale des enfans à toutes les leçons ; *active* et *pratique*, par la nature des exercices propres à satisfaire au besoin d'action et à la surabondance de vie qui caractérisent l'enfance.

Elle est enfin *simultanée* dans son influence ; *individuelle* par le soin qu'on prend de recueillir des observations sur chaque enfant ; *graduelle* et *progressive* dans sa marche ; *proportionnelle* et *spéciale* dans les limites qu'on lui a fixées, ou dans les directions qu'on lui donne ; régulièrement *coordonnée* dans ses différentes branches ; *simple* et *facile* dans ses procédés ; *prompte* dans ses résultats ; *économique*, sous le double rapport du tems et de l'argent.

Elle comprend, dans ses moyens d'application, dans ses évolutions continuelles et dans ses exercices, une branche, pour ainsi dire, *physique* et *gymnastique*, qui est favorable au développement du corps, à l'accroissement des forces, à la conservation de la santé.

Elle est *nationale* et *sociale*, en ce qu'elle tend à inspirer par la subordination même établie entre les enfans et par la discipline des écoles, l'amour de l'ordre et des lois, de la patrie et du bien public.

Elle est *analytique* et *intuitive*, en ce qu'elle donne aux enfans, tour à tour mis en action comme maîtres ou moniteurs et comme disciples, la conscience réelle et intime, l'*intuition* claire et distincte de ce qu'ils apprennent, de ce qu'ils enseignent, de ce qu'ils savent, de ce qu'ils peuvent, de ce qu'ils font.

APPENDICE III.

De la Gymnastique pratique, ou *Rapports sur les exercices du Gymnase normal, civil et militaire.*

La gymnastique est une partie essentielle et nécessaire de l'*éducation physique*. Elle ne comprend pas seulement l'art d'exercer le corps, mais aussi l'étude approfondie et la connaissance aussi complète que possible de toutes nos facultés physiques et du parti que chaque homme peut en tirer pour son perfectionnement et son bonheur. L'application de la gymnastique à l'éducation ne peut être mieux présentée, ni son utilité rendue plus évidente que par les deux rapports de deux hommes de l'art, faits à deux époques très-distantes l'une de l'autre, sur un établissement normal où la gymnastique est enseignée et pratiquée depuis plus de dix-huit ans, sous la direction et par les soins d'un homme persévérant et actif, qui, en se vouant tout entier à cette spécialité importante, et en naturalisant les exercices gymnastiques sur notre sol et dans nos instituts d'éducation, en dépit des préjugés et des obstacles de tout genre qui repoussaient cette innovation, a bien mérité de la jeunesse française et de l'humanité.

Extrait du Rapport sur le *Cours de Gymnastique* de M. Amoros, fait au nom d'une Commission composée de MM. l'abbé *Gaultier, de la Borde, Leroy, Bally, Jullien,* de Paris, *de Gérando, Jomard, de Montègre.*

Le but de la Gymnastique doit être de régler les exercices du corps, de manière à les faire servir à l'entretien de la santé, et au développement progressif de toutes nos facultés physiques et morales.

Mais, indépendamment de la conservation de la santé et du développement régulier du corps, quels sont les autres avantages que l'on peut procurer aux hommes par la gymnastique, ou par l'art de régler les exercices auxquels ils se livrent naturellement?

Une seule séance, comme celle où nous avons assisté pour vous en rendre compte, vous donnerait sur ce point plus d'idées que je ne pourrais en faire entrer dans un très-long discours. Vous verriez, Messieurs, comment, en exerçant successivement ou tout à la fois tous les membres des élèves, on les prémunit contre cette foule de dangers auxquels nous sommes exposés dans toutes les conditions de la vie, et que rien ne peut nous faire continuellement éviter. Après les avoir exercés à la course, à la lutte, au saut en longueur, en profondeur, on leur enseigne à grimper, jusqu'à de grandes hauteurs, à l'aide d'une perche, d'un cordage, d'une échelle de corde; à passer, lorsqu'ils sont ainsi élevés, d'un lieu à l'autre, au moyen d'une corde tendue horizontalement, ou d'une poutre; à monter jusqu'au sommet d'un mât, à y porter une corde ou quelque autre objet, à conserver, surtout à cette élévation, le sang-froid et l'assurance qui sont nécessaires pour user de ses ressources et pour se tirer du péril, ou bien en sauver ses semblables. D'autres exercices, également gradués ou variés, sont destinés à donner au corps de l'aplomb, à faire garder son équilibre. La natation, indispensable à tous les hommes, entre nécessairement dans le plan d'une semblable institution : mais ici on doit avoir égard à la saison et à d'autres considérations qui ne permettent de s'en occuper que lorsqu'un cours régulier sera établi.

On croirait cependant à peine avec quelle facilité les enfans acquièrent de l'habitude dans ces exercices, et se trouvent, par conséquent, munis de ressources pour tout le reste de leur vie. Ainsi, tous les spectateurs, à la séance, ont vu deux enfans porter une grosse corde, et l'attacher au sommet d'un mât de trente pieds; un enfant de quatre ans et demi grimper par une corde à dix-huit ou vingt pieds; un autre de onze ans, haut de quatre pieds et demi, franchir un obstacle de six pieds : et ce que je rapporte ne paraissait pas étonnant, parce que les autres élèves en approchaient tous plus ou moins.

Toute espèce de danger est éloignée de ces exercices, d'abord par la surveillance du maître, qui ne permet de s'y livrer que successivement et en ordre; ensuite, parce que, dans la progression graduelle de ces exercices, les élèves ont promptement acquis la conscience de leurs propres forces, et qu'ils n'entreprennent jamais que les choses qu'ils sont bien en état de faire : heureuse disposition au moral comme au physique, que celle qui, nous donnant ainsi la juste appréciation de nos forces, nous préserverait de tant de mécomptes douloureux ou cruels, source la plus féconde peut-être des misères humaines. Il est enfin des moyens directs de prévenir les accidens auxquels seraient exposés les enfans en montant à de grandes hauteurs, ou dans quelques-uns de leurs mouvemens; ce sont, par exemple, des filets tendus au-dessous d'eux, des ceintures artistement faites, et qui préviennent le danger des hernies, danger que l'on prévient bien plus sûrement encore en développant graduellement la force de tous les muscles, qui se mettent alors réciproquement en équilibre.

J'ai dit, Messieurs, que le but de la gymnastique devait être de développer les facultés morales aussi-bien que les facultés physiques, et c'est l'examen de la méthode suivie par M. Amoros, qui a démontré cette vérité à vos commissaires. *Des exercices purement corporels, dans lesquels des enfans ou des jeunes gens lutteraient simplement* de force ou d'adresse, loin de produire quelque adoucissement dans nos mœurs, leur communiqueraient probablement, au contraire, une sorte de rudesse et de grossièreté fort à craindre. C'est dans la manière dont cet inconvénient est prévenu, que paraît surtout l'habileté du professeur. *Il a donc imaginé d'assujétir tous les mouvemens de ses élèves au rhythme, ce qui d'abord maintient l'ordre et la régularité. Le rhythme est marqué par des chants dont les paroles expriment les sentimens les plus élevés qui puissent remplir un cœur humain; le respect et l'adoration envers Dieu, le dévoûment à la patrie, etc. De plus, un jury, formé à tour de rôle par les jeunes gens les plus distingués, prononce sur tous les cas de discipline; et l'habitude de considérer le côté moral des actions favorise, au-delà de ce qu'on pourrait croire, le développement des sentimens honnêtes et généreux que renferme le cœur de tous les jeunes gens.* Vos commissaires ont pu en observer plus d'un exemple : mais, sans entrer dans le détail minutieux de ces faits, et vous peindre des scènes d'émotion enfantine, toutes empreintes de générosité et de vertu, vous ne douterez pas, Messieurs, que l'aiguillon constant d'une émulation qui n'est pas de la rivalité, et l'usage de discuter devant ses compagnons les motifs de sa conduite, que la nécessité enfin de leur en faire connaître son jugement motivé, ne doivent développer admirablement le sens moral des jeunes gens, les forcer à des retours fréquens sur eux-mêmes, et produire en définitif, sur leurs sentimens intérieurs, le même effet que les exercices physiques produisent sur leurs organes. C'est ainsi qu'était dirigé, au rapport de Xénophon, l'éducation publique des Perses, dont il a tracé les admirables préceptes dans sa Cyropédie. Dans ces écoles, comme le dit notre sage Montaigne, l'enfant n'était pas moins repris pour s'être trompé sur la valeur véritable d'une action, que pour avoir oublié le premier aoriste d'un verbe grec : « Un régent, ajoute-t-il, me ferait une belle harangue *in genere demonstrativo*, avant qu'il me persuadât que son école vaut celle-là. »

Quand on donne aux diverses considérations que je viens de présenter toute l'importance qu'elles méritent, on est à la fois surpris et affligé de la tendance toujours croissante que nous avons, dans l'éducation de la jeunesse, à favoriser exclusivement le développement des facultés intellectuelles, en oubliant tout le reste. On peut observer qu'au milieu de ce que nous appelons les progrès de l'organisation sociale, nous n'avons encore songé, sous ce rapport, qu'à la moitié de ce que nous devons faire.

Aux autres motifs que nous avons de désirer l'établissement d'institutions gymnastiques dans notre pays, il faut ajouter que presque toutes les contrées qui nous environnent en jouissent déjà depuis plusieurs années. Dans la grande famille des peuples civilisés, la simultanéité des progrès dans toutes les branches de l'industrie ou du perfectionnement humain, n'est pas seulement une jouissance, un plaisir, elle est encore un besoin, une nécessité indispensable ; celui qui reste à terre quand les autres marchent, doit être foulé aux pieds. Unissons donc nos efforts à ceux d'une administration éclairée, qui tente avec prudence de naturaliser chez nous ces utiles institutions. Nos premières tentatives n'ont pas été tout à fait inutiles pour l'avantage de notre pays, et le succès qui les a couronnées doit nous encourager à poursuivre la carrière où nous sommes entrés. Le but de la gymnastique, je le répète, est de conserver la santé en favorisant le développement de toutes les facultés physiques et morales. Nous avons la preuve que le cours de M. Amoròs est dirigé de manière à produire ces heureux résultats. M. le préfet de la Seine (Chabrol), dont l'administration sera marquée par de nobles et utiles créations, a chargé ce professeur d'un cours dont l'accomplissement puisse servir de témoignage aux personnes qui n'en reconnaissent pas encore l'utilité. De plus, M. Amoròs lui-même vient de publier le prospectus d'un établissement particulier, où seront instruits des élèves, choisis en général dans les classes aisées de la société. Tout concourt donc à nous inspirer le désir, et de seconder des vues aussi salutaires, et encore de mettre les enfans, auxquels nous nous intéressons spécialement, en possession d'en profiter; car, Messieurs, si la libre disposition de ses membres est utile à un enfant destiné, selon toute apparence, à couler sa vie dans l'aisance, elle est indispensable à celui qui doit travailler pour vivre; presque toujours il est condamné, sous peine de mort, à devenir fort, adroit et résolu. Je n'ai pas besoin, pour vous le faire sentir, de vous rappeler la nature des efforts que chaque profession exige, et la diversité des dangers auxquels sont journellement exposés les artisans qui les exercent.

La gymnastique, au demeurant, n'est point pour les enfans pauvres, non plus que pour les autres, l'étude spéciale d'une profession; elle est uniquement un moyen de devenir plus apte à toutes celles qu'un homme peut embrasser; c'est, en un mot, *un apprentissage de toutes les professions*. Ainsi, le couvreur, le charpentier, le maçon seront préparés à la périlleuse nécessité de monter sur les toits; le marin aura moins de peine à grimper aux cordages; le simple manouvrier saura employer ses forces de manière à en tirer le meilleur parti; l'ouvrier le plus sédentaire enfin n'aura pas perdu son tems, lorsqu'il aura acquis, dans des jeux qui le préserveront de l'ivrognerie et de la débauche, les moyens d'échapper aux dangers qui compromettent chaque jour sa vie et celle de ses semblables. Et quand on réfléchit qu'il est impossible de s'approcher des rivières qui traversent nos habitations, ou seulement de parcourir les rues de nos grandes cités, sans être exposé à une foule d'accidens dont la justesse du coup-d'œil, la force du corps, l'adresse ou l'agilité peuvent seuls nous tirer, on est loin de dédaigner pour son propre compte de si précieux avantages; et, ne fût-ce que par un retour sur soi, l'on en vient à désirer que tous les autres hommes en soient pourvus, afin que l'on puisse quelque jour en profiter soi-même.

Et qu'on ne croie pas cependant que les enfans du peuple ont moins besoin d'exercice, sous les rapports de la santé, que les enfans des riches ; ce sont eux, au contraire, qui retireraient le plus de fruit d'un exercice réglé, sous l'influence duquel on verrait disparaître la plupart des engorgemens glandulaires, et des affections lymphatiques, et cette pâleur habituelle qui défigure les enfans des grandes villes. Pourquoi, dans les jours des vacances des écoles, les enfans ne consacreraient-ils pas quelques heures à des exercices gymnastiques qui seraient pour eux un jeu délicieux et propre à les détourner de toutes les directions fatales qui s'ouvrent devant eux? Il ne faut pas supposer que ces exercices les rendraient incapables d'application pour leurs études ordinaires : ces exercices ne sont pas plus fatigans que ceux auxquels l'enfance a coutume de se livrer, et qui, lorsqu'elle est tenue en haleine, ne lui cause qu'une lassitude salutaire et désirable.

D'après toutes les considérations qui précèdent, vos commissaires, Messieurs, pensent unanimement qu'après avoir remercié officiellement M. Amoròs des communications qu'il vous a données, la Société doit montrer l'intérêt qu'elle ne peut manquer de prendre aux établissemens fondés par ce professeur, soit en faisant connaître, aux autorités compétentes, les grands avantages qui doivent en résulter pour l'éducation publique ou privée, soit en répandant le Prospectus de son cours, et contribuant ainsi au bien qu'il doit faire.

De Montègre, *rapporteur.*

Extrait du Rapport sur le *Gymnase normal* de M. le Colonel Amoros, fait au Conseil d'administration de l'*Académie de l'industrie agricole, manufacturière et commerciale,* au nom de la Commission chargée de l'examen de cet établissement, par M. le docteur Antommarchi, médecin de Napoléon à Sainte-Hélène, membre de l'Académie.

Chargé, par la commission nommée par le conseil supérieur de l'*Académie de l'industrie,* pour examiner le *gymnase normal* de M. le colonel Amoros, de vous présenter un Rapport sur sa visite de cet établissement, j'ai l'honneur de vous faire connaître le résultat de son examen.

Cette commission, composée de dix-huit membres de l'Académie [1], s'est transportée, le dimanche 16 mars de cette année, à une heure et demie de l'après-midi, au nouvel établissement de M. Amoros, situé place Dupleix, entre le Champ-de-Mars et la barrière de Grenelle.

A deux heures, votre commission fut introduite dans une des classes de l'établissement. M. Amoros, après avoir fait exécuter, en sa présence, par les élèves, trois chants rhythmés, *Dieu, le Roi* et *la Patrie,* qui font partie de sa méthode, lut un discours qui fut universellement applaudi.

[1] MM. le duc de *Montmorency,* président; le docteur *Antommarchi,* rapporteur. — MM. *Année, Audouin de Géronval,* le général *Bardin,* le général baron *Blein, Cailleau,* le général marquis de *Chambray, Daniel de Saint-Antoine,* le général *Dubourg,* le général baron *Juchereau de Saint-Denis, Jullien de Paris, Malpeyre* aîné, *Malpeyre* jeune, *Moreau* (Cirlac), le marquis de *Sainte-Croix* et *Sellique.*

M. Amoròs, qui attache beaucoup d'importance au développement de la force, de l'énergie et de la persévérance, chez ses élèves, procéda ensuite à la distribution des prix, et nous dit, à cette occasion, que les élèves les plus forts produisaient, au bout de huit mois de gymnastique, *quatre fois plus de travail que les hommes ordinaires n'en font habituellement.*

Il nous présenta ensuite son tableau Anthropobiologique, et nous fit remarquer qu'il attachait beaucoup plus d'importance aux bonnes qualités et à la moralité de ses élèves qu'à leurs qualités physiques. Il fit exécuter par les élèves un hymne patriotique composé par M. Brès et mis en musique par M. Rocas.

M. Amoròs ayant alors donné ses intructions aux professeurs pour la formation des pelotons, votre commission se dirigea avec lui vers le parc, pour assister aux exercices.

Le parc était bien disposé, les machines étaient pavoisées; et tout étant dans le plus grand ordre, nous nous arrêtames au stade pour voir les courses de résistance et de vélocité, qui furent parfaitement exécutées. M. Amoròs dirigeait lui-même les exercices. Le vainqueur de chaque peloton reçut une couronne.

Deux pelotons d'élèves militaires et les élèves civils gratuits les plus forts exécutèrent ensuite une série d'exercices de plus en plus difficiles, et même surprenans. Ils nous firent connaître, par nombre de procédés divers, l'art très-périlleux de sauter, les exercices de résistance et de fermeté qui sont excellens pour les abordages, les cas de naufrages, les passages de rivières, pour franchir des précipices, etc., etc.

Après ces derniers exercices, les élèves attaquèrent la belle machine appelée *l'Octogone,* et nous fûmes étonnés de l'énergie et de la rapidité avec laquelle ils grimpèrent au sommet. Ils franchirent des barrières hautes de six pieds, des ponts volans très-élevés, debout et à cheval ; puis ils donnèrent assaut au grand portique ; exécutèrent des sauts en profondeur de quinze pieds, et en largeur de dix à quatorze pieds ; marchèrent sur des plans inclinés pour en rendre l'application facile dans les guerres terrestres et maritimes ; passèrent sur des poutres vacillantes en chantant l'un des rhythmes dont nous avons parlé précédemment, afin de se mettre d'accord avec le mouvement élastique des poutres, et exécutèrent en notre présence les divers passages au pas modéré, au pas accéléré, et même au pas de course. Nous reconnûmes alors l'avantage du rhythme adopté par M. Amorós dans les exercices gymnastiques. Les élèves qui s'accompagnaient du rhythme faisaient bien leur trajet, tandis que ceux, en petit nombre, qui l'avaient négligé, tombaient dans le fossé.

Nous vîmes ensuite exécuter la voltige ; le saut extraordinaire appelé *de Géant*, qui consiste à franchir un cheval dans toute sa longueur en prenant un point d'appui sur la croupe. Puis, les élèves donnèrent assaut au vieux mur et au mur crépi, par le moyen de pyramides vivantes, c'est-à-dire, en s'élevant les uns au-dessus des autres. On donna ensuite l'assaut à une tour de pierre ; et après cet exercice, l'on présenta à la commission deux élèves militaires et un élève civil qui avaient monté à cet assaut sans mettre les pieds dans les rainures de la tour et à l'aide seulement des doigts de la main.

Le dernier assaut eut lieu au moyen de perches lisses à double crochet dont elles portent le nom.

M. le colonel Amorós fit aussi exécuter en notre présence deux procédés, au moyen desquels les hommes les plus inexperts se trouvent poussés au sommet d'un mur par leurs camarades. Des sauts en profondeur de genres différens eurent lieu pour descendre de ces murs. Ils furent exécutés avec un ensemble, une précision admirables, et à la grande satisfaction de votre commission.

Il n'est survenu aucun accident fâcheux pendant la durée de ces exercices.

Avant de terminer la séance, M. Amorós nous a montré une statue demi-colossale, en plâtre, représentant un élève du gymnase sauvant trois personnes d'un incendie. L'inscription porte que *la Bienfaisance est le but principal de la gymnastique.*

A cinq heures, votre commission, qui avait trouvé le tems fort court, s'est retirée, admirant l'habileté des élèves du gymnase, et convaincue de l'utilité et de l'importance de l'institution fondée par M. Amorós.

Après avoir rendu compte des divers exercices de gymnastique dont nous avons été témoins, permettez-moi de vous entretenir plus particulièrement de ce qui intéresse l'hygiène et la thérapeutique, et des heureux résultats de la belle méthode de M. Amorós.

La gymnastique était cultivée avec soin et honorée chez les anciens. Elle faisait partie de l'éducation des hommes libres. Chez les Grecs et les Romains, les adolescens fréquentaient le Gymnase, le Cirque ou le Champ-de-Mars. Le philosophe, le magistrat, le guerrier, et en général les citoyens prenaient part à ces exercices, afin de devenir plus forts, plus adroits, plus légers et plus durs à la fatigue.

Ces mœurs, ces habitudes et ces institutions, si recommandables sous le rapport de la santé publique, étaient tombées en désuétude et presque dans l'oubli, lorsque l'illustre Pestalozzi en Suisse, et M. Amorós, en Espagne, ouvrirent des établissemens de gymnastique qui ne tardèrent pas à devenir célèbres, et d'où sortirent de nombreux élèves.

En 1815, M. Amorös, naturalisé Français, établit à Paris un gymnase normal, remarquable par son étendue, par les machines et les nombreux instrumens qui s'y trouvent rassemblés. Le gymnase Amorosien satisfait par sa position à toutes les conditions de l'hygiène. Un local bien aéré et assez spacieux, dans lequel on peut même faire les exercices à couvert, renferme des machines disposées de manière à remplir toutes les indications de la médecine. On peut dire avec raison que dans cet établissement l'on peut faire l'apprentissage de toutes les professions.

Les principes sur lesquels est fondée la méthode de M. Amorös offrent les résultats les plus heureux et les plus satisfaisans pour l'éducation physique et morale des élèves.

M. Amorös, après avoir bien étudié le caractère de ses élèves, leur enseigne à se connaître eux-mêmes, à bien constater les facultés physiques et morales (car les degrés de l'intelligence et l'aptitude ne sont pas les mêmes) qu'ils possèdent, à augmenter la puissance de celles qui existent, à faire naître celles qui leur manquent, à corriger et tempérer celles qui sont nuisibles ; à rendre l'homme capable de produire le plus de bien possible, à l'empêcher de nuire, à lui inspirer les sentimens d'humanité et de bienfaisance, l'amour de toutes les vertus et du travail qui les engendre.

C'est ainsi que M. Amorös apprend à ses élèves à multiplier la valeur productive des hommes, qui constitue la richesse publique ; à bannir l'oisiveté en prenant du repos par le seul moyen du changement de travail, et en faisant en sorte que l'homme, toujours occupé, ne reste inactif que pendant les heures consacrées au sommeil. On parvient ainsi à diminuer la durée du sommeil sans nuire à la santé ; cinq à six heures par jour suffisent à ce repos indispensable.

On apprend aussi aux élèves à ne considérer comme bonnes actions que celles qui sont utiles, inspirées par le courage, l'amour de l'humanité et la bienfaisance. C'est par ces divers moyens que M. Amorós parvient à former des hommes qui, par le travail, se suffisent à eux-mêmes, et rendent à leurs semblables le plus de services possible.

La bonté de ces principes ne saurait être contestée, et leur application donne au système de M. Amoros une supériorité éminente sur celui qui avait été adopté dans la plupart des anciens gymnases, et dans ceux qui existent aujourd'hui. C'est par ce système philosophique, qui réunit l'éducation morale et l'éducation physique, que l'école Amorosienne diffère essentiellement de toutes les autres. Elle fait connaître à une jeunesse ardente une foule de belles actions à imiter, et inspire aux élèves un vif désir de consacrer leurs personnes et leurs facultés au bien public et à la patrie. Des chants qui règlent certains exercices élémentaires ou préparatoires succèdent à d'autres qui remplissent les intervalles du repos. Ces chants, qui servent à obtenir le développement et la force des organes de la respiration et de la voix, sont composés de maximes morales qui inspirent aux élèves des sentimens de bienveillance élevés et généreux. La musique élève et fortifie l'ame, et, par le rhythme qui l'accompagne, dispose les élèves à plus d'ordre, à plus d'ensemble et à de plus grands efforts dans le cours des exercices.

Les effets généraux et locaux que la gymnastique produit sur l'économie animale sont variés et très-remarquables. Que l'on examine avec attention le système d'éducation des enfans universellement suivi, l'on verra la jeunesse fléchir sous le travail du développement exclusif des facultés intellectuelles. On néglige les organes des sens et de la locomotion, et on les laisse dans une inaction à peu près complète. Pourquoi ne chercherait-on pas à mettre sur la même ligne avec le développement de l'intelligence l'éducation musculaire et celle des sens externes? On semble oublier que les organes inactifs restent stationnaires, et que les parties du corps les plus fortes se développent et se fortifient de plus en plus, au détriment de celles qui ne font aucun progrès. On éviterait pourtant par l'emploi de la gymnastique les inconvéniens attachés au système actuel d'éducation sédentaire, et l'on verrait moins d'enfans tristes et languissans se déformer sur les bancs, et perdre une santé qui, avec un autre régime, aurait continué d'être florissante.

Si des exercices préparatoires de la gymnastique l'on passe aux applications, on remarquera une foule d'exercices variés et gradués depuis les mouvemens les plus simples jusques aux combinaisons les plus savantes de la gymnastique.

Les élèves du gymnase normal s'exercent à la marche, à la course, à la danse. Ils apprennent à monter à de longs câbles, à des mâts et à des perches lisses, mouvantes et perpendiculaires; à grimper sur des portiques au moyen de cordes nouées et lisses, et d'échelles de cordes; à escalader les édifices à compartimens de plus de trente pieds d'élévation, et à en descendre; à sauter en profondeur, en hauteur et en largeur; à marcher sur des poutres élevées, arrondies, vacillantes; à marcher suspendus par les bras pendant vingt à trente minutes, et même plus; à donner l'assaut à un mur, à franchir des rivières. La voltige, le saut avec la perche, l'équitation, l'action de ramer sur un bateau, font aussi partie de leurs travaux. Tous ces exercices déterminent une grande activité dans le système musculaire. C'est ainsi que l'on voit chez les danseurs se développer plus particulièrement les extrémités inférieures; chez les portefaix, le cou, les épaules et les bras; chez les personnes qui se livrent à l'escrime, les bras; chez les sauteurs et les équilibristes, tous les muscles, surtout ceux de la colonne vertébrale, et même la colonne vertébrale, par suite du profond ébranlement qui l'a fortifiée. Les muscles qui ne sont mis en action que pendant un certain tems s'engourdissent et rendent leur contraction difficile et pénible, tandis que, lorsqu'ils sont exercés, ces organes, devenus plus compacts et plus développés, acquièrent une densité et une force plus considérables. Les os même augmentent de volume. Chez les personnes qui se livrent à de grands et violens exercices, les muscles prennent des formes rudes, ont des saillies très-prononcées à la surface du corps, et le tissu cellulaire graisseux disparaît. Les mouvemens musculaires habituels et soutenus communiquent de la vigueur aux autres organes, et agissent énergiquement sur l'estomac et les fonctions animales. Aussi l'estomac éprouve un besoin d'alimens plus fréquent, plus impérieux, et digère une quantité plus considérable de substances nutritives. Cependant il faut avoir soin de ne point troubler la chimification pendant l'action de l'estomac : car les substances alimentaires, passant aux intestins sans être digérées, deviendraient au moins inutiles à la nutrition. Il survient quelquefois des inflammations aiguës causées par de grandes actions musculaires.

Un exercice violent produit sur celui qui n'y est pas habitué une irritation plus ou moins vive : les muscles deviennent douloureux à la pression; les mouvemens sont presque nuls. Ces exercices violens peuvent aussi troubler l'ensemble des fonctions, produire la lassitude, la précipitation et l'irrégularité des mouvemens du cœur, la respiration haletante et saccadée; l'absorption ne suffit plus à la réparation des pertes ; l'estomac ne fait qu'imparfaitement ses fonctions ; les forces vitales diminuent, et l'amaigrissement se détermine progressivement jusqu'à la mort de l'individu.

Tels sont les déplorables effets des exercices trop violens et trop continus. En passant des effets produits par les exercices violens aux effets des exercices modérés et progressifs, on voit les muscles augmenter de volume, la force motrice s'accroître, la nutrition devenir plus active, et la force d'action acquérir un perfectionnement qui n'existait pas auparavant. Disons aussi que la digestion et l'absorption successive des substances nutritives s'opèrent avec rapidité, que la circulation est alors accélérée, et que le cœur et les poumons redoublent d'activité. Les exercices gymnastiques doivent être modérés, si l'on veut en retirer de grands avantages. Une alimentation saine et substantielle est nécessaire pour réparer les pertes occasionées par la respiration, par le développement de la chaleur animale, la transpiration cutanée et la sécrétion synoviale étant devenues abondantes. Il est curieux de faire remarquer que, dans ces cas, les autres organes sécrétoires suspendent, pour ainsi dire, leurs fonctions respectives.

Nous allons maintenant indiquer quelques règles dont nous recommanderons l'application aux personnes qui veulent apprendre la gymnastique. On ne doit forcer personne, à quelque âge que ce soit, de se livrer à ces exercices. C'est à l'élève à faire connaître sa volonté et le plaisir qu'il y prend.

On doit proportionner les exercices à la force et aux dispositions de l'élève.

Pendant la durée des exercices, le corps doit jouir d'une entière liberté.

Le vêtement doit être très-commode et ne gêner en

aucune manière les mouvemens. Point de cravates, ni de liens circulaires.

Une ceinture qui entoure les reins sert à prévenir la formation des hernies. Cette ceinture doit s'étendre de la partie pelvienne de l'abdomen et couvrir la partie hypogastrique. On aura soin de la serrer plus en bas qu'en haut.

Un suspensoir est au moins aussi nécessaire que la ceinture dans les différens sauts que l'on exécute, dans le passage à cheval, sur des poutres, dans les sauts de géant, etc., etc.

Le moment le plus favorable pour les exercices gymnastiques est en hiver, au milieu du jour; en été, de bon matin, ou au coucher du soleil. L'adolescence est l'époque de la vie la plus avantageuse pour cette étude.

A l'époque de la puberté, la gymnastique sert éminemment à l'éducation des sens et à celle de l'appareil locomoteur. Ces exercices rendent la nutrition plus énergique, et augmentent la densité et la puissance d'action de tous les solides.

C'est avec la gymnastique que l'on parvient à prévenir et à détruire les habitudes vicieuses déterminées par l'excès de sensibilité des organes de la génération. Les menaces, les châtimens, les corsets et les entraves contre l'action des mains, n'ont pu jusqu'à présent empêcher l'onanisme. La gymnastique, disons-le franchement, fournit les seuls moyens efficaces contre cette funeste habitude. Ils se trouvent dans la fatigue des membres et dans l'excitation musculaire. M. Amorós a déjà obtenu, sans efforts, un grand nombre de guérisons de ce genre.

Pour remédier à la faiblesse, à l'étroitesse et à la mauvaise conformation du thorax chez les femmes, surtout parmi celles qui habitent les villes, il serait à désirer que, libres et débarrassées des corsets dans lesquels on les emprisonne, les jeunes personnes pussent se livrer aux exercices gymnastiques les plus appropriés et les plus convenables à leur sexe. C'est en fortifiant leur corps qu'on les rend plus aptes à bien remplir le devoir de mère. La gymnastique développerait avec avantage la beauté de leurs formes, et leurs grâces naturelles y gagneraient. On parviendrait ainsi aux résultats les plus heureux pour l'éducation physique et morale des femmes en les rendant plus agiles, plus adroites, plus courageuses, et l'on devrait à la gymnastique un développement inattendu de leurs forces physiques et morales, que l'on n'aurait pu obtenir par aucun autre moyen.

Les anciens employaient la gymnastique avec succès dans le traitement des maladies constitutives, de relâchement, de faiblesse, etc., etc. Un exercice modéré et bien dirigé hâte de beaucoup le rétablissement de la santé à la suite des maladies aiguës. Les exercices gymnastiques sont très-efficaces dans les irritations lentes et chroniques des viscères, dans les affections scrophuleuses, scorbutiques, chlorotiques, etc. Enfin, les mouvemens des membres et la gymnastique bien dirigée sont les moyens les plus actifs et les plus puissans que l'on puisse employer pour l'orthopédie, pour corriger la mauvaise conformation de la poitrine, et pour détruire les dispositions à la phthisie pulmonaire.

Nous avons donné, Messieurs, un récit fidèle de ce que nous avons vu au Gymnase normal. Les considérations que nous avons cru devoir vous présenter vous mettront à même d'apprécier l'utilité de la gymnastique, le degré de perfectionnement auquel cet établissement est parvenu, et les avantages que l'on doit en attendre. L'institution de M. Amorós, telle qu'elle existe aujourd'hui, a acquis une telle supériorité sur ce qui existe tant en France que dans l'étranger, que bientôt l'on n'osera plus donner le nom de gymnastique à ce petit nombre d'exercices vulgaires que l'on exécute dans d'autres établissemens. On rendrait un service important à l'humanité en donnant à cette institution toute l'extension dont elle est susceptible, et l'on doit désirer que le Gymnase reçoive des encouragemens, et participe à la bienveillance et à la protection du gouvernement.

En terminant ce rapport, votre Commission a l'honneur de vous proposer :

1° De voter des remercîmens et des éloges à M. le colonel Amorös, pour l'encourager à continuer les soins extraordinaires qu'il donne à l'éducation de ses élèves et au perfectionnement de l'établissement qu'il dirige avec tant de zèle, de prévoyance et de succès ;

2° D'émettre le vœu que le gouvernement prenne sous sa protection spéciale un établissement digne d'une grande nation, et dont l'utilité et les avantages sont incontestables ;

3° De manifester le désir que les pères et mères de famille, les instituteurs et institutrices, ainsi que toutes les personnes chargées de l'éducation de la jeunesse, envoient leurs enfans et leurs élèves au Gymnase Amorös, afin de développer entièrement et de compléter leur éducation physique et morale, et de préparer, par ce moyen, l'amélioration des générations futures ;

4° Enfin de décerner à M. Amorös, dans la prochaine séance annuelle de notre Académie, *une médaille d'honneur en or,* comme un témoignage de la satisfaction de ses membres, et un encouragement aux travaux ingénieux et utiles de cet officier supérieur.

Votre Commission croit devoir vous proposer également de voter *une médaille d'honneur en argent* au corps des professeurs attachés au Gymnase, pour le zèle et l'habileté avec lesquels ils ont secondé les efforts de M. Amorös dans l'application et l'enseignement de sa méthode gymnastique, et de mettre, en outre, à sa disposition *trois médailles en bronze* pour être distribuées à ceux des élèves civils et militaires qui se seraient montrés les plus dignes de cette faveur.

Ces Conclusions ont été adoptées par l'Académie (1).

(1) M. Amoròs, honoré depuis long-tems des suffrages unanimes des amis de l'enfance et de la jeunesse, jouit déjà de la douce satisfaction de voir ses exercices gymnastiques généralement adoptés dans plusieurs colléges royaux et dans les principaux établissemens d'éducation de la capitale (nous citerons l'institution de M. Gasc; celle de M. Cournand, à Fontenay-aux-Roses; les institutions de MM. Barbet, Boutet, Michelot, etc.; le *Lycée national* de M. Seprès; l'*Élysée des Enfans* de M. Blanchard, etc.), ainsi que dans beaucoup de villes de nos départemens. Cette innovation importante; de la gymnastique naturalisée et popularisée en France, doit exercer l'influence la plus salutaire sur la santé et sur la morale publiques; et aucune mère de famille, prévoyante et éclairée, ne voudra priver ses enfans des avantages qui doivent résulter pour eux de leur participation aux exercices gymnastiques dès l'âge le plus tendre.

APPENDICE IV.

De la **Phrénologie** *considérée dans ses rapports avec l'Éducation.*

L'*histoire naturelle de l'homme* a été, dans tous les tems, la science la plus intéressante pour l'homme. Elle a fixé les méditations des meilleurs esprits. Mais, trop long-tems, la connaissance de l'homme moral, entièrement séparée de la connaissance de l'homme physique, s'est égarée dans de fausses routes. L'idéologie, en voulant établir une *analyse de l'entendement humain*, et une distinction des facultés humaines, indépendamment de l'organisation matérielle de l'homme, n'a pu donner aucun résultat positif et satisfaisant.

Il n'existait d'autre moyen naturel et rationnel de bien connaître l'homme individu et l'espèce humaine, que d'observer exactement les phénomènes qui s'offrent à nous par l'intermédiaire de ses formes organiques, ou de son organisation. Car la nature de l'homme est un résultat compliqué de son physique et de son moral, de l'action et de la réaction mutuelles de son organisation matérielle et de son intelligence.

Les savantes recherches de Cabanis sur les *rapports du physique et du moral*, avaient commencé à mettre sur la bonne voie et à éclairer la science de l'homme des lumières de la vraie philosophie.

L'anatomie et la physiologie du cerveau, profondément étudiées par le célèbre docteur Gall, ont ouvert une route nouvelle. Ce médecin philosophe a fait entrevoir la possibilité de bien connaître les facultés fondamentales de l'homme. Il a procédé par l'expérience, l'observation et l'induction, bases nécessaires de toute bonne méthode.

Il a reconnu et démontré, par des faits, que l'homme a des qualités innées, des dispositions natives; que l'organisation naturelle enfin nous donne des capacités spéciales et prédominantes. Il s'agit de bien démêler celles qui sont propres à chaque individu, pour les développer, les cultiver, les diriger ou les modifier. C'est là le but que se propose l'éducation.

Le docteur Gall fait apprécier le vide des recherches appliquées jusqu'ici à l'étude de l'homme, faute d'avoir pris son point de départ et son point d'appui dans l'étude de son organisation matérielle. Il établit l'analogie qui existe entre les *sens extérieurs* (la vue, l'ouïe, l'odorat, le goût, le toucher), dont les organes matériels sont bien connus et incontestés, et les *sens intérieurs*, ou les facultés spéciales que l'on observe dans l'homme, mais dont l'origine a jusqu'ici échappé à nos investigations. Il signale l'organisation cérébrale, diversement modifiée, comme la cause des variétés et des différences observées dans les esprits et dans les caractères. Il croit pouvoir déterminer un certain nombre de signes extérieurs correspondans à la structure intérieure du crâne, qui se montrent toujours chez les mêmes individus avec certaines qualités ou facultés spéciales. En s'attachant à saisir les rapports intimes qui existent entre la conformation inintérieure et l'organisation extérieure, et entre celle-ci et la disposition intellectuelle ou morale, il reconnaît que ces dispositions primitives et naturelles ne sont, dans le principe, ni bonnes, ni mauvaises, mais deviennent telles par la direction qu'on leur donne et par l'emploi qu'on en fait. La nature a toujours l'initiative; mais l'éducation, la législation, la société dirigent, développent, modifient. Elles exercent une influence puissante et font contracter des habitudes qui deviennent une seconde nature.

« Le cerveau, d'après Gall, est le siége de nos facultés intellectuelles, qui sont toujours plus ou moins en rapport avec la masse cérébrale, et avec la manière dont elle est répartie et distribuée par l'organisation.

» Le cerveau ne doit pas être regardé comme un seul organe, mais comme un assemblage d'organes, ou un aggrégat, un composé de plusieurs organes.

» Les différens organes dont le cerveau se compose correspondent à nos différentes fonctions ou facultés intellectuelles et morales.

» Tous les mêmes organes (qui sont les attributs généraux de l'humanité) se retrouvent chez tous les hommes, mais dans des proportions et avec des modifications différentes et variées à l'infini. Ces proportions et ces modifications semblent se rencontrer constamment et se rapporter exactement avec les dispositions primitives et les facultés intellectuelles et morales.

» Chaque fonction ou faculté paraissant avoir dans le cerveau son organe particulier et distinct, chacun de ces organes, qui aboutit en partie à la superficie, se manifeste, d'une manière plus ou moins prononcée, par les voûtes extérieures, ou les protubérances du crâne qui lui sont propres, suivant qu'il est plus ou moins développé par la conformation cérébrale.

» Ces voûtes, ou protubérances, sont les points où viennent aboutir les différentes circonvolutions du cerveau, qui n'est pas une substance homogène et médullaire, comme on l'avait cru à tort jusqu'à présent, mais une expansion des fibres (1).

(1) De même que l'épanouissement du nerf optique vient former la rétine de l'œil, l'épanouissement ou le développement des autres fibres nerveuses du cerveau modifie la forme des différentes

» Donc, le crâne, dont la configuration paraît évidemment déterminée par l'organisation intérieure du cerveau, est, dans toute sa surface, la figure extérieure et l'expression assez précise des différens organes (1).

Déjà, en 1800, et quelques années auparavant, les recherches physiognomoniques de LAVATER avaient offert une nouvelle théorie, encore très-imparfaite, de l'homme, une ébauche d'explications, souvent ingénieuses, et, pour ainsi dire, un *roman* de la physionomie humaine. Les savantes recherches de GALL en ont commencé *l'histoire*.

Un autre médecin, son élève, associé pendant plus de dix ans à ses travaux, et devenu son continuateur, le docteur SPURZHEIM, dont la mort prématurée (à New-York, fin de 1832) a été l'objet de regrets universels dans le monde savant, a cru devoir modifier le système du maître, en y ajoutant des vues nouvelles, et en faisant mieux ressortir l'influence de la *phrénologie* sur le moral de l'homme et sur l'éducation. Il a surtout contribué à populariser cette science, et à déterminer ses rapports intimes et nécessaires avec les sciences métaphysiques et

---

parties de la boîte osseuse, et produit à l'extérieur les voûtes ou protubérances plus ou moins marquées qui indiquent les différens organes.

(1) Ce résumé de la doctrine physiologique de GALL est extrait d'une *Introduction au Cours de Physiologie du cerveau* (le premier fait en France sur cette branche nouvelle de la science), et d'un *Précis analytique sur la marche suivie par le docteur dans ses recherches*, ouvrage écrit et publié, sous les yeux et avec le concours de GALL, par M. JULLIEN *de Paris*, en janvier 1808. Paris, Firmin Didot; in-8° de 46 pages. — Cette brochure est la première qui ait paru en France sur la doctrine de *Gall*, fort peu après son arrivée à Paris, où il était venu avec M. *Spurzheim*, d'après l'invitation pressante de M. Jullien de Paris, qui s'était lié avec lui, l'année précédente, en Allemagne, à Francfort-sur-Mein.

morales. Il a consacré quelques ouvrages, remarquables par la clarté de l'expression et la force du raisonnement, à exposer l'état de la science, les solides fondemens sur lesquels elle s'appuie, la marche qu'elle a suivie, les découvertes qu'elle a déjà faites, celles qu'elle peut faire encore, le but qu'elle se propose, les services qu'elle a rendus, et les services nouveaux, plus importans, qu'on doit en attendre pour l'amélioration de l'état social et de la destinée humaine.

Il insiste sur cette vérité, que la définition exacte des mots, surtout dans une science nouvelle, et leur signification bien convenue, bien comprise, préviennent beaucoup de mal-entendus et de disputes, qui entraîneraient de funestes conséquences.

Un désir instinctif, secret, impérieux porte l'homme vers l'étude de sa propre nature. La science complète de l'homme, ou l'*antropologie*, dont l'importance, bien reconnue chez les anciens, nous est attestée par cette belle inscription du temple de Delphes : *Connais-toi toi-même*, recherche les causes des actions humaines, le nombre et la nature des facultés de l'homme, sa destination. Elle reconnaît en lui deux natures distinctes : l'une *physique*, l'autre *morale*; celle-ci *supérieure* et presque *divine*, l'autre *inférieure* et purement *animale*. La nature supérieure doit dominer et gouverner l'autre ; l'*animal* doit être subordonné à l'*homme*. C'est l'ÉDUCATION qui doit produire ce résultat ; là doit se porter toute son action, toute sa puissance. Elle doit encourager tout ce qui peut développer la nature morale proprement dite, faire en sorte que les inclinations animales agissent avec moins d'énergie, et soient plus facilement soumises aux inclinations morales. En effet, les facultés animales sont la principale cause de nos malheurs ; les facultés morales sont l'attribut distinctif de l'homme et son premier élément de bien-être. Diminuer l'activité des facultés animales, et développer la nature morale de l'homme, est un puissant moyen de le rendre heureux. La moralité et le bonheur, ou le contentement intérieur de l'ame, qui est la base de la vraie félicité, sont identiques. Cette science de l'homme est surtout nécessaire à l'instituteur, comme fondement de l'*Éducation*. Celle-ci, non plus que l'*Instruction*, ne peut rien créer; toute son influence consiste à développer et à cultiver les facultés, à exciter celles qui sont inertes et inactives, à modérer celles qui seraient trop ardentes et dont la tendance pourrait devenir dangereuse; enfin, à diriger les actions dans les voies de la sagesse et de la vertu.

Le docteur Spurzheim résume ainsi lui-même une partie de sa doctrine. Il établit que « l'organisation de l'homme ne suffit pas pour expliquer les fonctions de la vie animale, qui mettent l'homme en relation avec les êtres qui l'environnent; que celles-ci sont soumises à des lois; que, par conséquent, l'homme ne jouit pas d'une liberté illimitée, mais d'une liberté fondée sur trois conditions: la pluralité des motifs, l'intelligence pour en faire le choix, l'influence de la volonté sur les instrumens nécessaires aux actions; que l'homme seul a une liberté *morale*, par le moyen de certaines facultés qui lui sont propres, et qui constituent la nature humaine; que tout ce qui s'y trouve conforme est bon, et le contraire mauvais; que le mal en général résulte de l'infraction aux lois de l'ordre naturel; que la morale naturelle consiste dans la soumission aux lois de la création, et dans le bonheur général de l'espèce; que l'obéissance de l'homme à l'ordre établi par le Créateur fait son mérite; que la morale naturelle et celle du christianisme ne sont qu'une; que la connaissance de la nature humaine contribue à démontrer l'excellence du christianisme; que l'existence et la nécessité des lois morales ne sont pas seulement fondées sur la foi, mais aussi sur des preuves palpables, visibles et inhérentes à l'homme; enfin, que la morale est simple, universelle et invariable comme l'espèce, et qu'elle doit être la base de toutes les institutions de l'ordre social (1).

« L'observateur de la nature, dit encore Spurzheim, peut, moins qu'un autre, admettre la doctrine du matérialisme, ou croire qu'il n'y a d'autre existence que celle de la matière, que la matière existe de toute éternité, et qu'il n'y a point de Créateur, puisque à chaque instant il ne peut s'empêcher d'admirer l'enchaînement sublime, sage et harmonieux de l'ensemble, d'en rechercher la cause, et de remonter à une cause première, à une intelligence suprême, à un régulateur de l'univers, au delà duquel son esprit ne peut plus rien concevoir. — Il est certain aussi que l'homme est plus que *corps*, ou *matière organisée;* il produit des phénomènes qui exigent l'assistance de *quelque chose* qui n'est pas *organisation*, d'une cause inconnue que nous sommes convenus d'appeler *ame*. Une ame immatérielle et immortelle est le dogme fondamental du christianisme. »

La doctrine phrénologique contient en germe tout une réforme de l'éducation et de la législation pénale. Aux cruelles exigences d'une sévérité immorale envers les enfans, d'une prétendue vengeance sociale envers les hommes convaincus de délits ou de crimes, elle tend à substituer un régime d'hygiène physique et d'éducation morale, et des traitemens doux et humains; la conscience publique, le bon sens national inclinent instinctivement de ce côté.

---

(1) Voy. l'*Essai philosophique sur la nature morale et intellectuelle de l'homme*, par J. *Spurzheim*, D. M. Paris, 1820. Treuttell et Wurtz. 1 vol. in-8º de 248 pages.

Pour le physiologiste, l'*Éducation* est une branche de l'hygiène, comme, pour le philosophe, elle est une application de la morale, et, pour l'homme d'État, une base essentielle des institutions sociales. Le physiologiste la fait consister à favoriser le développement des organes dans de justes limites, et à faciliter le jeu de leurs fonctions. Mais, au lieu de chercher ses règles de conduite dans des principes abstraits, dont l'origine et l'autorité sont bien souvent contestables, il les trouve dans l'organisation même. Il parle et agit au nom de l'admirable ensemble des organes du corps humain. A ses yeux, tous ont droit de vivre et de se développer, puisqu'ils existent.

La *phrénologie* est une branche de la *physiologie*. Recevoir les sensations des objets extérieurs et de leurs qualités, avoir des sentimens moraux, n'est pas *sentir*, dans le sens d'éprouver du plaisir ou de la douleur. Cette double fonction du cerveau peut être, il est vrai, accompagnée de plaisir ou de peine; mais elle est évidemment distincte, et doit être considérée à part; elle est du domaine de l'entendement. Les sensations se lient avec les affections et l'intelligence : tel est le sujet de la phrénologie.

L'*Éducation phrénologique*, éclairée par une connaissance plus approfondie et plus exacte de la nature humaine, consiste à diriger le développement des *facultés perceptives, affectives, intellectuelles* et *morales* de l'homme, en prenant toujours pour principe de n'en sacrifier aucune, mais d'exciter ou de modérer l'activité des organes qui correspondent à ces facultés, de manière à ce qu'ils s'influencent réciproquement pour le plus grand bien de l'individu et de l'espèce.

Ce n'est point ici une vue d'égoïsme; car l'auteur des choses, en créant l'individu, a pensé à l'espèce, et a donné à chaque homme l'amour de ses semblables avec des facultés, et par conséquent des organes au service de ce noble sentiment.

L'*Éducation phrénologique* prend l'enfant au berceau, le suit à travers les différentes périodes de l'enfance, de l'adolescence et de la jeunesse, ne l'abandonne pas quand il est homme, et continue d'exercer sur lui son empire, à l'époque même où son corps paraît déjà décliner. Le cerveau est, en effet, l'organe qui commence le premier à se développer, et qui s'arrête le dernier. Tout le monde sait quels changemens rapides subit la tête d'un enfant, à mesure qu'il acquiert de l'âge; ces changemens sont très-sensibles jusqu'à 25 et 30 ans. Mais une observation attentive montre que généralement le cerveau se développe jusqu'à l'âge de 45 et 50 ans; et l'on a même des exemples incontestables d'accroissement de certaines parties du cerveau, encore après 60 ans, par suite d'un exercice assidu (1).

Sans ce développement des organes encéphaliques, l'éducation phrénologique serait impossible, et les détracteurs de la phrénologie pourraient la signaler comme dangereuse, en ce qu'elle ôterait tout espoir de corriger et d'améliorer l'être vicieux. Mais, au contraire, nulle autre science n'est aussi consolante, puisqu'elle fournit seule un moyen assuré d'augmenter ou de diminuer l'énergie de chacune des facultés, par l'excitation ou le ra-

---

(1) Cette observation, et plusieurs de celles que renferme cet Appendice, sont dues aux communications obligeantes qu'a bien voulu faire à l'auteur, son collègue, M. *Casimir* BROUSSAIS, D. M., Secrétaire perpétuel de la *Société Phrénologique de Paris*, Société qui poursuit en France, avec zèle et activité, les recherches dont GALL et SPURZHEIM ont eu l'honorable initiative, et dont s'occupent aussi les *Sociétés Phrénologiques, Écossaise* et *Américaine*, et le Dr J. D. HOLM, médecin suédois, qui fait un cours public de phrénologie à Londres.

lentissement de l'activité des organes. L'art du phrénologiste, qui veut appliquer sa science à l'éducation, consiste donc à s'emparer des circonstances propres à réveiller l'action des organes qui ont besoin d'être ranimés, et à écarter soigneusement celles qui provoqueraient l'action des organes déjà trop excités ; à faire servir une faculté mal employée, mais fortement prononcée, à fortifier telle autre faculté trop faible et influencée par une ou plusieurs autres ; enfin, à faire prédominer la nature morale ou supérieure de l'homme sur sa nature physique ou inférieure.

La *phrénologie*, qu'on peut appeler aussi la science des instincts, des aptitudes, des facultés intellectuelles de l'homme et des animaux, ou la science de l'intelligence et de l'ame, est, dans les sciences physiques, positives, ce qu'est, dans les sciences métaphysiques et morales, l'*analyse de l'entendement humain*. Elle n'indique pas seulement la coïncidence qui existe entre nos penchans et la forme de la tête, ce qui est le propre de la *craniologie*; mais elle donne naissance à une détermination plus précise, à une nouvelle classification de nos penchans et de nos facultés ; elle crée une nouvelle philosophie de l'esprit humain.

Quelque incertaines que soient les premières nomenclatures, hazardées jusqu'ici, des facultés de l'homme et des organes qui leur correspondent, nous croyons que nos lecteurs nous sauront gré d'avoir placé sous leurs yeux un *Tableau comparé des trois différentes classifications phrénologiques* établies par les docteurs Gall, Spurzheim, et Bailly, de *Blois*. Une tendre mère de famille et un instituteur habile pourront consulter avec intérêt et avec fruit cette sorte de *topographie du cerveau*, ou cette indication des facultés et des sentimens qui appartiennent à l'espèce humaine, comme un voyageur étudie avec un soin curieux la carte des pays qu'il doit parcourir.

NOMENCLATURES PHRÉNOLOGIQUES COMPARÉES DE :

GALL.	SPURZHEIM.	BAILLY, de Blois.
	Ordre I. — *Facultés affectives.*	1. Sentiment de l'amour.
1. Instinct de la propagation. — Amour physique.	**Genre I.** — Facultés affectives, communes aux animaux et aux hommes.	2. — de l'amour des enfans.
2. Amour de la progéniture. — Amour des enfans.	1. Amour physique. — Sens de l'amativité.	3. — de la sociabilité.
3. Attachement, amitié.	2. Amour de ses enfans. — Philogéniture.	4. — de l'élévation physique et morale; des grandeurs.
4. Instinct de la défense de soi-même. — Courage.	3. Amour du séjour. — Habitativité.	
	4. Sens de l'attachement. — Affectionivité.	
5. Instinct carnassier.	5. — du courage. — Combativité.	5. — de sa propre conservation.
6. Ruse, finesse, savoir-faire.	6. — de la destruction. — Destructivité.	
	7. — de la construction. — Constructivité.	6. — de la circonspection.
7. Sentiment de la propriété. — Acquisivité.	8. — de l'amour de soi. — Convoitivité.	
8. Orgueil, fierté, élévation.	9. — de l'amour du secret. — Secrétivité. — Astuce.	7. — de l'amour-propre; émulation.
9. Vanité; amour de la gloire.	10. Sens de la circonspection.	8. — de la persévérance.
	11. Sens de l'approbation; amour de l'estime des autres; vanité.	9. — de la destruction.
10. Circonspection, prévoyance.	12. — de l'amour-propre; estime de soi.	10. — de la propriété.
11. Mémoire des choses; — Educabilité.	**Genre II.** — Facultés affectives, propres à l'homme.	11. — Sentiment religieux.
12. Sens des localités.	13. Sens de la bienveillance.	12. — de la mimique.
13. Mémoire des personnes.	14. — de la vénération. — Religiosité.	13. — du juste et de l'injuste. — Conscience.
14. Sens, ou mémoire des mots.	15. — de la fermeté.	
15. Sens du langage; philologie.	16. — du devoir; conscience.	
	17. — de l'espérance.	14. — des visions.
16. Sens des rapports des couleurs.	18. — du merveilleux. — Merveillosité.	15. — poétique.
17. Sens des rapports des tons; musique.	19. — de la perfection, ou idéalité.	16. — de l'habileté.
18. Sens des rapports des nombres; — du calcul; — des mathématiques.	20. — de la gaîté; esprit de saillie.	17. — de la constructi[vité].
	21. — de l'imitation; mimique.	18. — de la musique.
19. Sens de mécanique, de construction.	**Ordre II.** — *Facultés intellectuelles dont la nature essentielle est de connaître, ou Facultés perceptives.*	19. — du calcul.
20. Sagacité comparative.	**Genre I.** — Sens extérieurs.	20. — du coloris.
21. Esprit métaphysique.	22. Sens du toucher.	21. — des localités.
22. Esprit caustique, de saillie.	23. — du goût.	22. — des physionomies.
	24. — de l'odorat.	
23. Talent poétique.	25. — de l'ouïe.	23. — des faits.
24. Bonté, bienveillance, conscience.	26. — de la vue.	24. — des mots.
	Genre II. — Sens intérieurs, qui font connaître les objets extérieurs et leurs qualités physiques.	
25. Faculté d'imiter; mimique.	27. Sens de l'individualité.	25. — des langues.
	28. — de l'étendue.	
	29. — de la configuration.	26. — des comparaisons ou des analogies.
26. Instinct, ou sens religieux; — sentiment de la Divinité.	30. — de la consistance. } Existent probablement.	
	31. — de la pesanteur. }	
	32. — du coloris.	27. — de la causalité. Recherche des causes.
27. Fermeté, constance; persévérance.	**Genre III.** — Sens intérieurs qui font connaître les relations des objets en général.	
	33. Sens des localités.	28. — de la critique.
	34. — de la numération.	
	35. — de l'ordre.	29. — de l'ordre.
	36. — des phénomènes. — Éventualité.	
	37. — du tems.	30. — du rhythme.
	38. — de la mélodie.	
	39. — du langage artificiel.	
	Genre IV. — Facultés réflectives, ou qui réfléchissent.	
	40. Sens de la comparaison.	
	41. Sens de la causalité.	

Sans doute, par l'effet de recherches ultérieures mieux dirigées, d'observations plus approfondies, d'expériences souvent renouvelées, appliquées à l'organisation intérieure du cerveau qui se manifeste au dehors par la conformation extérieure du crâne, ces esquisses d'une carte du cerveau, ou plutôt de l'entendement humain, se trouveront très-défectueuses et incomplètes, et auront besoin d'être rectifiées et complétées. Mais ces premiers pas dans un monde inconnu, ces points de départ des inventeurs de la science nouvelle n'en paraissent pas moins très-dignes d'attention, et même fondés, pour quelques organes, sur des faits incontestables.

Certaines parties limitées du cerveau sont bien évidemment les siéges de facultés spéciales et parfaitement distinctes les unes des autres. Il s'agit de bien assigner, après les avoir exactement reconnus, chaque organe local affecté à chaque faculté.—L'étude de l'homme, science si importante, deviendra plus facile; et la philosophie morale, l'éducation seront enfin assises et affermies sur des bases larges, solides et profondes, sur la nature même et la vérité.

APPENDICE V.

Notice *sur les* instituts d'éducation *et* d'agriculture *fondés à* Hofwil, *près Berne,* en Suisse, par M. de Fellenberg.

J'ai tâché d'exposer avec précision et clarté, dans cet ouvrage, les vues fondamentales qui constituent la méthode de Pestalozzi. (Voyez, ci-dessus, pages 250—251.) — Tous les amis de l'éducation sont intéressés à étudier à fond et à bien connaître cette méthode, qu'on peut appeler une *méthode de construction des élémens des sciences par les enfans eux-mêmes*, destinés à s'instruire et à se développer mutuellement, sous la direction et avec l'aide de leurs instituteurs.

L'élève de Pestalozzi, au lieu d'écouter et de répéter une leçon, de recevoir la science toute faite, puise en lui-même le sentiment de sa force, et devient la première base et la source de l'instruction qu'il reçoit. Il est excité, animé, développé par le mode d'enseignement; il est rendu attentif, réfléchi; il rapproche, compare, combine, raisonne, juge ; et, lorsqu'il croit tenir la solution d'un problème proposé, ou la réponse convenable à une question que l'instituteur lui a faite, il lève la main et s'écrie : « Je le sais, voici la réponse. »

Cette méthode, bien comprise et bien appliquée, établit un nouveau degré d'existence intellectuelle et morale : elle pénètre et embrasse l'enfant dans tous ses rapports; elle agit sur lui par une influence intérieure et profonde, d'une manière que les Allemands appellent *organique,*

[1] Voyez ; dans le *Journal d'Éducation, novembre* 1816, chez Colas, libraire de la *Société établie à Paris pour l'amélioration de l'enseignement élémentaire,* le *Rapport* fait à cette Société par M. Jullien *de Paris, sur les Instituts de M. de* Fellenberg.

parce qu'elle s'identifie à son organisation, à tout ce qu'il est, à tout ce qu'il fait, pour le mieux diriger.

La vie de famille, qui seule peut favoriser le libre et entier développement des enfans, est la condition première et indispensable pour l'application de cette méthode, dont l'une des vues fondamentales est de bien saisir la marche naturelle de l'esprit humain et la véritable destination de l'homme, pour y rapporter tout ce qui se pratique dans l'éducation.

Réaliser la *vie de famille*, et les relations continuelles de bienveillance, d'union et d'amour qui en constituent l'essence, dans un institut composé d'un grand nombre d'enfans réunis, c'était un problème difficile dont Pestalozzi a le premier offert la solution d'une manière satisfaisante et à peu près complète. *Il faut un cœur comme le sien, pour reproduire ou pour continuer son institution.*

L'influence patriarcale de ce respectable vieillard, dont le tems n'avait fait qu'augmenter la puissance et la pureté, et qui s'étendait sur ses collaborateurs, sur ses élèves, sur les étrangers, le faisait considérer comme l'organe d'une vérité profonde. Sa personne rappelait sa vie entière, ses pensées, ses travaux, les expériences qu'il avait faites, les circonstances qu'il avait traversées, les obstacles qu'il avait surmontés, les inspirations qu'il avait eues pour améliorer la culture de l'enfance et de l'humanité, les effets salutaires qu'il avait obtenus par sa noble persévérance. Un sentiment de piété filiale, de respect religieux s'attachait à sa vieillesse vénérable, à cette physionomie où se peignait son ame, à ce visage sillonné par des rides, qui étaient les empreintes des souffrances et des malheurs d'un ami des hommes, dont la vie entière avait été sacrifiée pour leurs intérêts [1].

[1] V. la *Notice biographique sur* Pestalozzi, par M. Jullien

La première pensée de Pestalozzi, belle, pure, digne de son ame philantropique, a été d'arracher la classe pauvre et laborieuse à l'état de misère, d'avilissement, de dégradation, de dépendance, dans lequel elle est plongée, en préparant aux enfans de cette classe un développement plus complet et mieux dirigé de leurs facultés. Il s'est proposé de donner à la culture morale et au développement industriel une plus grande extension et une meilleure direction, afin que le peuple ait à la fois plus de moralité, plus d'instruction et plus d'industrie, plus d'aisance et de bonheur. Toutes ces choses sont liées entre elles par des rapports nécessaires.

La réforme et l'amélioration de l'éducation et de l'instruction, dans les classes inférieures, doivent avoir des avantages incalculables pour affermir les fondemens de l'édifice social, en procurant ce résultat : que chacun se trouve content et heureux dans la sphère dans laquelle il est placé, et pourvu des moyens nécessaires pour s'y maintenir honorablement et s'y distinguer, sans éprouver le besoin ni l'envie de s'élever dans une classe supérieure. Il doit exister alors une réaction salutaire, douce et insensible, des classes pauvres sur les classes riches, des enfans sur leurs parens, des nations sur leurs gouvernemens; et cette harmonie établie entre tous les élémens du corps social, qui du sein des familles se répand dans l'État, est le plus sûr moyen de prévenir les révolutions et les troubles.

Cette méthode perfectionnée que Pestalozzi n'avait pas seulement conçue et inventée par une sorte de révélation instinctive, mais qu'il avait pratiquée avec succès dans le célèbre Institut d'Yverdun, surtout pendant les années

---

de Paris, insérée dans la collection des *Vies et Portraits des hommes utiles et des bienfaiteurs de l'humanité.*

1809, 1810, 1811 et 1812, a été reproduite et appliquée dans plusieurs établissemens d'éducation, à Saint-Pétersbourg, à Berlin, à Stutgardt, à Mayence, à Sarlat, ou à Bergerac, dans le département de la Dordogne, et en dernier lieu (1834) à l'Arbresle, département du Rhône, où vient de s'établir une Institution Pestalozzienne. La justice veut que nous fassions aussi une mention spéciale de l'excellente *École Française* fondée à Fribourg, en Suisse, par le R. P. *Girard*. Ce digne ecclésiastique, véritable philosophe, a su réunir et combiner habilement : 1° pour les premiers élémens de la lecture et de l'écriture, les procédés d'enseignement mutuel de Bell et de Lancaster, si rapidement répandus sur le continent; 2° pour l'instruction du calcul, de la géométrie et du dessin, la méthode de construction des élémens des sciences par les enfans eux-mêmes, inventée et pratiquée par Pestalozzi; 3° pour les classes de grammaire et de géographie, la méthode éminemment analytique et logique, à la fois attachante et instructive, de notre compatriote feu l'abbé Gautier. Il s'est également approprié tout ce qu'il avait reconnu de bon et d'utile dans les divers systèmes d'éducation, sans avoir lui-même aucun système exclusif, afin de faire enseigner, d'une manière simplifiée et perfectionnée, les autres connaissances essentielles, les langues, les mathématiques, l'histoire. C'est être vraiment inventeur, que de rapprocher et de combiner ainsi, avec un discernement exquis, avec un zèle éclairé, tout ce qu'ont pu faire de mieux, en fait d'éducation et d'instruction, les amis de l'enfance et de l'humanité.

Animé des mêmes sentimens, pénétré des mêmes vues, doué d'une activité créatrice et féconde, M. de Fellenberg, après avoir long-tems préparé l'exécution de ses plans avec une admirable persévérance, a réussi à former, peu à peu, sur un même point, trois grands établissemens, dont chacun a son but particulier, mais dont la réunion et l'ensemble se rapportent au but commun du perfectionnement de l'éducation, qui est aujourd'hui un besoin généralement senti, comme par instinct, en Europe.

Les Instituts formés par M. de Fellenberg, à Hofwil, auprès de Berne, et qui comptent maintenant plus de trente années d'existence, comprennent trois écoles distinctes :

1. Une *École d'Industrie pour les enfans des classes agricoles et industrielles,* qui sont formés avec soin aux habitudes de travail, de sobriété, d'économie, propres à les rendre meilleurs, plus habiles et plus heureux dans la position dans laquelle ils sont destinés à vivre.

2. Un *Institut d'Éducation pour les enfans des classes supérieures et moyennes de la société,* dans lequel sont réunies toutes les ressources convenables pour une éducation libérale et complète.

3. Une *École d'agriculture théorique et pratique,* pour former des cultivateurs instruits, capables de tirer tout le parti possible des propriétés rurales dont l'exploitation leur sera confiée.

M. de Fellenberg s'est proposé, dans l'organisation et la direction de ces trois établissemens, *quatre buts* politiques d'une haute importance :

1° Rendre plus douce et plus heureuse la condition des classes laborieuses et pauvres, en leur procurant le moyen d'acquérir facilement, à très-peu de frais, toutes les connaissances favorables au développement et aux progrès de l'industrie ; avancer ainsi graduellement la civilisation, sans compromettre la tranquillité publique et l'ordre social, en neutralisant les passions corrosives de l'ambition, de la soif de l'or et de l'envie qui ont la plus grande part aux commotions politiques.

2° Rapprocher et réunir, sous l'influence d'une éducation commune, pour les pénétrer d'un sentiment profond de bienveillance et d'amour de l'humanité, un certain nombre d'enfans des principales familles des différentes nations, qui contribueront plus tard à cimenter l'union et la paix entre leurs pays respectifs.

3° Relever la condition des agriculteurs et des artisans, et raffermir ainsi l'édifice social; extirper dans leur racine les premiers germes de la corruption; introduire et propager les moyens de perfectionner l'agriculture et les arts mécaniques; relever aussi la profession d'instituteur, dont l'état de déconsidération nuit essentiellement à l'éducation elle-même; enfin, rappeler, suivant le vœu de Pestalozzi, les individus de toutes les classes de la société au sentiment de la dignité humaine, première source de toute moralité.—Trop souvent, nos institutions de bienfaisance, quoique inspirées par des motifs louables, tendent à dégrader le peuple et à l'avilir; ce qui est un contre-sens déplorable, une cause de désordres, de vices et de malheurs.

4° Préparer, dans les mêmes vues, de bons instituteurs pour les écoles primaires, des professeurs habiles pour les écoles supérieures et scientifiques; — de bons livres élémentaires, dans les différentes branches des connaissances humaines; — de bonnes méthodes d'éducation; — enfin, un système complet d'éducation et d'instruction, dont toutes les parties soient à la fois simplifiées, perfectionnées, bien combinées entre elles, et puissent être facilement appropriées, avec les modifications convenables, aux besoins particuliers et spéciaux des différentes classes de la société.

Quelques développemens suffiront pour mettre nos lecteurs en état de juger si les établissemens dont nous venons d'indiquer la nature et la destination, peuvent atteindre les quatre buts essentiels que s'est proposés leur fondateur.

L'École d'industrie, ou *des enfans des classes laborieuses*, appelée depuis *École de Verhli*, du nom de celui qui en était l'ame et qui s'est consacré tout entier à l'instruction et au bonheur des enfans confiés à ses soins, présente le tableau d'une vie pure et active, qui prépare des hommes sains et robustes, laborieux et intelligens, bons et heureux. Les enfans, au nombre de quarante, dont ving-huit entretenus par M. de Fellenberg seul, sont employés, une partie de la journée, à des occupations mécaniques ou agricoles. Ils se lèvent avec le soleil; ils vont gaîment, avec leur ami et leur guide, travailler dans les champs, et quelques-uns dans les ateliers où se fabriquent des instrumens d'agriculture (1).

Dans les intervalles de leurs travaux, ils apprennent tour à tour, sous la direction et par les soins de Verhli, à *lire*, à *écrire*, à *compter*. — La *méthode d'enseignement mutuel* peut être facilement introduite et appliquée dans cette école, et dans celles qu'on voudra établir sur le même modèle. Déjà, les aînés servent à élever et à diriger les plus jeunes, surtout sous le rapport de l'instruction.

On leur donne des leçons élémentaires de *géométrie* et *d'arpentage*. Ils estiment avec précision la longueur des lignes et l'ouverture des angles. On les met en état de *mesurer* une certaine étendue de terrain, de *lever un plan*, de *dessiner* un modèle de charrue ou d'un autre instrument aratoire. On leur donne aussi quelques explications sur les phénomènes journaliers de la nature et sur les

---

(1) V. la *Notice sur les établissemens d'Hofwil*, par M. Crud (février 1816), à la suite de laquelle est une liste des écrits, alors au nombre de vingt-quatre, qui avaient déjà été publiés sur ces établissemens. — On trouve cette Notice et les ouvrages sur la méthode d'éducation de Pestalozzi, à Genève, chez M. Cherbulliez, libraire, et chez le même, rue de Seine, faub. St.-Germain, à Paris.

productions de la terre. La connaissance des premiers élémens de l'*histoire naturelle* semble appartenir de droit aux hommes qui sont destinés à vivre au sein de la nature. La *géographie* et *l'histoire* de leur patrie ne leur sont point étrangères. On leur fait puiser dans cette double étude, rendue attrayante autant qu'instructive, des motifs de s'attacher plus fortement à leur pays, d'obéir aux lois, d'être disposés à se rendre mutuellement les services que se doivent les hommes en société, d'apprécier les avantages qui résultent de l'organisation sociale, de l'agriculture, de l'industrie, des voies de communications rendues de plus en plus faciles et du commerce.

On exerce les enfans, pendant l'été, à *nager*, dans un petit lac voisin de leur habitation. L'*apprentissage d'un art mécanique*, ou d'un métier, les occupe, surtout pendant l'hiver, et développe leur force et leur adresse.

L'*instruction religieuse et morale* est continuellement fortifiée par les prières de chaque jour, par les exemples, les discours, les sentimens, les habitudes qui composent, pour ainsi dire, l'atmosphère dans laquelle ils vivent.

Le *chant* et la *musique*, compris au nombre des objets qui font ici partie de l'instruction primaire, sont employés comme un moyen d'adoucir et d'embellir la condition des individus des classes pauvres, de mettre à leur portée des plaisirs purs, simples et faciles, de réveiller et de nourrir dans leurs ames les deux sentimens qui honorent le plus l'homme à ses propres yeux, la douce et consolante *piété*, par laquelle il s'élève jusqu'à l'auteur de son être; l'*amour de la patrie*, qui étend et agrandit son existence, associée à celle d'un grand nombre de ses semblables [1].

---

[1] Voyez ci-dessus, page 73.

Des chants religieux ou patriotiques servent à produire des impressions morales et profondes sur ces ames neuves et pures, dont on éloigne avec soin toutes les influences malfaisantes qui corrompent, dès le premier âge, les enfans des classes inférieures, dans la plupart des États de l'Europe.

J'ai entendu les élèves de Verhli chanter en chœur avec lui, d'une voix toujours juste et d'une manière touchante. Je n'ai pu retenir mes larmes, en voyant ce tableau d'une portion si intéressante de l'humanité, ailleurs livrée à la dépendance, à la dégradation, à l'infortune, appelée à jouir, dans cet asile protecteur, du libre développement de ses facultés, du sentiment de ses progrès et de ses forces, du bonheur que procure le travail qui exerce et perfectionne l'homme, et qui lui fait trouver en lui-même ses moyens d'existence.

Le bon et infatigable Verhli s'occupe aussi à former des instituteurs pour des écoles destinées à des enfans de laboureurs et d'ouvriers.

Indépendamment du phénomène moral que présente cette institution si remarquable, l'observateur est frappé de l'utilité que doit avoir, pour les individus des classes laborieuses, la connaissance pratique des vérités géométriques, dont les applications se reproduisent à chaque instant.

M. de Fellenberg a saisi et parfaitement appliqué, comme Pestalozzi, cette vérité long-tems méconnue : que *les connaissances mathématiques, positives et pratiques, sont la base générale de toute espèce d'industrie.*

Les trois arts primitifs de *compter*, de *mesurer*, de *dessiner*, joints à la *parole* et à l'*écriture*, sont les élémens nécessaires de toute culture industrielle. Les arts et les métiers languissent, et ne prennent aucun essor, s'ils manquent de cette force première, de ce principe de vie.

Procurer aux individus des classes laborieuses les moyens de satisfaire facilement à leurs besoins physiques, moraux et intellectuels, par une instruction élémentaire, complète et bien dirigée, toujours rapportée à ce qu'ils doivent essentiellement *savoir* et *faire*, non pour raisonner sur des objets étrangers à la sphère dans laquelle ils vivent, mais pour travailler avec goût, avec plaisir et avec succès, de manière à jouir, dans cette sphère même, d'une existence douce, tranquille et heureuse : c'est l'une des mesures les plus propres à consolider l'ordre social.

Pour étendre à la France les bienfaits inappréciables de cette école d'industrie, dont il est à désirer qu'on puisse reproduire des imitations fidèles dans nos départemens, il serait nécessaire qu'un certain nombre de propriétaires, animés de l'amour du bien, ou que plusieurs préfets, autorisés par le ministre de l'intérieur, voulussent envoyer, pendant une ou deux années, auprès de M. de Fellenberg, comme l'ont fait les gouvernemens de Prusse, de Pologne, de Russie, de Bade, de Bavière, de Wurtemberg, de Saxe, de Hanôvre, etc., des jeunes gens de dix-huit à vingt-cinq ans, d'une grande pureté de mœurs, habitués à une vie simple, destinés aux fonctions de régens d'écoles de campagnes ou d'instituteurs primaires, bien disposés pour cette vocation, bien pénétrés d'avance de la sainteté des obligations qu'ils auraient à remplir, sachant, s'il est possible, la langue allemande qui est la langue maternelle des enfans de Verhli, susceptibles d'un noble enthousiasme pour le bien, d'un amour vrai de l'enfance et d'un entier dévoûment.

Cette mesure, qui paraît d'une haute importance, surtout après nos longues révolutions qui ont relâché les liens religieux, moraux et sociaux, mériterait de fixer l'attention d'un ministre homme d'État et homme de bien.

En France, le caractère national, sensible, mobile, passionné, est trop léger, trop frivole; il a besoin de devenir plus grave, plus réfléchi, plus sérieux, plus profond. Tel serait le but d'une éducation nationale bien dirigée qui retremperait les esprits et les cœurs, qui serait conçue dans ses rapports les plus intimes avec la saine politique, la stabilité du gouvernement et la prospérité de l'État.

On doit reconnaître généralement qu'un *développement industriel*, libre et complet, que l'*étude de la nature*, la *moralité religieuse* qui élève, soutient et anoblit l'homme, sont trois moyens essentiels d'activité, surtout pour les individus des classes ouvrières. On peut les conduire très-loin dans ces trois directions, sans les faire sortir de leur sphère. L'esprit se développe, le cœur se forme, le corps se fortifie. Les individus, fixés et occupés, sont détournés des vues d'ambition et des dispositions inquiètes qui pourraient les tourmenter eux-mêmes et troubler la société.

Quant aux individus des familles riches ou aisées, les *études philologiques*, ou les *langues anciennes et modernes*, les *études historiques*, les *arts d'imagination*, le *dessin*, la *musique*, enfin les *études religieuses et morales*, ainsi que les *hautes sciences mathématiques*, fournissent, pour cette classe, les objets fondamentaux du développement des facultés et de l'instruction.

C'est aux deux conditions extrêmes de la société que les secours d'une meilleure éducation sont principalement nécessaires.

Il faut partir du point où l'on est, prendre les choses, les hommes et l'état social, tels qu'ils sont; éviter à la fois de heurter violemment les institutions qui existent, et de donner aucun sujet raisonnable d'alarme aux ennemis des innovations. Car les événemens et les progrès sociaux ont besoin, comme les hommes eux-mêmes et comme toutes les productions de la nature et de l'art, d'arriver, en parcourant une suite de degrés, à leur point de maturité. Il est également utile d'approprier les méthodes et les instituts d'éducation, et chaque degré de l'instruction, aux besoins actuels de chacune des classes dont la société se compose. La distinction des classes riches et des classes pauvres, qui est une conséquence nécessaire de notre état social, doit être prise en considération dans l'éducation. Seulement, tout individu, doué par la nature d'un mérite supérieur, doit pouvoir se frayer un accès facile dans une condition plus élevée que celle où il est né. La prééminence accordée aux vertus, aux talens, aux services rendus à la société, est conforme à la justice et au véritable intérêt de la société elle-même. On n'est donc nullement fondé à reprocher à M. de Fellenberg une tendance oligarchique dans l'organisation distincte de ses deux grands Instituts. Mais celui qui est affecté aux enfans des classes pauvres obtiendra toujours un sentiment de prédilection des ames sensibles et généreuses.

L'INSTITUT D'ÉDUCATION pour les *enfans de familles riches ou aisées*, offre une réunion imposante d'environ quatre-vingts élèves, de l'âge de sept ou huit ans jusqu'à vingt-deux, envoyés des différentes parties de l'Europe, et d'environ vingt-cinq professeurs et instituteurs, qui sont unis entre eux par une douce conformité de sentimens, de goûts et d'occupations. Un même esprit anime tous les membres de cette grande famille. Les enfans, toujours en mouvement et en action, sont bien portans, gais et heureux. Le climat est froid, mais sain. La nourriture est simple et frugale, mais bonne et substantielle. Les maladies graves sont très-rares.

La discipline est douce, paternelle, bienfaisante. Les châtimens et les récompenses sont inutiles et inconnus. On n'emploie d'autres punitions que des reproches faits avec douceur et bienveillance. M. de Fellenberg, par les mêmes motifs que Pestalozzi, a banni de son institut l'usage des compositions rivales et le mobile de l'émulation, souvent dangereux et corrupteur, mais jugé nécessaire dans les autres institutions.

On ne voit ici aucune rivalité ni concurrence, ni aucune distinction de rangs. Les enfans ne se comparent point à leurs camarades; leur amour-propre ni leur vanité ne sont point excités. Mais le plaisir de bien faire, une satisfaction pure et intérieure, puisée dans le sentiment de ses forces et du développement de ses facultés, suffisent pour inspirer une ardeur et une activité constantes, communes à tous les élèves.

L'enseignement des *langues anciennes, grecque et latine*, et celui des *langues modernes, allemande, française, italienne, anglaise,* sont combinés avec l'étude de la *géographie* et de l'*histoire* de chaque pays. L'étude de l'histoire est combinée avec celle des langues et avec l'instruction religieuse et morale. Les langues elles-mêmes sont enseignées d'une manière rationnelle, comme autant de méthodes analytiques inventées par l'esprit humain. On ne fait presque rien apprendre par cœur ; mais on présente les faits historiques et les différentes connaissances, de manière à exciter l'intérêt, à fixer l'attention, à développer l'esprit, à former le jugement, à pénétrer le cœur, à graver chaque notion acquise dans l'entendement.

Le *calcul* et les *mathématiques*, enseignés d'après la méthode de Pestalozzi, d'abord, par des *exercices de tête* qui fortifient la faculté de penser, puis, par des leçons où l'on emploie les chiffres et les signes algébriques, sont mis en rapport avec la *logique*. Le professeur instruit séparément ses élèves, divisés en petites sections, suivant leurs forces et leurs progrès, afin que chacun d'eux puisse en quelque sorte construire la science.

Le *dessin* et la *perspective* sont mis en rapport, d'une part, avec la géométrie et les mathématiques; de l'autre, avec les études historiques et avec l'histoire naturelle.

Les leçons de *minéralogie*, de *botanique*, de *zoologie*, données le plus souvent en pleine campagne, attachent et intéressent vivement les enfans.

Le *chant* et la *musique* sont dirigés vers un but moral. Tous les dimanches, les élèves de l'école de Verhli et ceux de l'institut d'éducation sont réunis et chantent ensemble. C'est le seul rapport qui existe entre les enfans de l'une et de l'autre institution.

L'*instruction religieuse* ne consiste pas ici seulement dans les cérémonies propres aux différens cultes, mais surtout dans un sentiment profond de reconnaissance pour le souverain auteur de l'univers, dans la croyance d'un principe immatériel qui existe en nous, d'une ame immortelle, ou d'une vie à venir, et dans des sentimens de charité, de tolérance, de bienveillance, qui sont la base de la véritable piété.

L'observation de la *nature extérieure*, de ses phénomènes, de ses productions, les leçons de l'*histoire*, les circonstances de la *vie journalière*, sont les trois sources de l'instruction religieuse, dont la base inébranlable est donnée dans la révélation. La religion révélée, dans l'opinion de M. de Fellenberg, peut seule suppléer à l'insuffisance des facultés humaines, toujours faibles et chancelantes, si elles manquent de ce point d'appui.

On nourrit avec soin dans les cœurs des enfans le double sentiment de l'amour de la famille et de l'attachement à la patrie, liens sacrés dont la force peut s'augmenter encore par la privation momentanée de l'une ou de l'autre.

On s'occupe de la formation du *sens esthétique*, ou du

goût, et du *sentiment du beau*, dans la littérature et dans les arts.

La *tenue des livres* est aussi l'objet d'un enseignement spécial; et les enfans ont, dans leur institut même, un modèle parfait de l'ordre des comptes économiques. Les habitudes d'*ordre* et d'*économie* sont une base essentielle de la vie morale, beaucoup trop négligée dans l'éducation ordinaire. La comptabilité de M. de Fellenberg, qu'il s'empresse de placer sous les yeux des étrangers curieux d'observer à fond ses instituts, offre tous les caractères d'une exactitude rigoureuse, d'une bonne méthode et d'une régularité exemplaire.

Les *exercices gymnastiques*, la *natation*, l'*équitation*, l'*escrime*, la *danse*, la *culture de petits carrés de terre* dans le jardin, l'*apprentissage de quelques métiers*, de menuisiers, de charrons, de tourneurs, de forgerons; les *exercices militaires*, pour lesquels les enfans, divisés en compagnies et en sections, choisissent eux-mêmes leurs chefs parmi eux avec un discernement et un esprit de justice remarquables, répandent une grande variété dans les divers emplois de chaque journée, et préviennent les inconvéniens graves que pourraient entraîner les études sédentaires et sérieuses trop prolongées.

Les professeurs et les instituteurs, associés à la vie intérieure et morale des enfans, partagent leurs jeux, leurs exercices, leurs promenades.

Deux médecins, attachés à l'institut, surveillent la santé des élèves. L'un d'eux donne des leçons de botanique et d'histoire naturelle, et enseigne la chimie aux jeunes gens qui s'occupent d'études spéciales, relatives à l'agriculture. L'autre est aussi chargé de plusieurs branches d'enseignement, et fait un cours de l'art vétérinaire dans l'*Institut Agricole*.

C'est de ce dernier Institut qu'il me reste à donner une idée.

L'*Agriculture* a été considérée par M. de Fellenberg comme propre à fournir un exercice continuel d'attention et de réflexion, et des moyens positifs et pratiques d'éducation. Elle est l'occupation la plus favorable à la santé, en même tems qu'au développement intellectuel, moral et religieux des nations. Elle peut aussi devenir tellement productive et lucrative, qu'elle dispose les hommes à la vertu, par l'appât des avantages de fortune qu'on peut en retirer. La dégradation même du genre humain paraît devoir servir, sous quelques rapports, à le ramener à sa dignité primitive.

L'INSTITUT AGRICOLE, établi à Buchsée, auprès d'Hofwil, est une école normale et spéciale dans laquelle on réunit la théorie de la science et la pratique de l'art, qui sont mises en harmonie. — Les élèves, au nombre de vingt, de l'âge de dix-huit à vingt-huit ans, dont un jeune Grec, un Français, et dix-huit Allemands ou Suisses, reçoivent, deux fois par semaine, des leçons d'agriculture que leur donne M. de Fellenberg lui-même; puis, des leçons de botanique, d'histoire naturelle, de physique, de chimie et d'art vétérinaire. Quelques professeurs servent à la fois pour les trois instituts, dans lesquels ils modifient leur manière d'enseigner, suivant l'âge, la force intellectuelle, les progrès et la destination de leurs élèves. L'exploitation parfaitement ordonnée des vastes domaines du fondateur de ces beaux établissemens, sa *ferme expérimentale* qui peut servir de modèle, la *fabrique des instrumens aratoires perfectionnés*, en partie de son invention, qu'il fait exécuter sous ses yeux, fournissent des moyens abondans d'instruction et des sujets variés d'observation.

Ainsi, toutes les parties de cette grande machine, dans laquelle l'*éducation*, l'*agriculture* et l'*industrie* sont habilement combinées et coordonnées pour améliorer la condition des hommes et pour faire avancer les sciences les plus utiles, se prêtent des secours mutuels, au lieu de se nuire.

C'est au sein même de ces établissemens qu'on peut en apprécier le mérite et l'utilité. On ne saurait en offrir, dans une relation écrite, qu'une image très-imparfaite. Il faut vivre dans l'intérieur d'une famille pour en pénétrer les secrets, pour en connaître l'esprit, pour saisir une foule de nuances qui échappent à l'observateur étranger. Il faudrait pouvoir suivre, pendant quelque tems, les élèves de M. de Fellenberg dans tous les détails de leur existence journalière, dans leurs études et dans leurs classes, dans leurs exercices de religion, dans leurs relations mutuelles, dans leurs repas, dans leurs promenades, dans leurs jeux, pour calculer la puissance et les effets des impressions qu'ils reçoivent, des habitudes qu'ils contractent, des sentimens dont ils sont nourris, des exemples dont ils sont environnés. On éprouve soi-même des impressions nouvelles et inconnues dans cet heureux et tranquille séjour. Vivre avec les enfans épure, anoblit, retrempe, régénère l'homme. On se pénètre des vues profondes et généreuses qui ont inspiré l'auteur de cette entreprise. On admire en lui cet enthousiasme calme et réfléchi, cette pureté et cette étendue de conceptions, cette patience et cette force de volonté qui ont vaincu tous les obstacles.

Jamais l'éducation n'a été organisée et combinée de manière à faire concourir ensemble toutes les circonstances favorables au but qu'elle doit se proposer. Ce but de l'éducation, dans sa vue la plus générale, est de faire en sorte *que chaque génération soit une continuation perfectionnée de celle qui a précédé, au lieu d'en être la répétition monotone.*

M. de Fellenberg, en s'établissant à la campagne, dans

une retraite solitaire, où il n'existe d'autres habitations que celles qu'il a créées lui-même, en formant une colonie, pour ainsi dire, isolée, en s'éloignant des hommes qui auraient pu, même involontairement, contrarier ses plans et ses vues, a su réunir les cironstances essentielles les plus favorables à ses projets; il a écarté celles qui auraient pu leur devenir nuisibles. Il ne s'est avancé qu'avec une sage circonspection : sa marche, toujours lente et mesurée, n'en a été que plus ferme et plus sûre. Il a long-tems borné le nombre de ses élèves : il n'a voulu les admettre que peu à peu, l'un après l'autre, afin que les nouveaux venus fussent entraînés par le torrent, et reçussent l'impulsion, au lieu de la donner.

Les premiers succès de M. de Fellenberg doivent encourager les hommes de bien et en disposer plusieurs à se rallier à son entreprise. La difficulté de trouver et de former des instituteurs capables d'y concourir, ou d'en reproduire des imitations plus ou moins fidèles, est moins grande qu'on ne serait tenté de le croire. La première condition pour bien élever les enfans, c'est de les aimer : de même, en politique, il faut aimer les hommes, pour être capable de les servir et digne de les gouverner.

Une histoire raisonnée et complète des bienfaiteurs de l'enfance et de l'humanité, dans laquelle on présenterait le tableau des entreprises utiles et philantropiques qui ont été exécutées ou seulement ébauchées, aux différentes époques de la civilisation, aurait le double avantage d'exciter quelques hommes généreux à suivre leurs nobles et touchans exemples, et de réconcilier avec la nature humaine, souvent calomniée, ceux qui ne l'étudient que dans les annales sanglantes, si long-tems consacrées à la fausse gloire des conquérans et des oppresseurs des nations (1).

Les gouvernemens de Russie, de Pologne et de plusieurs États d'Allemagne ont envoyé à Hofwil un certain nombre d'élèves, tant des classes supérieures et moyennes que des classes inférieures, qui, après un séjour de quelques années chez M. de Fellenberg, et après s'être familiarisés avec ses méthodes pédagogiques et agronomiques, ont dû les transplanter et les naturaliser dans leurs pays. Quelques propriétaires, sur divers points de la France, ont aussi tâché d'introduire parmi nous les avantages qui sont propres, soit à la méthode d'éducation de Pestalozzi, soit aux instituts d'éducation agricoles et industriels, élémentaires et scientifiques, de M. de Fellenberg (2).

Ainsi, la Suisse, appelée par sa position géographique centrale en Europe, par son organisation fédérative, qui lui interdit toute prépondérance militaire et politique, et qui ne lui permet que l'exercice des vertus et des arts de la paix, par ses localités et par ses mœurs, à devenir une sorte de foyer d'éducation européenne, à prouver elle-même, par un grand et honorable exemple, quelle est la puissance de l'éducation pour relever une nation sur son déclin, par rapport à ses mœurs et à sa culture, remplira cette noble destination. Elle en sera surtout redevable aux importans travaux des PESTALOZZI et des FEL-

(1) Ce vœu, formé par l'auteur en 1816, époque où cette Notice fut lue par lui dans la Société d'Education de Paris, vient d'être réalisé par la publication d'un recueil intitulé : *Vies et Portraits des hommes utiles, bienfaiteurs de l'humanité.*

(2) Notamment M. le prince *Joseph* de CHIMAY, fondateur du *Prytanée de Ménars*, près Blois, qui en a confié la direction à M. *Froussard*, ancien directeur de l'Ecole normale établie à Versailles.

Lenberg, à leurs estimables collaborateurs, et aux pères de famille que l'amour de leurs enfans, leur dévoûment pour l'éducation et pour l'humanité porteront à s'unir et à se combiner avec eux, afin de donner plus d'étendue et de solidité à leurs établissemens.

Les différens Instituts fondés ou améliorés en Suisse depuis environ trente ans, d'après les mêmes vues, devraient être mis en harmonie et dirigés vers un but commun. Ils devraient s'entre-aider, se soutenir, former une sorte de *confédération pédagogique*, bien liée dans toutes ses parties. Des esprits étroits et exclusifs pourraient seuls contrarier cette harmonie si nécessaire, par les petites prétentions, fausses et misérables, d'une jalouse rivalité.

Non seulement la Suisse exercera, de cette manière, une influence salutaire sur les contrées qui l'environnent, par une leçon vivante qui réagira sur les princes et sur les peuples; mais elle présentera elle-même, par une réforme lente, insensible, progressive, le consolant spectacle d'un pays devenu heureux par une bonne organisation sociale, fondée sur une éducation nationale perfectionnée, favorable au maintien des bonnes mœurs, aux progrès des lumières, de l'agriculture et de l'industrie.

SUR QUELQUES INSTITUTS D'ÉDUCATION ET D'AGRICULTURE.

Après avoir exposé les bonnes et utiles créations dues à M. de Fellenberg, il y aurait une sorte d'injustice à ne pas mentionner au moins quelques institutions analogues qui existent, à notre connaissance, en France et en Angleterre. Mais nous ne pouvons parler que très-succinctement de celles que nous n'avons point visitées, ou qui sont tellement connues, qu'il suffit de les rappeler à nos lecteurs, comme les *Colonies Agricoles de la Hollande* et *de la Belgique*, ou dont l'origine est tellement récente qu'elles ont besoin de recevoir la sanction du tems et de l'expérience.

Nous nous bornerons à un petit nombre.

I. Institut agricole de Roville, près Nancy.—M. Mathieu *de Dombasle*, dont le nom seul est un éloge, s'est placé dans la classe des bienfaiteurs de l'humanité, en s'attachant à relever l'agriculture de l'état d'ignorance et de barbarie où elle était encore plongée en France. Il a montré, par son exemple, quels immenses services le véritable agriculteur peut rendre à son pays, et quels avantages il peut réaliser, pour lui-même et pour sa famille, en faisant marcher de pair la théorie et la pratique, et en appliquant à l'exploitation des terres le même ordre de comptabilité qui est employé dans les entreprises industrielles et commerciales. Cet ordre, constamment observé, contribue beaucoup à leur prospérité, parce qu'il permet de balancer exactement, chaque mois et chaque année, les dépenses et les recettes, de voir toujours clairement où commencent les déficits, quelles réductions dans les prix, quelles économies et quelles améliorations il est possible d'obtenir, et enfin quels sont les plus sûrs moyens d'augmenter les produits.

II. Ferme expérimentale de Grignon, près Versailles, sur laquelle nous manquons de documens positifs.

N. B. On peut se procurer les *Rapports sur la Ferme expérimentale de Grignon*, à la librairie de Mme Huzard, rue de l'Éperon, à Paris.

III. Institut *gratuit* agricole de Coetbo (Morbihan). — Nous renvoyons nos lecteurs aux publications insérées dans le *Journal des Connaissances utiles*.

IV. Prytanée de Ménars, près Blois (Loir et Cher),

aux bords de la Loire, fondé depuis peu par M. le prince Joseph de Chimay, et dirigé par M. Froussard. — Ce prytanée est destiné à recevoir, plus tard, au delà de mille à douze cents élèves, dans les différentes divisions ou écoles spéciales dont il doit successivement se composer, savoir :

1° *Salles d'asile pour les enfans des deux sexes*, de l'âge de deux ans jusqu'à celui de six ou sept ans, institution déjà naturalisée à Paris par l'honorable M. Cochin, qui devra être peu à peu introduite dans toutes les communes de France, et que les familles riches elles-mêmes pourront faire servir utilement à la première éducation de leurs enfans ;

2° *Ecole élémentaire mutuelle pour les jeunes garçons* de six ou sept jusqu'à dix ou douze ans ;

3° *Ecole élémentaire mutuelle pour les jeunes filles* du même âge ;

4° *Ecole d'arts et métiers*, en pleine activité, qui comprend quatre grands ateliers : *taillanderie, ébénisterie, charronnage, sellerie*, et qui forme, dès à présent, de bons ouvriers en moins de deux années (1).

5° *École spéciale de pionniers*, pour doter la commune de Ménars et toute la contrée, de chemins vicinaux qui, en ouvrant des communications faciles, augmenteront promptement la valeur des propriétés. — Le mauvais état des chemins vicinaux, signalé avec énergie au Congrès scientifique de Poitiers, en septembre 1834, est une des plaies de la France ; l'exemple donné à Ménars devrait être suivi par beaucoup de riches propriétaires, ou par les maires des communes qui sont pénétrés de l'importance de leurs devoirs.

(1) Voyez le programme des cours de cette école, dirigée par M. *Alphonse* Carpentier, ingénieur civil, ancien élève de l'École centrale des arts et manufactures.

6° *Institut des études littéraires et scientifiques*, où les élèves sont conduits, depuis les élémens de la littérature et des sciences jusqu'à l'enseignement supérieur qui doit leur ouvrir l'entrée de l'*École Polytechnique* et des écoles spéciales. Il est en pleine activité, et compte environ soixante élèves;

7° *Institut des jeunes filles*, qui n'est encore que projeté, et qui servira de complément à ce grand et bel établissement (1).

On ne saurait trop louer, encourager et honorer le fondateur du *Prytanée de Ménars*. Un jeune homme riche, dans l'âge des plaisirs, pouvant jouir, sans se donner aucune peine, de tous les avantages d'une grande fortune et d'une haute position sociale, a su comprendre que *l'homme n'a de valeur réelle qu'autant qu'il se rend utile à ses semblables*. Celui qui est riche a des obligations plus strictes et plus sacrées à remplir envers la société, que le citoyen qu'une position et une fortune médiocres mettent dans la nécessité de penser d'abord à ses propres besoins et à ceux de sa famille.

V. INSTITUTION PESTALOZZIENNE, *fondée à* L'ARBRESLE, *département du Rhône*, seulement depuis quelques mois, par trois anciens élèves-instituteurs de Pestalozzi.

VI. COLONIE AGRICOLE, *fondée à* LINDFIELD, *entre Londres et Brighton*, par M. WILLIAM ALLEN, vice-président de la *Société pour la diffusion des connaissances utiles*, établie à Londres, et présidée par lord BROUGHAM.

J'ai eu l'occasion de visiter, en 1833, cette *colonie agricole*, fondée depuis six ans par l'un des hommes les plus respectables de l'Angleterre. Il a fait construire, à proximité d'un bourg d'environ mille habitans, vingt-six petites

---

(1) Voyez l'*Aperçu de l'Éducation pestalozzienne*, ci-dessus, pag. 250 et suiv.

chaumières, très-propres, agréables, saines, aérées, commodes, bien distribuées dans leur intérieur, avec toutes les dépendances convenables, entourées de petits jardins, les unes avec un seul arpent, les autres avec cinq arpens de terre compris dans la location. Les habitations avec un seul arpent sont louées à raion de *deux shillings* (2 fr. 50 c. de France) par semaine ; les autres, à un prix plus élevé, *quinze livres sterling* pour l'année (375 fr.), payable de trois en trois mois. Plus de cent soixante colons, réunis dans une étroite et riante vallée, bornée par des collines couvertes de bois, cultivent la terre, sous la direction et d'après les indications du propriétaire des terrains, qui leur fait alterner les cultures, de manière qu'elles deviennent plus productives ; qui leur fait les avances, pour achat de bestiaux, de mobilier, etc., dont ils ont souvent besoin, et qui leur sont retenues peu à peu, à mesure que leur situation leur permet de les rembourser ; qui fait élever avec soin leurs enfans dans une grande et belle école, bâtie exprès à peu de distance de la colonie ; qui leur sert à la fois de médecin, lorsqu'ils sont malades ; de pasteur, en les réunissant pour leur faire des lectures religieuses, ou leur donner des instructions et des conseils relatifs à leurs travaux ; qui est l'ami, le père, le bienfaiteur, la providence de tous les colons.

J'ai vu peu de spectacles aussi touchans que celui de cette petite population, laborieuse, tranquille, bien unie, heureuse, presque étrangère aux passions humaines, bornée aux douces affections et aux devoirs simples et faciles de la famille.

Je voudrais que, dans quelques parties de notre France où le climat est plus favorable, le sol plus fertile, la population plus intelligente et plus active, il pût venir dans l'idée de quelques propriétaires riches d'imiter l'exemple de l'excellent William Allen, dont le nom est bien connu, non seulement dans sa patrie, mais aussi dans les pays étrangers: car il a parcouru les différens États de l'Europe, en observateur philantrope, et il a reçu partout l'accueil distingué dû à son caractère et à ses vertus.

En même tems qu'il a procuré un sort indépendant et heureux à tous les membres de sa colonie, il a, pour lui-même, et pour un ami plus riche que lui qui lui a fourni une partie des fonds nécessaires à l'exécution de son projet, un intérêt de *six* ou *sept pour cent,* par année, pour les sommes consacrées à fonder et à entretenir la colonie. Les familles des colons appartiennent à cinq ou six sectes différentes; ce qui n'altère nullement la bonne harmonie et l'union parfaite qui règnent entre eux. Si quelque sujet de division survient, le bon William Allen ou son frère sont appelés comme arbitres, et une prompte réconciliation prévient toute espèce de procès. Les crimes et même les délits sont à peu près inconnus dans ce petit coin de terre privilégié.

Il ne faut pas oublier de mentionner ici l'imprimerie établie auprès de l'école et dans le même bâtiment, qui sert à imprimer de petits livres pour l'usage des colons, ou pour l'instruction de leurs enfans. Un des colons, père de famille, ancien ouvrier imprimeur, dirige à la fois la culture de sa petite ferme, et travaille, comme compositeur et comme prote, dans l'imprimerie.

Tous les comptes des moindres dépenses et des recettes, et de tous les genres de produits, très-variés, que l'on obtient de la terre, toujours cultivée par les mains de l'homme, dans toute la colonie, sont tenus avec soin et servent à établir exactement la balance de chaque année.

Les principales cultures et récoltes de la colonie, à chacune desquelles une petite portion de terrain est consacrée dans chaque ferme, même dans celle qui n'a qu'un seul arpent, sont les suivantes: seigle, trèfle rouge, prairies artificielles, maïs, pommes de terre, navets suédois, betteraves jaunes, carottes, panais, choux, chicorée, ivraie d'hiver, ivraie de printems, brocolis.

Chaque chaumière a sa laiterie, et au moins une vache. Dans quelques-unes, les colons élèvent avec succès des abeilles et ont une ruche placée dans leur jardin, au milieu de plantes aromatiques.

Dans chaque chaumière, il y a de plus un four, un large fourneau pour la cuisine, une horloge pour régler l'emploi du tems; un puits, le plus souvent d'un usage commun pour plusieurs habitations presque contiguës, et enfin un égout pratiqué pour l'écoulement des eaux qui sont toutes recueillies dans la fosse du fumier; le bon engrais des terres étant l'une des conditions indispensables pour en obtenir des produits abondans et de bonne qualité.

Combien un pareil plan de colonie, appliqué dans une partie de la Normandie, ou de toute autre partie de la France, où les circonstances locales seraient plus favorables, n'aurait-il pas de chances de succès!... (1)

---

(1) Nous ajouterons l'extrait suivant de la *Gazette de Brighton*:
« Un propriétaire d'un des comtés de l'intérieur a eu l'idée de donner à ferme de petites portions de terrain à des enfans de la classe pauvre, mais industrieuse. On leur apprend à semer, à planter et à soigner toutes sortes de végétaux qui croissent ordinairement dans les jardins. Ces enfans paient une petite rétribution au propriétaire; le reste leur appartient et leur forme un petit pécule qui sert à soutenir leurs parens, et en même tems leur procure des vêtemens, etc. Ils cultivent la terre, deux fois par jour, à leurs heures de loisir, le matin et le soir; il en résulte un double avantage : c'est que les enfans acquièrent des connaissances précieuses en jardinage, et sont préservés du vice et de l'oisiveté. Cette expérience a eu jusqu'à présent des résultats admirables.

APPENDICE VI.

DES TROIS LIVRETS ÉCONOMIQUES D'EMPLOI DU TEMS :

1. AGENDA GÉNÉRAL, ou *Mémorial portatif universel*, LIVRET-PRATIQUE *d'emploi du tems*.
2. BIOMÈTRE ou *Mémorial horaire*, sorte de MONTRE MORALE.
3. MÉMORIAL ANALYTIQUE, ou JOURNAL DES FAITS ET OBSERVATIONS.

Tous les hommes livrés à des méditations ou à des occupations sérieuses, éprouvent le besoin de tenir des Notes pour conserver en ordre et à leur disposition les principaux résultats de leurs expériences, de leurs observations et de leurs travaux. La vie est un voyage, souvent pénible, quelquefois riche en événemens variés; toujours instructif, si l'on veut le mettre à profit. Tout voyageur aime à fixer par écrit les souvenirs de ses excursions et des lieux, des faits, des personnes, des événemens qui ont passé devant ses yeux. Mais chaque individu modifie à sa manière ses méthodes d'annotations ; et l'on peut dire que, sous ce rapport, une méthode uniforme et complète, appropriée à toutes les situations de la vie, à toutes les convenances, à tous les besoins, est encore à désirer.

Plusieurs essais en ce genre ont été proposés par des hommes d'un mérite supérieur, et en particulier par le célèbre LOCKE, qui, après avoir fait remarquer, dans son *Traité de l'Entendement humain*, « qu'il n'y a presque rien d'aussi nécessaire, pour le progrès des connaissances, pour la commodité de la vie et l'expédition des affaires, que de pouvoir disposer de ses propres idées, » a tracé lui-même le modèle d'un *Journal de souvenirs*, *Common place Book*, parfaitement ordonné, pour y déposer et pour y classer ses pensées, de manière à les retrouver au besoin (1).

Le respectable et savant Franklin a publié une *Méthode morale*, ou *règle de conduite*, pour s'exercer séparément et successivement aux différentes habitudes morales et aux vertus les plus essentielles à l'homme, dont il avait tracé le tableau dans l'ordre suivant : 1. *Sobriété*. 2. *Silence*. 3. *Ordre*. 4. *Résolution*. 5. *Économie*. 6. *Application*. 7. *Sincérité*. 8. *Justice*. 9. *Modération*. 10. *Propreté*. 11. *Tranquillité*. 12. *Chasteté*. 13. *Humilité*, *Modestie*. 14. *Bonté*, *Bienfaisance*, Humanité (2).

Ces deux méthodes, l'une *intellectuelle*, l'autre *morale*, sont reproduites, avec tous leurs développemens, dans les Appendices de l'ouvrage auquel nous renvoyons nos lecteurs. Ils y trouveront aussi une *Méthode analytique de lectures*, simple, commode et ingénieuse, spécialement applicable aux ouvrages de sciences et d'histoire, très-propre à *économiser le tems* dans les lectures et dans les études (3).

Les *Mémoires* de l'historien Gibbon contiennent aussi

---

(1) Voy. *Méthode de* Locke, *exposée par lui-même*, dans le second Appendice de l'*Essai sur l'Emploi du Tems*, 4ᵉ édition. Paris, 1829; pag. 426—434.

(2) Voy. la *Méthode de* Franklin, exposée par lui-même, et extraite des *Mémoires de sa vie*, 3ᵉ Appendice de l'*Essai sur l'Emploi du Tems*, 4ᵉ édition, pag. 435—450.

(3) Même ouvrage déjà cité, pag. 301—336. — Voyez aussi, dans la *Revue Encyclopédique*, T. X (avril 1824), l'*Esquisse d'un Plan de Lectures historiques, rapporté spécialement à l'influence des femmes*, considérée dans les différens siècles et chez les différentes nations, par M. A. Jullien, *de Paris*.

des détails curieux sur sa manière de lire, et de former des extraits raisonnés de ses lectures (1).

Nous devons nous borner ici à la description des trois *Mémoriaux* ou livrets pratiques, disposés pour rendre facilement applicable et plus généralement utile la méthode d'emploi du tems, exposée dans notre seconde partie, et qui est devenue le sujet d'un traité spécial plus étendu.

Tous les philosophes, depuis Socrate, Sénèque et les pères de l'Église, jusqu'à Francklin, qui avaient recherché les moyens de bien vivre, ou de bien employer le tems, avaient conseillé de se tracer d'avance un plan de vie, pour un mois, une semaine ou seulement une journée, et d'y conformer sa conduite le plus exactement possible. Ce conseil, bon en lui-même, ne pouvait guère s'appliquer qu'à la vie uniforme et régulière des colléges ou des couvens, et ne convenait d'aucune manière aux hommes entraînés par le tourbillon de la vie sociale, pour lesquels un plan de vie tracé d'avance, ne fût-ce que pour les vingt-quatre heures qui vont suivre, est nécessairement dérangé ou modifié par une foule d'occupations, d'affaires, de travaux, d'événemens et d'incidens imprévus. Il fallait donc attaquer la question de l'emploi du tems par d'autres moyens, pour bien résoudre le problème.

L'auteur de l'ESSAI GÉNÉRAL D'ÉDUCATION, sans rejeter l'idée de régler quelquefois d'avance ses occupations les

---

(1) Voy. la NOTE de la page 426 de l'*Essai sur l'emploi du Tems*, 4ᵉ édition, et pag. 451—457, l'explication et l'usage de la *Courbe de la vie*, imaginée et employée par M. PICTET, de Genève, pour apprécier exactement chaque journée, suivant les degrés de bonheur ou de malheur qui en constituent, pour ainsi dire, la température morale, et qui en expriment les variations successives.

plus essentielles, a établi, comme condition fondamentale de sa méthode, *l'habitude de se rendre compte, en quelques minutes, et par écrit, après chaque intervalle de 24 heures, des principaux emplois, des produits et des résultats de cette portion de la vie.*

Cette méthode avait été reconnue bonne et utile en théorie, par les critiques même les plus sévères ; mais ils la trouvaient d'une exécution difficile, moins convenable, disaient-ils, à des hommes qu'à des anges. Il s'agissait donc d'inventer un *instrument-livret*, tellement simplifié qu'il exigeât le moins de tems et d'attention possible, qu'il pût s'accommoder ainsi au caractère des hommes les plus paresseux, comme à la situation des hommes les plus occupés, et qu'il servît de régulateur pour diriger la vie.

Voici quels sont les trois livrets qui ont paru le mieux satisfaire à ces diverses conditions.

I. Le premier, appelé *Mémorial portatif universel*, et *Agenda général*, ou *livret-pratique d'emploi du tems*, publié d'abord, en 1810, à Milan, en français et en italien, qui depuis a eu quatre éditions françaises, qui a été traduit et publié en allemand, à Tubingue, est destiné à procurer l'avantage de recueillir, de classer et de conserver tous les souvenirs essentiels, agréables, utiles ou instructifs, déposés dans des tablettes usuelles, comprenant six grandes divisions :

1° Pour la *vie courante et journalière.* —Travaux, affaires, lectures, incidens, distractions et plaisirs de chaque jour.

2° Pour la *vie économique.* — Inscription des recettes et des dépenses.

3° Pour la *vie sociale.* —Noms des personnes avec lesquelles on a des relations habituelles, d'amitié, de société, ou d'affaires.

4° Pour la *vie épistolaire.* — Annotation des *lettres re-*

gues et des *lettres écrites,* d'une certaine importance, avec les dates et le précis en une ligne des sujets dont elles traitent.

5° Pour la *vie littéraire* et *de lectures.* — Notice bibliographique des meilleurs ouvrages, relatifs à ses besoins ou à ses goûts, à sa sphère d'instruction, d'occupations ou de travaux, que chacun peut vouloir lire et consulter.

6° Pour la *vie de la mémoire* et *de l'imagination*, qui embrasse elle-même quatre subdivisions :

1. *Souvenirs et Projets personnels et de famille*, relatifs à sa profession, à ses travaux particuliers, à sa famille, à ses affaires.
2. *Souvenirs d'utilité générale*, rapportés au bien public, à son pays, à l'humanité, aux inventions et aux découvertes, aux progrès des arts et des sciences, dont chaque homme doit suivre et observer la marche, dans la sphère qui lui est propre.
3. *Tablettes*, ou *Souvenirs historiques*, pour l'inscription des *époques* et des *dates*, soit des événemens publics remarquables, soit des *événemens domestiques et de famille* qu'on veut fixer par écrit, afin d'en conserver la date.
4. *Mémorial nécrologique.* — Inscription des noms des parens, des amis, des personnes qu'on a particulièrement connues, ou des personnages publics, distingués ou célèbres, qui meurent dans le cours de l'année.

La réunion de ces différens *comptes ouverts,* pour chacun des principaux élémens de la vie, forme une sorte de *Livret d'ordre,* qui sert à régler et à connaître la *distribution* et *l'emploi de tous les jours de l'année,* à suivre toutes les *variations de son existence,* à fixer et à conserver les *résultats* qu'elle a pu laisser.

Dix minutes par jour peuvent suffire pour que ce Mémorial universel soit tenu exactement au courant dans toutes ses parties. Car, à l'exception de l'*Agenda journalier* et du *Mémorial économique*, on n'a guère l'occasion d'écrire sur les autres tablettes que rarement, et à des intervalles plus ou moins éloignés.

Combien chaque homme, dans la classe de ceux qui apprécient la véritable valeur, la fuite rapide, la continuelle et déplorable dilapidation de la vie, n'aurait-il pas à se féliciter d'avoir rédigé et conservé un semblable *Agenda*, pendant une ou plusieurs années! La vie et ses variations multipliées, les expériences qu'elle amène, les observations fugitives qu'elle fait naître, et qu'il est si utile de saisir au passage et de fixer sur le papier, en prenant la nature sur le fait, se reproduiraient, au bout d'une année, pour l'année entière, en moins d'une heure, et ne pourraient manquer d'exercer une influence très-salutaire sur notre manière d'être et sur toutes nos habitudes.

Notre AGENDA GÉNÉRAL, indépendamment de son utilité incontestable pour toutes les parties de la *vie extérieure et sociale*, peut nous offrir aussi, pour notre *vie intérieure et individuelle*:

1° Dans la *branche physique*, une sorte de cours d'hygiène pratique, ou de l'art de conserver sa santé, appliqué à notre tempérament particulier, sur lequel plusieurs époques fournissent des observations qu'il est utile de recueillir;

2° Dans la *branche morale et sociale*, une sorte de cours expérimental des hommes et de la société, de l'étude de nous-mêmes et de la connaissance du cœur humain, et une revue abrégée de notre propre vie, qui ne coûte aucune peine, qui n'exige que peu d'instants, et qui prépare des avantages réels et des jouissances infinies;

3° Dans la *partie intellectuelle*, un résumé fidèle des applications que nous avons l'occasion de faire de nos *dispositions naturelles* et de nos *connaissances acquises*, et spécialement pour les jeunes gens, de la marche par laquelle leur esprit développe ses *facultés*, et acquiert les *connaissances positives* qu'exige d'eux la société, suivant leur vocation ou leur profession.

1. Nos actions et nos pensées journalières, dirigées par un esprit d'ordre et de méthode, qui les améliore et les multiplie. (*Agenda journalier* et *Mémorial de la vie courante*. A.)

2. L'observation constante de notre thermomètre économique, pour ne point compromettre et pour conserver, comme un dépôt sacré, sans aucun excès d'avarice ou de prodigalité, notre fortune et nos moyens d'existence. (*Mémorial économique*. B.)

3. Nos relations habituelles, choisies avec discernement et cultivées avec soin. (*Mémorial des personnes*. C.)

4. Nos correspondances, soit d'amitié, soit d'affaires et d'intérêt, suivies avec exactitude. (*Mémorial épistolaire, ou de correspondance active et passive*. D.)

5. Nos lectures dirigées avec sagesse et avec goût. (*Mémorial bibliographique*. E.)

6. Nos souvenirs et nos projets, instructifs, utiles ou importans, mis en réserve, les uns pour nous éclairer par les leçons du passé, les autres pour répandre leur lumière sur notre avenir, et pour lui imprimer une direction déterminée et une salutaire activité. (*Tablettes des Souvenirs et des Projets*.)

Tels sont les vrais moyens de multiplier la vie et de la rendre heureuse.

II. Biomètre, ou *Montre morale*. — Un second *Mémorial*, infiniment simplifié, appelé Biomètre, dont le nom est formé de deux mots grecs, Βιος, vie ; μετρον, mesure : *instrument-livret*, économique du tems, est destiné à procurer à chaque individu, qui voudra en faire usage, un moyen commode et facile de mesurer exactement sa vie, en l'appréciant par les divers emplois de chaque intervalle de vingt-quatre heures.

Ce livret, qui permet de recueillir, chaque matin, *en cinq minutes au plus*, et *sur une seule ligne*, *pour chaque jour*, les principaux résultats de la journée précédente, est une *suite de petites tables, composées de colonnes parallèles*, représentant tous les élémens de la vie humaine et sociale, tous les emplois qu'on en peut faire, tous les rapports qu'elle embrasse, indépendamment de la condition, de la profession ou de la fonction que chaque individu occupe ou remplit dans la société.

Chaque table, ou page du livret, contient *quinze lignes* pour *quinze jours* (1), et une dernière ligne de récapitulation, pour établir les totaux des nombres d'heures inscrits dans chaque colonne. *Chaque ligne figure un jour*, et se prolonge horizontalement à travers les colonnes indicatives des emplois de la journée. *Nulla dies sine lineâ.* — Aucun jour, sans la ligne qui lui appartient. — A chaque jour, son résultat.

La *première colonne*, à la gauche du tableau, marquée A, indique la *date* du mois et le jour de la semaine: *Vie*, pour ainsi dire, *chronologique*. Rapports de l'homme avec le *tems*, considéré dans sa marche.

La *seconde colonne*, B, beaucoup plus large, est destinée à reproduire, au moyen d'un petit nombre de signes convenus, indiqués dans l'*Instruction préliminaire pour*

___

(1) La nouvelle édition anglaise du Biometer, publiée à Londres en septembre 1833, contient des tables de *dix lignes*, pour *dix jours*, et par conséquent *trois tables par mois*, *trente-six tables pour l'année*, et une *troisième* et dernière *table* pour la *récapitulation générale annuelle*.

la tenue du Biomètre, les variations de la *température,* qui exercent une influence naturelle sur l'homme et sur son existence journalière.

Nous arrivons à la *Vie positive* et *pratique,* qui, sous les rapports les plus généraux, comprend, dans les colonnes suivantes, CINQ *grandes* DIVISIONS, *physique, morale, intellectuelle, sociale, passive* ou *végétative.*

La VIE PHYSIQUE comprend *trois colonnes :* C. *Vie tranquille,* ou *sommeil;* — D. *Vie alimentaire,* ou *repas;* — E. *Vie active,* ou *exercices du corps.* — Rapports de l'homme avec ses trois grands besoins physiques : *dormir, se nourrir, se mouvoir et agir.*

Les *trois colonnes* qui suivent renferment les trois subdivisions de la VIE MORALE, savoir : F. *vie intérieure, religieuse* ou *méditative;* Rapports de l'homme avec sa conscience et avec Dieu. — G. *Vie domestique;* Rapports de l'homme avec sa famille. — H. *Vie économique;* Rapports de l'homme avec sa fortune et ses affaires d'intérêt.

La VIE INTELLECTUELLE se divise aussi en trois branches, qui occupent *trois colonnes :* I. *Vie intellectuelle obligée;* Rapports de l'homme avec sa profession et ses devoirs; *travaux d'obligation.* — J. *Vie intellectuelle libre;* Rapports de l'homme avec ses inclinations, ses penchans, ses goûts; *travaux de choix.* — L'homme dont la *vie intellectuelle libre* n'est pas en harmonie avec sa *vie intellectuelle obligée,* ou avec ses devoirs, sa profession, éprouve un malaise involontaire. Il a moins de valeur pour lui-même, pour sa famille, pour la société : il est moins complet, moins utile, moins heureux; connexion intime et nécessaire entre ces deux subdivisions de la vie, comme entre toutes les autres. *Tout se tient.*—K. *Vie intellectuelle littéraire,* ou *lectures;* Rapports de l'homme avec les pensées des autres, avec les livres.

La VIE SOCIALE comprend quatre subdivisions : L. *Vie*

épistolaire, ou *de correspondance;* Rapports écrits de l'homme avec ses semblables. — M. Marche, mouvement. — *Vie errante* et *locomotive;* voyages et tournées, allées et venues, courses d'affaires. Rapports de l'homme avec les lieux. — N. *Vie civile* et *sociale,* proprement dite. Relations de société, visites. Rapports directs et journaliers de l'homme avec ses semblables. — O. *Vie dissipée.* Bals, théâtres, concerts et fêtes. Rapports de l'homme avec les délassemens de la société.

Après avoir inscrit, dans chacune des colonnes précédentes, d'après le souvenir récent de la journée qui vient de s'écouler, le nombre approximatif des heures données à chacun des divers emplois convenus, on dépose dans la seizième colonne P, Vie passive ou végétative, les momens vagues ou perdus, dont on ne peut pas bien se rappeler ni préciser l'emploi. — Rapports de l'homme avec le besoin de s'abandonner quelquefois au *far niente,* de végéter, de flaner, qui appartient à sa nature. Cette colonne reçoit ainsi le résidu ou le solde de la journée, en sorte que les chiffres, répartis dans les colonnes, sur la ligne de chaque jour, donnent le nombre total de vingt-quatre heures.

La *dix-septième colonne,* qui suit immédiatement, Q, *quantité* ou *quantum des heures;* Vie, pour ainsi dire, *numérique,* ou marquée en chiffres; Rapports de l'homme avec les heures de chaque journée, exprime ce total des vingt-quatre heures de la ligne du jour, et, pour la récapitulation, le total des heures de la *page de quinze* ou *de dix jours* (voyez la *Note* de la page 441, ci-dessus), ou enfin le total des heures du mois.

La *dix-huitième colonne,* R, *remarques* ou souvenirs principaux de chaque jour, vie, pour ainsi dire, mnémonique; Rapports de l'homme avec sa mémoire appliquée au rapide examen du jour écoulé, doit recevoir l'explication abrégée, en deux ou trois lignes correspondantes à la ligne du jour, de celles des colonnes qui, ce jour-là, sont le plus chargées de chiffres; et pourra contenir environ quinze ou vingt *mots de recherche*, pour rappeler les noms des personnes, des lieux, des établissemens, des objets remarquables qu'on a vus dans la journée, et ce qu'on a fait de plus important.

La *dix-neuvième et dernière colonne*, S., *secret de la vie*, est destinée à recevoir un *signe mystérieux*, dont on possède seul et dont on conserve la clé, soit une lettre de l'alphabet, une note de musique, un signe de numération ordinaire, un caractère algébrique, une figure quelconque, qui reproduit fidèlement, qui rend *visible* à l'œil, et, pour ainsi dire, *intuitive* à l'esprit, l'impression *bonne, mauvaise* ou *médiocre*, que le jour écoulé a pu laisser dans l'ame. — Il s'agit ici de la VIE RATIONNELLE OU RÉFLÉCHIE. — Rapports de l'homme avec sa raison, avec sa conscience, avec son ame.

On peut marquer aussi, par de légères modifications convenues avec soi-même, et faites dans le signe principal, si l'impression *bonne, mauvaise*, ou *médiocre*, produite par les souvenirs de chaque jour, tient à l'état physique et à la santé, ou à la vie morale, ou à la vie intellectuelle, ou à la vie sociale; et rien de ce qui intéresse l'homme, pour sa conservation et son amélioration personnelle, ne peut lui échapper (1).

Ainsi deux tables, de quinze jours l'une, dans l'édition

---

(1) Ainsi je suppose qu'une *croix* ordinaire exprime une impression bonne $+$; une *barre au-dessus et à droite* de la croix $+$ signifiera que l'*état de santé* a été satisfaisant; une *barre au-dessus et à gauche*, que l'*état moral* a été bon, $+$; une *barre au-dessous et à gauche*, qu'il en a été de même de l'*état social*, ou des relations de la vie sociale, $+$. — Une légère modifica-

française du *Biomètre*, figurent un mois ; trente-six tables, contenant trois cent soixante-cinq lignes, représentant les trois cent soixante-cinq jours de l'année, et suivies d'une dernière table récapitulative en douze lignes pour le compte-rendu, sommaire annuel des douze mois, constituent notre *Mémorial horaire, ou montre morale*.

L'usage de ce livret ne gêne en rien les habitudes, ni l'indépendance de la vie, pas plus que celui de la montre ordinaire, et fait exactement connaître ce que chaque jour est devenu, comment il a été dépensé.

Les méthodes morales, proposées par Pythagore, par Socrate, par Franklin, consistent surtout à régler d'avance les emplois de sa vie. Mais, alors, mille circonstances imprévues viennent déranger le plan qu'on a formé, et les plus sages projets restent sans exécution.

Ici, vous retracez, chaque matin, à votre pensée, en montant votre *Biomètre*, la journée de la veille, qui a été employée d'une manière ou *bonne et satisfaisante*, ou *insignifiante et nulle*, ou *mauvaise et déplorable*. Quel qu'en ait été l'emploi, tout est consommé. L'irrésistible torrent du tems a entraîné et englouti cette journée dans son cours. Mais, par cela même qu'elle n'existe plus que dans votre souvenir, qu'il ne dépend plus de vous d'en changer les résultats, qu'il y a là quelque chose de positif livré à votre observation, le moment est venu de constater et de recueillir, de la manière la plus analytique, la plus abrégée, la plus complète, ce résultat, quel qu'il soit. La seule inspection de la ligne ainsi tracée est une leçon indirecte, mais éloquente, qui agit sur vous. Il

tion dans les signes, dans la position ou dans l'inclinaison des barres, comme dans les signes qu'emploient les télégraphes, suffit pour indiquer, à l'usage de celui qui tient le *Biomètre*, les différentes impressions que chaque jour lui a laissées.

paraît impossible qu'en rapprochant et en comparant les lignes qui se suivent dans chaque page, à mesure que vous insérez un certain nombre d'heures dans chaque colonne, vous ne soyez pas porté, par instinct, par besoin, par réflexion, par raison, et par une force irrésistible, à modifier *en bien* la journée qui commence, si vous êtes mécontent de celle qui a précédé, ou à désirer de reproduire le même signe, exprimant le contentement intérieur que vous éprouvez, si votre journée a été satisfaisante dans les quatre branches générales, *physique*, *morale*, *intellectuelle* et *sociale*, qu'elle comprend.

Car l'homme a un corps, et, dès lors, une vie et des besoins physiques. Il a une ame et des besoins moraux; une intelligence et des besoins intellectuels; une nature éminemment sociale, et des besoins, des rapports, des intérêts, des devoirs sociaux à l'égard de ses semblables. Il a aussi une sorte d'existence *végétative* qui ne doit pas être oubliée dans une analyse fidèle et raisonnée de sa vie. Il a des rapports nécessaires, presque imperceptibles, avec la nature extérieure et la température atmosphérique, qui agissent sur lui, sur sa constitution, sur son état physique, moral, intellectuel et social, d'une manière insensible, mais puissante. Les observations délicates et fugitives, qui lui échapperaient sans cesse, si elles n'étaient pas recueillies et consignées avec soin, jour par jour, sur son livret, lui fournissent un moyen précieux de surveillance continuelle sur lui-même et sur tout ce qui l'entoure. Ainsi, le *Biomètre* est à la fois un *instrument physique* et *hygiénique*, ou *conservateur de la santé* [1]; *moral* et *économique*, qui tend toujours à maintenir ou à rétablir notre nature morale (et notre écono-

---

[1] Les indications journalières, fournies par le *Biomètre*, peuvent souvent prévenir à tems une maladie grave qu'il est possible

mie), dans une situation meilleure (¹); *intellectuel*, ou excitateur de notre intelligence, dont il remonte périodiquement les ressorts en stimulant son activité; enfin, *social*, en nous faisant bien comprendre l'utilité que nous pouvons retirer de nos relations avec les autres hommes.

Le *Biomètre* contribue à donner une certaine variété à la vie la plus monotone, en reproduisant les nuances, diversifiées à l'infini, des occupations, des circonstances, des impressions, des sentimens, des peines, des plaisirs, qui sont les élémens de son existence fugitive, et une grande régularité à la vie la plus répandue au dehors et la plus dissipée, dont il classe méthodiquement les résultats essentiels, sans fatiguer l'esprit, et sans exiger d'autres sacrifices qu'un recueillement consciencieux de la pensée pendant cinq minutes, chaque matin.

Il procure aussi l'avantage d'augmenter la valeur réelle de ses journées, et presque le nombre des heures dont elles se composent. Car celui qui en a la ferme volonté peut, dans le cercle étroit de 24 heures, se créer des journées de 26, de 30, même de 32 ou 34 heures, en contractant l'habitude salutaire d'extraire de chaque portion de la vie, comme d'un citron fortement pressé dont on exprime le jus, tout ce qu'elle est susceptible de produire (²).

---

d'arrêter à sa naissance, lorsqu'elle ne s'est encore annoncée que par une indisposition passagère.

(¹) Le *Biomètre* est un moyen puissant de perfectionnement moral : car il permet de combattre et de vaincre plus facilement, en les attaquant, jour par jour, l'un après l'autre, à mesure qu'ils se manifestent, les défauts de caractère, les mauvaises inclinations ou les vices. Il procure une grande économie de tems, au point même d'augmenter et de multiplier la vie. Enfin, il donne l'esprit et les habitudes d'ordre qui servent de bases et de points d'appui à toutes les bonnes qualités morales et sociales, et à toutes les vertus.

(²) Voyez pag. 29 et 30 de l'*Instruction sur la tenue du Bio-*

Chaque homme qui a des idées d'ordre et d'économie, ou même qui obéit au seul instinct de son intérêt personnel, ne laisse pas sortir de sa bourse une seule pièce d'or de 20 francs, même une pièce d'argent, sans savoir à peu près ce qu'elle devient, et si l'emploi qu'il en a fait lui est agréable ou utile. Et cependant, après qu'une pièce de monnaie a été dépensée ou perdue, on peut réparer cette dépense ou cette perte, et retrouver une même valeur en argent, par une combinaison heureuse, par une sage économie, ou par un travail assidu. Mais, quand on a dépensé ou perdu cette *pièce de monnaie de la vie*, qu'on appelle *un jour*, qui peut nous le rendre? qui peut nous dédommager de l'avoir laissé évanouir sans aucun résultat d'agrément ou d'utilité, souvent même de l'avoir déplorablement employé à nous plonger, par irréflexion, par imprudence, par légèreté, par l'entraînement des passions, dans un abîme de malheurs?

Pourquoi ne pas apporter le même soin à nous rendre compte de l'emploi de nos journées, que nous apportons à nous rendre compte des divers emplois des sommes d'argent dont nous pouvons disposer?

On a souvent reproduit et ressassé des lieux communs sur l'importance et l'emploi du tems; mais on n'a jamais déduit de cette pensée féconde les conséquences et les applications rigoureuses qui en découlaient naturellement.

Il était donc nécessaire d'inventer un instrument, destiné à rendre facilement praticable une méthode d'administration de la vie journalière, et à procurer le moyen de savoir, aussi exactement que possible, ce que deviennent, dans leur fuite rapide, les différentes parties du jour que nous sommes convenus d'appeler des *heures*.

mètre, placée en tête de ce Livret. Paris, 1824, Dondey-Dupré, 2ᵉ édit.; 1 vol. in-12 cartonné, de 100 pages.

On a tâché que cet instrument, d'un usage universel, pût servir également à tous les individus, sans distinction de sexe, d'opinion, de condition sociale, de profession ou de fortune. Mais il convient surtout aux esprits éclairés, aux hommes doués d'une raison supérieure, d'une haute moralité, jaloux de se bien observer et de s'améliorer; aux jeunes gens bien nés, capables de sentir combien il leur importe d'avoir toujours avec eux un Mentor et un guide; aux bonnes mères de famille, qui peuvent y trouver un thermomètre salutaire pour observer et diriger le développement progressif des tendres créatures confiées à leur affection et à leurs soins; enfin, aux personnes très-occupées qui éprouvent le besoin d'avoir un régulateur et un modérateur, au milieu des flots tumultueux de leur vie agitée; aux personnes paresseuses et oisives par inclination, qui ne peuvent être arrachées à l'empire de cette force d'inertie contre laquelle elles voudraient en vain lutter, que par une sorte de ressort et de mobile excitateur, propre à les secouer par une impulsion continue, ou renouvelée tous les jours.

La méthode proposée est éminemment religieuse, morale et philosophique : elle donne une voix à la conscience et à la raison qui reproduisent, chaque matin, leurs utiles avertissemens. L'homme reste libre de les suivre, ou de les négliger; qu'il soit du moins forcé de les entendre : tôt ou tard, ils porteront leurs fruits. Elle est économique ; car on s'accoutume à interroger presque involontairement chaque portion de sa vie, chaque heure, chacun des instans fugitifs que trop d'hommes s'étudient à perdre, en créant même une sorte d'*art de tuer le tems* (¹). De semblables questions, devenues une habitude de l'esprit et

---

(¹) Par les jeux de cartes, les jeux de hasard, les conversations frivoles, les commérages, la médisance, etc.

de l'ame, ne sont jamais posées en vain. Elles éveillent l'attention, la réflexion; et la vie devient plus rationnelle, plus logique : elle est dirigée dans une route déterminée, vers un but convenu (1).

L'usage du *Biomètre* ne fait, en réalité, qu'appliquer à la vie courante et journalière la tenue des *écritures commerciales*, qui offrent de si grands avantages d'ordre, d'exactitude, d'économie; et à l'inspection de nos heures et de nos journées, la sévérité des *revues* et des *inspections militaires*, qui établissent et maintiennent, dans toutes les parties d'un corps d'armée, et dans chacun des corps dont il se compose, la discipline, l'ordre, la régularité et la simultanéité des mouvemens.

Enfin, les cases de notre *instrument*, où l'on dépose les heures consacrées aux divers emplois de la vie, sont comme les touches d'un piano qui rendent un son plus ou moins prolongé, plus ou moins agréable, et dont l'accord parfait tend à faire de la vie une sorte de concert harmonieux que l'on peut renouveler tous les jours.

Nos tablettes offrent l'image d'un échiquier. Les colonnes sont les cases; les heures qu'on y dépose sont les pièces ou les pions; la manière dont elles sont réparties détermine s'il y a perte ou gain; et le signe, placé à la dernière colonne, indique si la partie est perdue ou gagnée, c'est-à-dire, si la journée a été bien ou mal employée. Le hasard et la combinaison influent, comme dans le jeu d'échecs, sur le résultat de chaque partie.

Ces *tables matérielles d'observations et d'expériences*, progressives et comparées, rendent à l'intelligence et à l'ame des services analogues à ceux que la règle et le compas rendent à l'œil et à la main.

Il y aurait des volumes entiers à écrire sur ce sujet inépuisable, qui n'est rien moins que l'*homme* compris dans

---

(1) Loi du But. Voy. ci-dessus, pag. 180 et 351.

D'ÉDUCATION.

sa plus grande généralité; la *nature* et la *vie humaines* comprises dans tous leurs élémens, dans leurs moindres détails.

III. Un troisième *et dernier* Mémorial, qui convient surtout aux jeunes gens et aux voyageurs, et qui pourra paraître le plus utile, comme étant destiné à recevoir les développemens des faits, dont l'ensemble forme, pour chaque individu, une sorte de code des expériences de la vie et de la société, a pour titre : Mémorial analytique des faits et des observations.

On peut le diviser en autant de comptes ouverts que nous avons distingué de branches de la vie, afin de pouvoir classer à part les faits et les observations qui s'appliquent plus spécialement, soit à la *vie physique* et à la *santé*, soit à la *vie morale, intellectuelle*, ou *sociale*. Chacun de ces comptes ouverts devient, à la longue, un véritable cours pratique d'*hygiène*, de *morale*, de *développement intellectuel* ou d'*instruction*, de *vie sociale*, ou de *connaissance du monde et des hommes*.

Ce Mémorial comprend les colonnes ci-après, qui peuvent servir de modèle pour un *Journal des extraits et des analyses de ses lectures*.

Modèle du Mémorial des Faits et Observations, ou du *Journal de Lectures*.

Nos d'ordre.	DATES des faits, ou Pages des volumes cités.	FAITS et OBSERVATIONS et DÉTAILS DIVERS.	MOTS de RECHERCHE.	SIGNES GÉNÉRAUX.	Nos de renvois.

Dans la *première colonne*, on assigne à chaque article un *numéro d'ordre*, 1, 2, 3, etc., qui sert ensuite à le retrouver au besoin.

On inscrit, dans la *seconde colonne*, soit la *date* d'un événement, ou d'un fait, que l'on veut se rappeler, soit le *titre* et la *page d'un volume* cité, quand il s'agit d'un extrait d'ouvrage.

La *troisième colonne*, qui est la plus étendue, doit contenir les précis des *faits* et des *observations* que l'on veut conserver.

La *quatrième colonne* indique, par un ou quelques *mots de recherche*, le sujet particulier de chaque article, et rend beaucoup plus faciles les recherches à faire dans ce recueil.

La *cinquième colonne* permet de désigner, par un même *signe générique* convenu, les différens mots de recherche susceptibles d'une sorte d'association, ou qui peuvent être considérés sous un même point de vue général.

Ainsi, le signe *Ed.* (*Education*) pourra caractériser tous les articles marqués par les différens mots de recherche : *salles d'asile, écoles primaires, écoles du second ordre, écoles spéciales, devoirs des instituteurs*, etc. — Le signe général B. A. (*Beaux-Arts*) pourra servir à rapprocher tous les articles épars, indiqués dans la colonne précédente par les mots de recherche : *dessin, peinture, sculpture, gravure, architecture, musique*, etc.

Les deux colonnes des *mots particuliers de recherche* et des *signes généraux* ont pour objet de donner la double habitude de l'*esprit de détail* et de l'*esprit d'ensemble*.

La *sixième* et dernière *colonne* des *numéros de renvois*, qui correspond avec la première, celle des *numéros d'ordre*, sert à établir des rapports et des renvois entre les articles qui se correspondent.

On dispose les chiffres inscrits dans cette colonne, ainsi qu'il suit : 3 | 9. Le chiffre placé à gauche de la ligne de séparation indique le numéro d'ordre de l'article précédent le plus rapproché qui traite du même sujet. Le chiffre placé à droite de la ligne renvoie à l'article le plus rapproché de l'une des pages suivantes, dans lequel le même sujet se trouve reproduit.

On peut ainsi revoir et parcourir les faits et les observations qu'on a fixés par écrit, soit dans un *ordre chronologique*, en lisant de suite le journal qui les retrace, soit dans un *ordre analytique* et *spécial*, d'après la nature des matières traitées que l'on considère, ou *particulièrement*, à l'aide des *mots de recherche*, ou *sous un point de vue général*, au moyen des *signes génériques*.

Comme on a pris soin d'enregistrer, sous un même titre, les articles qui traitent un même sujet, et d'affecter à chacun d'eux un *numéro d'ordre* particulier, l'usage des *numéros de renvois* permet de retrouver et de rapprocher, au milieu même d'une multitude de fragmens écrits sans suite ni liaison, et dispersés confusément de côté et d'autre, tous les articles qui ont entre eux quelque analogie, et qui peuvent s'éclairer mutuellement.

Nos trois *livrets pratiques* se rattachent essentiellement à l'éducation, à la philosophie morale, aux institutions domestiques et de famille, qui sont elles-mêmes étroitement liées aux institutions publiques. Une prompte régénération du caractère national résulterait nécessairement de l'adoption de cette méthode, généralisée pour tous les jeunes gens des classes supérieures et moyennes de la société, et commencée pour eux, une ou deux années avant leur entrée dans le monde. Nous livrons cette idée aux hommes qui s'occupent, en ce moment, de reconstruire sur les bases solides d'une religion bienveillante et tolérante, d'une morale pure, d'un entier dévoûment à la patrie et à l'humanité, l'édifice de l'éducation et de l'instruction publiques.

APPENDICE VII.

Des Témoignages extérieurs de considération et d'estime, et des Avantages sociaux, en honneurs et en argent, qu'il convient d'assurer aux personnes chargées de diriger et d'instruire les enfans et les jeunes gens, et capables de concourir aux progrès de l'éducation et de l'instruction publiques.

« CHARLEMAGNE, pénétré de l'importance de l'instruction publique, ne considérait pas moins les Instituteurs destinés à former le peuple, que les Guerriers appelés à le défendre contre les ennemis du dehors, et que les Magistrats établis pour le protéger par les lois contre les désordres de l'intérieur.

» Charles était assez sage ou assez juste pour croire que des hommes auxquels il confiait la tâche, précieuse pour lui, de répandre les lumières parmi ses sujets, et d'ennoblir leurs mœurs, devaient être assez bien traités pour que leur manière de vivre et leurs formes extérieures concourussent à leur donner de la considération. Aussi, les places de professeurs de ces écoles étaient dotées avec une générosité bien entendue, de sorte qu'ils pouvaient jouir d'une assez grande aisance (1). »

« J'improuve, dit BACON, la mesquinerie des appointemens assignés aux professeurs, soit des arts, soit des métiers, parmi nous. Car il importe surtout aux progrès des sciences, que les professeurs, en chaque genre, soient choisis parmi les plus habiles et les plus instruits, attendu que leurs travaux ne sont pas d'une utilité passagère, et qu'ils tendent à multiplier les enfans de la science et à la perpétuer à jamais. Or, c'est un but auquel on ne peut arriver qu'en leur assignant des récompenses et un trai-

---

(1) *Vie de Charlemagne*, par HÉGEWICH, p. 216 et 240.

tement, dont le plus habile, dans chaque art, puisse être pleinement satisfait, et l'être au point qu'il ne lui paraisse pas dur de mourir dans son emploi, et qu'il ne songe plus à embrasser une autre profession active.

» Si l'on veut faire fleurir les sciences, il faut observer la loi militaire de David ; loi qui portait que *ceux qui descendraient au combat et ceux qui demeureraient à la garde du bagage, auraient parts égales :* autrement le bagage sera mal gardé. De même, les professeurs dans les sciences sont comme les conservateurs et les gardiens de tout l'appareil littéraire : appareil qui sert ensuite à fournir des instrumens à la pratique et des munitions à la milice des sciences. Il est donc juste que leurs récompenses égalent les gains des praticiens. Autrement, si l'on n'adjuge pas des prix assez grands et assez magnifiques aux pères des sciences, on pourra dire de leurs enfans :

» *Et des enfans débiles rappelleront les jeûnes de leurs pères.* » (BACON, tome I.)

NAPOLÉON a donné, sous ce rapport, un grand et noble exemple aux Princes et aux Rois, en plaçant dans les positions les plus avantageuses et les plus honorables la plupart des hommes de son époque les plus distingués dans les sciences et dans les arts.

On pourrait dire avec vérité que cette munificence, habilement calculée, entrait dans ses vues politiques et personnelles, et qu'elle était conforme aux intérêts bien entendus de son ambition ; car il a réussi, par ce moyen, à étouffer plus d'une voix patriotique et indépendante qui aurait peut-être plaidé, contre sa tendance toujours croissante au despotisme, la cause de la liberté expirante.

Mais, ce n'en était pas moins un spectacle satisfaisant pour les amis de l'humanité, que cette réunion, dans les hautes fonctions publiques et dans les postes les plus éminens, de tant de personnages illustres, dont les noms sont consacrés par d'utiles travaux scientifiques et littéraires (1). La France et l'Europe les contemplaient avec une égale satisfaction dans les académies, dans les sociétés savantes, et dans les séances du Sénat, du Conseil-d'État, du Corps-Législatif et des Tribunaux. Dans un tel état de choses, un double éclat se trouve réfléchi : par les sciences, les lettres et les arts, et par le mérite et la renommée de ceux qui les cultivent avec gloire, sur les emplois publics dont ils sont revêtus ; et par les honneurs eux-mêmes et la considération qui les accompagne, sur les sciences et sur leurs ministres. C'est avec ce brillant et imposant cortége de philosophes, de savans, de magistrats, dont il avait su apprécier et dont il avait dignement honoré et noblement récompensé les talens et les services, que l'homme de génie sur lequel reposèrent pendant quelques années les espérances et les destins de l'Europe et du monde civilisé, s'était offert aux regards de son siècle, et pourra se présenter avec un juste orgueil à l'histoire et à la postérité.

Si une paix durable, fortement cimentée, qui aurait pu être le fruit de ses efforts et de ses travaux, lui avait permis de consacrer uniquement ses pensées à la prospérité de la France ; mais surtout, s'il avait pu dompter l'ambition délirante et la soif insatiable de conquêtes et de domination universelle dont il était dévoré ; si un rayon divin de l'amour de l'humanité avait

(1) *Lagrange, Laplace, Monge, Bertholet, Cuvier, Fourier, Lacépède, Volney, Fourcroy, Chaptal, Chenier, Lanjuinais, Cabanis, Vien, Denon, Fontanes, Le Brun,* moins illustre comme duc de *Plaisance* que comme traducteur de l'*Iliade ; Carnot, Cambacérès, Merlin de Douay, Pastoret, Barbé-Marbois, Portalis* père, l'abbé *Sieyes,* etc.

pu fondre les glaces de son égoïsme, alors il lui aurait été facile de consolider sa puissance, d'épurer et d'éterniser sa gloire, de créer, dans l'administration intérieure, dans les sciences et dans les arts, les mêmes prodiges qui ont signalé presque tous ses pas dans la carrière des armes et de la politique (1).

(1) Le même jugement sur NAPOLÉON est exprimé dans les vers suivans, extraits d'un petit poëme intitulé : *La Révolution et l'Empire*, inséré dans la *Revue Encyclopédique*, T. XLVII (août 1830), pag. 320 — 327.

  O! si NAPOLÉON avait voulu comprendre
  Les intérêts sacrés qu'il aurait dû défendre;
  Si son puissant génie, inspiré par le cœur,
  De son siècle avait su mesurer la hauteur ;
  Si de l'ambition, de l'orgueil en délire
  Le fatal ascendant n'eût plané sur l'empire ;
  D'un peuple généreux si, respectant les droits,
  Lui-même eût tempéré son pouvoir par les lois ;
  Organe impartial de la raison publique,
  S'il eût sur la vertu fondé sa politique,
  Et consacré sa force et son activité
  Au bonheur de la France et de l'humanité ;
  D'un nouveau Wasinghton la suprême influence,
  Pour un long avenir, dans une sphère immense,
  Sur l'Europe et le monde, exauçant leurs souhaits,
  Eût versé deux grands biens : la liberté, la paix ;
  Et de NAPOLÉON l'immortelle mémoire
  Eût, bienfaisante et pure, apparu dans l'histoire.
  Mais, lui-même, infidèle à ses brillans destins,
  Enivré par sa gloire, ébranla, de ses mains,
  De sa fausse grandeur le fragile édifice,
  Et devint l'instrument de son propre supplice.
   Vous, de la vérité qui craignez le flambeau,
  Sur vos devoirs, ô Rois, consultez son tombeau.

Voyez POÉSIES POLITIQUES, par M. A. JULLIEN, *de Paris*, 1 vol. in-8° de 115 pages, Paris, juin 1831 ; et la LETTRE A LA NATION ANGLAISE SUR L'UNION DES NATIONS, etc., suivie de *Quelques Poésies* et d'un *Discours en vers* sur la Révolution, par le même auteur, 1 vol. in-8°, Londres, Bossange, Barthès et Lowell, septembre 1833.

Puissent un aussi mémorable exemple, et la terrible catastrophe qui a été, pour Napoléon, la dure expiation de ses graves erreurs et de son obstination constante à repousser la vérité, à éloigner les hommes de conscience et d'expérience, les hommes de bien et d'avenir qui voulaient le garantir de sa chute, et en faire, presque en dépit de lui-même, un instrument d'avancement social et de bonheur public, servir aux gouvernemens appelés à lui succéder dans des tems plus tranquilles, et les pénétrer de ces vérités conservatrices : 1° que l'administration publique doit s'appuyer avec confiance sur l'opinion nationale librement manifestée et sur les intérêts nationaux ; 2° qu'elle doit agir toujours avec franchise et loyauté, de concert avec les véritables représentans du pays, dans l'unique vue d'y favoriser les progrès des lumières et de la civilisation, l'avancement moral et intellectuel de la société, l'émancipation du travail, la suppression progressive des monopoles, l'adoucissement du sort des classes pauvres et laborieuses, l'abaissement des barrières hostiles à l'industrie qui ont trop long-tems entravé les communications entre les peuples!

C'est ainsi qu'un gouvernement peut acquérir une grande puissance morale et effective, et une certitude de durée qui lui permet de réaliser pour un long avenir des vues d'amélioration. C'est par l'ÉDUCATION PERFECTIONNÉE, par les encouragemens donnés à ceux qui se consacrent à cette laborieuse carrière, que le chef d'un État peut atteindre un but si désirable et se créer à lui-même d'immenses moyens de conservation, de puissance et de véritable gloire.

APPENDICE VIII.

SUR LA MARCHE ET LES EFFETS DE LA CIVILISATION.

La CIVILISATION est dans la nature de l'homme, dont l'un des caractères distinctifs est la *sociabilité*. Elle est mêlée de bien et de mal, comme toutes les choses humaines (1). Mais les avantages l'emportent de beaucoup sur les inconvéniens. On doit chercher à l'améliorer, à diminuer les maux qu'elle a produits ou qui s'y trouvent attachés, à augmenter les bienfaits qu'elle peut répandre sur l'espèce humaine et sur la société.

La *division* et l'*emploi des hommes* sont à la fois les deux principaux effets, et deviennent à leur tour les causes les plus importantes de la civilisation et de ses progrès (2).

Nos sociétés civilisées se partagent en *deux* grandes *classes*.—L'une comprend *les oisifs*, ou les *hommes de loisir*, ceux qui ne font rien, qui vivent du travail et des sueurs des autres. « En politique, comme en morale, dit J.-J. Rousseau (dont l'opinion paraît du reste exagérée), c'est un grand mal de ne point faire de bien; et tout citoyen inutile peut être regardé comme un homme pernicieux. »

Dans la seconde classe sont *les travailleurs*, ou les hommes actifs et laborieux. Mais cette classe même se subdivise en deux sections : 1° Les hommes dont le travail et l'activité produisent des résultats utiles; 2° ceux dont l'activité n'est pas seulement stérile et infructueuse, mais nuisible. Le nombre de ces êtres malfaisans est mal-

---

(1) *Loi du mélange universel du bien et du mal.* Voyez l'Appendice Ier.

(2) *Loi de l'action et de la réaction.* Voy. *ibidem.*

heureusement trop considérable. Dans la section même des hommes occupés d'un travail utile, combien en voit-on qui ne sont pas appliqués à la chose à laquelle ils conviennent (¹), et dont l'activité se trouve en pure perte, ou beaucoup moins productive qu'elle ne pourrait l'être, si elle était mieux employée! Combien d'autres hommes encore sont obligés de consumer leurs forces pour un travail que j'appellerai *négatif*, quoiqu'il soit impérieusement commandé par la nature des choses, dans la société ! Tels sont les militaires, les juges, les hommes de loi, les innombrables agens du fisc, les administrateurs, les prêtres, les médecins, etc., dont plusieurs rendent des services importans, et dont les fonctions sont très-nécessaires, mais dont le nombre ne doit pas être disproportionné aux besoins réels de la société, puisqu'ils consomment le produit du travail des autres classes, sans rien produire immédiatement par eux-mêmes. Il faut circonscrire cette classe d'hommes dans de justes limites, ou plutôt se borner à ne pas encourager exclusivement l'accroissement de cette partie du corps social, et à ne point lui donner un embonpoint factice et funeste aux autres parties.

Nous comptons à peine, dans nos sociétés actuelles, un *vingtième* des hommes qui les composent employé à des travaux réellement productifs. Ce vingtième doit nourrir ou faire subsister par son travail tous les autres individus : les *oisifs inutiles*; les *travailleurs malfaisans*; les *travailleurs non productifs*.

Rétablissons la proportion au profit de la société ; employons avec plus d'art et de sagesse cette activité individuelle et générale, trop souvent mal conduite et mal appliquée; formons un immense faisceau d'efforts bien

---

(¹) Tout est relatif. *Loi des convenances ou des proportions.* Voy. l'*Appendice* Ier.

combinés; centuplons nos forces, en les appliquant mieux. Nous n'avons encore soulevé qu'une bien faible partie du voile dont la nature couvre à nos yeux ses ouvrages.

Il faut donc, au lieu de calomnier la civilisation, s'emparer de ce qu'elle a de bon et d'utile, des moyens et des ressources qu'elle nous offre, et surtout s'occuper de la perfectionner, par une application mieux entendue de ces trois grandes forces morales et politiques : *la* DIVISION DU TRAVAIL, *l'*EMPLOI DU TEMS *et l'*EMPLOI DES HOMMES.

J.-J. Rousseau lui-même, après avoir peint, avec sa brûlante éloquence, les inconvéniens et les abus introduits dans l'organisation sociale, et qui ont corrompu ce que l'institution des sociétés avait de plus noble et de plus beau, rend un hommage solennel à la prééminence de l'homme civil sur l'homme sauvage.

En dépit des ennemis de la civilisation, qui n'en jouissent pas moins de tous ses avantages, et qu'on pourrait accuser d'ingratitude envers la société qui les habille, les loge, les nourrit, leur prodigue tous ses moyens de bien-être, d'utilité, de commodité, d'agrément, il paraît vrai de dire que les idées morales se développent et s'étendent, se mûrissent et se perfectionnent avec les progrès des lumières.

Les nations brutes et barbares, ou qui ne sont encore parvenues qu'à une certaine période de l'état social, se livrent à des actes de cruauté, inconnus chez les peuples policés. L'histoire comparée des différens âges du monde et des habitans des différentes contrées de la terre, les annales anciennes et modernes, les relations, les voyages confirment cette vérité.

Considérons un instant les progressions sociales, ou la marche et les effets de la civilisation, en rapprochant les lois et les usages des Romains, leur état civil et politique, et nos coutumes, nos mœurs, notre législation, notre civilisation actuelles.

Les Romains avaient poussé jusqu'à la barbarie les droits de la paternité. Un père pouvait exposer, vendre et même tuer ses enfans.—Nos mœurs n'ont point ce caractère d'atrocité; notre jurisprudence, plus conforme à la saine raison, se trouve plus en harmonie avec la morale et avec la nature; notre existence civile est mieux protégée et garantie. Un fils peut et doit, de nos jours, être l'ami de son père. L'éducation, plus humaine et mieux dirigée, surtout depuis un demi-siècle, a beaucoup rapproché les parens de leurs enfans.

Les Romains avaient des esclaves, en faisaient un infâme trafic, et s'attribuaient sur eux le droit de vie et de mort. Ils livraient à l'esclavage leurs prisonniers de guerre, enchaînaient les rois vaincus aux chars de leurs orgueilleux triomphateurs, se faisaient souvent un jeu d'enfreindre les traités; ils signalaient enfin leur affreuse puissance et leur domination destructive par le pillage, la perfidie et la férocité.—Notre politique est plus douce, plus noble, plus généreuse; notre droit des gens, plus humain. Dans les guerres, même les plus cruelles, nous respectons, à beaucoup d'égards, les propriétés particulières. Nos ennemis désarmés sont placés sous la sauvegarde des lois sacrées de l'humanité; nos prisonniers de guerre sont traités comme nos propres soldats, viennent habiter nos villes, fréquenter nos familles, partager nos travaux, et retournent, après la guerre terminée, au sein de leur patrie. L'esclavage a été banni de l'Europe civilisée.

Les Romains se plaisaient aux spectacles de gladiateurs; des meurtres étaient leurs jeux. — Nous ne connaissons plus ces amusemens sanguinaires.

Tout étranger était réputé *barbare* aux yeux des Romains; ils appelaient de ce nom les Carthaginois, leurs ennemis, plus civilisés qu'eux.— Les peuples européens

juste et le cœur droit ; le P. *Lamy*, de l'Oratoire. Un vol. in-12.

Plans d'Éducation et Comptes-rendus de celles faites par les Jésuites ; par le P. *Rolland*. Un vol. in-4.

Journal de l'Instruction publique ; *Thiébault* et *Borelli*. Paris, 1793, 1794, 1795. 8 vol. in-8.

Vues patriotiques sur l'éducation du peuple, tant des villes que de la campagne. Lyon, 1785. Un vol. in-12.

De l'Instruction du peuple ; *Ph. de La Magdelaine*.

De l'Éducation pour les grandes républiques ; *Labène*. 1 v.

Manuel des Instituteurs, où l'on indique les bons livres élémentaires ; *Chantereau*. Un vol.

Théorie de l'Education ; *Grivel*. Paris, 1775. 5 vol. in-12.

Discours sur l'Education ; *Vanière*. Un vol. in-8.

L'Education, poëme ; *La Fargue*. Un vol. in-8.

Du Choix et de la Méthode des Etudes ; *Fleury*. Un vol. in-12.

Manière d'enseigner et d'étudier les belles-lettres ; *Rollin*. 4 vol. in-12.

Sur l'Education des enfans ; Locke. 2 vol. in-8.

Essai sur l'Entendement humain ; *le même*. 4 vol. in-12.

Essai sur l'Homme ; *Pope* ; trad. de l'anglais, en vers, par *Delille* Paris, 1821. Un vol. in-8.

Les Caractères de *La Bruyère*. 2 vol. in-12.

De l'Education ; *Knox*, de l'université de Cambridge, 7ᵐᵉ édit. Un vol. in-8.

Elémens et progrès de l'Education ; *Bonneval*. Un vol.

Nouveaux Essais d'Education, trad. de *Goldsmith* par *Dampmartin*. Un vol. in-12.

Esquisse d'un plan d'Education ; *Dampmartin*. Un vol.

Plans et Statuts de l'*Impératrice de Russie*, pour les établissemens d'éducation dans son empire. 2 vol. in-12.

Le Gouverneur, ou de l'Education, par le *Gouverneur des princes de Holstein*. Londres, 1768. Un vol.

Manuel d'Education ; *Basedow*. Berlin, 1774. 3 v. in-3.

De l'Education publique; La Chalotais, avec son Compte-rendu sur les Jésuites. Un vol. in-12.

De l'Homme et de son éducation; Helvétius, 6 vol. in-8.

De l'Education; Diderot. Un vol. in-12.

Emile, ou de l'Education; J.-J. Rousseau. 4 vol.

Léonard et Gertrude, ou Tableau de l'existence et des besoins du peuple, puisé dans la vie intérieure d'une famille dans laquelle des parens pauvres dirigent eux-mêmes l'éducation de leurs enfans; H. Pestalozzi. 1780. 4 vol. in-12.

Etienne et Elise, ou Vues sur l'état du peuple, ses sentimens, ses besoins, ses habitudes, les sources de ses opinions, les principes et les motifs de ses déterminations et de ses actions; *le même.* 1785. 2 vol. in-12.

Recherches sur la marche de la Nature dans le développement de l'homme; *le même.* 1797. Un vol. in-12.

Comment Gertrude enseigne ses enfans; *le même.* (Première exposition assez complète de la théorie de Pestalozzi sur l'Education et sur l'instruction élémentaires.) 1801. Un vol. in-12.

Manuel des Mères; *le même.* 1802. Un vol. in-12.

Vues, Expériences et Moyens concernant l'Éducation, ou la formation et la culture de l'homme; *le même.* 1807. 1 v.

De l'instruction publique; *Mirabeau.* Un vol. in-8.

De l'Instruction publique; *Talleyrand-Périgord.* Un v. in-4.

Id. par *Condorcet.* — *Id.* par *Lakanal.* — *Id.* par *Champagne*; les trois réunis en un vol. in-8.

De l'Instruction publique; *G. de Morveau.* Un vol. in-12.

Rapport sur l'Education nationale, *Lepelletier-St.-Fargeau.*

Plan d'Education; *Vandelincourt.*

De l'Instruction publique, par *Verdier.* — *Id.* par *Barruel.* — *Id.* par l'Évêque *Grégoire.*—*Id.* par *Fleuri*, professeur.

Moyen d'améliorer l'éducation. Un vol.

Plan d'Education nationale pour toutes les nations; le comte de *Vauréal.* Un vol.

Institution nationale ; L. *Bourdon.* Un vol.
Le Tems perdu, ou les Écoles publiques ; *de Gourest.*
  Un vol. in-12.
De l'Éducation des colléges ; l'abbé *Rossignol,* Un v. in-8.
L'Art d'enseigner et d'apprendre le latin sans maître ;
  Le Bel. 1788. Un vol. in-8.
Lettres instructives et curieuses sur l'Éducation. 1770.
  Un vol. in-12.
Projet d'Éducation tardive. Un vol. in-18.
Le Lycée de la Jeunesse, ou les Études réparées ; *Moustalon.* 2 vol. in 12.
Abrégé des Études de l'homme fait ; *Leclerc.* Paris, 1789.
  2 vol. in-8.
Cours d'Etudes ; CONDILLAC. 16 vol. in-8.
Lettres sur les Études, Conseils à un jeune homme qui
  veut perfectionner son éducation ; *Du Tremblay.* Paris,
  1804. Un vol. in-8.
Idées du monde, ou Idées générales des choses dont un
  jeune homme doit être instruit ; *La Pallue.* 2 v. avec fig.
Bibliothèque du père de famille, Cours complet d'éducation pour les instituteurs et pour ceux dont les études
  négligées ont besoin d'être refaites. 12 vol. in-12.
Eudoxe. Entretiens sur l'étude des sciences, des lettres
  et de la philosophie ; *J. P. F. Deleuze.* Paris, 1810.
  2 vol. in-8.
Eraste, ou l'Ami de la Jeunesse ; l'abbé *Filassier.* Lyon,
  1811. 2 vol. in-8.
La Solitude, considérée par rapport aux causes qui en
  font naître le goût, et relativement à ses inconvéniens
  et à ses avantages pour l'esprit et pour le cœur ; *J. G.
  Zimmermann,* trad. de l'allemand par *A. J. L. Jourdan.* Paris, 1825. Un vol. in-8.
Des causes morales et physiques des maladies mentales ;
  F. Voisin, D. M. Paris, 1826. Un vol. in-8.

De la santé des gens de lettres ; *Tissot*, avec des notes par *F. G. Boisseau.* Paris, 1826. Un vol. in-18.

Essai historique et moral sur l'Éducation française. Un v. in-12.

Principes de la belle Éducation, depuis le premier âge jusqu'à celui de prendre un état. 3 vol.

L'Ami des Enfans ; *Berquin.*

Leçons d'une gouvernante ; M*me de Genlis.* 2 vol. in-12.

Manière d'enseigner ; *la même.* Un vol. in-12.

Adèle et Théodore ; *la même.* 4 vol. in-12.

Veillées du Château ; *la même.* 3 vol. in-12.

La Maison rustique, pour servir à l'éducation de la jeunesse ; *la même.* Paris, 1810. 3 vol. in-8.

De l'alaitement et de la première éducation de l'enfance. Un vol. in-12.

Élémens d'Éducation physique des enfans et de médecine domestique infantile ; *Ed. Protat*, D. M. Paris, 1803. Un vol. in-8.

Recueil de Recherches sur l'Education ; *J. J. Drouin.* Paris, 1804. Un vol. in-8.

De l'Education corporelle ; *Desessarts*, D. M. Un vol.

Education médicale des enfans ; *Bronzet*, D. M.

Médecine maternelle, ou l'Art d'élever et de conserver les enfans ; *Alphonse Leroi.* 1830. Un vol. in-8.

Observations sur la Phrénologie, ou Connaissance de l'homme moral et intellectuel, fondée sur les fonctions du système nerveux ; le D*r G. Spurzheim.* Un v. in-8, avec fig. Paris, 1818.

Essai sur les principes élémentaires de l'Education ; *le même.* Paris, 1822. Un vol. in-8.

Essai philosophique sur la nature morale et intellectuelle de l'homme ; *le même.* Paris, 1820. Un vol. in-8.

Petit Livre sur un grand sujet, ou Dialogues sur l'Ame, à l'usage des enfans ; *T. A. Gallaudet.* Paris, 1834. 2 v. in-18. Risler, rue de l'Oratoire, 6.

Théorie des sentimens moraux, *A. Smith*; trad. de l'angl. par Mme *Condorcet*. Un vol. in-12.

Tableau historique des progrès de l'esprit humain; Condorcet. Un vol. in-8.

Moyen d'apprendre à compter sûrement et avec facilité; *le même*. Paris, 1818. Un vol. in-18.

Essai sur la Physiognomonie, destiné à faire connaître l'homme et à le faire aimer; *J. Gasp.* Lavater, La Haye, 1781—1803. 4 vol. in-4.

Sur les fonctions du cerveau, et sur celles de chacune de ses parties; Gall. Paris, 1825. Baillière. 6 forts vol. in-8.

De l'exercice du corps chez les Anciens; *Sabbatier*. 2 vol. in-8.

De l'Education physique de l'homme; *Friedlander*, D. M. Un vol. in-8. Paris, 1815. Treuttell et Wurtz.

La Gymnastique de la jeunesse, jeux d'exercice; *Jauffret*. Un vol. in-12, avec 30 gravures.

Examen des Esprits propres aux sciences, traduit de *Huarte*. 2 vol. in-12.

Tableau des Esprits, qui fait connaître les inclinations des hommes pour les conditions de leurs charges; *Barclai*. Un vol. in-12.

Système de Législation, ou Moyens que la politique peut employer pour former des citoyens vertueux et utiles; *Borelli*. Un vol.

Traité élémentaire de Morale, où l'on développe les principes d'honneur et de vertu, les devoirs, etc. 2 vol.

Progrès des sciences; *Saverien*. 4 vol. in-8.

Perfectibilité de l'homme par les agens physiques et moraux; *Verdier*. 2 vol.

Rapports du physique et du moral de l'homme; Cabanis; avec deux tables analytiques; Destutt-Tracy. Paris, 1824. 5 vol. in-12.

L'art de prolonger la vie de l'homme; *C. G. Hufeland*,

D. M., trad. de l'allemand par *Jourdan*, D. M. Paris, 1824. Un vol. in-8.

Progrès de la société en Europe, trad. de *Stuart*. 2 vol. in-8.

Des peuples policés, et des progrès de la vie civile au physique et au moral; *Steebs*. Un vol. in-12.

De la société civile; *Fergusson*. 2 vol. in-8.

Des causes de bonheur public (dont la bonne Éducation est le germe le plus fécond); *Gros de Besplas*. 2 vol.

De la félicité publique; *Chastellux*. Paris, 1822. 2 vol. in-8.

De l'influence des passions sur le bonheur des individus et des nations; Mme DE STAEL. Paris, 1820. Treuttell. Un vol. in-12.

L'Allemagne; *la même*.

De l'influence de l'habitude sur la faculté de penser; *Maine de Biran*. Un vol. in-8.

Élémens d'idéologie; DESTUTT-TRACY. Paris, 1804, 4 vol. in-8.

Traité analytique de la méthode; *Develay*, de Lauzanne. Un vol. in-8.

Leçons de l'École normale. 13 vol. in-8.

Lettres d'EULER sur la physique. 3 vol. in-8.

Histoire naturelle de BUFFON. 54 vol. in-12, avec figures. Levrault.

Histoire naturelle de l'homme; *Lacépède*. Un vol. in-8. Idem.

La physique réduite en tableaux raisonnés; *Barruel*. In-4.

Traité élémentaire de chimie; LAVOISIER. Paris, 1793. 2 vol. in-8.

Tableaux synoptiques de chimie; FOURCROY. Un vol. grand in-folio.

Nouveau système de chimie organique; *F. V. Raspail*. Paris, 1833. Un vol. in-8.

Science de l'histoire, développée par tableaux synoptiques; *Chantreau.* 2 vol. in-4. Paris, 1803. Treuttell et Wurtz.
Atlas historique et géographique de *Le Sage* (Las Cases). Un vol. in-folio.
Tableaux séculaires chronométriques de l'histoire de France; F. Goffaux. Paris, 1819. Un vol. in-8.
Essai sur l'histoire générale des sciences, pendant la révolution française; J. B. Biot. Paris, 1803. Un vol. in-8.
De l'Éducation des filles; Fénélon. Un vol. in-12.
L'ami des Femmes, ou morale du sexe; *Boudier de Villemer.* Un vol. in-8.
De l'Éducation physique et morale des femmes, avec un Dictionnaire de celles qui se sont le plus distinguées par leurs talens et leurs vertus. Un vol. in-12.
De l'Éducation physique et morale des deux sexes; *Fourcroy.* 2 vol. in-12.
Nouvelle idée sur l'Éducation, et manière d'exercer l'attention; Mme *Lafitte*, institutrice des princesses d'Angleterre, 1791. Un vol.
Conseils d'une mère à son fils, poëme traduit de l'italien, de la duchesse *Vastogirardi;* par M. *Pingeron*, avec l'italien à côté du français. Un vol. in-16.
Le guide d'une mère pour l'Éducation de ses enfans; *Ch. Bidou.* Paris, an XI, 1803.
Plan d'éducation pour ma fille; Mme de *G***.
— Autre; Mlle *Maisonneuve.* Un vol.
Plan de lecture pour une jeune dame; M. de *Marnésia.* Un vol. in-8.
Etudes convenables aux demoiselles. 2 vol.
Cours d'études pour les demoiselles; *Fromageot.* 8 vol.
Bibliothèque universelle des dames. 154 vol. in-18.
Cours normal des institutrices primaires; Mlle *Sauvan.* Un vol. in-12. Levrault.

Les Femmes comme il convient de les voir ; par *une Femme*. 2 vol. in-18.

Lettres sur les principes élémentaires d'Éducation ; *Élis. Hamilton* ; trad. par L. C. Chéron. Paris, 1804. 2 vol. in-8.

Education complète des Femmes ; Mme de *Montesson*. 7 vol. in-8.

Education complète ; Mme de *Beaumont*. 2 vol. in-12. Levrault.

Ouvrages sur l'Education des femmes ; Mmes de *Lambert*, française ; *Chappone*, anglaise ; *Luna de Foliero*, napolitaine ; *Hofmann*, polonaise ; *Villard*, américaine.

Cours complet d'instruction, à l'usage des jeunes demoiselles ; J. Galland. Eymery. 6 vol. in-12.

Principes d'institution pour les deux sexes, pour former le corps, l'esprit et le cœur. Un vol. in-12.

Education des dames pour la conduite de l'esprit dans les sciences et les mœurs ; *Poulain*, 1674. Un vol. in-12.

Tableau d'Éducation pour les jeunes personnes ; Mlle *Caroline Rudolphi*. Heidelberg.

De l'Education, et Conseils aux jeunes filles ; Mme *Campan*. Paris. 2 vol. in-8.

Education domestique, ou Lettres de famille sur l'Education ; Mme *Guizot*. 1826. 2 vol. in-8.

Annales de l'Education ; M. et Mme *Guizot*. In-8.

Education progressive ; Mme *Necker de Saussure*. 2 v. in-8.

De l'Education du cœur ; par *un père de famille*. 2 vol.

L'Ecole du bonheur, ou Vertus sociales pour les deux sexes. 791. 2 vol.

De l'influence des femmes sur l'éducation des hommes. 2 v.

Essai sur le caractère, les mœurs et l'esprit des femmes dans les différens siècles ; *Thomas*. Paris, 1772. 8 vol. in-8.

Vrais principes de politesse et de savoir-vivre, traduits de l'anglais, de lord *Chesterfield*. 2 vol. in-18.

D'ÉDUCATION.

A mon fils; *Dufriche de Valazé.* 1 vol. in-8.
Progrès des connaissances humaines et de la législation; *Servan.* Lyon, 1781. Un vol. in-8.
Essai sur l'Emploi du tems,—et deux Livrets économiques d'emploi du tems: Livret pratique, Agenda général; 4ᵉ édition. Biomètre, ou montre morale; M. *A. Jullien, de Paris.* Paris. Dondey-Dupré.
Lettres sur la profession d'avocat; *Camus;* revues par *Dupin* aîné. 2 vol. in-8.
Traité du tribunal de famille; *Guichard.* Un vol. in-8.
Histoire du droit français; *Boileau.* 1806. Un vol. in-8.
De l'Éducation littéraire pour les hautes sciences; *Hafner.* Un vol. in-8.
Elémens des sciences et des arts littéraires; *Benj. Martin.* 5 vol.
Périclès, ou de l'influence des beaux-arts sur la félicité publique; *Ch. d'Alberg,* Prince Primat. 1808. Un vol. in-8.
Réflexions sur la nécessité d'étudier les finances avant la politique; *Forbonnois.* Un vol. in-12.
Mémoires sur l'application de la chimie aux arts et aux manufactures; *Chaptal.* 4 vol. in-8.
Nécessité et moyens de faire entrer dans l'instruction publique l'enseignement de l'agriculture. 8 vol. in-8.
Le Bonheur dans les campagnes; *Marnésia.* Un vol. in-8.
Esprit de la législation pour encourager l'agriculture. Berne. Un vol. in-8.
L'art d'être heureux, mis à la portée de toutes les nations. Un vol. in-8.
Collection des Établissemens utiles à l'humanité, publiée par *A. Duquesnoi.* 36 vol. in-8.
Expériences, Recherches utiles à l'humanité, recueillies par *Pingeron.*—Ouvrage servant de suite au précédent. Un vol. in-8.

Institution des sourds-muets, exercices; l'abbé *de l'Epée*. 1774. Un vol.

De l'Education des sourds-muets de naissance; DE GÉRANDO. Paris, 1827. Baillière. 2 vol. in-8.

Grammaire générale de l'abbé *Sicard*, 2 vol. in-8.—Et Ouvrages de MM. *Paulmier*, *Bébian* sur l'Education des sourds-muets.

Mémoire sur l'Education des aveugles; *Haüy*. Imprimé avec des caractères en relief. Un vol. in-4.

Essai d'instruction morale. Paris, 1812. 2 vol. in-8. Brunot-Labbe.

Le Spectateur, ou le Socrate moderne; trad. de l'anglais. Amsterdam, 1746. 8 vol. in-12.

Dictionnaire de l'industrie manufacturière, commerciale et agricole. Paris, 1834. 10 vol. in-8.

Dictionnaire de médecine et de chirurgie pratique. Paris, 1834. Baillière. In-8.

Cours d'études encyclopédiques; *F. Pagès*. Paris, an VIII (1800). 6 vol. in-8, et Atlas in-4.

*Revue Encyclopédique, ou Analyse raisonnée des productions les plus remarquables dans la littérature, les sciences et les arts; publiée sous la direction de M. A. JULLIEN, *de Paris* (12 années, de 1819 à 1830 inclusivement). 48 vol. in-8.

Table Décennale de la Revue Encyclopédique, ou Répertoire général des matières contenues dans les 40 premiers volumes de ce Recueil, et Résumé sommaire des travaux scientifiques et littéraires de toutes les nations, pendant les dix années écoulées de 1819 à 1829; publié par les soins et sous la direction de M. A. JULLIEN, *de Paris;* mis en ordre et rédigé par M. MIGER, auteur de la *Table analytique des œuvres complètes de Voltaire.*

*Encyclopédie moderne, publiée par *Courtin*. Paris, 1823—1830. 25 vol. in-8, et un vol. de planches.

Dictionnaire des découvertes en France, de 1789 à la fin de 1820. Paris, 1824. 17 vol. in-8.

Exposé de la méthode élémentaire de Pestalozzi; *Chavannes*. Lauzanne, 1805. In-8.

Esprit de la méthode d'éducation de Pestalozzi; *M. A. Jullien, de Paris*. Milan, 1815. 2 vol. in-8.

Plan d'Éducation nationale pour les États-Unis d'Amérique; Dupont, *de Nemours*.

Campe. — Niemeyer. — Deux ouvrages allemands très estimés sur l'Éducation.

Dictionnaire des notions primitives, ou Abrégé raisonné et universel des connaissances humaines, qui contient la définition et la valeur des mots et des idées, et tout ce qui peut former le cœur et l'esprit. 4 vol. in-8.

Dictionnaire de grammaire et de littérature, partie de la nouvelle Encyclopédie méthodique; *Garat*. 6 vol. in-4.

Cours de littérature; *La Harpe*. 19 vol. in-8.

Cours de littérature, faisant suite au *Lycée de La Harpe*; *Boucharlat*. Paris, 1826. Brunot-Labbe. 2 vol. in-8.

Œuvres de *Bernardin-de-Saint-Pierre*, édition revue par *Aimé-Martin*. Paris, 1826. 12 vol. in-8.

Progrès des connaissances en Europe, et de l'enseignement en France; *M. J. Chénier*. Un vol. in-8.

Discours sur les Écoles centrales; *le même*.

Leçons de littérature et de morale; *Noel et Laplace*. 1805. 2 vol. in-8.

Cours de littérature analytique; *N. Lemercier*. 4 v. in-8.

Éloges historiques; G. Cuvier. Paris. 3 vol. in-8. Levrault.

Fables de La Fontaine.

Harmonies poétiques et religieuses; *A. de La Martine*. Paris, 1830. 2 vol. in-8.

Chansons de Béranger. Paris, 1820—1830. 3 vol. in-18.

Œvres complètes de Chateaubriand.

Œuvres de lord Byron.

Méthodes élémentaires de *Bell, Lancaster*; — d'enseignement mutuel ; *de La Rochefoucauld-Liancourt, De Lasteyrie, Jomard, Delaborde, Basset.* Paris, 1815—1830.

Cours d'études élémentaires pour les enfans ; l'abbé *Gaultier.* Jules Renouard, éditeur.

Institution des enfans, ou Conseils d'un père à son fils ; traduit du latin de *Muret; François de Neufchâteau.* Un petit vol. in-12. Treuttell.

* Éducation familière, séries de lectures pour les enfans, tirées de divers ouvrages de Miss *Maria* Edgeworth, avec des additions considérables ; *Louise Swanton* Belloc. 12 vol. in-18. Chez l'auteur, rue de l'École de Médecine, 5.

* Les jeunes industriels, ou Découvertes, Expériences, Conversations et Voyages de Henri et Lucie ; *Maria* Edgeworth ; traduit de l'anglais par Mme Belloc. Paris, 1826. 4 vol. in-12.

Annales de l'enseignement universel ; *De Seprés.* 1 vol. in-8. Mansut fils.

Considérations sur les lacunes de l'Éducation secondaire en France ; *Ch. Renouard.* 8 vol. in-8.

Éducation rationnelle ; J. P. Gasc. 1 vol. in-8. Paulin, rue de Seine.

L'instituteur primaire, ou Instructions propres à former et à diriger les instituteurs ; M. *Matter.* Un vol. in-8.—

Livres classiques et élémentaires, pour les *salles d'asile,* les *écoles primaires.* L. Hachette, libraire-éditeur.

Traité d'Éducation publique et privée dans une monarchie constitutionnelle ; P. H. Suzanne. 2 vol. in-8. Aimé-André.

Histoire de la philosophie moderne, depuis la connaissance des lettres jusqu'à Kant ; *J. G. Buhle;* traduit de l'allemand par *Jourdan.* Paris, 1826. 6 vol. in-8.

De l'Entendement et de la Raison, ou introduction à l'étude de la philosophie ; *J. F. Thurot.* Paris, 1831, 2 vol. in-8. Aimé-André.

Cours de philosophie ; *Damiron.* 3 vol. in-8.

Du perfectionnement moral de l'homme; *De Gérando.* 2 vol. in-8.

" De l'Éducation publique, considérée dans ses rapports avec le développement des facultés, la marche progressive de la civilisation, et les besoins actuels de la France; *Naville.* Paris, 1832. Audin, libraire-éditeur. Un vol. in-12.

Essai sur l'art d'être heureux; *J. Droz.* Un vol. in-8.

De la philosophie morale; *le même.* 2 vol. in-8. 1824.

Rapport sur l'état de l'instruction publique en Allemagne et en Prusse; *V. Cousin.* 2 vol. in-8. Levrault.

État de l'instruction primaire et de l'instruction secondaire en Prusse, pendant l'année 1831; *le même.* Paris, 1833. 2 br. in-8. Levrault.

" De la Religion, considérée dans sa source, ses formes et ses développemens; *B. Constant.* Paris, 1824. 2 vol. in-8.

Manuel de Religion et de Morale; *J. G. E. O'Egger.* Paris, 1827. Un vol. in-8.

* Idées sur la philosophie de l'histoire de l'humanité; HERDER. Traduit de l'allemand par *Edg. Quinet.* Paris, 1827. 4 vol. in-8. Levrault, libraire-éditeur.

Méthode polonaise; *Jazwinski.* Isidore Pesron, rue Pavée-Saint-André, 13.

Déontologie, ou Science de la morale; ouvrage posthume de *Jérémie* BENTHAM; revu par *J. Bowring;* traduit par *B. La Roche.* Paris, 1834. 2 vol. in-8. Charpentier, libraire-éditeur.

De l'Éducation; ouvrage allemand, *Herbart.*

De l'Éducation des mères de famille, ou de la civilisation du genre humain par les femmes. L. AIMÉ-MARTIN. Paris, 1834. 2 vol. in-8. Gosselin.

Ancien Testament. — Nouveau Testament. — Imitation de Jésus-Christ. — 3 vol. in-8.

* La Mère de Famille, Ouvrage périodique consacré à l'amélioration et à l'instruction des femmes; Mme J. Sirey.

IV. Choix d'auteurs *qui ont écrit sur le* droit des gens *et sur la* politique, *à consulter par un* étudiant en diplomatie.

Auteurs français. — Sully. — D'Ossat. — Mably. — De Réal (*La Science du gouvernement*). — Montesquieu (*l'Esprit des lois. Considérations sur la grandeur et la décadence des Romains*). — De Rayneval. — Vattel. — Flassan. — Bignon. — Guerry. — Condorcet (*Bibliothèque de l'homme public*, 25 vol.).

Auteurs anglais. — Temple. — Digges. — Mackintosh. — Jones. — J. Bentham.

Auteurs allemands. — Wolff. — De Martens. — Kant. — Moser. — Kluber (Jean-Louis). — *Le droit des gens*, publié en Français, à Stutgardt, en 1819, et dont on prépare maintenant une nouvelle édition, qui comprend une *Bibliothèque choisie des meilleurs ouvrages écrits sur la diplomatie.* — Muller.

Auteurs italiens. — Machiavel. — Vico. — Romagnosi.

Auteurs espagnols et portugais. — Florès Estrada. — Pinheiro Ferreira.

Auteurs hollandais. — Grotius. — Puffendorf. — De Wolf.

Auteurs américains. — Mémoires de Washington, — de Franklin, — de Jefferson. — Rush. — Gallatin; — et leurs collections de pièces diplomatiques.

Auteurs arabes et turcs. — La collection de M. Michaud, en deux volumes, publiée sous le titre de *Bibliothèque Orientale*, et qui forme aussi les sixième et septième volumes de son *Histoire des Croisades*.

FIN.

TABLE ANALYTIQUE,

PAR ORDRE DE CHAPITRES,

DE L'ESSAI GÉNÉRAL D'ÉDUCATION

PHYSIQUE, MORALE ET SOCIALE, ET INTELLECTUELLE.

ESSAI GÉNÉRAL D'ÉDUCATION.   Pag. I-IV.
DÉDICACE *de l'Auteur :* A LA MÈRE DE FAMILLE . . . . . v.
A Mme *Joséphine* SIREY, fondatrice de *La Mère de Famille.* VII.
L'AUTEUR AU LECTEUR. . . . . VIII-XVI.
AVERTISSEMENT *de la première édition.* . . . . . Pag. 1
ORDRE ET PLAN DE L'OUVRAGE. 9
INTRODUCTION. 15
I. CONSIDÉRATIONS GÉNÉRALES sur l'importance de l'ÉDUCATION; But de cet ouvrage. . . . . *ib.*
II. Inconvéniens qui résultent, pour un État, du défaut d'éducation et d'instruction, dans les classes supérieures et dans les classes inférieures de la société 18
III. De l'*éducation,* dans ses rapports avec la *politique.* . . 22
IV. De l'éducation des enfans des familles les plus influentes par la richesse, la considération, et par le rang qu'elles occupent dans la société. 26
V. Ordre des matières traitées dans cet Essai 28

PREMIÈRE PARTIE.

I. Des AVANTAGES et des INCONVÉNIENS respectifs de l'ÉDUCATION PUBLIQUE et de l'ÉDUCATION DOMESTIQUE. . . . 31
II. De l'utilité d'une ÉDUCATION MIXTE, et du nombre d'enfans qu'il convient de réunir pour ce genre d'éducation. . 35
III. Du choix d'un Instituteur. 39
IV. Des conditions accessoires qui paraissent nécessaires au succès de l'éducation 42
V. Du BUT qu'on doit se proposer dans l'éducation. . . . 45

Pag.

VI. Du *Principe fondamental* de *l'éducation* et de la *morale*, ou d'une *Loi* naturelle et primitive qui lie tous les hommes entre eux par leurs intérêts réciproques. 44

VII. Des trois puissances ou facultés qu'on distingue dans l'homme, et dont le développement et la parfaite harmonie sont nécessaires à son bonheur. 45

VIII. Des trois branches dans lesquelles l'éducation se subdivise. 46

IX. PRINCIPES GÉNÉRAUX de *l'éducation physique*. . . 48

X. De la GYMNASTIQUE 62

XI. Du CHANT, considéré comme l'un des objets essentiels qui doivent faire partie de l'instruction primaire et commune 70

XII. PRINCIPES GÉNÉRAUX de *l'éducation morale*. . . . 76

XIII. De la CONNAISSANCE DU MONDE, qui fait essentiellement partie de *l'éducation morale*. 84

XIV. De la RELIGION.—De *l'existence d'un Être-Suprême*, et de *l'immortalité de l'ame*. 94

XV. PRINCIPES GÉNÉRAUX de *l'éducation intellectuelle*, ou de *l'instruction* 101

XVI. CONNAISSANCES qu'il convient de donner aux enfans, et *ordre progressif de l'enseignement*. — Études convenables, depuis six ou sept ans jusqu'à neuf. — *Étude des langues; lecture et écriture; dessin; calcul; géographie et histoire naturelle; premières notions d'astronomie*. . 108

XVII. D'un *mode particulier d'enseignement*, qu'il parait convenable d'employer pour les enfans, et qui peut s'appliquer à la fois à *l'étude des langues*, à la *lecture* et à *l'écriture*, au *calcul*, au *dessin*, à la *géographie*, à *l'histoire naturelle* et à la *géométrie* 112

XVIII. Continuation de l'indication des sciences qui doivent être successivement enseignées aux enfans et aux jeunes gens.

Instruction depuis neuf jusqu'à douze ans. — *Physique et Chimie*. — Étude des *langues grecque et latine*. — Manière d'étudier les langues 119

DE L'ESSAI GÉNÉRAL D'ÉDUCATION. 485
Pag.
XIX. Instruction des 12e, 13e et 14e années. — *Géométrie théorique et pratique; Arpentage.*—*Mathématiques et Algèbre.* — *Mécanique et Hydraulique.* — Suite des leçons d'*Histoire naturelle* 122

XX. Instruction des 15e et 16e années. — *Langue Italienne et Musique.* — *Étude de l'Histoire,* suivie pendant trois ans. — Continuation des études précédentes. — Apprentissage du *service militaire,* depuis dix-huit jusqu'à vingt ans. — Utilité d'une éducation et d'une instruction complètes et variées, qui occupent toujours les enfans et les jeunes gens, et tiennent leur *corps,* leur *ame,* leur *esprit,* leurs *facultés* sans cesse en action. 123

XXI. OBSERVATIONS GÉNÉRALES sur le *mode* et les RÉSULTATS de l'*instruction bien dirigée.* 126

XXII. Instruction, depuis vingt jusqu'à vingt-un ans. —*Étude des lois.* Travaux, pendant six mois ou un an, chez un avocat ou chez un notaire ; et pendant six autres mois ou une année, chez un commerçant ou chez un banquier.—Continuation de l'examen des RÉSULTATS du plan d'éducation. 128

XXIII. Avantages provenant de l'étude des différentes sciences et de la pratique des différens exercices du corps. —Rapports entre les différentes branches de l'éducation. 130

XXIV. Notions d'*anatomie et de physiologie.* — Universalité et sainteté de la profession de *Médecin.* — Utilité et nécessité de faire entrer les *connaissances médicales* dans un système complet d'éducation. 131

XXV. Des *divers moyens de communication.* — De l'*Étude de l'histoire.* — Des observations appliquées à l'*agriculture* et aux différens *arts* et *métiers.* 138

XXVI. Utilité des VOYAGES, pour compléter l'éducation. — L'époque des voyages parait devoir être depuis vingt ou vingt-un an jusqu'à vingt-quatre ou vingt-cinq ans. . 141

XXVII. RÉSULTATS GÉNÉRAUX de l'éducation pour les élèves. 144

XXVIII. OBJECTIONS prévues et réfutées.—OBSERVATIONS. 146

XXIX. Conclusion. Résultats de l'exécution du plan d'éducation proposé, pour nos élèves eux-mêmes, pour leurs familles et pour la patrie. 156

Vues préliminaires qui ont présidé à la formation d'un *Tableau Synoptique des connaissances humaines,* d'après un *nouveau système de classification*. 158

Tableau synoptique des connaissances humaines. 162-63

SECONDE PARTIE.

Méthode *qui a pour objet de régler, avec économie et discernement, le* bon emploi du tems, *premier moyen d'être heureux; à l'usage des Jeunes gens, depuis quinze jusqu'à vingt-cinq ans.*

I. Résumé de la *première partie*. — Objet de la *seconde*. 163

II. De la signification la plus restreinte, et de la signification la plus étendue du mot *Éducation*. 167

III. Des *trois points de vue* sous lesquels il convient de considérer l'emploi de l'existence. 168

IV. Du prix et de l'économie du Tems, considéré comme un instrument donné à l'homme par la nature. — Utilité d'une méthode qui permettrait d'en tirer tout le parti possible. 169

V. *Première condition* imposée à celui qui veut bien régler l'emploi de son tems. — Question préalable et nécessaire qu'on doit s'adresser avant de parler ou d'agir : *A quoi cela est-il utile ?* cui bono ? 171

VI. *Seconde condition*. Examen journalier, fait régulièrement, chaque matin ou chaque soir, de l'emploi de la journée qui a précédé. . . . . *ib.*

VII. *Troisième condition*. Résumé par écrit du *Compte-rendu journalier de ses actions et de ses discours,* ou usage d'un *Mémorial analytique* 173

VIII. Récapitulation des conditions de la méthode proposée. — *Trois avantages principaux* qu'on peut retirer de cette méthode 175

DE L'ESSAI GÉNÉRAL D'ÉDUCATION. 485
Pag.
IX. *Douze habitudes* précieuses résultent également de l'usage de cette méthode, et améliorent l'homme sous les trois rapports indiqués 178

X. DEUX CONDITIONS ACCESSOIRES pour rendre la méthode plus essentiellement profitable. — *Première condition accessoire*. Usage de tenir trois *Comptes ouverts*, distincts et séparés, pour y recueillir, à mesure qu'elles s'offrent à l'esprit, les observations utiles, relatives à l'une ou à l'autre des trois facultés que l'homme doit perfectionner. 180

XI. Des deux portions du tems, distinctes par leur emploi, dont se compose la vie 181

XII. Nécessité de tirer à la fois parti des circonstances et des hommes. Avantages que doit procurer, sous ce rapport, l'usage de tenir *trois comptes ouverts* distincts, pour y recueillir les observations puisées dans ses lectures, dans les sociétés qu'on fréquente, dans les événemens de sa vie, et dans ses propres réflexions. 183

XIII. Du JOURNAL ou *Compte ouvert physique* 184

XIV. Du JOURNAL ou *Compte ouvert moral*. 185

XV. Du JOURNAL ou *Compte ouvert consacré à la partie intellectuelle* 194

XVI. OBJECTIONS prévues et réfutées. Inconvéniens à éviter dans la rédaction des trois comptes ouverts particuliers. 203

XVII. D'une ancienne coutume de l'*École pythagoricienne*, et d'une pratique suivie et recommandée par FRANKLIN. 206

XVIII. *Seconde condition accessoire*, qui sert de complément à la méthode indiquée pour régler le bon emploi de ses instans. *Choix d'un ami franc et sévère*, auquel on adresse régulièrement, tous les trois ou tous les six mois, le *Tableau de sa situation physique, morale et intellectuelle*. 207

XIX. *Observation générale* sur le *mode de rédaction* du *Mémorial journalier*, des *trois Cahiers particuliers*, ou *Comptes ouverts*, et des *Tableaux analytiques* à former,

TABLE ANALYTIQUE

tous les six mois, ou tous les ans, *de sa situation phy-sique, morale et intellectuelle* 211
XX. *Répartition des divers emplois du tems*, pour chaque intervalle de vingt-quatre heures 212
XXI. Destination de l'homme. 215
XXII. Des progrès de l'esprit humain. 219
XXIII. Des hommes supérieurs 220
XXIV. Noble émulation que doit avoir un jeune homme. . 221
XXV. Devoirs d'un père de famille. 222
XXVI. Résultats généraux de l'usage non interrompu de la méthode proposée pour régler le bon emploi de tous ses instans. 226

TROISIÈME PARTIE.

RÉCAPITULATION GÉNÉRALE ET MÉTHODIQUE DU PLAN D'ÉDUCATION.

PREMIÈRE SECTION.

Idées générales et fondamentales, relatives à l'*application-pratique* et à l'*utilité* du *plan* proposé.

I. *Importance de l'Éducation.* Utilité de combiner ensemble les élémens de l'*Éducation publique* et de l'*Éducation domestique*, pour former une *Éducation mixte* 229
II. D'un *Instituteur* chargé de diriger à la fois l'éducation de quinze ou vingt élèves. 231
III. Par quelle voie indirecte le gouvernement peut faire donner une éducation complète et soignée aux enfans des familles les plus considérables de l'État. 234
IV. Comment on peut combiner et faire concourir ensemble plusieurs éducations particulières, fondues dans une institution commune et publique, pour jeter dans un même moule et former à la fois un grand nombre d'hommes habiles et distingués. 235
V. Aperçu des *Résultats* de l'application du plan proposé. 237

DE L'ESSAI GÉNÉRAL D'ÉDUCATION. 487

SECTION II.

Principes généraux servant de base au *plan d'éducation.*
I. But de l'éducation. 239
II. *Trois branches* distinctes de l'éducation . . . . *ib.*
III. Quelques Principes généraux applicables aux trois branches de l'éducation. 240
IV. Marche graduelle et Objet de l'instruction 241
V. Nécessité de bien diriger un enfant, dès ses premières années. 243
VI. Mélange, combinaison, alliance et alternation des exercices du corps et de ceux de l'esprit. 245
VII. Rapports entre les différentes parties de l'Éducation. . 246
VIII. **Idée générale** de la *méthode d'éducation* de Pestalozzi, ou Aperçu de l'*Éducation Pestalozzienne*. . . 250

SECTION III.

Tableaux *synoptiques et analytiques,* destinés à offrir, sur cinq colonnes parallèles, dans des *cases correspondantes et coordonnées,* la *marche progressive* et l'*exécution pratique du plan proposé,* d'après la division des trois branches de l'éducation, et la distribution méthodique des divers objets d'enseignement, et des emplois de tous les instans, déterminés d'année en année, pour chaque jour ou intervalle de vingt-quatre heures.
Observations générales sur les Tableaux. 255

TABLEAUX.

ANNÉES.
1re. L'enfant passe sa première année au sein de sa nourrice, ou plutôt de sa mère.— Première éducation des sens. 260
2e. Marcher.— Premiers essais de locomotion libre et spontanée.— Développer les sens, les organes, les facultés. 262
3e. Parler à la fois dans deux langues : la langue maternelle ou nationale, et une langue étrangère. 264
4e. Courir et sauter. — Premiers essais de gymnastique régularisés.— Lire, en jouant. 266

ANNÉES du Cours d'Éducation.				
5°.	Exercices amusans et utiles. Jeux instructifs. Marcher et courir.	Bonnes habitudes et bons exemples. — Douceur, docilité, patience.	Lire, écrire et compter, en jouant.	268
6°.	Monter dans les lieux escarpés.—Sauter, gravir et grimper.	On étudie et on dirige les premiers penchans et les premières affections.	On continue la lecture, l'écriture, le calcul, et l'on commence le dessin.	270
7°.	Bains froids.— Courses. — Jeux de barres.—Lutte.	Respect de la vérité. Observation rigoureuse de la foi donnée.	Notions d'astronomie, de cosmographie, de géographie. — Exercices propres à former la mémoire.	272
8°.	Continuation des jeux, des exercices gymnastiques et des bains.	Simplicité, sobriété, discrétion, franchise.	Élémens de l'histoire naturelle et de la langue latine.	274
9°.	Natation.—Culture de petits jardins.	Ressort de l'émulation et sentiment de l'honneur.	Élémens de logique et notions de physique.— Botanique élémentaire.	276
10°.	Usage des armes à feu.	Humanité, Courage. Éducation morale, en actions plutôt qu'en discours.	Élémens de la langue grecque.—Notions de chimie.	278
11°.	Mêmes exercices et Danse.	Appréciation de la vie. Savoir se suffire et borner ses besoins. Amour de ses semblables. Politesse du cœur et des manières.	Géométrie et Arpentage.—Rhétorique. Notions de physiologie végétale.	282
12°.	Apprentissage chez un tour-	Connaissance de la religion. Habitude	Mathématiques. Enseignement donné	

ANNÉES.			
	neur ou chez un menuisier.	de la pensée de la mort. Intrépidité.	de vive voix. Instruction mutuelle. 286
13e.	Travaux manuels.—Agriculture et Jardinage.	Religion. Tolérance. —Morale et Relations avec ses jeunes camarades.	Continuation des études précédentes. Algèbre 290
14e.	Continuation des exercices précédens.—Équitation.	Usage d'un Mémorial journalier.—Esprit d'ordre, dans ses actions, dans ses études, dans ses dépenses.-Économie.	Mécanique et Hydraulique.—Langue Italienne et Musique. 294
15e.	Application des principes généraux de l'Éducation physique.	Principes généraux de l'Éducation morale.	Promenades instructives. Connaissance générale des arts et des métiers. — Histoire ancienne ; Mythologie . . . 296
16e.	Continuation des mêmes exercices. — Escrime.	Rapports entre l'homme et la société.— Devoirs à remplir envers Dieu et sa conscience, envers ses semblables et sa patrie.	Continuation des études précédentes. Histoire du moyen-âge. Économie politique et Science sociale.—Composition en prose et Poésie. 300
17e.	Chasse et Pêche. — Courses à cheval et promenades.	Connaissance du monde et des hommes. — Art de se conduire. Prudence. Amour éclairé de l'approbation des autres, ou de l'estime publique et de la véritable gloire.	Histoire moderne. — Étude de l'influence morale et politique de l'agriculture, du commerce, des sciences, des arts, de l'administration, des religions, des femmes, etc. . 304
18e.	Service militaire. Exercices militaires et	Habitude de l'obéissance et de la discipline, et science	Attaque et défense des places. — Notions sur les diffé-

ANNÉES.				
	manœuvres.— Exercices gymnastiques. Natation, Equitation, Escrime, usage des armes à feu.	du commandement.	rentes branches de l'art de la guerre.	308
19º.	Continuation du même régime physique. — Précautions contre les ravages de l'onanisme.	Sociabilité. — Confiance et amitié mutuelles entre un père et ses enfans, un instituteur et ses élèves.	Etude des lois et du commerce. Noviciat de six mois, chez un homme de loi; et de six autres mois, chez un banquier ou chez un commerçant.	310
20º.	Continuation des mêmes exercices et des mêmes habitudes du corps.	Continuation des mêmes habitudes morales.	Suite de l'étude déjà commencée de la législation, des relations et des transactions commerciales. — Notions d'anatomie comparée, de médecine, de chirurgie et des principales branches de l'art de guérir.	314
21e jusqu'à la 24º ou 25º.	VOYAGES.—Règles d'hygiène constamment suivies.	Cours expérimental des nuances infiniment variées du cœur et de l'esprit humain.	Compte rendu des observations et des actions de chaque jour.—Application non interrompue de la méthode d'emploi du tems.	318
25e ou 26º.	SE MARIER. — Continuer, comme mari et père, le régime et les exercices physiques dont on doit donner l'exemple à ses enfans.	Embrasser une profession active, exercer un art, un métier, ou bien occuper une fonction publique. Remplir ses devoirs d'homme, d'époux, de père, de citoyen.	Se perfectionner, par l'expérience et la pratique, dans les notions particulières, relatives à la profession qu'on a embrassée, et dans les autres connaissances, précédemment acquises.	322

DE L'ESSAI GÉNÉRAL D'ÉDUCATION.

Pag.
RÉFLEXION FINALE 326
TABLEAU ANALYTIQUE du *Plan d'éducation pratique*. . 326-327

SECTION IV.

RÉPONSES A QUELQUES OBJECTIONS. . . . . *ib.*
I. *Première Objection.* Le projet d'embrasser toutes les sciences dans un même plan d'éducation est-il possible et facilement praticable? . . . . *ib.*
II. *Seconde Objection.* Ne s'expose-t-on pas à former un homme superficiel, en même tems qu'on paraît avoir la prétention de faire un savant universel? 330
III. *Troisième Objection.* N'est-il pas à craindre que la culture prématurée de l'esprit ne soit nuisible au développement du corps et à la santé? 333
IV. *Quatrième Objection.* La perfection morale, que l'auteur du plan paraît vouloir atteindre, n'est-elle pas idéale et chimérique, ou jusqu'à quel point peut-on améliorer l'espèce humaine, dans un siècle et chez un peuple déjà très-corrompus? 335

SECTION V.

RÉSULTAT de l'exécution du plan proposé, pour les élèves, pour leurs familles et pour la Nation. 339
I. Éducation du premier âge; ENFANCE. Résumé de l'emploi des dix premières années. . . . . *ib.*
II. Éducation du second âge; ADOLESCENCE et JEUNESSE. Résumé de l'emploi des années du Cours d'Éducation, depuis dix jusqu'à vingt-six ans 340
III. Coup-d'œil général sur l'ensemble de l'Éducation. . . 343
IV. CONCLUSION de l'ouvrage 344

APPENDICES

SERVANT DE COMPLÉMENT A L'ESSAI GÉNÉRAL D'ÉDUCATION.

APPENDICE I. Exposé de quelques *Vérités-principes* ou *Lois générales*, indiquées et souvent reproduites dans l'Essai général d'Éducation, qui paraissent devoir servir de base à toute espèce de méthodes, et fournir des applications utiles dans toutes les sciences, dans tous les arts, dans toutes les positions, et dans la conduite journalière de la vie.................................... 349

Première loi générale. Loi de la base, ou du point d'appui.

— En tout, il faut une base, un point d'appui ..... A

Seconde loi générale. Loi de génération, ou des causes, ou Loi de causalité. — Nul effet sans cause...... O

Troisième loi générale. Loi de la chaîne universelle. —

Tout se tient, tout s'enchaîne dans l'univers....... ⊙⊙

Quatrième loi générale. Loi de la gradation ou de l'échelle.

— Tout est série et gradation................ H

Cinquième loi générale. Loi de la division et de la réunion. — La division et la réunion sont deux principes générateurs qui doivent se combiner et agir simultanément pour produire.................................. X

Sixième loi générale. Loi des échanges et du concours. — Les échanges sont un principe nécessaire de création. Tout est échange entre les hommes et entre tous les êtres.

Septième loi générale. Loi de l'équilibre ou du juste-milieu. — En tout, il faut un juste milieu .... T

Huitième loi générale. Loi de l'action et de la réaction, ou du mouvement alternatif universel. — Tout a une sorte de balancement dans la nature............ Λ

Neuvième loi générale. Loi du mélange universel du bien et du mal. — Tout est mêlé de bien et de mal ici-bas. — Les mal-entendus sont la cause des crimes et des malheurs du monde........................... W

Dixième loi générale. Loi des obstacles. — Tout obstacle peut devenir un élément et un moyen de succès .... ⊖

DE L'ESSAI GÉNÉRAL D'ÉDUCATION. 493
Pag.
Onzième loi générale. Loi des proportions, ou des relations, des convenances, des harmonies. — Tout est relatif. . . ~~####~~

Douzième loi générale. Loi du But.—En tout, il faut un But. ⊙

APPENDICE II.

Du PERFECTIONNEMENT des MODES ACTUELS D'ENSEIGNEMENT PRIMAIRE, par M. *Joseph* REY, de *Grenoble*. . 335

APPENDICE III.

Rapports de MM. de MONTÈGRE et ANTOMMARCHI, sur les avantages de la GYMNASTIQUE, et sur le GYMNASE NORMAL, civil et militaire, fondé à Paris par M. le colonel AMOROS 376

APPENDICE IV.

De la PHRÉNOLOGIE, *considérée dans ses rapports avec* l'ÉDUCATION. 396

APPENDICE V.

PRÉCIS *sur les* INSTITUTS D'ÉDUCATION et D'AGRICULTURE *fondés à* HOFWIL, *près Berne*, en Suisse, par M. de FELLENBERG. — Courtes Notices sur le Prytanée de Ménars, près Blois, sur la Colonie Agricole de Lindfield, près Brighton. 408

APPENDICE VI.

Des TROIS LIVRETS ÉCONOMIQUES D'EMPLOI DU TEMS : 1. L'ART DE BIEN VIVRE. LIVRET PRATIQUE *d'emploi du tems*, ou AGENDA GÉNÉRAL; — 2. BIOMÈTRE, ou *Montre morale;* — 3. MÉMORIAL ANALYTIQUE, ou JOURNAL DES FAITS ET OBSERVATIONS. 434

APPENDICE VII.

Des témoignages extérieurs de considération et d'estime, et des avantages sociaux, en honneurs et en argent, qu'il convient d'assurer aux personnes chargées de diriger et d'instruire les enfans et les jeunes gens, et capables de concourir aux progrès de l'éducation et de l'instruction publiques. 454

APPENDICE VIII.

Sur la marche et les effets de la CIVILISATION 459

APPENDICE IX et dernier.

BIBLIOGRAPHIE DE L'ÉDUCATION, ou *Bibliothèque choisie à l'usage des Instituteurs* 465

FIN DE LA TABLE.

OUVRAGES

de Marc-Antoine Jullien, de Paris,

Qui se trouvent aux mêmes adresses que l'Essai général d'Éducation.

---

1. Essai sur l'emploi du tems, ou *Méthode qui a pour objet de bien régler sa vie*, premier moyen d'être heureux; 4ᵉ édition. Paris, 1829; Dondey-Dupré, rue Vivienne, 2. 1 vol. in-8° avec deux gravures. . . . . 7 fr.
2. Agenda général; — *l'Art de bien vivre; ou Livret-pratique d'emploi du tems*, 5ᵉ édition. Paris, 1835. Dondey-Dupré. 1 vol. in-12 cartonné. . . . . 5 fr.
3. M.A. Jullien's *Allgemeines Memoranden Buch auf das jahn* 18..
— *Traduction allemande de l'ouvrage précédent. Tubingen*, 1817.
4. Biomètre, ou *Mémorial Horaire*, Montre morale; *Livret avec Tablettes, servant d'instrument pour mesurer et apprécier la vie, d'après ses divers emplois, pour chaque intervalle de vingt-quatre heures*. 2ᵉ édit. Paris, 1824. Dondey-Dupré. 1 vol. in-12 cartonné . . . . 4 fr.
5. Biometer, or *Moral Watch, serving to indicate the number of hours devoted every day to each of the divisions of life physical, moral, intellectual and social*, etc. — Traduction anglaise du *Biomètre*. Londres, 1833. Bossange, Barthès et Lowell; London, 14, great Marlborough street. Paris, Dufour et Bellizard, rue des Saints-Pères, 12. . 4 fr.
6. Lettre a la nation anglaise, *sur l'union des peuples et la civilisation comparée; sur l'instrument économique du Tems, appelé* Biomètre, ou *Montre morale; suivie de quelques* poésies *et d'un* discours en vers

sur *les principaux écrivains, savans, littérateurs, poètes et artistes qu'a produits l'Angleterre*, et sur le caractère distinctif du génie de Lord Byron. Londres, septembre 1833. Bossange, Barthès et Lowell. Paris, Dufour et Bellizard. In-8° de 52 pages. . 2 fr.

7. Esquisse *d'un travail, et Série de questions sur l'Éducation comparée.* Paris, 1817. In-8°. 2 fr.

8. Notice *Biographique sur* Kosciuszko, ornée de son Portrait. Paris, 1818. In-8°. . . . 3 fr.
Cet ouvrage a été traduit en allemand et en polonais.

9. Esquisse *d'un* Essai sur la philosophie des sciences, avec un nouveau *Tableau synoptique des connaissances humaines.* Paris, 1818. In-8°. . . . . 2 fr.

10. La France en 1825, ou *mes Regrets et mes Espérances*, Discours en vers, suivi d'un Recueil de Poésies. 2ᵉ édition. Paris, 1825. Renouard. 1 vol. in-8°. . . . . 3 fr.

11. Poésies politiques. Paris, 1831. Sédillot, éditeur des *Tables Décennales de la Revue Encyclopédique, de* 1819 à 1829. In-8°. 3 fr.

12. Directions *pour la conscience d'un Électeur.* 2ᵉ édition. Paris, 1830. Sédillot. . . . . 2 fr.

13. Le Bon-Sens national; *État de la Question du moment;* 6 août 1830. Paris, Sédillot. In-8°. . . . . 1 fr.

14. Esprit de la méthode d'éducation de Pestalozzi. Milan, 1843. Giegler. 2 vol. in-8°. 15 fr.
L'Édition étant entièrement épuisée, l'Auteur en prépare une nouvelle.

N. B. On peut mentionner ici, *pour Mémoire*, plus de 360 *Notices* ou *Mémoires* sur divers sujets, *Rapports* à des Sociétés savantes, *Analyses* ou *Annonces raisonnées d'Ouvrages*, et *Articles*, tant en prose qu'en vers, par M. Jullien, *de Paris*, en partie contenus dans les *Cinquante* premiers *volumes* de la Revue encyclopédique, de 1819 à 1831, et dans plusieurs autres ouvrages périodiques, non compris plusieurs brochures politiques, publiées à différentes époques.

www.ingramcontent.com/pod-product-compliance
Lightning Source LLC
Chambersburg PA
CBHW060238230426
43664CB00011B/1691